"十四五"职业教育国家规划教材

税务会计

（第六版）

SHUIWU KUAIJI

新准则 新税率

主 编 梁伟祥

本书另配：课程标准
教学课件
教 案
动画视频
精选案例
票证账表
习题库
法规库

新形态教材

中国教育出版传媒集团
高等教育出版社·北京

内容提要

本书是“十四五”职业教育国家规划教材。

本书根据高等院校以培养高端技能型人才为主要任务的目标，按照工作过程，以项目导向、任务驱动来设计体例，安排教学内容。全书包括7个项目，以企业税务会计业务操作为主线，分别从纳税人和征税范围的确定、应纳税额的计算、会计处理和纳税申报4个方面，对现行主要的13个税种进行了全面的阐述。近三年完成立法的资源税法、城市维护建设税法、契税法、印花税法和全面修订的个人所得税法的内容和近期税收法规的变动内容已经体现在本书之中。为方便教学和自学，本书同时配有《税务会计学习指导、习题与项目实训》(第六版)一书，还另配有课程标准、教学课件、教案、动画视频、精选案例、票证账表、习题库、法规库等教学资源，供教师教学使用。

本书结构清晰，思路独特，有较强的实用性，可作为高等职业院校大数据与会计、大数据与财务管理、财税大数据应用、财富管理、工商企业管理、市场营销、国际经济与贸易等财经商贸类专业的教学用书和社会从业人员的业务学习用书。

图书在版编目(CIP)数据

税务会计/梁伟样主编．—6版．—北京：高等教育出版社，2023.1(2024.7重印)

ISBN 978-7-04-059482-9

Ⅰ．①税… Ⅱ．①梁… Ⅲ．①税务会计-高等职业教育-教材 Ⅳ．①F810.62

中国版本图书馆CIP数据核字(2022)第213902号

策划编辑 毕颖娟 李 晶 **责任编辑** 李 晶 蒋 芬 **封面设计** 张文豪 **责任印制** 高忠富

出版发行	高等教育出版社	**网　址**	http://www.hep.edu.cn
社　址	北京市西城区德外大街4号		http://www.hep.com.cn
邮政编码	100120	**网上订购**	http://www.hepmall.com.cn
印　刷	上海叶大印务发展有限公司		http://www.hepmall.com
开　本	787mm×1092mm 1/16		http://www.hepmall.cn
印　张	19	**版　次**	2002年5月第1版
字　数	474千字		2023年1月第6版
购书热线	010-58581118	**印　次**	2024年7月第5次印刷
咨询电话	400-810-0598	**定　价**	45.00元

物 料 号　59482-A0

第六版前言

本书是“十四五”职业教育国家规划教材，历届版本是“十三五”职业教育国家规划教材、普通高等教育“十一五”国家级规划教材。

在现代社会中，税收现象无处不在，意义重大。“税”既是财政的基础和重要支柱，事关国家的长治久安，也影响着社会生活的方方面面，事关百姓的日常生活。党的十八大以来，中国特色社会主义进入了新时代，十八届三中全会通过的《中共中央关于全面深化改革若干重大问题的决定》和十九届四中全会通过的《中共中央关于坚持和完善中国特色社会主义制度、推进国家治理体系和治理能力现代化若干重大问题的决定》，确定了今后一段时期内我国税制改革的方向。为助力减税降费落地见效，实体税法的立法工作进程加快，最近两年，我国完成了资源税、城市维护建设税、契税、印花税的立法工作，并且全面修订了个人所得税法，开启了综合与分类相结合的个人所得税制。党的二十大报告指出要“优化税制结构”“完善个人所得税制度”“完善支持绿色发展的财税、金融、投资、价格政策和标准体系”等要求，税收法规的变化，对原来的教材提出了全面更新的要求。编者进行了本次修订，以体现最新的税收法规变化，并传达学习党的二十大精神。学习税法，熟悉税制的改革，也是我们理解中国经济进入新时代、构建新格局、开启新征程的重要窗口。

本书具有以下特点：

1. 立德树人，铸魂育人

本书结合党的二十大报告内容，依据《高等学校课程思政建设指导纲要》，落实立德树人、铸魂育人的根本任务，剖析税收的课程思政融入点与融入形式。新增的“教授寄语”栏目强调了素养目标；设计“税收与民生”栏目，将诚信文化、敬业奉献、团队合作精神，生态环保意识，爱国主义、集体主义、社会主义教育，依法治国、依法执政、依法行政等内容融入教材，融合专业课程有效开展社会主义核心价值观教育、法治教育，塑造学生正确的价值观、人生观。

2. 与时俱进，与时偕行

本次修订，以最新的税收法规（截至 2023 年 6 月底）为依据，把“营改增”全面推行以来增值税等法规的变化和近三年完成立法的资源税法、城市维护建设税法、契税法、印花税法以及全面修订的个人所得税法的内容全面体现在本书之中。

3. 理实结合，注重应用

本书注重税收知识与会计核算的结合，突出税款的计算、申报缴纳和会计处理的实际操作技能。书中列示了大量企业纳税申报与会计处理过程中的基本表单，设计了大量的实例，与实际业务完全接轨，强调理论与实践结合，注重应用。

4. 资源丰富，利便教学

部分学习资源（如在线测试题、主题阅读）以二维码的形式提供在相关内容旁，读者可扫描获取。此外，本书另配有课程标准、教学课件、教案、动画视频、精选案例、票证账表、习题库、法规库等教学资源，供教师教学使用。此外，我们同时修订的《税务会计学习指导、习题与项目实训》（第六版），既可与本书配套使用，也可单独作为学生的实训用书。

本书可作为高等职业院校大数据与会计、大数据与财务管理、财税大数据应用、财富管理、工商企业管理、市场营销、国际经济与贸易等财经商贸类专业的教学用书，也可作为职业本科院校、成人高校、普通本科院校举办的二级职业学院财经类专业的教材和社会从业人员的业务学习用书。

本次修订工作由丽水职业技术学院梁伟样教授负责，在修订过程中得到了有关部门、企业和任课老师的大力支持，在此，一并表示诚挚的谢意！

本书自出版以来，承蒙读者的厚爱，取得了较好的效果。由于编者水平有限，书中难免存在不妥之处，恳请专家学者、使用本书的读者批评指正。

编　者

第一版前言

随着社会主义市场经济体制的确立、会计改革的进一步深化、税制改革的进一步完善，如何尽快地熟悉税制改革的具体内容，将新税制下各种税款的计算、缴纳与具体会计准则指导下的会计核算结合起来，是当前企业会计实务急需解决的一个主要课题。尽快掌握税法，熟悉纳税会计处理，已成为当务之急。我们针对高等职业院校教学的特点，从纳税人的角度编写了《税务会计》一书，以适应当前高等职业院校教育的需要。

本书系统地讲述了现行主要税种的基本法规、税款的计算、申报缴纳和会计核算。具体有以下三个特点：一是新颖。本书以最新出台的税法及补充规定和已颁布的具体会计准则、《企业会计制度》为编写依据。所依法规资料截至2002年4月底，加入世界贸易组织(WTO)之后已正式出台的税收规定也已写入教材。二是实用。本书注重税收知识与会计核算的结合，突出税款的计算、申报缴纳和会计处理的实际操作技能，书中列示了大量企业纳税申报与会计处理过程中的基本表单，重点突出地设计了大量实例，与实际业务完全接轨，是现行制度下企业纳税及会计处理的全真模拟和实战演练，体现了高等院校教学的特殊性。三是全面。本书共涉及各类税收16种，在现行税收体系中，除适用范围较窄的农业税、牧业税等税种外均已涉及。既有税收理论基础，又有税制实务的会计处理，内容翔实具体。本书每章后面附列了主要法规目录，以方便教学和自学。

本书可作为高等职业院校财经商贸大类相关课程教材，也可作为财政、税务、审计、贸易等部门的专业人员作为业务学习用书。

本书在编写过程中参考了不少专著和教材，得到了有关专家学者、院校领导等的大力支持，在此一并表示感谢！

由于编者理论水平和实践知识有限，书中疏漏之处在所难免，恳请专家学者、使用本书的老师、同学和读者批评指正。

编　者

2002年5月

目　录

资源导航

税收与民生

动画视频

自测题

项目一　税务会计工作流程认知

【职业能力目标】

1. 掌握税收的概念、职能和税制的构成要素；熟悉税务会计的概念、对象、目标、职能、方法、基本前提、原则以及与财务会计的差异。

2. 熟悉涉税登记的相关内容，会根据企业经营范围的需要领购普通发票、增值税专用发票和正确使用发票。

3. 会根据企业涉税的经济业务设置会计科目和登记账簿。

【典型工作任务】

作为报税岗位的会计人员，在熟悉我国现行税收体系的基础上，需要划分企业的类型，判断不同环节应缴纳的税费，选择涉税业务的会计处理方法；企业创办之时，在办理了设立登记业务，取得由市场监管部门核发加载法人和其他组织统一社会信用代码的营业执照，即“多证合一、一照一码”之后，须到税务机关办理增值税一般纳税人的登记及其他涉税事务的登记工作；登记以后，前往税务部门领购和使用普通发票和增值税专用发票；企业设立时还需要设置涉税经济业务的会计科目及会计账簿。

【教授寄语】

我们要弘扬诚信文化，养成依法纳税、诚信纳税的自觉性。

任务一 税务会计基础认知

2016年5月1日零时，温州商人陈生在北京民族饭店开出了中国餐饮住宿业首张增值税专用发票。这一天，征收了66年的营业税退出历史舞台。这场被称为“中国税制分水岭”的增值税改革，涉及近1 600万户企业纳税人、1 000万自然人纳税人，当年直接减税超过5 000亿元。近年来，我国增值税改革逐步深化，基本建成了与国际接轨的现代增值税制度。

财税体制改革关系国家治理体系和治理能力现代化。历经多年的探索、改革，一个具有中国特色、顺应国际潮流的中国税制体系逐步完善。

【知识准备与业务操作】

税务会计是社会经济发展到一定阶段的产物，它从财务会计中分离出来，因此，它与财务会计有着密切的联系。但是税务会计是融现行税法和会计核算为一体的特殊专业会计，因此，与财务会计又有着一定的区别。

税收与民生：税收取之于民、用之于民、造福于民

一、税收的性质

（一）税收的概念

税收又称为“赋税”“租税”“捐税”，是政府为了满足社会公共需要，凭借政治权力，按照法律规定，强制地、无偿地参与社会剩余产品分配，以取得财政收入的一种规范形式。

对税收的概念可以从以下四个方面来理解。

1. 税收的本质是一种分配

社会再生产包括生产、分配、交换、消费等环节，周而复始，循环不息。其中，生产创造社会产品；消费耗费社会产品；在市场经济条件下，分配是对社会产品价值量的分割，并决定归谁占有，各占多少；交换是用自己占有的价值量去换取自己所需要的产品，完成使用价值的转移。征税只是从社会产品价值量中分割出一部分集中到政府手中，改变了社会成员与政府各自占有社会产品价值量的份额。因此，税收属于分配范畴。

2. 税收分配以国家为主体，凭借政治权力来实现

社会产品的分配可以分为两大类：一类是凭借资源所有权进行的分配，一类是凭借政治权力进行的分配。税收是以国家为主体，凭借政治权力进行的分配。

3. 征税的目的是满足社会公共需求

社会的存在必然催生出不同的社会公共需求。国家安全、社会稳定、生活保障等公共需求的满足，必须由政府集中一部分社会财富来实现。而征税就是政府集中一部分社会财富的最佳方式。与此相适应，社会成员之所以要纳税，是因为他们专门从事直接的生产经营活动，而不再兼职执行国家职能，因此需要为此付出一定的费用。

4. 税收具有无偿性、强制性和固定性

除税收外，国家筹集财政收入的方式还有发行公债和收取各种规费等。税收分配方式与其他方式相比，具有无偿性、强制性和固定性，我们习称其为税收的“三性”。“无偿性”是指国家征税后，税款即成为国家的财政收入，既不直接归还纳税人，也不向纳税人支付任何报酬；“强制性”是指国家以社会管理者的身份，用法律、法规等形式对征收捐税加以规定，并依照法律强制征收；“固定性”是指国家在征税之前，应以法律形式预先规定征税对象、征收标准、征税方式等，征纳双方必须遵守税收法规，法律法规不得随意变动。

税收的“三性”是一个完整的统一体，缺一不可，无偿性是税收分配的核心特征，强制性和固定性是对无偿性的保证和约束。税收的“三性”是税收本质的具体表现，是税收区别于其他财政收入形式的标志。可以这样认为，一种财政收入如果同时具备税收“三性”的形式特征，即便不叫“税”，实质上也是“税”。

（二）税收的职能

税收职能是指税收自身所固有的功能。我国税收具有组织财政收入、调节经济和监督社会经济活动的职能。

1. 组织财政收入

组织财政收入是指税收通过参与社会产品的分配，形成国家财政收入，归国家支配使用，满足国家实现其职能的需要。组织财政收入是税收最基本的职能，不论是什么性质的国家的税收，不论是什么种类的税收，都具有这一职能。

2. 调节经济

调节经济是指税收在积累国家财政资金过程中，通过设置不同的税种、税目，确定不同的税率，对不同的部门、单位、个人以及不同产业、产品的收入进行调节，以调整经济利益关系，促进社会经济按照客观规律的要求发展。税收是一种经济杠杆，通过征、不征、多征、少征、加征、减免等办法，形成对纳税人物质利益的不同影响，引导纳税人调整自身活动，以配合产业政策的变化，促进生产结构、消费结构的调整，优化资源配置。

3. 监督社会经济活动

监督社会经济活动是指税收在参与社会产品分配和再分配的过程中，对社会产品的生产、流通、分配和消费环节进行制约和控制。税收的监督职能是通过税收征管来实现的，通过税收监督，一方面要求纳税人依法纳税，以保证国家履行其职能的物质需要；另一方面，对社会再生产的各个环节进行监督，制止、纠正经济运行中的违法行为，打击经济领域的犯罪活动，保证税收分配的顺利进行，促进国民经济的健康发展。

（三）我国现行的税收体系

1994 年我国通过大规模的工商税制改革，已在主体上形成了我国工商税制的整体格局，彼时共有 26 种税，近 30 年来，又多次作了调整，2016 年 5 月 1 日全面推行营业税改征增值税后，目前我国实际开征的有 18 个税种，环境保护税法于 2016 年 12 月 25 日十二届全国人大常委会第 25 次会议通过，自 2018 年 1 月 1 日起施行。

根据分税制财政管理体制，税收收入分为中央收入、地方收入和中央地方共享收入，我国现行税种如表 1-1 所示。

1

表 1-1 我国现行税种

序号	税　　种	中央税	地方税	中央地方共享税	备　　注
1	增值税	√		√	海关代征的增值税为中央固定收入；其他为中央地方共享收入，中央分享 75%，地方政府分享 25%；2016 年 5 月 1 日，全面推行“营改增”后，试点期间，分享比例调整为各占 50%
2	消费税	√			含海关代征的消费税
3	关税	√			
4	企业所得税	√		√	从 2002 年起，铁道运输、邮电、国有商业银行、开发行、农发行、进出口行以及海洋石油天然气企业缴纳的所得税为中央收入；其他由中央与地方共享，中央分享 60%，地方政府分享 40%
5	个人所得税			√	从 2002 年开始调整为共享税，中央分享 60%，地方政府分享 40%
6	房产税		√		
7	契税		√		
8	车船税		√		2007 年 1 月 1 日起由车船使用税改为车船税；从 2012 年 1 月 1 日起执行新的车船税法
9	印花税	√	√		从 2016 年 1 月 1 日起，证券交易印花税收入归中央，其他印花税收入归地方政府
10	城市维护建设税	√	√		铁路部门、各银行总行、各保险公司总公司等集中缴纳的城市维护建设税为中央固定收入，其他为地方政府收入
11	耕地占用税		√		
12	车辆购置税	√			2001 年 1 月 1 日起开征
13	资源税			√	按不同的资源品种划分，大部分资源税作为地方收入，海洋石油企业缴纳的资源税作为中央收入
14	城镇土地使用税		√		
15	土地增值税		√		
16	烟叶税		√		2006 年 4 月 1 日起开征
17	船舶吨税	√			仅对境外港口进入境内港口的船舶征税
18	环境保护税		√		2018 年 1 月 1 日起开征

注：表中“√”表示“是”。

（四）税收的分类

1. 按征税对象分类

征税对象是税法的一个基本要素，是一种税区别于另一种税的主要标志。按征税对象的不同进行分类，是税收最基本和最主要的分类方法。

(1) 流转税。这是以商品或劳务的流转额为征税对象征收的一种税。这类税是以商品的货币交换为前提，只要纳税人销售了货物或提供了劳务，取得了销售收入、营业收入或发生了支付金额，就应依法纳税。这类税涉及商品生产和流通的各个环节，主要有增值税、消费税等，关税也可归入这一类。流转税是我国现行税制中最大的一类税收。

(2) 所得税。这是以所得额为征税对象征收的一种税。所得额是指全部收入减除为取得收入所耗费的各项成本费用后的余额。所得税主要有企业所得税、个人所得税等。

(3) 财产税。这是以纳税人所拥有或支配的财产为征税对象征收的一种税。财产税以财产为征税对象，应税财产额在一般情况下是相对稳定的，因此财产税收入比较稳定，主要有房产税、车船税、契税等。

(4) 行为税。这是为了调节某些行为，以这些行为为征税对象征收的一种税，主要有印花税等。

(5) 特定目的税。这是为了达到特定目的而征收的一种税，主要有城市维护建设税、耕地占用税、车辆购置税等。

(6) 资源税。这是对开发、利用和占有国有自然资源的单位和个人征收的一种税。其主要对因开发和利用自然资源而形成的级差收入发挥调节作用，主要有资源税、城镇土地使用税、土地增值税等。

(7) 烟叶税。这是国家对收购烟叶的单位以收购烟叶金额为计税依据征收的一种税。

2. 按税负能否转嫁分类

按税负能否转嫁，税收可以分为直接税和间接税两种。凡纳税人一般不能直接将税负转嫁给他人负担的为直接税，如所得税、财产税等；凡纳税人能将税负全部或部分转嫁给他人负担的为间接税。间接税主要是指课征于一般消费品或劳务的税收，如增值税、消费税、关税等。

3. 按计税依据分类

按计税依据不同，税收可以分为从量税、从价税和复合税三种。从量税是以征税对象的一定数量单位(重量、件数、面积、长度等)为标准，采用固定单位税额征收的税种，如车船税等。从价税是以征税对象的价值量为标准，按规定税率征收的税种，如增值税、企业所得税等。复合税是同时以征税对象的一定数量单位和价值量为标准征收的一种税，如白酒的消费税等。

4. 按税收管理与使用权限分类

按税收管理与使用权限的不同，税收可以分为中央税、地方税、中央地方共享税三种。中央税是指管理权限归中央，税收收入归中央支配和使用的税种，如关税、消费税等。地方税是指管理权限归地方政府，税收收入归地方政府支配和使用的税种，如车船税、房产税等。中央地方共享税则是指主要管理权限归中央，税收收入由中央和地方政府共同享有，按一定比例分成的税种，如增值税、所得税等。

5. 按税收与价格的关系分类

按税收与价格的关系划分，税收可以分为价内税和价外税两种。价内税是指商品税金包含在商品价格之中，商品价格由“成本＋税金＋利润”构成，如消费税等。价外税是指商品价格中不包含商品税金，仅由成本和利润构成，商品税金只是作为商品价格之外的一个附加额，如增值税等。

6. 按会计核算中使用的会计科目分类

按会计核算中使用的会计科目分类，税收可分为销售税金、资本性税金、所得税及增值税。销售税金是指在销售过程中实现的，按销售收入或数量计税并作为销售利润减项，在“税金及附加”科目中核算的税金，如消费税、资源税、土地增值税、城市维护建设税等；资本性税金是指在投资活动中发生的，计入资产价值的税金，如契税、耕地占用税等；对净利润来说，所得税也是费用性税收，但它是通过“所得税费用”科目核算的；增值税是价外税，在会计核算中具有特殊性。

二、税制构成的基本要素

（一）纳税人

纳税人也称纳税主体，是税法规定直接负有纳税义务的单位和个人，它是税款的法律承担者。纳税人可以是自然人，也可以是法人。

1. 自然人

自然人是对能够独立享受法律规定的民事权利，并承担相应民事义务的普通人的总称。凡是在我国居住，可享受民事权利并承担民事义务的中国人、外国人或无国籍人，以及虽不在我国居住，但受我国法律管辖的中国人或外国人，都属于负有纳税义务的自然人。

2. 法人

法人是指依照法定程序成立，有一定的组织机构和法律地位，能以自己的名义独立支配属于自己的财产、收入，承担法律义务，行使法律规定权利的社会组织。如企业、事业单位、国家机关、社会团体、学校等都属于法人。法人若有税法规定的应税财产、收入和特定行为，就应对国家负有纳税义务。

在实际纳税工作中要注意纳税人与扣缴义务人的区别。扣缴义务人是指按照税法规定的负有扣缴税款义务的单位和个人。确定扣缴义务人有利于加强税收的源泉控制，简化征税手续，减少税款流失。但扣缴义务人不是纳税主体，而是纳税人和税务机关的中介。如果扣缴义务人按照税务机关和税法的要求，认真履行了扣缴义务，税务机关将给予其一定的手续费；反之，如果他们未按规定代扣代缴，使代扣代缴的税款不能按时缴入国库，或帮助纳税人偷逃税款，就要追究其法律责任。

（二）征税对象

征税对象又称课税对象，是征税的目的物，即对什么东西征税，是征税的客体，是一种税区别于另一种税的主要标志。征税对象体现不同税种征税的基本界限，决定着不同税种名称的由来以及各种税种在性质上的差别，并对税源、税收负担等产生直接影响。与课税对象密切相关的有以下两个概念。

1. 税目

税目是税法上规定的应征税的具体项目，是征税对象的具体化，反映各种税种具体的征税项目，它体现每个税种的征税广度。税目一般分为列举税目和概括税目两种：❶列举税目。列举税目就是将每一种商品或经营项目等，采用一一列举的方法分别规定税目，必要时还可以在税目之下划分若干子目；❷概括税目。概括税目就是按照商品的大类或行业，采用概括方法设计税目。

2. 计税依据

计税依据是征税对象的数量化，是应纳税额计算的基础。计税依据具体分为三种：❶从价计征，即以计税金额为计税依据；❷从量计征，即以征税对象的一定数量单位（如重量、体积等）为计税依据；❸复合计税，即同时以征税对象的计税金额和一定数量单位为计税依据。

（三）税率

税率是应纳税额与计税依据之间的法定比例，是衡量税负轻重的重要标志，体现了课税的深度。税率是最活跃、最有力的税收杠杆，是税收制度的核心。

按照税率的表现形式，税率可以分为以绝对量形式表示的税率和以百分比形式表示的税率。常见的税率有以下几种形式。

1. 比例税率

比例税率是对同一征税对象或同一税目，不论数额大小，都按同一比例征税的税率，税额与计税依据之间的比例是固定的。我国现行的增值税、企业所得税等均采用比例税率。采用比例税率，计算简便，符合税收效率原则，同一征税对象的不同纳税人的税负相同，有利于企业在基本相同的条件下展开竞争。但不分纳税人的实际环境差异，按同一税率征税，这与纳税人的实际负担能力不完全相符，在调节企业利润水平方面有一定的局限性，难以体现税收的公平原则。

2. 累进税率

累进税率是指把计税依据按一定的标准划分为若干个等级，从低到高分别规定逐级递增的税率。这种税率形式的特点是税率等级与计税依据的数额等级同方向变动，有利于按纳税人的不同负担能力设计税率，更加符合税收公平的原则。

累进税率按其累进依据和累进方式的不同，有以下三种形式：

（1）全额累进税率。这是指将计税依据划分为若干个等级，从低到高每一个等级规定一个适用税率，当计税依据由低的一级升到高的一级时，全部计税依据均按高一级税率计算应纳税额。这种方式计算简便，但累进程度急剧，特别是在两个等级的临界处，会出现应纳税额增加超过计税依据增加的不合理现象。这种方法目前在世界各国已很少使用。

（2）超额累进税率。这是指将计税依据划分为若干个等级，从低到高每一个等级规定一个适用税率，一定数额的计税依据可以同时适用几个等级的税率，每超过一级，超过部分按高一级的税率计税，各等级应纳税额之和为纳税人的应纳税总额。这种方式的累进程度比较缓和，目前已被多数国家所采用，如综合所得的个人所得税税率等。

（3）超率累进税率。这是以征税对象的某种比例为累进依据，按超额累进方式计算应纳税额的税率。其计税原理与超额累进税率相同，只是税率累进的依据不是征税对象的绝对数额，而是相对比率（增值率等），如我国现行的土地增值税税率等。

3. 定额税率

定额税率是按征税对象的计算单位直接规定一个固定税额，而不是规定征收比例，因此也称为固定税额，是税率的一种特殊形式。定额税率与征税对象的价值量无关，不受征税对象价值量变化的影响。它一般适用于从量计征的税种，如城镇土地使用税、车船税等。

(四) 纳税环节和纳税地点

纳税环节是指按税法规定,对处于不断运动中的纳税对象选定的应当征税的环节,包括一次课征和多次课征。凡只在一个环节征税的称为一次课征,如我国的资源税只在开采环节征税;凡在两个及两个以上环节征税的称为多次课征,如我国的增值税对商品的生产、批发和零售均征税。

与纳税环节密切相关的是纳税地点,纳税地点是指税法规定的纳税人缴纳税款的地点。如纳税人的户籍所在地、居住地、营业执照颁发地、生产经营所在地等。一般来说,这些地点接近或一致,但也有许多不一致的情况。如存在于此地登记,而跨地区经营的情况。

(五) 纳税时间

纳税时间是指税法规定的关于税款缴纳时间方面的限定,具体包括以下三个方面:

(1) 纳税义务发生时间。这是指应税行为发生的时间。

(2) 纳税期限。这是指纳税人按照税法规定缴纳税款的期限。税法规定了每种税的纳税期限,如《中华人民共和国增值税暂行条例》规定,增值税的纳税期限分别为 1 日、3 日、5 日、10 日、15 日、1 个月或者 1 个季度。纳税人的具体纳税期限,由主管税务机关根据纳税人应纳税额的大小分别核定;不能按照固定期限纳税的,可以按次纳税。

(3) 缴库期限。这是指税法规定的纳税期满后,纳税人将应纳税款缴入国库的最长时限。如《中华人民共和国增值税暂行条例》规定,纳税人以 1 个月或者 1 个季度为 1 个纳税期的,自期满之日起 15 日内申报纳税。

(六) 减税免税

减税免税是对某些纳税人或征税对象的鼓励或照顾措施。减税是对应纳税额少征一部分税款,而免税是对应纳税额全部免征税款。减税免税可以分为税基式减免、税率式减免和税额式减免三种形式。

1. 税基式减免

税基式减免是指通过直接缩小计税依据的方式实现的减税免税。其涉及的概念包括起征点、免征额、项目扣除以及跨期结转等。

起征点是征税对象达到一定数额后开始征税的起点,对征税对象数额未达到起征点的不征税,达到起征点的按全部数额征税。免征额是在征税对象的全部数额中免予征税的数额,对免征额的部分不征税,仅对超过免征额的部分征税。项目扣除是指在征税对象中扣除一定项目的数额,以其余额作为依据计算税额。跨期结转是指将以前纳税年度的经营亏损从本纳税年度经营利润中扣除。

2. 税率式减免

税率式减免是指通过直接降低税率的方式实现的减税免税。其具体内容包括重新确定税率、选用其他税率和零税率。

3. 税额式减免

税额式减免是指通过直接减少应纳税额的方式实现的减税免税。其具体内容包括全部免征、减半征收、核定减免率以及另定减征额等。

(七) 附加与加成

附加也称为地方附加,是地方政府按照国家规定的比例随同正税一起征收的列入地方政府预算外收入的款项,如教育费附加等。

加成是指根据税制规定的税率征税以后，再以应纳税额为依据加征一定成数的税额。加征一成相当于加征应纳税额的10%，加征成数一般规定在一成至十成之间，如劳务报酬所得的个人所得税预缴。

无论是附加还是加成，都增加了纳税人的负担，但这两种加税措施的目的是不同的。实行地方附加是为了给地方政府筹措一定的机动财力，用于发展地方建设事业；实行加成则是为了调节和限制某些纳税人获取的过多收入或者是对纳税人违章行为进行的处罚措施。

（八）法律责任

法律责任一般是指由于违法而应当承担的法律后果。违法行为是承担法律责任的前提，而法律制裁是追究法律责任的必然结果。法律制裁，习惯上又称为罚则或违章处理，是对纳税人违反税法的行为所采取的惩罚措施，它是税收强制性特征的具体体现。

三、税务会计的性质

（一）税务会计的概念、对象、目标和职能

1. 税务会计的概念

税务会计是以现行税法为准绳，以货币为主要计量单位，运用会计的专门方法，对纳税单位税基的形成以及税款的计算、申报和缴纳所引起的资金运动，进行连续、系统地核算和监督的一门专业会计。它从财务会计中独立出来，已成为现代会计的一个新分支，是融税收法规和会计核算为一体的特殊专业会计，可以说是税务中的会计、会计中的税务。

2. 税务会计的对象

税务会计的对象，即税务会计核算和监督的内容。凡是企业在生产经营过程中能够用货币表现的各种税务活动，都是企业税务会计核算和监督的内容。其主要包括：

（1）税基的确定。税基是指课税基础。它包含两层含义：❶指某类税的经济基础，如流转税的课税基础是流转额，所得税的课税基础是所得额，财产税的课税基础是财产额等；❷指计算缴纳税金的依据或标准，既有从价计征，又有从量计征。在企业中，属于计税基础和依据的业务内容主要有应税流转额、生产、经营成本（费用）扣除额、应税所得额、应税财产额、应税行为计税额等。

（2）税款的计算与核算。对每一税种应纳税额的计算是税务会计核算和监督的基本内容，它要求企业按照税收法规进行计算，并按税务会计的核算方法进行核算。其包括征税对象、征税范围的界定、计税依据和标准的确定、计算方法的正确使用和应纳税额的正确核算等。

（3）税款的缴纳、退补和减免。正确地计算各种应缴税款后，应按税法规定的纳税期限、纳税环节、纳税时间和地点的要求，及时进行纳税申报并缴纳税款。退税、补税、减税、免税都是企业税务活动中的特殊业务，应按税法规定执行，它的过程与结果也应及时在税务会计中得到反映。

（4）税收滞纳金和罚款。作为纳税义务人，企业应按税法规定，及时足额地上缴税款。企业若因生产经营情况或其他原因，未经税务部门同意拖欠了税款，或是为了企业小团体利益，违背了税法规定等，必须按规定缴纳税收滞纳金或税收罚款，这些也属于税务活动，是税金支出的附加支出，也是税务会计核算和监督的内容。

3. 税务会计的目标

税务会计的目标是指税务会计工作所要达到的最终目的。税务会计最终是向其利害关

1

系人提供有关纳税人税务活动的信息，具体可概括为以下三个方面。

（1）依法纳税，保证国家财政收入，并为国家宏观经济管理提供纳税信息。

（2）正确地进行税务会计处理，为投资者、债权人进行决策提供有用的会计信息。

（3）科学地进行纳税筹划，合理选择纳税方案，为企业内部加强经营管理提供信息。

4. 税务会计的职能

企业税务会计的职能是指税务会计本身所固有的内在功能。税务会计是会计学的一个分支，其基本职能与一般会计职能相同，主要是核算和监督两大职能，但税务会计与税收联系密切，其核算和监督的具体内容与一般会计有所不同。

（1）核算职能。这是指税务会计根据国家的税收法规、会计准则和财务报告条例等，全面、真实、系统地记录和核算企业生产经营过程中的税务活动，即税务资金的形成、计算、缴纳、退补等，为国家组织税收提供可靠的依据。同时，税务会计又要在遵守税法的前提下，针对纳税人自身的特点，利用会计特有的方法，科学筹划纳税人的纳税活动，使纳税人充分享受税收的优惠政策，最大限度地减免税收或推迟纳税。通过税务会计活动及提供的资料进行分析，为企业改善经营管理、提高经济效益提供保证。

（2）监督职能。这是指税务会计根据国家的税收法令和有关方针、政策、制度等，通过一系列核算方法，监督企业应纳税款的形成、计算和解缴情况，监督企业的收益分配，实现税收杠杆的经济调节作用。国家通过税务会计对企业税务活动的监督和控制及其提供的税收信息，保证税收法规的贯彻实施和适时修正。

（二）税务会计的基本前提

税务会计的基本前提是指税务会计信息确认和计量的前提条件。税务会计源于财务会计，财务会计中的某些基本前提也适用于税务会计，如持续经营、会计分期、货币计量等，税务会计在具体运用时，也有其特殊性，具体表现在以下四个方面。

1. 纳税主体

纳税主体是指税务会计工作为之服务的法人或自然人，也就是税法所规定的纳税人，是税务会计所作用的空间范围。税务会计主体是指税务会计工作为之服务的特定单位或组织。纳税主体的税务活动与其他活动以及投资者个人经济业务是有区别的，只有纳税主体的税务活动才属于税务会计反映、监督的内容。换言之，企业税务会计人员只能站在企业的立场上，对企业税务活动的过程和结果予以揭示和管理。至于企业投资者的有关税务活动，则是投资者个人或另一个法人的事情，不属于这一纳税主体的活动范围。税务会计由纳税主体的基本前提所决定，这就要求企业税务会计人员既要严格依据税收法规进行计税和纳税，也要维护企业纳税人利益，经济合理地筹划和控制税款费用的发生。

2. 货币时间价值

货币时间价值通常是指货币资金由于时间的推移而能够使自身增值的效能，即今天的一元钱比若干年后收到或付出一元钱的价值要大得多。随着时间的推移，投入周转使用的资金价值将会发生增值，这种增值的能力或数额，就是货币的时间价值。这一基本前提已成为税收立法、税务征管和纳税人选择会计方法的立足点，它深刻地揭示了纳税人进行纳税筹划的内在原因，也同时说明了所得税会计中采用“债务法”进行纳税调整的必要性。

3. 纳税年度

纳税年度是指纳税人应向国家缴纳各种税款的起止时间。在我国，为了便于协调税务会计与财务会计的有关数据，应纳税年度与日历年度、财政年度、会计年度是相同的，都是每年公历 1 月 1 日起至 12 月 31 日止。在其他一些国家，应纳税年度多同于财政年度和会计年度，但却不同于日历年度，如美国大多数州是每年的 7 月 1 日起至次年的 6 月 30 日止。对于在应纳税年度期间开始营业的纳税人来说，其应纳税年度从营业开始日起至同期应纳税年度终止日止。

4. 年度会计核算

年度会计核算是指财务会计依据会计准则的规定，遵循财务会计理论的要求，在会计年度内对企业的各项经济活动运用专门的会计方法，正确、及时地记录、整理和汇总，并定期进行结账和决算，编制公允的年度财务会计报告的全过程。年度会计核算是税务会计最根本的前提，各国税制都是建立在年度会计核算期间的基础上，而不是建立在某一特定业务的基础上，课税只针对某一特定纳税期间里发生的全部事件的净结果，而不考虑当期事件在后续年度中的可能结果如何，后续事件将在其发生的年度内考虑。

（三）税务会计的原则

由于税务会计是会计领域的一个分支学科，因此财务会计中的总体要求原则、会计信息质量要求原则以及会计要素的确认与计量原则，大部分或基本上也适用于税务会计。但因税务会计与税法的特定联系，税收理论和立法中的实际支付能力原则、公平税负原则、社会效益原则等，也会非常明显地影响税务会计。根据税务会计的特点，结合财务会计原则与税收原则，可将体现在税务会计上的特定原则归纳为以下五个方面。

1. 合法性

税务会计在核算收入与费用、计算应纳税额、筹划税务活动和申报缴纳税款的过程中，一切均须以税收法规为准绳，不能违背法律。而税法因国家的政治、经济发展与政策调整会有所变更。因此，税法是有时效性的，这就要求税务会计人员应时刻关注税法的变化，坚持按现行税收法规处理业务。

2. 调整性

税务会计对财务会计的依存关系，决定了计税基础对会计账簿数据的依赖性。但税务会计与财务会计目标的分歧，又决定了两者在会计概念上的差异。为达到正确计税和及时纳税的目的，税务会计必须对财务会计处理中与现行税法不符的会计事项进行调整。因此，调整性原则是税务会计有别于其他专业会计的突出标志。

3. 公平性

税收是调整国家与企业单位、国家与个人之间经济利益的手段，税务会计则是落实税收政策、达成公平课税的工具。在税法面前，每一个纳税人的权利和义务都是平等的。因此，税务会计必须客观、真实地核算纳税人的收入与费用，只有这样，才能达到公平税负、合理负担的效果。

4. 经济性

税务会计信息具有的双向服务的特点，决定了税务会计的经济性原则也具有双向含义。即对于纳税人来讲，为了维护自身的经济利益，理应依法筹划税务活动，力求经济纳税；而对于税务机关来讲，为了实现国家的宏观管理职能，必然依法强化税收征管，以保证财政收入。因此，经济性原则就要求税务会计精确地计算纳税人应纳税额，合理地完成纳税义务。

5. 修正的权责发生制

收付实现制是指所有关于收入和费用的确认，均以现金流入或现金流出为标准。即只有收到现金的经济活动才记作收入；只有为取得收入而形成现金流出的经济活动，才作为费用。收付实现制体现了公平负税和实际支付能力的原则，是确保纳税人有能力支付应纳税

1

款而使政府获取财政收入的基础。但是,由于收付实现制不符合《企业会计准则——基本准则》的规定,一般不能用于财务会计报告目的,只适用于个人和不从事商品购销业务的中小企业的纳税申报。

权责发生制是指所有收入和费用的确认,均以权利已经形成或义务(责任)已经发生为标准,即一项收入之所以计入当期,是因为当期能取得它,所以具有享有该项收入的权利;一项费用之所以列入当期,是因为当期接受了它所提供的服务,所以负有承担该项费用的责任。权责发生制广泛应用于财务会计报告。当它被用于税务会计时,与财务会计上的权责发生制存在一些区别:❶必须考虑实际支付能力原则,使得纳税人在最有能力支付时支付税款;❷必须考虑确定性原则,使得收入和费用的实际实现具有确定性;❸必须考虑保护政府财政税收收入原则,如在收入的确认上,权责发生制的税务会计由于在一定程度上被实际支付能力原则所覆盖而包含着一定的收付实现制的方法,而在费用的扣除上,财务会计采用稳健原则列入的某些估计费用,在税务会计中则不能采用。税务会计强调"该经济行为已经发生"的限制条件,从而起到保障政府税收收入的目的。

在税法和税务会计实务中,世界上大多数国家实际采用的是修正的权责发生制原则。在美国税制中,有一条著名的定律,即克拉尼斯基定律,它可以充分说明修正的权责发生制原则的"真谛":如果纳税人的财务会计方法致使收益立即得到确认,而费用永远得不到确认,则税务当局可能会因所得税目的允许采用这种会计方法;如果纳税人的财务会计方法致使收益永远得不到确认,而费用立即得到确认,则税务当局可能会因所得税目的不允许采用这种会计方法。在该原则下,如果纳税人采用收付实现制,其发生的一次性资产租金支出,税务当局不允许将其一次扣除,而要求企业将租金资本化,在租赁期内平均摊销。如果纳税人采用权责发生制,其取得的一次性资产租金收入,税务当局则要求将租金收入全部计入当期的应税收入,而不允许在租赁期内分期确认应税收入。

四、税务会计与财务会计的比较

(一)税务会计与财务会计的联系

税务会计作为一项实质性工作并不是独立存在的,而是企业财务会计的一个特殊领域,是以财务会计为基础的,是税务中的会计,会计中的税务。税务会计既不要求企业在财务会计的凭证、账簿、报表之外再设一套会计账表,也不需要独立设置税务会计机构。企业只需要设置一套完整的会计账表,平时按财务会计准则、会计制度作会计处理,必要时按现行税法进行调整。所以,税务会计的资料来源于财务会计。同时在计量单位、使用的文字和通用的基本会计原则等方面,税务会计与财务会计都是相同的。

(二)税务会计与财务会计的区别

1. 目标不同

财务会计所提供的信息,除为综合部门及外界有关经济利益者服务外,也为企业本身的生产、经营服务;税务会计在为利害关系人提供有关纳税人税务活动的信息时,要求按现行税法和缴纳办法,依法履行纳税人的纳税义务,充分享受纳税人的权利。

2. 对象不同

企业财务会计核算和监督的对象是企业中以货币计量的全部经济事项,包括资金的投入、循环、周转、退出等过程;而税务会计核算和监督的对象只是与纳税人的纳税义务相关的经济活动，即税务活动。也就是说，原来在财务会计中有关税款的核算、申报、解缴的内容，划归税务会计，并由税务会计作为核心内容分门别类地阐述，企业财务会计只对这部分内容作必要的提示即可。

3. 核算基础、处理依据不同

税收原则与会计准则存在某些差异，其中最主要的差别在于收益实现的时间和费用的可扣减性方面。税收制度是收付实现制与权责发生制的结合，是修正的权责发生制。因为计算应税所得要考虑纳税人立即支付货币资金的能力、管理上的便利和征收当期收入的必要性，所以税务纳税年度自身存在独立性的倾向。财务会计只是遵循会计准则，依照会计制度处理各种经济业务，会计人员对某些相同的经济业务可能有不同的表述，出现不同的会计结果是正常的。而税务会计不仅要遵循一般的会计原则，更要严格按现行税法的要求进行会计处理，具有强制性、客观性、统一性。

4. 计算损益的程序不同

税收法规中包括了修正一般收益概念的社会福利、公共政策和权益条款，强调“会计所得”与“应税所得”的不同。各国所得税法都规定了法定收入项目及税法允许扣除项目，在按税法确定两者金额后，其差额即为应税所得额，税务会计以此为法定依据。在实际计算时，在会计所得的基础上调整为应税所得，是税务会计的主要内容。

自测题：
税务会计
基础认知

任务二　涉税登记

任务引例

陈光是某高等职业院校2022届会计专业毕业生。2022年5月，他在人才交流会上看到一家企业在招聘报税岗位的会计人员，于是前去应聘，被当场录用。陈光非常兴奋，但同时也感到非常困惑。作为报税岗位的会计人员，企业创办之时，在办理了工商登记，取得由市场监管部门核发加载法人和其他组织统一社会信用代码的营业执照，即“多证合一、一照一码”之后还须到税务机关办理哪些涉税事务登记？在企业后来的经营活动中，如果企业原先登记的有关信息发生变化，如何向税务机关办理变更？当企业发生解散、破产或撤销时，应如何办理注销和清税手续？

【知识准备与业务操作】

一、涉税事务登记

为改革市场准入制度，简化手续，缩短时限，2015年6月23日，国务院办公厅发布了《关于加快推进“三证合一”登记制度改革的意见》，“三证合一”登记制度是指将企业登记时依次申请，分别由工商行政管理部门核发工商营业执照、质量技术监督部门核发组织机构代码证、税务部门核发税务登记证，改为一次申请、由工商行政管理部门核发一个营业执照的登记制度。为具体落实“三证合一”登记制度改革，同年9月10日，国家税务总局发布《关于落实“三证合一”登记制度改革的通知》，就税务部门落实“三证合一”登记制度改革作出了具体部署。在全面实施工商营业执照、组织机构代码证、税务登记证“三证合一”登记制度改革的基础上，再整合社会保险登记证和统计登记证，从 2016 年 10 月 1 日起，实施“五证合一、一照一码”登记制度改革。2017 年 10 月 1 日前，全国全面推行实施“多证合一、一照一码”登记制度改革。

自 2015 年 10 月 1 日起，新设立企业和农民专业合作社领取由工商行政部门核发加载法人和其他组织统一社会信用代码（以下称“统一代码”）的营业执照后，无须再次进行税务登记，不再领取税务登记证。企业办理涉税事宜时，在完成补充信息采集后，凭加载统一代码的营业执照可代替税务登记证使用。除以上情形外，其他税务登记按照原有法律制度执行，改革前核发的原税务登记证件在 2017 年底前过渡期内继续有效，2018 年 1 月 1 日起，一律改为使用加载统一代码的营业执照，原发税务登记证件不再有效。

工商登记“一个窗口”统一受理申请后，申请材料和登记信息在部门间共享，各部门数据互换、档案互认。各级税务机关加强了与登记机关的沟通协调，确保登记信息的准确完整。各省税务机关在交换平台获取“多证合一”企业登记信息后，依据新设立企业和农民专业合作社住所按户分配至县（区）税务机关；县（区）税务机关确认分配有误的，将其退回至市（地）税务机关，由市（地）税务机关重新进行分配；省税务机关无法直接分配至县（区）税务机关的，将其分配至市（地）税务机关，由市（地）税务机关向县（区）税务机关进行分配。对于工商登记机关已采集的信息，税务登记不再重复采集；其他必要的涉税基础信息，可在新设立企业和农民专业合作社办理有关涉税事宜时及时采集，陆续补齐。发生变化的，由新设立企业和农民专业合作社直接向税务机关申报变更，税务机关及时更新税务系统中的企业信息。

已实行“多证合一、一照一码”登记模式的新设立企业和农民专业合作社，办理注销登记时，需要先向税务主管机关申报清税，填写《清税申报表》。新设立企业和农民专业合作社可向税务主管机关提出清税申报，税务机关受理后进行清税，限时办理。清税完毕后，税务机关应及时将清税结果反馈给纳税人，统一出具《清税证明》，并将信息共享到交换平台。

税务机关应当分类处理纳税人的清税申报，扩大即时办结范围。根据企业经营规模、税款征收方式、纳税信用等级指标进行风险分析，对风险低的当场办结清税手续；对于存在疑点情况的，企业也可以提供税务中介服务机构出具的鉴证报告。税务机关在核查、检查过程中发现涉嫌偷、逃、骗、抗税或虚开发票的，或者需要进行纳税调整等情形的，办理时限自然中止。在清税后，经举报等线索发现少报、少缴税款的，税务机关将相关信息传至登记机关，纳入“黑名单”管理。

过渡期间未换发“多证合一、一照一码”营业执照的企业申请注销，税务机关按原规定办理。

二、增值税一般纳税人资格登记

税收与民生：一般纳税人登记管理办法与培养诚信意识

增值税纳税人分为一般纳税人和小规模纳税人两类，其中，一般纳税人资格实行登记制，登记事项由增值税纳税人通过其主管税务机关办理，一般应具备以下条件。

（1）会计核算健全，能够准确提供税务资料。

（2）预计年应征增值税销售额达到规定标准：从 2018 年 5 月 1 日起，不再按企业类型划分，统一调整为 500 万元以上。

一般纳税人总、分支机构不在同一县（市）的，应分别向其机构所在地主管税务机关申请办理一般纳税人登记手续。

小规模纳税人会计核算健全，能够提供准确税务资料的，可以向主管税务机关申请一般纳税人登记。

任务引例解析

企业创办之时，在办理了工商登记，取得由市场监督管理部门核发加载法人和其他组织统一社会信用代码的营业执照之后，对于已经采集的信息，税务机关不再重复采集；其他必要涉税的基础信息，可在新设立企业和农民专业合作社办理有关涉税事宜时，及时采集，陆续补齐。发生变化的，由新设立企业和农民专业合作社直接向税务机关申报变更，税务机关及时更新税务系统中的企业信息。当企业发生解散、破产或撤销时，须先向税务主管机关申报清税，填写《清税申报表》。税务机关受理后进行清税，清税完毕后税务机关会及时向纳税人出具《清税证明》，并将信息共享到交换平台。

自测题：涉税登记

任务三　账证管理

任务引例

2022年4月中旬，一外地游客张某在河南省登封市红光快餐城用餐后，索要了4张面值为50元的定额发票，当刮开其中一张发票奖区后，发现自己竟中了3 000元大奖。经过咨询，张某到登封市税务局兑奖。在领奖登记时，办税人员发现张某所说的用餐饭店与发票专用章显示的饭店不符。兑奖后，办税人员请税收管理员到这家快餐城核实发票来源。经查，红光快餐城的老板吴某在当月发票用完后，向同是开饭店的朋友唐某借了一些盖有印章的发票，应付索要发票的顾客。由于该快餐城临近路边，吴某思忖着来用餐的多是外地游客，取得发票后就走了，一般不会出现问题，可谁想一张中奖发票，把吴某借发票的事情“捅”了出来。

您认为该事件中，吴某、唐某的行为对吗？若不对，需要负什么责任？税务部门将会给他们什么处理？

【知识准备与业务操作】

一、涉税账簿的设置

从事生产、经营的纳税人应当自领取营业执照之日起15日内设置账簿，一般企业要设置的涉税账簿有总分类账、明细账(按具体税种设置)及有关辅助性账簿。“应交税费——应交增值税”明细账使用特殊的多栏式账页，其他明细账使用三栏式明细账页，总分类账使用总分类账页。扣缴义务人应当自税法规定的扣缴义务发生之日起10日内，按照所代扣、代收的税种设置代扣代缴、代收代缴税款账簿。同时从事生产、经营的纳税人应当自领取加载统一代码的营业执照之日起15日内，将其企业的财务制度、会计处理办法及会计核算软件报送税务机关备案。

生产经营规模小又确无建账能力的纳税人，可以聘请注册会计师或者经税务机关认可的财会人员代为建账和办理账务；聘请上述机构或者人员有实际困难的，报经县以上税务机关批准，可以按照税务机关的规定，建立收支凭证粘贴簿、进货销货登记簿或者使用税控装置。

二、发票的领购

纳税人领取加载统一代码的营业执照后，应携带有关证件向税务机关提出领购发票的申请，然后凭税务机关发给的发票领购簿中核准的发票种类、数量以及购票方式，向税务机关领购发票。

发票是指在购销商品、提供或者接受劳务和其他经营活动中，开具、收取的收付款凭证。发票是确定经济收支行为发生的证明文件，是财务收支的法定凭证和会计核算的原始凭证，也是税务稽查的重要依据。《中华人民共和国税收征收管理法》（以下简称《税收征管法》）规定：税务机关是发票的主管机关，负责发票印制、领购、开具、取得、保管、缴销的管理和监督。发票一般分为普通发票和增值税专用发票。

（一）普通发票的领购

提示：

纳税人到外省（市、区）从事临时经营活动的，可以向临时经营活动所在地税务机关申请领购发票，在申请领购发票时，需提供保证人或者根据所领购发票的票面限额及数量缴纳不超过10 000元的保证金，并限期缴销发票。

动画视频：发票领购流程

1. 发票领购簿的申请、核发

纳税人凭加载统一代码的营业执照副本到主管税务机关处领取并填写发票领购申请审批表，同时提交如下材料：经办人身份证明（居民身份证或护照）、财务专用章或发票专用章印模及主管税务机关要求报送的其他材料。

主管税务机关发票管理环节对上述资料审核无误后，将核批的发票名称、种类、购票数量、购票方式（包括批量供应、验旧供新、交旧供新）等填写在发票领购簿上，同时对发票领购簿号码进行登记。

2. 领购普通发票

领购普通发票时，纳税人须报送加载统一代码的营业执照副本、发票领购簿及经办人身份证明，一般纳税人领购增值税普通发票还须提供税控IC卡，供主管税务机关发票管理环节在审批发售普通发票时查验，对验旧供新和交旧供新方式售票的，还须提供前次领购的发票存根联。

审验合格后，纳税人按规定支付工本费，领购发票，并审核领购发票的种类、版别和数量。

（二）增值税专用发票的领购

1. 增值税专用发票领购簿的申请、核发

增值税一般纳税人，凭增值税一般纳税人登记表，到主管税务机关发票管理环节领取并填写增值税专用发票领购簿申请书。然后提交下列资料：❶领取增值税专用发票领购簿申请书；❷加载统一代码的营业执照副本；❸办税员的身份证明；❹财务专用章或发票专用章印模；❺领取最高开票限额申请表。

主管税务机关发票管理环节对上述资料审核无误后，填写增值税专用发票领购簿，签署准购发票名称、种类、数量、面额、购票方式、保管方式等审核意见。

2. 增值税专用发票的初始发行

一般纳税人领购专用设备后，凭《最高开票限额申请表》、发票领购簿到主管税务机关办理初始发行，即主管税务机关将一般纳税人的下列信息载入空白金税卡和 IC 卡：❶企业名称；❷加载统一代码的营业执照代码；❸开票限额；❹购票限量；❺购票人员姓名、密码；❻开票机数量；❼国家税务总局规定的其他信息。

一般纳税人发生上列信息变化的，应向主管税务机关申请变更发行；发生第❷项信息变化的，应向主管税务机关申请注销发行。

3. 增值税专用发票的领购

增值税专用发票一般由县级主管税务机关发票管理环节发售，发售增值税专用发票实行验旧供新制度。

审批后日常领购增值税专用发票，须提供以下资料：❶发票领购簿；❷IC 卡；❸经办人身份证明；❹上一次发票的使用清单；❺税务部门规定的其他材料。

对资料齐备、手续齐全、符合条件而又无违反增值税专用发票管理规定行为的，主管税务机关发票管理环节予以发售增值税专用发票，并按规定价格收取发票工本费，同时开具收据交纳税人。

增值税电子发票属于增值税发票的一种，自 2016 年 1 月 1 日起使用增值税电子发票系统开具，增值税电子普通发票的开票方和受票方需要纸质发票的，可以自行打印增值税电子普通发票的版式文件，其法律效力、基本用途、基本使用规定等与税务机关监制的增值税普通发票相同。自 2020 年 12 月 21 日起，在天津、河北、上海、江苏、浙江、安徽、广东、重庆、四川、宁波和深圳等 11 个地区的新办纳税人中实行增值税专用发票电子化，这些地区开出的电子专票在全国范围内皆可接收使用。2021 年 1 月 21 日，在其余地区的新办纳税人中实行专票电子化。实行专票电子化的新办纳税人具体范围由各省、自治区、直辖市和计划单列市税务局确定。

三、发票的开具

纳税义务人在对外销售商品、提供服务以及发生其他经营活动收取款项时，必须向付款方开具发票。在特殊情况下由付款方向收款方开具发票（收款单位和扣缴义务人支付给个人款项时开具的发票），未发生经营业务一律不准开具发票。

（一）普通发票的开具要求

开具普通发票应遵守以下要求：❶发票开具应该按规定的时限，按顺序逐栏、全联、全部栏次一次性如实开具，并加盖单位财务印章或发票专用章；❷发票限于领购单位在本省、自治区、直辖市内开具；未经批准不得跨越规定的使用区域携带、邮寄或者运输空白发票；❸任何单位和个人都不得转借、转让、代开发票；未经税务机关批准，不得拆本使用发票；不得自行扩大专用发票使用范围；❹开具发票后，如果发生销货退回需要开红字发票的，必须收回原发票并注明“作废”字样，或者取得对方的有效证明；发生折让的，在收回原发票并注明“作废”字样后，重新开具发票。

动画视频：
增值税网上
开票现场操作

（二）增值税专用发票的开具要求

开具增值税专用发票时，除要遵守普通发票的开具要求外，还要遵守以下规定：❶项目齐全，与实际交易相符；❷字迹清楚，不得压线、错格；❸发票联和抵扣联加盖财务专用章或者发票专用章；❹按照增值税纳税义务的发生时间开具。

任务引例解析

任务引例中，唐某把发票私自借给吴某违反了国务院2019年3月2日颁布的《中华人民共和国发票管理办法》（国务院令第709号）第24条中“任何单位和个人不得转借、转让、介绍他人转让发票、发票监制章和发票防伪专用品”的规定，这是违法行为。税务部门可以根据《中华人民共和国发票管理办法》第39条的有关规定，给唐某和吴某处10 000元以上50 000元以下的罚款；情节严重的，处50 000元以上500 000元以下的罚款；有违法所得的予以没收。

四、账证的保管

单位和个人领购使用发票，应建立发票使用登记制度，设置发票登记簿，定期向主管税务机关报告发票的使用情况。增值税专用发票应专人保管，在启用前要检查有无缺号、串号、缺联以及有无防伪标志等情况，如发现问题应整本退回税务机关，并设立发票分类登记簿以记录增值税专用发票的购、领、存情况，每月进行检查统计并向税务机关汇报。

对已开具的发票存根和发票登记簿要妥善保管，保存期为五年，保存期满需要经税务机关查验后销毁。

纳税人、扣缴义务人必须按有关规定保管会计档案，自2016年1月1日起，会计凭证、账簿保管30年，月度、季度财务会计报告和纳税申报表保管10年，年度财务会计报告永久保管，不得伪造、变造或者擅自销毁。

自测题：
账证管理

任务四 纳 税 申 报

任务引例

浙江省杭州市萧山区国税局在对上海某钢铁公司萧山分公司2020年、2021年涉税情况进行检查时发现，该分公司除隐匿销售收入140 973.83元之外，还将每月25日结账后发生的销售额延至下一个纳税期申报，而未并入当月申报，造成部分税款滞纳。该区国税局依法追缴税款27 051.37元，并处以相应罚款，同时加收滞纳金55 236.37元，在加收的滞纳金中，有51 203.58元是由于过期申报造成的。

这一事件中，该公司由于过期申报而受到区国税局的处罚，你认为正确吗？

【知识准备与业务操作】

一、正常纳税申报

纳税申报是指纳税人、扣缴义务人、代征人为正常履行纳税、扣缴税款义务，就纳税事项向税务机关提出书面申报的一种法定手续。进行纳税申报是纳税人、扣缴义务人、代征人必须履行的义务。

（一）纳税申报主体

凡是按照国家法律、行政法规的规定负有纳税义务的纳税人或代征人、扣缴义务人（含享受减免税的纳税义务人），无论本期有无应纳、应缴税款，都必须按税法规定的期限如实向主管税务机关办理纳税申报。

纳税人应指派专门办税人员持《办税员证》办理纳税申报。纳税人必须如实填报纳税申报表，并加盖单位公章，同时按照税务机关的要求提供有关纳税申报资料，纳税人应对其申报的内容，承担完全的法律责任。

（二）纳税申报方式

一般来说，纳税申报主要有直接申报（上门申报）、邮寄申报、电子申报、简易申报和其他申报等方式。

直接申报是目前最常用的申报方式，由纳税人和扣缴义务人在法定税款征收期内自行到税务机关报送纳税申报表和其他有关纳税申报资料。

邮寄申报是指经税务机关批准的纳税人、扣缴义务人使用统一规定的纳税申报特快专递专用信封，通过邮政部门办理交寄手续，并向邮政部门索取收据作为申报凭证的方式。

电子申报是指经税务机关批准的纳税人通过电子系统联网的计算机终端按照规定和系统发出的指示输入内容的纳税申报。纳税人采用电子方式办理纳税申报的，应当按照税务机关规定的期限和要求保存有关资料，并定期书面报送主管税务机关。

简易申报是指实行定期定额纳税的纳税人，经税务机关批准，通过以缴纳税款凭证代替申报或简并征期的一种申报方式。

其他申报是指纳税人、扣缴义务人采用直接申报、邮寄申报、电子申报、简易申报以外的方法向税务机关办理纳税申报或者报送代扣代缴、代收代缴报告表。

（三）纳税申报期限

纳税申报期限是法律、行政法规规定的或者税务机关依照法律、行政法规的规定确定的纳税人、扣缴义务人向税务机关申报应纳或应解缴税款的期限。

纳税申报期限是根据各个税种的特点确定的，各个税种的纳税期限因其征收对象、计税环节的不同而不尽相同；同一税种，也可以因为纳税人的生产经营情况不同、财务会计核算不同、应纳税额不同等因素，而申报期限不一样。纳税人的具体纳税期限，由主管税务机关按各税种的有关规定确定；不能按照固定期限纳税的，可以按次纳税。

纳税申报期限内遇有法定休假日的，申报期限依法向后顺延。纳税人、扣缴义务人办理纳税申报期限的最后一日是法定休假日的，以休假日期满的次日为最后一日；在期限内有连续 3 日以上法定休假日的，按休假日天数顺延。

（四）纳税申报应报送的有关资料

纳税人依法办理纳税申报时，应向税务机关报送纳税申报表及规定报送的各种附表资料、异地完税凭证、财务报表以及税务机关要求报送的其他有关资料。

代扣代缴义务人发生代扣代缴义务，在其第一次向税务机关报送资料时，需领取并填写代扣代缴义务人情况表一式二份（一份税务机关留存，一份扣缴义务人留存），由税务机关确认代扣税种、代扣税种的税目或品目、代扣期限、结缴期限、征收率（单位税额）等有关事宜。如代扣代缴义务人的代扣代缴情况发生变化，则须到税务机关重新领取并填写代扣代缴义务人情况表。

（五）滞纳金和罚金

我国税法规定，纳税人未按规定纳税期限缴纳税款的、扣缴义务人未按规定期限解缴税款的，税务机关除责令限期缴纳外，从滞纳税款之日起，按日加收滞纳税款0.5‰的滞纳金。

税法还规定，纳税人发生违章行为的，按规定可以处一定数量的罚款。企业支付的各种滞纳金、罚款等不得列入成本费用，不得在税前列支，应当计入企业的营业外支出。

任务引例解析

根据国家《税收征管法》及相关法规规定，无论企业的会计结账日提前或延后，都不影响企业按照税法规定的申报期限进行纳税申报，任务引例中的上海某钢铁公司萧山分公司会计人员为了贪图方便，将当月25日以后发生的业务收入不合并在当月进行纳税申报，导致分公司多支付了5万多元的滞纳金，本来这样的事件是完全可以避免的。

二、延期申报与零申报

（一）延期申报

延期申报是指纳税人、扣缴义务人不能按照税法规定的期限办理纳税申报或扣缴税款申报。经申请由税务机关批准可适当推延时间进行纳税申报。造成延期申报的原因有主观原因和客观原因。凡纳税人或扣缴义务人完全出于主观原因或有意拖缴税款而不按期办理纳税申报的，税务机关可视违法行为的轻重，给予处罚。纳税人、扣缴义务人延期申报，主要有两方面特殊情况：❶因不可抗力的因素，需要办理延期申报。不可抗力的因素是指不可避免和无法抵御的自然灾害；❷因财务会计处理上的特殊情况，导致不能办理纳税申报而需要延期申报。出现这种情况，一般是由于账务未处理完，不能计算应纳税款。纳税人、扣缴义务人按期办理纳税申报或者报送代扣代缴、代收代缴税款报告表确有困难，需要延期申报的，应当在规定的纳税申报期限内提出书面申请，报请税务机关批准，并在核准期内办理纳税申报。主管税务机关视其具体情况批准延长期限。

根据审批意见，制发《核准延期申报通知书》；当场或在规定时间内发给纳税人《核准延期申报通知书》，并告知纳税人按上期实际缴纳税款或按税务机关核定的税额预缴税款。未核准的，在《延期申报申请审批表》上签署意见后连同有关资料退回给纳税人，并告知其按规定要求申报缴纳税款。纳税人则应按税务机关的要求进行申报纳税。

（二）零申报

自测题：纳税申报

零申报是纳税人在规定的纳税申报期内按照计税依据计算申报的应纳税额为零（企业所得税的纳税人在申报期内应纳税所得额为负数或零）而向税务机关办理的申报行为。纳税人和扣缴义务人在有效期间内，没有取得应税收入或所得，没有应缴税款发生，或者已办理加载统一代码的营业执照但未开始经营或者开业期间没有经营收入的纳税人，除已办理停业审批手续的以外，必须按规定的纳税申报期限进行零申报。纳税人进行零申报，应在申报期内向主管税务机关正常报送纳税申报表及有关资料，并在纳税申报表上注明“零”或“无收入”字样。

任务五 税款缴纳

企业办理了纳税申报以后，需要缴纳税款，办税人员应根据企业的具体情况选择合适的税款缴纳方法。当企业发生税款减、免、退还时，应如何办理？国家在征税时会采取哪些征收措施？纳税人和扣缴义务人在缴税过程中须负哪些法律责任？

【知识准备与业务操作】

一、税款征收方式

税款征收方式是指税务机关根据各税种的不同特点和纳税人的具体情况而确定的计算、征收税款的形式。我国税款征收方式主要有以下四种。

（一）查账征收

查账征收是指税务机关按照纳税人提供的账表所反映的经营情况，依照适用的税率计算缴纳税款的方法。其具体步骤包括：先由纳税人在规定的纳税期限内，填写纳税申报表向税务机关办理纳税申报，经税务机关审查核实后，填写缴款书，并由纳税人到当地开户银行（国库）缴纳税款。这种征收方式适用于账簿、凭证和财务会计核算比较健全的纳税人。

（二）查定征收

查定征收是指由税务机关依据纳税人的生产设备、生产能力、从业人员数量和正常情况下的生产销售情况，对其生产的应税产品实行查定产量、销售量或销售额，依率计征的一种征收方法。它适用于生产不固定、账册不健全的纳税人。

（三）查验征收

查验征收是指税务机关对某些零星、分散的高税率货物，在纳税人申报缴税时，由税务机关派人到现场实地查验，并贴上查验标记或盖上查验戳记，据以计算征收税款的一种征收方法。

（四）定期定额

定期定额是指税务机关对一些营业额和所得额难以准确计算的纳税人，采取由纳税人自报自议，由税务机关核定一定时期的营业额和所得税征收率，实行多税种合并征收的一种征收方式。纳税人在核定期内营业额达到或超过核定定额的20％～30％时，应及时向税务机关申报调整定额。它一般适用于小型的个体工商户。

二、税款缴纳方式

（一）纳税人直接向国库经收处缴纳税款

纳税人在申报前，先向税务机关领取税票，自行填写，然后到国库经收处缴纳税款，以国库经收处的回执联和纳税申报等资料，向税务机关申报纳税。这种方式适用于在设有国库经收处的银行和其他金融机构处有开设账户的纳税人。

(二) 税务机关自收税款并办理入库手续

这是指由税务机关直接收取税款并办理入库手续的缴纳方式，适用于由税务机关代开发票的纳税人缴纳的税款；临时发生的纳税义务，须向税务机关直接缴纳税款；税务机关采取强制执行措施的，以拍卖所得或变卖所得缴纳税款。

(三) 代扣代缴

代扣代缴是指按照税法规定负有扣缴税款义务的单位和个人，负责对纳税人应纳的税款进行代为扣缴的一种方式，即由支付人在向纳税人支付款项时，从所支付款项中依法直接扣收税款并代为缴纳。其目的是对零星分散、不易控管的税源进行源泉控制。如单位在支付个人工资薪金时，须依法代扣其应纳的个人所得税。

(四) 代收代缴

代收代缴是指按照税法规定负有收缴税款义务的单位和个人，负责对纳税人应纳的税款进行代收代缴的一种方式，即由与纳税人有经济业务往来的单位和个人在向纳税人收取款项时依法收取税款并代为缴纳。其目的在于对税收网络覆盖不到或者难以控管的领域进行源头控制。如受托加工应交消费税的消费品，由受托方代收代缴消费税。

(五) 委托代征

委托代征是指受托的有关单位按照税务机关核发的代征证书要求，以税务机关的名义向纳税人征收一些零散税款的方式。目前，各地对零散、不易控管的税源，大多是委托街道办事处、居委会、乡政府、村委会及交通管理部门等代征税款。

(六) 其他方式

随着现代技术的发展，新的税款缴纳方式不断出现，如利用网络、IC 卡纳税等，主要适用于采用电子方式办理税款缴纳的纳税人。

三、税款缴纳程序

(一) 正常缴纳税款

税款缴纳程序因征收方式的不同而有所不同。一般来说是由纳税义务人、扣缴义务人直接向国库或者国库经收处缴纳，也可以由税务机关自收或者委托代征税款。如果是由税务机关自收或者委托代征税款，则应由税务机关填制汇总缴纳书，随同税款一同缴入国库经收处。国库经收处收纳的税款，随同缴款书划转入国库后，才完成了税款征收手续。无论采取哪种缴纳程序，征缴税款后，税务机关必须给纳税人开具完税凭证——中华人民共和国税收缴款书(盖有国库经收处收款章)或者税收完税证。

(二) 延期缴纳税款

纳税人或扣缴义务人必须按法律、法规规定的期限缴纳税款，但有特殊困难不能按期缴纳税款的，按照《税收征管法》的规定，可以申请延期缴纳税款。

纳税人申请延期缴纳税款应符合下列条件之一，并提供相应的证明材料：❶水、火、风、冰雹、海潮、地震等自然灾害的灾情报告；❷可供纳税的现金、支票以及其他财产遭受查封、冻结、偷盗、抢劫等意外事故，由法院或公安机关出具的执行通告或事故证明；❸国家经济政策调整的依据；❹货款拖欠情况说明及所有银行账号的银行对账单、资产负债表。

纳税人延期缴纳税款申报的操作程序分为两步：

(1) 向主管税务机关填报《延期缴纳税款申请审批表》进行书面申请。

(2) 主管税务机关审核无误后，必须经省（自治区、直辖市）税务局批准方可延期缴纳税款。

需要注意的是，延期期限最长不能超过 3 个月，且同一笔税款不得滚动审批。

四、税款的减免、退还与追征

（一）税款的减免

按照税法的规定，纳税人可以用书面形式向税务机关申请减税、免税，但减税、免税申请必须经法律、行政法规规定的减免税审批机关审批，程序如下：

(1) 企业申请。符合减免条件的企业，应在规定的期限内向所在地主管税务机关提交申请减免税报告，详细说明该单位的基本情况、相关指标、减免条件、政策依据以及要求减免的税种、金额、期限等，并填写纳税单位减免税申请书。

(2) 调查核实。主管税务机关在收到企业提交的申请后 15 日内派人员深入企业进行调查，核实企业实际情况。对不符合条件者以书面形式通知申请企业；对申请报告数据不实或不完善者，以书面形式告知并退回申请书，要求限期重报；对符合条件者，在纳税单位减免税申请书中注明调查核实意见，详细说明减免条件、减免依据等，加盖公章后上报减免税管理部门审批。

(3) 研究审批。减免税管理部门研究决定通过后，由经办人签署意见，并由主管领导审核后加盖公章，然后按减免税审批权限审批。

(4) 纳税人领取减免税审批通知。

（二）税款的退还

退税的前提是纳税人已经缴纳了超过应纳税额的税款。退税情形有两种：一是技术差错和结算性质的退税；二是为加强对收入的管理，规定纳税人先按应纳税额如数缴纳入库，经核实后再从中退还应退的部分。

(1) 退还的方式。可以是税务机关发现后立即退还，也可以是纳税人发现后申请退还。

(2) 退税的时限要求：❶税务机关发现的多征税款，无论多长时间都必须退还给纳税人；❷纳税人发现的多征税款，可以自结算缴纳税款之日起 3 年内要求退还；❸税务机关发现纳税人多缴税款的，应当自发现之日起 10 日内办理退还手续；纳税人发现多缴税款，要求退还的，税务机关应当自接到纳税人退还申请之日起 30 日内查实并办理退还手续，也可以按照纳税人的要求抵缴下期应纳税款。

(3) 纳税人申请退税须报送的资料和证件主要有加载统一代码的营业执照副本、退税申请表一式三份、有关的税款缴纳凭证及纳税申报表。

（三）税款的追征

追征税款是指在实际的税款征缴过程中，由于征纳双方的疏忽、计算错误等原因造成的纳税人、扣缴义务人未缴或者少缴税款，税务机关依法对未征少征的税款要求补缴，对未缴少缴的税款进行追征的制度。

（1）追征税款的范围：❶税务机关适用税收法律、行政法规不当或者执法行为违法造成的未缴或少缴税款；❷纳税人、扣缴义务人非主观故意的计算错误以及明显笔误造成的未缴、少缴税款；❸逃税、骗税和抗税造成的未缴、少缴税款。

（2）追征税款的时限：❶因税务机关的责任，致使纳税人、扣缴义务人未缴或者少缴税款的，税务机关应在 3 年内要求纳税人、扣缴义务人补缴税款；❷因纳税人、扣缴义务人计算错误等失误，未缴或者少缴税款的，税务机关应在 3 年内追征税款、滞纳金；有特殊情况的，追征期可以延长到 5 年。“特殊情况”是指纳税人或者扣缴义务人因计算错误等失误，未缴或者少缴、未扣或者少扣、未收或者少收税款，累计数额在 10 万元以上的；❸对逃税、抗税、骗税的行为，税务机关可以无限期追征其未缴或者少缴的税款、滞纳金或者所骗取的税款。

五、税款征收的措施

税收与民生：税收征管与懂法守法

（一）税收保全措施

税收保全措施是指税务机关对可能由于纳税人的行为或某种客观原因，致使以后税款的征收不能保证或难以保证的案件，采用限制纳税人处理或转移商品、货物或其他财产的措施。《税收征管法》规定，税务机关有根据认为从事生产、经营的纳税人有逃避纳税义务行为的，可以在规定的纳税期限之前，责令限期缴纳税款；在限期内有明显的转移、隐匿其应纳税的商品、货物以及其他财产或者应纳税的收入的迹象的，税务机关可以责成其提供纳税担保。如果纳税人不能提供纳税担保，经县以上税务局（分局）局长批准，税务机关可以采取下列税收保全措施：一是书面通知纳税人开户银行或其他金融机构冻结纳税人的金额相当于应纳税款的存款；二是扣押、查封纳税人价值相当于应纳税款的商品、货物或者其他财产。纳税人在税款规定的限期内缴纳税款的，税务机关必须立即解除税收保全措施；限期满仍未缴纳税款的，经县以上税务局（分局）局长批准，税务机关可以书面通知纳税人开户银行或其他金融机构，从其冻结的存款中扣缴税款，或依法拍卖或变卖所扣押、查封的商品、货物或其他财产，以拍卖或变卖所得抵缴税款。采取税收保全措施不当，或纳税人在期限内已缴纳税款，税务机关未立即解除税收保全措施，使纳税人的合法利益遭受损失的，税务机关应当承担赔偿责任。

（二）税收强制执行措施

《税收征管法》规定，从事生产、经营的纳税人、扣缴义务人未按照规定期限缴纳税款或解缴税款，纳税担保人未按照规定期限缴纳所担保的税款，由税务机关责令限期缴纳，逾期仍未缴纳的，经县以上税务局（分局）局长批准，税务机关可以采取下列强制执行措施：一是书面通知其开户银行或其他金融机构从其存款中扣缴税款；二是扣押、查封、依法拍卖或变卖其价值相当于应纳税款的商品、货物或其他财产，以拍卖或变卖所得抵缴税款。

（三）税务检查

《税收征管法》规定，税务机关有权进行下列税务检查：检查纳税人的账簿、记账凭证、报表和有关资料，检查扣缴义务人代扣代缴、代收代缴税款账簿、记账凭证和有关资料；到纳税人的生产、经营场所和货物存放地检查纳税人应纳税商品、货物或其他财产，检查扣缴义务人与代扣代缴、代收代缴税款有关的经营情况；责成纳税人、扣缴义务人提供与纳税或代扣代缴、代收代缴税款有关的问题和情况；询问纳税人、扣缴义务人与纳税或代扣代缴、代收代缴税款有关的问题和情况；到车站、码头、机场、邮政企业及其分支机构检查纳税人托运、邮寄应纳税商品、货物或其他财产的有关单据、凭证和有关资料；经县以上税务局（分局）局长批准，凭全国统一格式的检查存款账户许可证明，查询从事生产、经营的纳税人、扣缴义务人在银行或其他金融机构的存款账户。

税务机关在调查税收违法案件时，经设区的市、自治州以上的税务局（分局）局长批准，可以查询涉嫌人员的储蓄存款。税务机关查询所获得的资料，不得用于税收以外的用途。

税务机关依法进行税务检查时，有权向有关单位和个人调查纳税人、扣缴义务人和其他当事人与纳税或代扣代缴、代收代缴税款有关的情况，有关单位和个人有义务向税务机关如实提供有关资料及证明材料。税务机关调查税务案件时，对与案件有关的情况和资料，可以记录、录音、录像、照相和复制。

税务机关派出的人员进行税务检查时，应当出示税务检查证和税务检查通知书，并有责任为被检查人保守秘密；未出示税务检查证和税务检查通知书的，被检查人有权拒绝检查。纳税人、扣缴义务人必须接受税务机关依法进行的税务检查，如实反映情况，提供有关资料，不得拒绝、隐瞒。

六、税收法律责任

《税收征管法》关于纳税人、扣缴义务人的税收法律责任主要有：

（一）未按规定申报及进行账证管理行为的法律责任

（1）纳税人有下列行为之一的，由税务机关责令限期改正，可处 2 000 元以下的罚款；情节严重的，处 2 000 元以上 10 000 元以下的罚款：未按规定设置、保管账簿或保管记账凭证和有关资料的；未按规定将财务、会计制度或财务处理办法和会计核算软件报送税务机关备查的；未按规定将其全部银行账号向税务机关报告的；未按规定安装、使用税控装置的。

（2）扣缴义务人未按规定设置、保管代扣代缴、代收代缴税款账簿或未按规定保管代扣代缴、代收代缴税款记账凭证及有关资料的，由税务机关责令限期改正，可处 2 000 元以下的罚款；情节严重的，处 2 000 元以上 5 000 元以下的罚款。

（3）纳税人未按规定期限办理纳税申报和报送纳税资料的，或扣缴义务人未按规定期限向税务机关报送代扣代缴、代收代缴税款报告表和有关资料的，由税务机关责令限期改正，可处 2 000 元以下的罚款；情节严重的，可处 2 000 元以上 10 000 元以下的罚款。

（4）纳税人、扣缴义务人编造虚假计税依据的，由税务机关责令限期改正，并处 50 000 元以下的罚款。纳税人不进行纳税申报，不缴或少缴应纳税款的，由税务机关追缴其不缴或少缴的税款、滞纳金，并处不缴或少缴税款 50%以上 5 倍以下的罚款。

（二）对逃税行为的认定及其法律责任

逃税行为是纳税人伪造、变造、隐匿、擅自销毁账簿、记账凭证，或在账簿上多列支出或不列、少列收入，或经税务机关通知申报而拒不申报或进行虚假的纳税申报，不缴或少缴应纳税款的行为。对纳税人的逃税行为，由税务机关追缴其不缴或少缴的税款、滞纳金，并处以不缴或少缴税款 50%以上 5 倍以下的罚款；构成犯罪的，依法追究刑事责任。此项处罚规定也适用于扣缴义务人不缴或少缴已扣、已收的税款。

《中华人民共和国刑法》(以下简称《刑法》)规定，对逃税数额占应纳税额10%以上不满30%并且逃税数额在1万元以上不满10万元的，或因逃税被税务机关二次行政处罚又逃税的，处3年以下有期徒刑或拘役，并处逃税数额1倍以上5倍以下罚金；逃税数额占应纳税额30%以上并且逃税数额在10万元以上的，处3年以上7年以下有期徒刑，并处逃税数额1倍以上5倍以下罚金。对扣缴义务人采取前款所列手段，不缴或少缴已扣、已收税款，数额占应缴税额10%以上并且数额在1万元以上的，依照前款的规定处罚。对多次犯有前两款行为，未经处理的，按照累计数额计算。

(三) 逃避追缴欠税行为的法律责任

纳税人欠缴应纳税款，采取转移或隐匿财产的手段，妨碍税务机关追缴欠缴税款的，由税务机关追缴其欠缴的税款、滞纳金，并处欠缴税款50%以上5倍以下的罚款；构成犯罪的，依法追究刑事责任。

(四) 骗取出口退税行为的法律责任

以假报出口或其他欺骗手段，骗取国家出口退税的行为，由税务机关追缴其骗取的退税款，并处以骗取税款1倍以上5倍以下的罚款；构成犯罪的，依法追究其刑事责任。对骗取国家出口退税的行为，税务机关可以在规定期间停止为其办理出口退税业务。

《刑法》规定，以假报出口或其他欺骗手段，骗取国家出口退税款，数额较大的，处5年以下有期徒刑或拘役，并处以骗取税款1倍以上5倍以下罚金；数额巨大或有其他严重情节的，处5年以上10年以下有期徒刑，并处以骗取税款1倍以上5倍以下的罚金；数额特别巨大或有其他特别严重情节的，处10年以上有期徒刑或无期徒刑，并处以骗取税款1倍以上5倍以下罚金或没收财产。

(五) 抗税行为的法律责任

抗税是指以暴力、威胁方法拒不缴纳税款的行为。纳税人抗税，除由税务机关追缴其拒缴的税款、滞纳金外，依法追究刑事责任，情节轻微，未构成犯罪的，由税务机关追缴其拒缴税款1倍以上5倍以下的罚款。

《刑法》规定，以暴力、威胁方法拒不缴纳税款的，处3年以下有期徒刑或拘役，并处拒缴税款1倍以上5倍以下罚金；情节严重的，处3年以上7年以下有期徒刑，并处拒缴税款1倍以上5倍以下罚金。

(六) 扣缴义务人不履行扣缴义务的法律责任

扣缴义务人应扣未扣、应收未收税款的，由税务机关向纳税人追缴税款，对扣缴义务人处以应扣未扣、应收未收税款50%以上3倍以下的罚款。

(七) 不配合税务机关依法检查的法律责任

纳税人、扣缴义务人逃避、拒绝或以其他方式阻挠税务机关检查的，由税务机关责令改正，可处1万元以下的罚款；情节严重的，处1万元以上5万元以下的罚款。

(八) 有税收违法行为而拒不接受税务机关处理的法律责任

从事生产、经营的纳税人、扣缴义务人有税收违法行为，拒不接受税务机关处理的，税务机关可以收缴其发票或停止向其发售发票。

自测题：
税款缴纳

项目小结

税务会计工作流程认知内容结构如图 1-1 所示。

- 税务会计工作流程认知
  - 税务会计基础认知
    - 税收的性质：税收的概念(税收“三性”)、职能、体系、分类
    - 税制构成的基本要素：纳税人，征税对象，税率，纳税环节和纳税地点，纳税时间，减税免税，附加与加成，法律责任
    - 税务会计的性质：概念、对象、目标、职能、基本前提、原则
    - 税务会计与财务会计的比较：两者的联系、两者的区别
  - 涉税登记
    - 涉税事务登记
    - 增值税一般纳税人资格登记
  - 账证管理
    - 涉税账簿的设置
    - 发票的领购：普通发票的领购、增值税专用发票的领购
    - 发票的开具：普通发票的开具要求、增值税专用发票的开具要求
    - 账证的保管：5 年、10 年、30 年、永久
  - 纳税申报
    - 申报内容：申报表、其他申报材料
    - 申报方式：直接申报、邮寄申报、电子申报、简易申报、其他申报
    - 申报期限：税款期限、申报期限
    - 延期申报：延长期最长不超过 1 个月
  - 税款缴纳
    - 税款征收方式：4 种
    - 税款缴纳方式：6 种
    - 税款缴纳程序：正常缴纳、延期缴纳
    - 税款的减免、退还与追征：减免、退还、追征
    - 税款征收的措施：保全措施、强制执行措施、税务检查
    - 税收法律责任：8 种情况

图 1-1　税务会计工作流程认知内容结构图

项目二　增值税会计业务操作

【职业能力目标】

1. 掌握增值税的基本法律知识；能判断哪些业务应当征收增值税，能选择适用税率。

2. 掌握增值税应纳税额的计算方法，能根据业务资料正确计算增值税一般纳税人的进项税额、销项税额和当期应纳税额；能计算小规模纳税人的应纳增值税税额。

3. 能根据经济业务进行增值税一般纳税人与小规模纳税人的涉税会计业务处理。

4. 掌握增值税及附加税费申报表的填制方法，能根据业务资料填制增值税一般纳税人与小规模纳税人的纳税申报表，并能进行增值税网上申报。

5. 能用"免、抵、退"方法计算增值税应免抵和应退的税款，熟悉出口货物增值税退(免)税的会计处理，会办理出口货物退(免)增值税工作。

【典型工作任务】

1. 增值税纳税人的判定，征税对象的确定。

2. 具体适用税率的选择，增值税优惠政策的运用。

3. 计税销售额的确定，增值税一般纳税人销项税额、进项税额和当月应纳税额的计算。

4. 小规模纳税人应纳税额的计算。

5. 增值税涉税业务的会计核算。

6. 增值税及附加税费申报表及相关附列资料的填制。

7. 增值税出口退税额的计算及出口退税的办理。

【教授寄语】

我们要弘扬敬业奉献的精神，培养团队合作能力，提升个人的职业道德修养。

任务一　增值税纳税人和征税范围的确定

2

任务引例

浙江安大木地板有限责任公司属于增值税一般纳税人，主营销售各种木地板业务，兼营木地板安装服务，下设三个部门：采购部门、安装部门和销售部门。采购部门负责采购木地板；安装部门负责安装木地板，2022 年 7 月安装木地板收入 60 万元，其中安装自己销售的地板收入 35 万元，安装其他企业的地板收入 25 万元；销售部门负责销售木地板，其收支均由公司实行统一核算。销售部门的收入由销售木地板收入、销售复合地板收入和销售实木地板收入组成，2022 年 7 月销售木地板收入 150 万元，销售复合地板收入 120 万元，销售实木地板收入 180 万元。

浙江安大木地板有限责任公司销售木地板、复合地板和实木地板以及安装木地板的服务收入应当如何进行税务处理？

【知识准备与业务操作】

增值税在我国开征虽然不到 40 多年，但已是我国第一大税种，现占到全部税收收入的 60%以上，与多数企业息息相关，熟悉增值税业务十分重要。增值税许多业务又与今后要学的其他税种联系在一起，不同的纳税人适用不同的税收政策、不同的税率，因此，在学习增值税时，首先要搞懂增值税的纳税人和征税对象。

一、增值税纳税人的确定

增值税是以增值额为课税对象而征收的一种流转税，根据税法规定，在我国境内从事销售货物或者提供加工、修理修配劳务、销售服务、无形资产或者不动产，以及进口货物的单位和个人均为增值税的纳税人。2013 年 8 月 1 日起陆续在全国范围内对交通运输业、邮政业、电信业和部分现代服务业实行营业税改征增值税的试点工作（以下简称“营改增”），2016 年 5 月 1 日起，在全国范围内全面推开营改增试点工作，至此，试点纳税人包括提供运输服务、邮政服务、电信服务、建筑服务、金融服务、现代服务、生活服务（以下简称“销售服务”）和销售无形资产、不动产的单位和个人。

单位是指企业、行政单位、事业单位、军事单位、社会团体及其他单位；个人是指个体工商户和其他个人。

单位以承包、承租、挂靠方式经营的，承包人、承租人、挂靠人（以下统称“承包人”）以发包人、出租人、被挂靠人（以下统称“发包人”）名义对外经营并由发包人承担相关法律责任的，以该发包人为纳税人。否则，以承包人为纳税人。

在我国境外的单位或者个人在境内发生应税行为，在境内未设有经营机构的，购买方为增值税扣缴义务人。

为了严格增值税的征收管理和对某些经营规模小的纳税人简化计税办法，将纳税人按其经营规模大小及会计核算健全与否划分为小规模纳税人和一般纳税人。

2

提示：

所谓年应税销售额，是指纳税人在连续不超过12个月或4个季度的经营期内累计应征增值税销售额，包括纳税申报销售额、稽查查补销售额、纳税评估调整销售额。销售服务、无形资产或者不动产有扣除项目的纳税人，其应税行为年应税销售额按未扣除之前的销售额计算。纳税人偶然发生的销售无形资产、转让不动产的销售额，不计入应税行为年应税销售额。如果该销售额为含税的，应按照适用税率或征收率换算为不含税的销售额。

（一）小规模纳税人

小规模纳税人是指年应税销售额在规定标准以下，并且会计核算不健全，不能按规定报送有关税务资料的增值税纳税人。

小规模纳税人年应征增值税销售额的标准从2018年5月1日起不再按企业类型划分，统一调整为500万元及以下。

年应税销售额超过规定标准的其他个人不属于一般纳税人，年应税销售额超过规定标准但不经常发生应税行为的单位和个体工商户可选择按小规模纳税人纳税。

小规模纳税人不能抵扣增值税进项税额，按简易计税办法计算缴纳增值税。发生应税行为，购买方索取增值税专用发票的，可以自愿使用增值税发票管理系统自行开具。

年应税销售额未超过规定标准的纳税人，会计核算健全，能够提供准确税务资料的，可以向主管税务机关办理一般纳税人资格登记，成为一般纳税人。

（二）一般纳税人

一般纳税人是指应税行为的年应征增值税销售额超过财政部和国家税务总局规定标准的纳税人。

下列纳税人不办理一般纳税人登记：

（1）按照政策规定，选择按照小规模纳税人纳税的（包括非企业性单位），不经常发生应税行为的单位和个体工商户。

（2）年应税销售额超过规定标准的其他个人。

除国家税务总局另有规定外，一经登记为一般纳税人后，不得转为小规模纳税人。

二、增值税征税范围的确定

增值税的征收范围为在我国境内销售货物、提供应税劳务和销售服务、无形资产、不动产及进口货物。

（一）征税范围的一般规定

1. 销售货物

这里所称货物是一个增值税法规中的特定概念，是指有形动产，包括电力、热力、气体在内。销售货物是指有偿转让货物的所有权，能从购买方取得货币、货物或其他经济利益。境内销售货物，是指所销售货物的起运地或所在地在我国境内。

2. 提供加工、修理修配劳务

所谓加工，是指受托加工货物，即由委托方提供原料及主要材料，受托方按照委托方的要求制造货物并收取加工费的业务。所谓修理修配，是指受托方对损伤和丧失功能的货物进行修复，使其恢复原状和功能的业务。境内提供应税劳务，是指所提供的应税劳务发生在我国境内。

3. 销售服务、无形资产或不动产

"销售服务、无形资产或者不动产"是指有偿提供服务、有偿转让无形资产或者不动产，但属于下列非经营活动的情形除外：❶行政单位收取的同时满足相关条件的政府性基金或者行政事业性收费；❷单位或者个体工商户聘用的员工为本单位或者雇主提供取得工资的服务；❸单位或者个体工商户为聘用的员工提供服务；❹财政部和国家税务总局规定的其他情形。

"在境内销售服务、无形资产或不动产"是指：❶服务（租赁不动产除外）或者无形资产（自然资源使用权除外）的销售方或者购买方在境内；❷所销售或者租赁的不动产在境内；❸所销售自然资源使用权的自然资源在境内。

下列情形不属于在境内销售服务或者无形资产：❶境外单位或者个人向境内单位或者个人销售完全在境外发生的服务；❷境外单位或者个人向境内单位或者个人销售完全在境外使用的无形资产；❸境外单位或者个人向境内单位或者个人出租完全在境外使用的有形动产。

2

（1）销售服务。

销售服务，是指提供交通运输服务、邮政服务、电信服务、建筑服务、金融服务、现代服务、生活服务。

❶ 交通运输服务。这是指利用运输工具将货物或者旅客送达目的地，使其空间位置得到转移的业务活动。包括陆路运输服务、水路运输服务、航空运输服务和管道运输服务。

A. 陆路运输服务。这是指通过陆路（地上或者地下）运送货物或者旅客的运输业务活动，包括铁路运输、公路运输、缆车运输、索道运输、地铁运输、城市轻轨运输等。出租车公司向使用本公司自有出租车的出租车司机收取的管理费用，按陆路运输服务缴纳增值税。

B. 水路运输服务。这是指通过江、河、湖、川等天然、人工水道或者海洋航道运送货物或者旅客的运输业务活动。水路运输的程租、期租业务，属于水路运输服务。

C. 航空运输服务。这是指通过空中航线运送货物或者旅客的运输业务活动。航空运输的湿租业务，属于航空运输服务。航天运输服务按照航空运输服务征收增值税。

D. 管道运输服务。这是指通过管道设施输送气体、液体、固体物质的运输业务活动。

无运输工具承运业务，按照交通运输服务缴纳增值税。无运输工具承运业务是指经营者以承运人身份与托运人签订运输服务合同，收取运费并承担承运人责任，然后委托实际承运人完成运输服务的经营活动。

❷ 邮政服务。这是指中国邮政集团公司及其所属邮政企业提供邮件寄递、邮政汇兑和机要通信等邮政基本服务的业务活动，包括邮政普遍服务、邮政特殊服务和其他邮政服务。

A. 邮政普遍服务。这是指函件、包裹等邮件寄递，以及邮票发行、报刊发行和邮政汇兑等业务活动。

B. 邮政特殊服务。这是指义务兵平常信函、机要通信、盲人读物和革命烈士遗物的寄递等业务活动。

C. 其他邮政服务。这是指邮册等邮品销售、邮政代理等业务活动。

❸ 电信服务。这是指利用有线、无线的电磁系统或者光电系统等各种通信网络资源，提供语音通话服务，传送、发射、接收或者应用图像、短信等电子数据和信息的业务活动，包括基础电信服务和增值电信服务。

A. 基础电信服务。这是指利用固网、移动网、卫星、互联网，提供语音通话服务的业务活动，以及出租或者出售带宽、波长等网络元素的业务活动。

B. 增值电信服务。这是指利用固网、移动网、卫星、互联网、有线电视网络，提供短信和彩信服务、电子数据和信息的传输及应用服务、互联网接入服务等业务活动。卫星电视信号落地转接服务，按照增值电信服务计算缴纳增值税。

❹ 建筑服务。这是指各类建筑物、构筑物及其附属设施的建造、修缮、装饰，线路、管道、设备、设施等的安装以及其他工程作业的业务活动，包括工程服务、安装服务、修缮服务、装饰服务和其他建筑服务。

A. 工程服务。这是指新建、改建各种建筑物、构筑物的工程作业，包括与建筑物相连的各种设备或者支柱、操作平台的安装或者装设工程作业，以及各种窑炉和金属结构工程作业。

B. 安装服务。这是指生产设备、动力设备、起重设备、运输设备、传动设备、医疗实验设备以及其他各种设备、设施的装配、安置工程作业，包括与被安装设备相连的工作台、梯子、栏杆的装设工程作业，以及被安装设备的绝缘、防腐、保温、油漆等工程作业。

C. 修缮服务。这是指对建筑物、构筑物进行修补、加固、养护、改善，使之恢复原来的使用价值或者延长其使用期限的工程作业。

D. 装饰服务。这是指对建筑物、构筑物进行修饰装修，使之美观或者具有特定用途的工程作业。

E. 其他建筑服务。这是指上列工程作业之外的各种工程作业服务。

❺ 金融服务。这是指经营金融保险的业务活动，包括贷款服务、直接收费金融服务、保险服务和金融商品转让。

A. 贷款服务。这是指将资金贷与他人使用而取得利息收入的业务活动。各种占用、拆借资金取得的收入，以及融资性售后回租、押汇、罚息、票据贴现、转贷等业务取得的利息及利息性质的收入和以货币资金投资收取的固定利润或者保底利润，均按照贷款服务缴纳增值税。

B. 直接收费金融服务。这是指为货币资金融通及其他金融业务提供相关服务并且收取费用的业务活动。

C. 保险服务。这是指投保人根据合同约定，向保险人支付保险费，保险人对于合同约定的可能发生的事故因其发生所造成的财产损失承担赔偿保险金责任，或者当被保险人死亡、伤残、疾病或者达到合同约定的年龄、期限等条件时承担给付保险金责任的商业保险行为，包括人身保险服务和财产保险服务。

D. 金融商品转让。这是指转让外汇、有价证券、非货物期货和其他金融商品所有权的业务活动。金融商品转让不得开具增值税专用发票。

❻ 现代服务。这是指围绕制造业、文化产业、现代物流产业等提供技术性、知识性服务的业务活动，包括研发和技术服务、信息技术服务、文化创意服务、物流辅助服务、租赁服务、鉴证咨询服务、广播影视服务、商务辅助服务和其他现代服务。

A. 研发和技术服务。这包括研发服务、技术转让服务、技术咨询服务、合同能源管理服务、工程勘察勘探服务。

B. 信息技术服务。这是指利用计算机、通信网络等技术对信息进行生产、收集、处理、加工、存储、运输、检索和利用，并提供信息服务的业务活动，包括软件服务、电路设计及测试服务、信息系统服务和业务流程管理服务。

C. 文化创意服务。其包括设计服务、知识产权服务、广告服务和会议展览服务。

D. 物流辅助服务。其包括航空服务、港口码头服务、货运客运场站服务、打捞救助服务、装卸搬运服务、仓储服务和收派服务。

E. 租赁服务。其包括融资租赁服务和经营租赁服务。

F. 鉴证咨询服务。其包括认证服务、鉴证服务和咨询服务。翻译服务和市场调查服务按照咨询服务缴纳增值税。

G. 广播影视服务。其包括广播影视节目(作品)的制作服务、发行服务和播映(含放映,下同)服务。

H. 商务辅助服务。其包括企业管理服务、经纪代理服务、人力资源服务、安全保护服务。

I. 其他现代服务。这是指除研发和技术服务、信息技术服务、文化创意服务、物流辅助服务、租赁服务、鉴证咨询服务、广播影视服务和商务辅助服务以外的现代服务。

❼ 生活服务。这是指为满足城乡居民日常生活需求提供的各类服务活动,包括文化体育服务、教育医疗服务、旅游娱乐服务、餐饮住宿服务、居民日常服务和其他生活服务。

A. 文化体育服务。其包括文化服务和体育服务。文化服务是指为满足社会公众文化生活需求提供的各种服务。体育服务是指组织举办体育比赛、体育表演、体育活动,以及提供体育训练、体育指导、体育管理的业务活动。

B. 教育医疗服务。其包括教育服务和医疗服务。教育服务是指提供学历教育服务、非学历教育服务、教育辅助服务的业务活动。医疗服务是指提供医学检查、诊断、治疗、康复、预防、保健、接生、计划生育、防疫服务等方面的服务,以及与这些服务有关的提供药品、医用材料器具、救护车、病房住宿和伙食的业务活动。

C. 旅游娱乐服务。其包括旅游服务和娱乐服务。旅游服务是指根据旅游者的要求,组织安排交通、游览、住宿、餐饮、购物、文娱、商务等服务的业务活动。娱乐服务是指为娱乐活动同时提供场所和服务的业务活动。

D. 餐饮住宿服务。其包括餐饮服务和住宿服务。餐饮服务是指通过同时提供饮食和饮食场所的方式为消费者提供饮食消费服务的业务活动。住宿服务是指提供住宿场所及配套服务等的业务活动。

E. 居民日常服务。其主要为满足居民个人及其家庭日常生活需求提供的服务,包括市容市政管理、家政、婚庆、养老、殡葬、照料和护理、救助救济、美容美发、按摩、桑拿、氧吧、足疗、沐浴、洗染、摄影扩印等服务。

F. 其他生活服务。这是指除文化体育服务、教育医疗服务、旅游娱乐服务、餐饮住宿服务和居民日常服务之外的生活服务。

(2) 销售无形资产。

销售无形资产是指转让无形资产所有权或者使用权的业务活动。无形资产包括技术、商标、著作权、商誉、自然资源使用权和其他权益性无形资产。

(3) 销售不动产。

销售不动产是指转让不动产所有权的业务活动。不动产,是指不能移动或者移动后会引起性质、形状改变的财产,包括建筑物、构筑物等。

4. 进口货物

进口货物是指将货物从我国境外移送至我国境内的行为。税法规定,凡进入我国海关境内的货物,应于进口报关时向海关缴纳进口环节增值税。

（二）属于征税范围的几个特殊项目

（1）货物期货。

（2）银行销售金银。

（3）典当业的死当物品销售和寄售业代委托人销售寄售物品。

（4）集邮商品（如邮票、首日封、邮折等）的生产以及销售。

（三）属于征税范围的几种特殊行为

2

提示：

视同销售行为中，所涉及的外购货物进项税额，凡符合规定的，允许作为当期进项税额抵扣。其中，购进货物用于(4)(5)项的，进项税额不得抵扣，已经抵扣的，应作为进项税额转出处理。

1. 视同销售行为

单位或个体工商户的下列行为，视同销售货物、服务、无形资产或者不动产行为。

（1）将货物交付其他单位或者个人代销。

（2）销售代销货物。

（3）设有两个以上机构并实行统一核算的纳税人，将货物从一个机构移送其他机构用于销售，但相关机构在同一县（市）的除外。

（4）将自产或者委托加工的货物用于非增值税应税项目。

（5）将自产、委托加工的货物用于集体福利或个人消费。

（6）将自产、委托加工或购进的货物作为投资，提供给其他单位或个体工商户。

（7）将自产、委托加工或购进的货物分配给股东或投资者。

（8）将自产、委托加工或购进的货物无偿赠送给其他单位或者个人。

（9）向其他单位或者个人无偿提供服务、转让无形资产或者不动产，但用于公益事业或者以社会公众为对象的除外。

2. 混合销售行为

一项销售行为如果既涉及货物又涉及服务，即为混合销售。从事货物的生产、批发或者零售的单位和个体工商户的混合销售行为，按照销售货物缴纳增值税；其他单位和个体工商户的混合销售行为，按照销售服务缴纳增值税。

上述从事货物的生产、批发或者零售的单位和个体工商户，包括以从事货物的生产、批发或者零售为主，并兼营销售服务的单位和个体工商户在内。

3. 兼营行为

纳税人销售货物、提供加工修理修配劳务和销售服务、无形资产或者不动产，适用不同税率或者征收率的，应当分别核算适用不同税率或者征收率的销售额，未分别核算销售额的，按照以下方法适用税率或者征收率。

（1）兼有不同税率的销售货物、提供加工修理修配劳务和销售服务、无形资产或者不动产行为，从高适用税率。

（2）兼有不同征收率的销售货物、提供加工修理修配劳务和销售服务、无形资产或者不动产行为，从高适用征收率。

(3) 兼有不同税率和征收率的销售货物、加工修理修配劳务和销售服务、无形资产或者不动产，从高适用税率。

纳税人兼营免税、减税项目的，应当分别核算免税、减税项目的销售额；未分别核算的，不得免税、减税。

4. 代购货物

代购货物，凡同时具备下列条件，代购环节货物本身不征收增值税，仅按其手续费收入计缴增值税；如果不同时具备以下条件，无论会计准则规定如何处理，均应缴纳增值税。

(1) 受托方不垫付资金。

(2) 销售方将发票开具给委托方，由受托方将发票转交给委托方。

(3) 受托方按销售方实际收取的销售额和增值税税额与委托方结算款项，并另收手续费。

代理进口货物的行为，属于代购货物行为，应按增值税代购货物的征税规定执行。

任务引例解析

任务引例中浙江安大木地板有限责任公司的经营范围包括木地板销售和木地板安装，也就是说，顾客不买木地板，公司也可以为顾客提供安装木地板服务，而且两者没有必然的从属关系，属于兼营行为，企业应分别核算，按不同税率缴纳增值税。销售地板收入，包括销售木地板、复合地板、实木地板收入，应按销售货物申报缴纳增值税；而木地板安装劳务属于服务业，应按销售服务申报缴纳增值税，这样对企业也更为有利。

税收与民生：增值税税率改革为企业保驾护航

三、增值税税率、征收率、抵扣率的选择

(一) 基本税率

增值税一般纳税人销售或者进口货物，提供加工修理修配劳务，除低税率适用范围和销售个别旧货适用征收率外，从 2019 年 4 月 1 日起，税率为 13%，这就是通常说的基本税率。

(二) 低税率

增值税一般纳税人销售或者进口下列货物，按低税率计征增值税，从 2019 年 4 月 1 日起，低税率为 9%：❶粮食等农产品、食用植物油、食用盐；❷自来水、暖气、冷气、热水、煤气、石油液化气、天然气、二甲醚、沼气、居民用煤炭制品；❸图书、报纸、杂志、音像制品、电子出版物；❹饲料、化肥、农药、农机、农膜；❺国务院规定的其他货物。

(三) 零税率

纳税人出口货物税率为零，但国务院另有规定的除外。

提示：

❶淀粉不属于农产品的范围，应按照 13% 的税率征收增值税；❷工业用盐的增值税税率为 13%，食用盐采用 9% 的低税率。

提示：

不适用零税率的货物：原油、柴油、援外货物、天然牛黄、麝香、铜及铜基合金、白银、糖和新闻纸等。

2

(四) 销售服务、无形资产或者不动产的税率

(1) 提供交通运输、邮政、基础电信、建筑、不动产租赁服务，销售不动产，转让土地使用权，税率为9%。

(2) 提供有形动产租赁服务，税率为13%。

(3) 除了以上两种情形外，纳税人发生其他销售服务、无形资产应税行为，税率为6%。

(4) 境内单位和个人发生财政部和国家税务总局规定范围内的跨境应税行为，税率为零。

(五) 征收率

1. 小规模纳税人

(1) 销售货物、提供加工修理修配劳务和销售服务、无形资产的征收率为3%。

(2) 销售自己使用过的固定资产，减按2%征收率征收增值税。

(3) 销售旧货，按3%征收率减按2%征收增值税。

(4) 销售不动产(不含个体工商户销售购买的住房和其他个人销售不动产)，按照5%的征收率征收增值税。

(5) 房地产开发企业中的小规模纳税人，销售自行开发的房地产项目，按5%的征收率征收增值税。

(6) 出租不动产(不含个人出租住房)，按5%的征收率征收增值税；向个人出租住房，按照5%的征收率减按1.5%征收增值税。

2. 一般纳税人

(1) 3%的征收率(销售自产货物)。从2014年7月1日起，一般纳税人销售自产的下列货物，可选择按简易办法依3%的征收率征收增值税：❶县级及县级以下小型水力发电单位生产的电力。小型水力发电单位，是指各类投资主体建设的装机容量为5万千瓦以下(含5万千瓦)的小型水力发电单位。❷建筑用和生产建筑材料所用的砂、土、石料。❸以自己采掘的砂、土、石料或其他矿物连续生产的砖、瓦、石灰(不含黏土实心砖、瓦)。❹用微生物、微生物代谢产物、动物毒素、人或动物的血液或组织制成的生物制品。❺自来水。❻商品混凝土(仅限于以水泥为原料生产的水泥混凝土)。

(2) 3%的征收率。从2014年7月1日起，一般纳税人销售下列货物，暂按简易办法依3%的征收率征收增值税：❶寄售商店代销寄售物品；❷典当业销售死当物品；❸经国务院或其授权机关批准认定的免税商店零售免税货物。

(3) 3%征收率减按2%征收。其主要包括：❶一般纳税人销售旧货，按简易办法依3%征收率减按2%征收增值税，不得抵扣进项税额；❷一般纳税人销售自己使用过的固定资产，区分不同情况征收增值税：一般纳税人销售自己使用过的2009年1月1日或纳入营改增试点之日后购进或自制的固定资产，按照适用税率征收增值税；销售自己使用过的2008年12月31日或纳入营改增试点之日前购进或自制的固定资产，按3%征收率减按2%征收增值税并且不得开具增值税专用发票，或者依照3%征收率缴纳增值税，可开具增值税专用发票。

(4) 3%征收率(销售服务)。2016年5月1日起，一般纳税人发生下列特定应税服务，可以选择简易计税方法按3%计税，但一经选择，36个月内不得变更：

① 公共交通运输服务。其包括轮客渡、公交客运、地铁、城市轻轨、出租车、长途客运、班车。

② 经认定的动漫企业为开发动漫产品提供的动漫脚本编撰、形象设计、背景设计、动画

设计、分镜、动画制作、摄制、描线、上色、画面合成、配音、配乐、音效合成、剪辑、字幕制作、压缩转码服务，以及在境内转让动漫版权。

③ 电影放映服务、仓储服务、装卸搬运服务、收派服务和文化体育服务。

④ 以纳入营改增试点之日前取得的有形动产为标的物提供的经营租赁服务。

⑤ 在纳入营改增试点之日前签订的尚未执行完毕的有形动产租赁合同。

⑥ 以清包工方式提供的建筑服务。清包工方式，是指施工方不采购建筑工程所需的材料或只采购辅助材料，并收取人工费、管理费或者其他费用的建筑服务。

⑦ 为甲供工程提供的建筑服务。甲供工程，是指全部或部分设备、材料、动力由工程发包方自行采购的建筑工程。

⑧ 为建筑工程老项目提供的建筑服务。建筑工程老项目是指合同注明的开工日期在2016年4月30日前的建筑工程项目。

(5) 5%征收率(销售或出租不动产)。2016年5月1日起，一般纳税人发生下列特定应税行为，可以选择简易计税方法计税，但一经选择，36个月内不得变更。纳税人在不动产所在地按5%预缴税款后，向机构所在地主管税务机关进行纳税申报。

① 销售其于2016年4月30日前取得或者自建的不动产。

② 房地产开发企业销售自行开发的房地产老项目。

③ 出租其于2016年4月30日前取得的不动产。公路经营企业中的一般纳税人收取试点前开工的高速公路的车辆通行费，可依照5%的征收率减按3%征收。向个人出租住房，可以选择适用简易计税办法，按照5%的征收率减按1.5%计算缴纳增值税。

3. 其他

(1) 其他个人销售其取得(不含自建)的不动产(不含其购买的住房)，按照5%的征收率征税。

(2) 其他个人出租其取得的不动产(不含住房)，按照5%的征收率征税。

(3) 个人出租住房，按照5%的征收率减按1.5%征收。

(六) 增值税抵扣率(扣除率)

企业从非增值税纳税人处购进免税农产品，由于不能得到增值税专用发票，为了不增加企业的增值税税负，税法规定了按抵扣率计算抵扣进项税额。

增值税一般纳税人购进农产品，从按照简易计税方法依照3%征收率计算缴纳增值税的小规模纳税人处取得增值税专用发票的，以增值税专用发票上注明的金额和9%的扣除率计算进项税额；取得(开具)农产品销售发票或收购发票的，以农产品销售发票或收购发票上注明的农产品买价和9%的扣除率计算进项税额(营业税改征增值税试点期间，纳税人购进用于生产销售或委托受托加工13%税率货物的农产品，其扣除率为10%)。

四、增值税优惠政策的运用

增值税的减免项目等优惠政策，由国务院统一规定，任何地区和部门都不得擅自出台优惠政策，现行的优惠政策主要有：

(一) 增值税法定免税项目

增值税法定免税项目包括：

(1) 农业生产者销售的自产农业产品。

(2) 避孕药品和用具。

提示：

（1）即征即退，是指税务机关将应征的增值税征收入库后，即时退还；先征后退，是指按税法规定缴纳的税款，由税务机关征收入库后，再由税务机关按规定的程序给予部分或全部退税；先征后退与即征即退相似，两者相比，先征后退有比较严格的退税程序和管理规定，两者只是在退税时间上有所差异而已。

（2）纳税人销售货物、劳务或者应税服务适用免税规定的，可以放弃免税，依照条例的规定缴纳增值税。放弃免税资格后，36个月内不得再申请免税。

（3）古旧图书。

（4）直接用于科学研究、科学试验和教学的进口仪器、设备。

（5）外国政府、国际组织无偿援助的进口物资和设备。

（6）由残疾人组织直接进口供残疾人专用的物品。

（7）自然人销售自己使用过的物品。

（二）其他减免税的有关规定

其他减免税的有关规定包括：

（1）对销售下列自产货物实行免征增值税政策：❶再生水；❷以废旧轮胎为全部生产原料生产的胶粉；❸翻新轮胎；❹生产原料中掺兑废渣比例不低于30%的特定建材商品。

（2）对污水处理劳务免征增值税。

（3）对销售下列自产货物实行增值税即征即退的政策：❶以工业废气为原料生产的高纯度二氧化碳产品；❷以垃圾为原料生产的电力或者热力，垃圾用量占发电燃料的比重不低于80%；❸以煤炭开采过程中伴生的舍弃物油母页岩为原料生产的页岩油；❹以废旧沥青混凝土为原料生产的再生沥青混凝土，废旧沥青混凝土用量占生产原料的比重不低于30%；❺采用旋窑法工艺生产并且生产原料中掺兑废渣比例不低于30%的水泥（包括水泥燃料）。

（4）对销售下列自产货物实行增值税即征即退50%的政策：❶以退役军用发射药为原料生产的涂料硝化棉粉，退役军用发射药在生产原料中的比重不低于90%；❷对燃煤发电厂及各类工业企业产生的烟气、高硫天然气进行脱硫生产的副产品；❸以废弃酒糟和酿酒底锅水为原料生产的蒸汽、活性炭、白炭黑、乳酸、乳酸钙、沼气，废弃酒糟和酿酒底锅水在生产原料中所占的比重不低于80%；❹以煤矸石、煤泥、石煤、油母页岩为燃料生产的电力和热力，煤矸石、煤泥、石煤、油母页岩用量占发电燃料的比重不低于60%；❺利用风力生产的电力；❻部分新型墙体材料产品。

（5）对销售自产的综合利用生物柴油实行增值税先征后退政策。

综合利用生物柴油，是指以废弃的动物油和植物油为原料生产的柴油。废弃的动物油和植物油用量占生产原料的比重不低于70%。

（6）增值税一般纳税人销售其自行开发生产的软件产品（含将进口软件产品进行本地化改造后对外销售），按13%的税率征收增值税后，对其增值税实际税负超过3%的部分实行即征即退政策。本地化改造是指对进口软件产品进行重新设计、改造、转换等，单纯对进口软件产品进行汉字化处理不包括在内。

（7）对农民专业合作社销售本社成员生产的农业产品，视同农业生产者销售自产农业产品，免征增值税。

对农民专业合作社向本社成员销售的农膜、种子、种苗、化肥、农药、农机免征增值税。

(8) 自 2023 年 1 月 1 日至 2027 年 12 月 31 日,增值税小规模纳税人适用 3%征收率的应税销售收入,减按 1%征收率征收增值税;适用 3%预征率的预缴增值税项目,减按 1%预征率预缴增值税。

(三) 营业税改征增值税试点期间政策

1. 免征增值税项目

(1) 托儿所、幼儿园提供的保育和教育服务。

(2) 养老机构提供的养老服务。

(3) 残疾人福利机构提供的育养服务。

(4) 婚姻介绍服务。

(5) 殡葬服务。

(6) 残疾人员本人为社会提供的服务。

(7) 医疗机构提供的医疗服务。

(8) 从事学历教育的学校提供的教育服务。

(9) 学生勤工俭学提供的服务。

(10) 农业机耕、排灌、病虫害防治、植物保护、农牧保险以及相关技术培训业务,家禽、牲畜、水生动物的配种和疾病防治。

(11) 纪念馆、博物馆、文化馆、文物保护单位管理机构、美术馆、展览馆、书画院、图书馆在自己的场所提供文化体育服务取得的第一道门票收入。

(12) 寺院、宫观、清真寺和教堂举办文化、宗教活动的门票收入。

(13) 行政单位之外的其他单位收取的符合相关规定条件的政府性基金和行政事业性收费。

(14) 个人转让著作权。

(15) 个人销售自建自用住房。

(16) 2025 年 12 月 31 日前,公共租赁住房经营管理单位出租公共租赁住房。

(17) 我国台湾航运公司、航空公司从事海峡两岸海上直航、空中直航业务在大陆取得的运输收入。

(18) 纳税人提供的直接或者间接国际货物运输代理服务。

(19) 以下利息收入:❶2027 年 12 月 31 日前,金融机构农户小额贷款以及合法合规经营的小额贷款公司的贷款;❷国家助学贷款;❸国债、地方政府债;❹人民银行对金融机构的贷款;❺住房公积金管理中心用住房公积金在指定的委托银行发放的个人住房贷款;❻外汇管理部门在从事国家外汇储备经营过程中,委托金融机构发放的外汇贷款;❼统借统还业务中,企业集团或企业集团中的核心企业以及集团所属财务公司按不高于支付给金融机构的借款利率水平或者支付的债券票面利率水平,向企业集团或者集团内下属单位收取的利息。

(20) 被撤销金融机构以货物、不动产、无形资产、有价证券、票据等财产清偿债务。

(21) 保险公司开办的一年期以上人身保险产品取得的保费收入。

(22) 下列金融商品转让收入:❶合格境外投资者(QFII)委托境内公司在我国从事证券买卖业务;❷中国香港市场投资者(包括单位和个人)通过沪港通买卖上海证券交易所上市A股;❸中国香港市场投资者(包括单位和个人)通过基金互认买卖内地基金份额;❹证券投资基金(封闭式证券投资基金,开放式证券投资基金)管理人运用基金买卖股票、债券;❺个

2

人从事金融商品转让业务。

(23) 金融同业往来利息收入。

(24) 符合规定条件的担保机构从事中小企业信用担保或者再担保业务取得的收入(不含信用评级、咨询、培训等收入)3年内免征增值税。

(25) 国家商品储备管理单位及其直属企业承担商品储备任务,从中央或者地方财政取得的利息补贴收入和价差补贴收入。

(26) 纳税人提供技术转让、技术开发和与之相关的技术咨询、技术服务。

(27) 同时符合下列条件的合同能源管理服务:❶节能服务公司实施合同能源管理项目相关技术,应当符合国家质量监督检验检疫总局和国家标准化管理委员会发布的《合同能源管理技术通则》(GB/T24915—2020)规定的技术要求;❷节能服务公司与用能企业签订节能效益分享型合同,其合同格式和内容,符合《中华人民共和国民法典》和《合同能源管理技术通则》(GB/T24915—2020)等规定。

(28) 2027年12月31日前,科普单位的门票收入,以及县级及以上党政部门和科协开展科普活动的门票收入。

(29) 政府举办的从事学历教育的高等、中等和初等学校(不含下属单位),举办进修班、培训班取得的全部归该学校所有的收入。

(30) 政府举办的职业学校设立的主要为在校学生提供实习场所、并由学校出资自办、由学校负责经营管理、经营收入归学校所有的企业,从事"现代服务"(不含融资租赁服务、广告服务和其他现代服务)、"生活服务"(不含文化体育服务、其他生活服务和桑拿、氧吧)业务活动取得的收入。

(31) 家政服务企业由员工制家政服务员提供家政服务取得的收入。

(32) 福利彩票、体育彩票的发行收入。

(33) 军队空余房产租赁收入。

(34) 为了配合国家住房制度改革,企业、行政事业单位按房改成本价、标准价出售住房取得的收入。

(35) 将土地使用权转让给农业生产者用于农业生产。

(36) 涉及家庭财产分割的个人无偿转让不动产、土地使用权。

(37) 土地所有者出让土地使用权和土地使用者将土地使用权归还给土地所有者。

(38) 县级以上地方人民政府或自然资源行政主管部门出让、转让或收回自然资源使用权(不含土地使用权)。

(39) 为安置随军家属就业而新开办的企业(随军家属必须占企业总人数的60%及以上,并有军及以上政治和后勤机关出具的证明)和从事个体经营的随军家属(必须有师以上政治机关出具的可以表明其身份的证明)自办理税务登记事项之日起,其提供的应税服务3年内免征增值税。

(40) 从事个体经营的军队转业干部和为安置自主择业的军队转业干部就业而新开办的企业(军队转业干部占企业总人数60%及以上),自办理税务登记事项之日起,其提供的应税服务3年内免征增值税。自主择业的军队转业干部必须持有师以上部队颁发的转业证件。

2. 不征收增值税项目

(1) 根据国家指令无偿提供的铁路运输服务、航空运输服务,属于公益事业的服务。

（2）存款利息。

（3）被保险人获得的保险赔付。

（4）房地产主管部门或者其指定机构、公积金管理中心、开发企业以及物业管理单位代收的住宅专项维修资金。

（5）在资产重组过程中，通过合并、分立、出售、置换等方式，将全部或者部分实物资产以及与其相关联的债权、负债和劳动力一并转让给其他单位和个人，其中涉及的不动产、土地使用权转让行为。

3. 增值税即征即退

（1）一般纳税人提供管道运输服务，对其增值税实际税负超过3%的部分实行增值税即征即退政策。

（2）经人民银行、银监会或者商务部批准从事融资租赁业务的试点纳税人中的一般纳税人，提供有形动产融资租赁服务和有形动产融资性售后回租服务，对其增值税实际税负超过3%的部分实行增值税即征即退政策。

增值税实际税负，是指纳税人当期提供应税服务实际缴纳的增值税税额占纳税人当期提供应税服务取得的全部价款和价外费用的比例。

4. 扣减增值税

自2023年1月1日至2027年12月31日期间，失业人员、退役士兵就业可扣减增值税。

（1）持“就业失业登记证”（注明“自主创业税收政策”或附着“高校毕业生自主创业证”）人员或退役士兵从事个体经营的，在3年内按照每户每年12 000元为限额依次扣减其当年实际应缴纳的增值税、城市维护建设税、教育费附加、地方教育附加和个人所得税。限额标准最高可上浮20%，各省、自治区、直辖市人民政府可根据本地区实际情况，在此幅度内确定限额标准。纳税人年度应缴纳税款小于上述扣减限额的，以其实际缴纳的税款为限；大于上述扣减限额的，应当以上述扣减限额为限。

（2）企业当年新招用持“就业失业登记证”人员或退役士兵，与其签订1年以上期限劳动合同并依法缴纳社会保险费的，在3年内按照实际招用人数予以定额依次扣减增值税、城市维护建设税、教育费附加、地方教育附加和企业所得税优惠。定额标准为每人每年6 000元，最高可上浮30%（招用自主就业退役士兵的最高可上浮50%）。由试点地区省级人民政府根据本地区实际情况在此幅度内确定具体定额标准。

5. 其他减免规定

（1）金融企业发放贷款后，自结息日起90天内发生的应收未收利息按现行规定缴纳增值税，自结息日起90天后发生的应收未收利息暂不缴纳增值税，待实际收到利息时按规定缴纳增值税。

（2）个人将购买不足2年的住房对外销售的，按照5%的征收率全额缴纳增值税。个人将购买2年及以上的住房对外销售的，免征增值税（北京市、上海市、广州市、深圳市除外）；北京市、上海市、广州市、深圳市个人购买2年及以上非普通住房对外销售的，以销售收入减去购买房屋的价款后的差额按照5%的征收率缴纳增值税，购买2年及以上的普通住房对外销售的，免征增值税。

（3）2027年12月31日前，符合规定的企业研发机构、国家工程研究中心、企业技术中心、各类科研院所、高等学校采购国产设备全额退还增值税。

纳税人发生应税行为同时适用免税和零税率规定的，纳税人可以选择适用免税或者零税率。

(四) 起征点

对销售额未达到规定起征点的个人(包括小规模纳税人的个体工商户和其他个人),可以免缴增值税。2011 年 11 月 1 日起增值税的起征点为:

按期纳税的,为月销售额 5 000～20 000 元(含本数)。

按次纳税的,为每次(日)销售额 300～500 元(含本数)。

对增值税小规模纳税人中月销售额未达到 2 万元的企业或非企业性单位,免征增值税。2023 年 1 月 1 日至 2027 年 12 月 31 日,对月销售额 10 万元以下(以 1 个季度为 1 个纳税期的,季度销售额未超过 30 万元)的增值税小规模纳税人,免征增值税。起征点的调整由财政部和国家税务总局规定。省、自治区、直辖市财政厅(局)和税务局应当在规定的幅度内,根据实际情况确定本地区适用的起征点,并报财政部和国家税务总局备案。

五、增值税专用发票的使用

增值税专用发票是一般纳税人销售货物、提供加工修理修配劳务、销售服务、无形资产或者不动产开具的发票,是购买方支付增值税税额并可按照增值税有关规定据以抵扣增值税进项税额的合法证明。由于其具备特殊作用,我国对增值税专用发票制定了严格的管理规定。

(一) 增值税专用发票的领购和开具范围

1. 领购范围

一般纳税人可以凭发票领购簿、IC 卡和经办人身份证明领购增值税专用发票。一般纳税人有下列情形之一的,不得领购开具专用发票:

(1) 会计核算不健全,不能向税务机关准确提供增值税销项税额、进项税额、应纳税额数据及其他有关增值税税务资料的。

(2) 有《税收征管法》规定的税收违法行为,拒不接受税务机关处理的。

(3) 有下列行为之一,经税务机关责令限期改正而仍未改正的:虚开增值税专用发票;私自印制专用发票;向税务机关以外的单位和个人买取专用发票;借用他人专用发票;未按规定开具增值税专用发票;未按规定保管增值税专用发票和专用设备;未按规定申请办理防伪税控系统变更发行;未按规定接受税务机关检查。

2. 开具范围

一般纳税人发生应税行为,应当向索取增值税专用发票的购买方开具增值税专用发票,并在增值税专用发票上注明销售额和销项税额。

属于下列情形之一的,不得开具增值税专用发票:

(1) 向消费者个人销售货物、提供加工修理修配劳务、销售服务、无形资产或者不动产的。

(2) 适用免征增值税规定的应税行为。

增值税小规模纳税人发生应税行为,购买方索取增值税专用发票的,可以自愿使用增值税发票管理系统自行开具。

(二) 增值税专用发票的基本内容和开具要求

增值税专用发票由基本联次或者基本联次附加其他联次构成。基本联次为三联,依次为记账联、抵扣联和发票联。记账联,作为销售方核算销售收入和增值税销项税额的凭证；抵扣联，作为购买方报送主管税务机关认证和留存备查的凭证；发票联，作为购买方核算采购成本和增值税进项税额的凭证。其他联次用途，由一般纳税人自行确定。增值税一般纳税人应通过增值税防伪税控系统开具专用发票。防伪税控系统是指经国务院同意推行的，使用专用设备和通用设备、运用数字密码和电子存储技术管理专用发票的计算机管理系统。其中专用设备包括金税卡、IC 卡、读卡器等，通用设备包括计算机、打印机、扫描器具等。

增值税专用发票应按照增值税纳税义务的发生时间开具，不得提前或滞后，并与实际交易相符。开具时应项目齐全，字迹清楚，不得压线、错格，发票联和抵扣联加盖财务专用章或者发票专用章。对不符合上列要求的专用发票，购买方有权拒收。

对已开具增值税专用发票的销售货物、提供加工修理修配劳务、销售服务、无形资产或者不动产行为，销售方要及时足额计入当期销售额计税。凡开具了增值税专用发票，其销售额未按规定计入销售账户核算的，一律按逃税论处。

（三）增值税专用发票抵扣联进项税额的抵扣

除国家税务总局另有规定的除外，自 2020 年 3 月 1 日起，取消增值税扣税凭证的认证确认、稽查比对、申报抵扣的期限，一般纳税人对取得的增值税专用发票可以不再进行认证，通过增值税发票税控开票软件登录本省增值税发票查询平台，查询、选择用于申报抵扣、出口退税或者代办退税的增值税发票信息。

（四）开具增值税专用发票后发生退货或销售折让的处理

一般纳税人在开具专用发票当月，发生销货退回、开票有误等情形，收到退回的发票联、抵扣联符合作废条件的（即收到退回的发票联、抵扣联时间未超过销售方开票当月；销售方未抄税并且未记账；购买方未认证或者认证结果为“纳税人识别号认证不符”“专用发票代码、号码认证不符”），按作废处理；开具时发现有误的，可即时作废。作废增值税专用发票须在防伪税控系统中将相应的数据电文按“作废”处理，在纸质专用发票（含未打印的专用发票）各联次上注明“作废”字样，全部联次留存。

一般纳税人开具专用发票后，发生销货退回、开票有误等情形但不符合作废条件的，或者因销货部分退回及发生销售折让，需要开具红字专用发票的，须取得税务机关系统校验通过的《开具红字增值税专用发票信息表》（以下简称《信息表》）。

购买方取得专用发票已用于申报抵扣的，购买方可在增值税发票管理系统中填制并上传《信息表》，在填制《信息表》时不填写相对应的蓝字专用发票信息，应暂依《信息表》所列增值税税额从当期进项税额中转出，待取得销售方开具的红字专用发票后，与《信息表》一并作为记账凭证。

购买方取得专用发票未用于申报抵扣、但发票联或抵扣联无法退回的，购买方填制《信息表》时应填写相对应的蓝字专用发票信息。

税务机关通过网络接收纳税人上传的《信息表》，系统自动校验通过后，生成带有“红字发票信息表编号”的《信息表》，并将信息同步至纳税人端系统中。销售方凭税务机关系统校验通过的《信息表》开具红字专用发票，在增值税发票管理系统中以销项负数开具。红字专用发票应与《信息表》一一对应。

（五）丢失已开具增值税专用发票的处理

纳税人同时丢失已开具增值税专用发票或机动车销售统一发票的发票联和抵扣联，可

自测题：增值税纳税人和征税范围的确定

凭加盖销售方发票专用章的相应发票记账联复印件，作为增值税进项税额的抵扣凭证、退税凭证或记账凭证。

纳税人丢失已开具增值税专用发票或机动车销售统一发票的抵扣联，可凭相应发票的发票联复印件，作为增值税进项税额的抵扣凭证或退税凭证。

纳税人丢失已开具增值税专用发票或机动车销售统一发票的发票联，可凭相应发票的抵扣联复印件，作为记账凭证。

任务二 增值税税款计算

任务引例

某电子设备生产厂（一般纳税人），本月向某商场批发货物一批，开具增值税专用发票，注明价款为 200 万元；向消费者零售货物，开具的普通发票注明的价款为 50 万元。

该电子设备生产厂的本月销售额中，既有不含税的销售额，也有含税的零售金额，请问，如何计算该电子设备生产厂本月的计税销售额和销项税额？

【知识准备与业务操作】

一、一般纳税人应纳税额的计算

根据税法规定，一般纳税人实行进项抵扣法。一般纳税人凭增值税专用发票及其合法扣税凭证注明的税款进行抵扣，其应交增值税的计算公式为：

当期应交增值税＝当期销项税额－当期进项税额

（一）销项税额的计算

销项税额是纳税人发生应税行为，按照销售额和增值税税率计算，并向购买方收取的增值税税额，其计算公式为：

销项税额＝销售额×适用税率

1. 一般销售方式下销售额的确定

销售额是指纳税人发生应税行为取得的全部价款和价外费用，但是不包括收取的销项税额，体现了增值税的价外税性质。因此，销售额的确定主要是确定价款和价外费用。

价外费用是指价外收取的各种性质的费用，包括价外向购买方收取的手续费、补贴、基金、集资费、返还利润、奖励费、违约金、滞纳金、延期付款利息、赔偿金、代收款项、代垫款项、包装费、包装物租金、储备费、优质费、运输装卸费以及其他各种性质的价外收费。无论其会计制度规定如何核算，均应并入销售额计算应纳税额。但下列项目不包括在内：

❶ 向购买方收取的销项税额。

❷ 受托加工应征消费税的消费品所代收代缴的消费税。

❸ 符合国家税收法律、法规规定条件代为收取的政府性基金或者行政事业性收费。

❹ 以委托方名义开具发票代委托方收取的款项。

纳税人按照人民币以外的货币结算销售额的，应当折合成人民币计算，折合率可以选择在销售额发生的当天或者当月 1 日的人民币汇率中间价。纳税人应当事先确定采用何种折合率，确定后 12 个月内不得变更。

税法规定各种性质的价外费用都要并入销售额计算征税，目的是防止企业以各种名义的收费减少销售额从而逃避纳税。但是在计算应缴税额时，应当注意的是对增值税一般纳税人向购买方收取的价外费用和逾期包装物的押金应视作含税收入，在计算时应换算成不含税收入，再并入销售额。

另外，纳税人发生应税行为价格明显偏低或偏高且不具有合理商业目的的，或者有视同销售行为而无销售额的，主管税务机关有权按下列顺序确定销售额：

❶按纳税人最近时期同类货物、劳务、服务、无形资产或者不动产的平均价格确定；❷按其他纳税人最近时期同类货物、劳务、服务、无形资产或者不动产的平均价格确定；❸按组成计税价格确定，组成计税价格的公式为：

$$组成计税价格=成本\times(1+成本利润率)$$

属于应征消费税的货物，其组成计税价格中应加计消费税税额。

成本利润率由国家税务总局确定。

2. 特殊销售货物方式下销售额的确定

在销售活动中，纳税人为了提高销售额会采用多种销售方式。由于销售方式的不同，纳税人的销售额的确定方式也会有所不同。下面介绍几种特殊方式下的销售额的确定方法。

(1) 折扣、折让方式销售货物。纳税人采用的折扣方式一般有折扣销售、销售折扣和销售退回或折让三种形式。不同折扣方式下其计税销售额也有所差别。

❶ 折扣销售(商业折扣)。折扣销售是指由于购货方购货数量较大等原因而给予购货方的价格优惠。按税法规定：如果销售额和折扣额是在同一张发票上分别注明的，可以按折扣后的销售额征收增值税；如果将折扣额另开发票，不论其在财务上如何处理，均不得从销售额中减除折扣额。另外，折扣销售仅限于价格折扣，不包括实物折扣。实物折扣不得从货物销售额中减除，应按增值税条例“视同销售货物”中的“赠送他人”计征增值税。

❷ 销售折扣(现金折扣)。销售折扣是指为了鼓励及早付款而给予购货方的一种折扣优待。销售折扣不得从销售额中减除。因为销售折扣发生在销货之后，是一种融资性质的理财费用。

❸ 销售退回或折让。销售退回或折让是指货物售出后，由于品种、质量等原因购货方要求予以退货或要求销货方给予购货方的一种价格折让。由于是货物的品种和质量问题而引起的销售额减少，对手续完备的销售退回或折让而退还给购买方的增值税，可从发生销售退回或折让的当期的销项税额中扣减。对于销售回扣，其实质是种变相的商业贿赂，不得从销售额中减除。

（2）以旧换新方式销售货物。以旧换新方式销售货物是纳税人在销售过程中，折价收回同类旧货物，并以折价款部分冲减新货物价款的一种销售方式。

采取以旧换新方式销售货物的（金银首饰除外），应按新货物的同期销售价格确定销售额，不得扣减旧货物的收购价格，对有偿收回的旧货物，不得抵扣进项税额。金银首饰以旧换新业务，可按销售方实际收取的不含增值税的全部价款征收增值税。

（3）还本销售方式销售货物。还本销售是指将货物销售出去以后，到约定的期限再由销货方一次或分次将购货款部分或全部退还给购货方的一种销售方式，其实质是一种以提供货物换取还本不付息的融资行为。税法规定纳税人采取还本销售方式销售货物，其销售额应是货物的销售全价，不得从销售额中减除还本支出。

（4）以物易物方式销售货物。以物易物是指购销双方不是以货币结算或主要不以货币结算，而是以货物相互结算，实现货物购销，是一种较为特殊的货物购销方式。虽然这种方式没有涉及货币收支，但其本质也是一种购销行为。税法规定，以物易物双方都应作购销处理，以各自发出的货物核算销售额，并以此计算销项税额，以各自收到的货物按规定核算购货额，并以此计算进项税额。以物易物双方，如果未相互开具增值税专用发票，也应计算销项税额，但没有进项税额。如果双方相互开具了增值税专用发票，则双方既可计算销项税额，也可抵扣进项税额。

（5）包装物租金、押金的计价。包装物租金作为价外费用，计入销售额计算销项税额；纳税人为销售货物而出租出借包装物所收取的押金，单独记账核算的，不计入销售额征税。但对逾期未收回包装物而不再退还的押金，应换算成不含税收入后计入销售额，按所包装货物的税率计算销项税额。另外，对销售除啤酒、黄酒以外的其他酒类产品，其包装物押金一律计入销售额，一并计税。

3. 特殊销售服务、无形资产或不动产方式下销售额的确定

（1）折扣方式销售服务、无形资产或者不动产。如果价款和折扣额是在同一张发票上的“金额”栏内分别注明的，纳税人可以按价款减除折扣额后的金额作为销售额计算缴纳增值税；如果是没有在同一张发票上的“金额”栏内分别注明的，纳税人不得按价款减除折扣额后的金额作为销售额，应按价款作为销售额计算缴纳增值税。

（2）贷款服务。以提供贷款服务取得的全部利息及利息性质的收入为销售额。

（3）直接收费金融服务。以提供直接收费金融服务收取的手续费、佣金、酬金、管理费、服务费、经手费、开户费、过户费、结算费、转托管费等各类费用为销售额。

（4）金融商品转让。以卖出价扣除买入价后的余额为销售额。转让金融商品出现的正负差，以盈亏相抵后的余额为销售额。若相抵后出现负差，可结转下一纳税期与下期转让金融商品销售额相抵，但年末时仍出现负差的，不得转入下一个会计年度。金融商品转让，不得开具增值税专用发票。

（5）经纪代理服务。以取得的全部价款和价外费用，扣除向委托方收取并代为支付的政府性基金或者行政事业性收费后的余额为销售额。向委托方收取的政府性基金或者行政事业性收费，不得开具增值税专用发票。

（6）融资租赁和融资性售后回租业务。经批准提供融资租赁服务，以取得的全部价款和价外费用，扣除支付的借款利息、发行债券利息和车辆购置税后的余额为销售额；提供融资性售后回租服务，以取得的全部价款和价外费用（不含本金），扣除对外支付的借款利息、发行债券利息后的余额作为销售额。

(7) 航空运输企业的销售额。不包括代收的机场建设费和代售其他航空运输企业客票而代收转付的价款。

(8) 提供客运场站服务。以其取得的全部价款和价外费用，扣除支付给承运方运费后的余额为销售额。

(9) 提供旅游服务。可以选择以取得的全部价款和价外费用，扣除向旅游服务购买方收取并支付给其他单位或者个人的住宿费、餐饮费、交通费、签证费、门票费和支付给其他接团旅游企业的旅游费用后的余额为销售额。选择该办法计算销售额的试点纳税人，向旅游服务购买方收取并支付的上述费用，不得开具增值税专用发票，可以开具普通发票。

(10) 提供建筑服务适用简易计税方法的。以取得的全部价款和价外费用扣除支付的分包款后的余额为销售额。

(11) 房地产开发企业中的一般纳税人销售其开发的房地产项目(选择简易计税方法的房地产老项目除外)，以取得的全部价款和价外费用，扣除受让土地时向政府部门支付的土地价款后的余额为销售额。

(12) 销售其于 2016 年 4 月 30 日前取得(不含自建)的不动产(选择简易计税方法的)，以取得的全部价款和价外费用减去该项不动产购置原价或者取得不动产时的作价后的余额为销售额；自建的不动产，以取得的全部价款和价外费用为销售额。

上述(5)—(12)项的规定从全部价款和价外费用中扣除的价款，应当取得符合法律、行政法规和国家税务总局规定的有效凭证，否则不得扣除。同时纳税人取得的凭证属于增值税扣税凭证的，其进项税额不得从销项税额中抵扣。

4. 价税合计情况下含税销售额的换算

为了符合增值税价外税的特点，增值税纳税人在填写进销货发票及其他纳税凭证时应该分别填列不含税的销售额和相应的税款。在实际工作中，由于多方面原因，一般纳税人在销售货物、提供加工修理修配劳务、销售服务、无形资产或者不动产时，未开具增值税专用发票，或采用销售额和增值税税额一起收取的方法，此情况下销售价格是销售额和销项税额的合计数，因而销售额是含税的销售额。

对于一般纳税人取得的含税销售额，在计算销项税额时，必须换算为不含税的销售额。含税销售额与不含税销售额的换算方法如下：

含税销售额 = 不含税销售额 ×(1 + 增值税税率)

不含税销售额 = 含税销售额 ÷(1 + 增值税税率)

任务引例解析

任务引例中，电子设备生产厂开具增值税专用发票注明的价款是不含税销售额，不需换算；普通发票注明的价款是含税销售额，需要换算。

向商场销售的计税销售额 = 200(万元)

向消费者零售的计税销售额 = 50 ÷(1 + 13%) = 44.25(万元)

合计计税销售额 = 200 + 44.25 = 244.25(万元)

销项税额 = 244.25 × 13% = 31.75(万元)

提示：

销售价款中是否含税的判断可以遵循以下原则：

（1）普通发票中注明的价款一定是含税价格，如商场向消费者销售的“零售价格”。

（2）增值税专用发票中记载的“价格”一定是不含税价格。

（3）增值税纳税人销售货物同时收取的价外收入或逾期包装物押金收入等一般为含税收入。

2

（二）进项税额的计算

纳税人购进货物或者接受应税劳务和应税服务支付或者负担的增值税税额为进项税额。在同一项购销业务中，进项税额与销项税额相对应，即销售方收取的销项税额就是购买方支付的进项税额。

增值税一般纳税人应纳增值税的核心是用收取的销项税额扣除其支付的进项税额，余额就是纳税人应实际缴纳的增值税税额。但并不是所有的进项税额都可以抵扣。对此，税法明确规定了进项税额的抵扣范围。

1. 准予抵扣的进项税额

一般纳税人购进货物、加工修理修配劳务、服务、无形资产或者不动产所支付的进项税额，准予从销项税额中抵扣的有以下四种情形。

（1）以票抵扣。纳税人购进货物、加工修理修配劳务、服务、无形资产或者不动产时取得下列法定扣税凭证，其进项税额允许抵扣：❶从销售方取得的增值税专用发票（含税控机动车销售统一发票，下同）上注明的增值税税额；❷从海关取得的海关进口增值税专用缴款书上注明的增值税税额；❸从境外单位或者个人购进服务、无形资产或者不动产，自税务机关或者扣缴义务人处取得的解缴税款的完税凭证上注明的增值税税额。

适用一般计税方法的试点纳税人，2016 年 5 月 1 日后取得并在会计制度上按固定资产核算的不动产或者 2016 年 5 月 1 日后取得的不动产在建工程，其进项税额应自取得之日起分 2 年从销项税额中抵扣，第一年抵扣比例为 60%，第二年抵扣比例为 40%。自 2019 年 4 月 1 日起纳税人取得不动产或者不动产在建工程的进项税额不再分 2 年抵扣，可在当月销项税额中一次性抵扣。

（2）计算抵扣。购进农产品，除取得增值税专用发票或者海关进口增值税专用缴款书外，从按照简易计税方法依照 3%征收率计算缴纳增值税的小规模纳税人处取得增值税专用发票的，以增值税专用发票上注明的金额和 9%的扣除率计算进项税额；取得（开具）农产品销售发票或收购发票的，以农产品销售发票或收购发票上注明的农产品买价和 9%的扣除率计算进项税额（营业税改征增值税试点期间，纳税人购进用于生产销售或委托受托加工 13%税率货物的农产品扣除率仍为 10%）。其计算公式为：

$$进项税额=买价\times扣除率$$

（3）旅客运输服务的抵扣。自 2019 年 4 月 1 日起，纳税人购进国内旅客运输服务，其进项税额允许从销项税额中抵扣。纳税人未取得增值税专用发票的，暂按照以下规定确定进项税额：

① 取得增值税电子普通发票的，为发票上注明的税额。

② 取得注明旅客身份信息的航空运输电子客票行程单的，为按照下列公式计算的进项税额。

$$\text{航空旅客运输进项税额}=(\text{票价}+\text{燃油附加费})\div(1+9\%)\times 9\%$$

③ 取得注明旅客身份信息的铁路车票的，为按照下列公式计算的进项税额。

$$\text{铁路旅客运输进项税额}=\text{票面金额}\div(1+9\%)\times 9\%$$

④ 取得注明旅客身份信息的公路、水路等其他客票的，为按照下列公式计算的进项税额。

$$\text{公路、水路等其他旅客运输进项税额}=\text{票面金额}\div(1+3\%)\times 3\%$$

2

(4) 加计抵减。依据《财政部　税务总局关于明确增值税小规模纳税人减免增值税等政策的公告》(财政部　税务总局公告 2023 年第 1 号)，自 2023 年 1 月 1 日至 2023 年 12 月 31 日，允许生产性服务业纳税人按照当期可抵扣进项税额加计 5%抵减应纳税额。生产性服务业纳税人，是指提供邮政服务、电信服务、现代服务、生活服务取得的销售额占全部销售额的比重超过 50%的纳税人；允许生活性服务业纳税人按照当期可抵扣进项税额加计 10%抵减应纳税额。生活性服务业纳税人，是指提供生活服务取得的销售额占全部销售额的比重超过 50%的纳税人。

① 纳税人应按照当期可抵扣进项税额的 5%(生活性服务业按 10%)计提当期加计抵减额。按照现行规定不得从销项税额中抵扣的进项税额，不得计提加计抵减额。已计提加计抵减额的进项税额，按规定作进项税额转出的，应在进项税额转出当期，相应调减加计抵减额。计算公式如下：

$$\text{当期计提加计抵减额}=\text{当期可抵扣进项税额}\times 5\%(\text{或 }10\%)$$

$$\text{当期可抵减加计抵减额}=\text{上期末加计抵减额余额}+\text{当期计提加计抵减额}-\text{当期调减加计抵减额}$$

② 纳税人应按照现行规定计算一般计税方法下抵减前的应纳税额后，区分以下情形加计抵减：抵减前的应纳税额等于零的，当期可抵减加计抵减额全部结转下期抵减；抵减前的应纳税额大于零，且大于当期可抵减加计抵减额的，当期可抵减加计抵减额全额从抵减前的应纳税额中抵减；抵减前的应纳税额大于零，且小于或等于当期可抵减加计抵减额的，以当期可抵减加计抵减额抵减应纳税额至零，未抵减完的当期可抵减加计抵减额，结转下期继续抵减。

③ 纳税人出口货物劳务、发生跨境应税行为不适用加计抵减政策，其对应的进项税额不得计提加计抵减额。纳税人兼营出口货物劳务、发生跨境应税行为且无法划分不得计提加计抵减额的进项税额，按照以下公式计算：

$$\text{不得计提加计抵减额的进项税额}=\text{当期无法划分的全部进项税额}\times\text{当期出口货物劳务和发生跨境应税行为的销售额}\div\text{当期全部销售额}$$

2. 不得抵扣的进项税额

下列项目的进项税额不得从销项税额中抵扣：

(1) 用于适用简易计税方法计税项目、免征增值税项目、集体福利或者个人消费的购进货物、加工修理修配劳务、服务、无形资产和不动产。其中涉及的固定资产、无形资产、不动产，仅指专用于上述项目的固定资产、无形资产(不包括其他权益性无形资产)、不动产。

(2) 非正常损失的购进货物及相关的加工修理修配劳务和交通运输服务。非正常损失(下同)，是指因管理不善造成被盗、丢失、霉烂变质，以及因违反法律法规造成货物或者不动产被依法没收、销毁、拆除的情形。

(3) 非正常损失的在产品、产成品所耗用的购进货物(不包括固定资产)、加工修理修配劳务或者交通运输业服务。

(4) 非正常损失的不动产，以及该不动产所耗用的购进货物、设计服务和建筑服务。

(5) 非正常损失的不动产在建工程所耗用的购进货物、设计服务和建筑服务。纳税人新建、改建、扩建、修缮、装饰不动产，均属于不动产在建工程。

(6) 购进的贷款服务、餐饮服务、居民日常服务和娱乐服务。

(7) 纳税人接受贷款服务向贷款方支付的与该笔贷款直接相关的投融资顾问费、手续费、咨询费等费用。

(8) 财政部和国家税务总局规定的其他情形。

上述讲的固定资产是指使用期限超过12个月的机器、机械、运输工具以及其他与生产经营有关的设备、工具、器具等。和会计准则相比，不包括不动产及不动产在建工程。

纳税人取得的增值税扣税凭证不符合法律、行政法规或者国家税务总局有关规定的，其进项税额不得从销项税额中抵扣。

上述(1)情形中规定的不得抵扣且未抵扣进项税额的固定资产、无形资产、不动产，发生用途改变，用于允许抵扣进项税额的应税项目，可在用途改变的次月按照下列公式计算可以抵扣的进项税额：

可以抵扣的进项税额＝固定资产、无形资产、不动产净值÷(1＋适用税率)×适用税率

固定资产、无形资产或者不动产净值，是指纳税人根据财务会计制度计提折旧或摊销后的余额。此外，一般计税方法的纳税人，兼营简易计税方法计税项目、免征增值税项目而无法划分不得抵扣的进项税额，按照下列公式计算不得抵扣的进项税额：

不得抵扣的进项税额＝当期无法划分的全部进项税额×(当期简易计税方法计税项目销售额＋免征增值税项目销售额)÷当期全部销售额

3. 扣减进项税额

(1) 已抵扣进项税额的购进货物(不含固定资产)、劳务、服务，发生不得抵扣进项税额的情形(简易计税方法计税项目、免征增值税项目除外)时，应当将该进项税额从当期进项税额中扣减；无法确定该进项税额的，按照当期实际成本计算应扣减的进项税额。

(2) 已抵扣进项税额的固定资产、无形资产或者不动产，发生不得抵扣进项税额的情形时，按照下列公式计算不得抵扣的进项税额：

不得抵扣的进项税额＝固定资产、无形资产或者不动产净值×适用税率

(3) 因销售折让、中止或者退回而退还给购买方的增值税税额，应当从当期的销项税额中扣减；因销售折让、中止或者退回而收回的增值税税额，应当从当期的进项税额中扣减。

【做中学2-1】甲企业是增值税一般纳税人，2022年6月有关生产经营业务如下：

(1) 从A公司购进生产用原材料，取得A公司开具的增值税专用发票，注明货款200万元、增值税26万元。合同约定由甲企业自己负责运输，甲企业支付运输公司运输费并取得增值税专用发票，注明运输费5万元、增值税0.45万元。

（2）从B公司购进维修设备用零部件，由于B公司为小规模纳税人，取得B公司开具的普通发票，注明价款11.7万元。

（3）从农业生产者手中购进免税农产品，收购凭证上注明收购货款是50万元。委托运输公司运输，取得增值税专用发票，注明运输费2万元、增值税0.18万元。

要求：计算该企业当月可以抵扣的进项税额。

分析：

（1）分别从A公司和运输公司取得了增值税专用发票，可以凭票抵扣。

$$进项税额=26+0.45=26.45（万元）$$

（2）由于从B公司取得的是普通发票，所以不能抵扣进项税额。

（3）购进免税农产品，可以按收购凭证注明的收购价款计算抵扣10%（因为是用于生产销售13%税率的货物）；支付运输费从运输公司取得增值税专用发票，可以凭票抵扣。

$$进项税额=50\times10\%+0.18=5.18（万元）$$

$$当月可以抵扣的进项税额=26.45+5.18=31.63（万元）$$

2

（三）一般纳税人应纳税额的计算

增值税销项税额与进项税额确定后就可以得出实际应纳的增值税税额，增值税一般纳税人应纳税额的计算方法如下：

$$应纳增值税税额=当期销项税额-当期进项税额$$

上式计算结果为正数，则为当期应纳增值税；如果计算结果为负数，则形成留抵税额，待下期抵扣，下期应纳税额的计算公式变为：

$$应纳增值税税额=当期销项税额-当期进项税额-上期留抵税额$$

【做中学2-2】某运输企业为一般纳税人，2022年6月取得交通运输收入109万元（含税），当月外购汽油10万元，购入运输车辆20万元（不含税金额，取得增值税专用发票），发生联运支出50万元（不含税金额，取得增值税专用发票）。

请计算该纳税人2022年6月份应纳增值税税额。

计算过程如下：

销项税额$=109\div(1+9\%)\times9\%=9$（万元）

可抵扣的进项税额$=10\times13\%+20\times13\%+50\times9\%=1.3+2.6+4.5=8.4$（万元）

2022年6月应纳税额$=9-8.4=0.6$（万元）

（四）建筑服务及不动产预缴税额的计算

(1) 一般纳税人跨县(市、区)提供建筑服务，适用一般计税方法计税的，应以取得的全部价款和价外费用为销售额计算应纳税额。纳税人应以取得的全部价款和价外费用扣除支付的分包款后的余额，按照2%的预征率在建筑服务发生地预缴税款后，向机构所在地主管税务机关进行纳税申报。

(2) 一般纳税人销售其于2016年5月1日后取得(不含自建)的不动产，应适用一般计税方法，以取得的全部价款和价外费用为销售额计算应纳税额。纳税人应以取得的全部价款和价外费用减去该项不动产购置原价或者取得不动产时的作价后的余额，按照5%的预征率在不动产所在地预缴税款后，向机构所在地主管税务机关进行纳税申报。

(3) 一般纳税人销售其于2016年5月1日后自建的不动产，应适用一般计税方法，以取得的全部价款和价外费用为销售额计算应纳税额。纳税人应以取得的全部价款和价外费用，按照5%的预征率在不动产所在地预缴税款后，向机构所在地主管税务机关进行纳税申报。

(4) 房地产开发企业采取预收款方式销售所开发的房地产项目，在收到预收款时按照3%的预征率预缴增值税。

(5) 一般纳税人出租其于2016年5月1日后取得的、与机构所在地不在同一县(市)的不动产，应按照3%的预征率在不动产所在地预缴税款后，向机构所在地主管税务机关进行纳税申报。

(6) 一般纳税人销售其于2016年4月30日前取得的不动产(不含自建)，选择一般计税方法计税的，以取得的全部价款和价外费用为销售额计算应纳税额。纳税人应以取得的全部价款和价外费用减去该项不动产购置原价或者取得不动产时的作价后的余额，按照5%的预征率在不动产所在地预缴税款后，向机构所在地主管税务机关进行纳税申报。

(7) 房地产开发企业中的一般纳税人销售房地产老项目，以及一般纳税人出租其于2016年4月30日前取得的不动产，选择一般计税方法计税的，应以取得的全部价款和价外费用，按照3%的预征率在不动产所在地预缴税款后，向机构所在地主管税务机关进行纳税申报。

(8) 一般纳税人销售其于2016年4月30日前自建的不动产，选择一般计税方法计税的，应以取得的全部价款和价外费用为销售额计算应纳税额。纳税人应以取得的全部价款和价外费用，按照5%的预征率在不动产所在地预缴税款后，向机构所在地主管税务机关进行纳税申报。

【做中学2-3】 某建筑企业(一般纳税人)机构所在地为A省，2022年6月在B省提供建筑服务(非简易计税项目)，取得建筑服务收入(含税)1 635万元，支付分包款545万元。购入建筑材料可抵扣的进项税额为60万元。要求计算该企业在B省的预缴增值税税款和回A省机构所在地纳税申报应缴的增值税税款。

该企业在B省建筑服务发生地预缴的增值税税额 $=(1\,635-545)\div(1+9\%)\times 2\%=20$(万元)

该企业回A省机构所在地纳税申报时应缴的税额 $=1\,635\div(1+9\%)\times 9\%-20-60-545\div(1+9\%)\times 9\%=10$(万元)

二、小规模纳税人应纳税额的计算

小规模纳税人销售货物、提供加工修理修配劳务、销售服务、无形资产或者不动产，实行按照销售额和增值税征收率计算应纳税额的简易计税办法，不得抵扣进项税额。小规模纳税人应纳增值税税额计算公式：

应纳税额＝销售额×征收率

按照税法规定，小规模纳税人销售货物只能开具普通销货发票，不能使用增值税专用发票，其购进货物不论是否取得增值税专用发票，都不能抵扣进项税额，但购进税控收款机除外。

上述公式中的销售额为不含税销售额，纳税人采用销售额和应纳税额合并定价方法的，应将含税销售额换算成不含税销售额，其计算公式为：

不含增值税销售额＝含税销售额÷(1＋征收率)

纳税人提供适用简易计税方法计税的，因销售折让、中止或者退回而退还给购买方的销售额，应当从当期销售额中扣减。扣减当期销售额后仍有余额造成多缴的税款，可以从以后的应纳税额中扣减。

【做中学 2-4】某商业企业为增值税小规模纳税人，2022 年第二季度发生以下销售业务：

(1) 销售给某小型超市一批肥皂，销售收入 309 000 元。

(2) 将本季所购化妆品销售给消费者，销售收入 41 200 元。

(3) 销售给某制造企业货物一批，取得销货款 30 000 元，增值税额 900 元，由税务机关代开增值税专用发票。

(4) 提供给个人消费者餐饮服务，取得销售收入 144 200 元。

则该商业企业第二季度的应纳税额为：

先将含税销售额换算为不含税销售额，即

不含税销售额＝309 000÷(1＋3%)＋41 200÷(1＋3%)＋144 200÷(1＋3%)＝480 000(元)

本季应纳税额＝(480 000＋30 000)×3%＝15 300(元)

小规模纳税人销售或者出租不动产应纳税额计算的相关规定：

(1) 小规模纳税人销售其取得(不含自建)的不动产(不含个体工商户销售购买的住房和其他个人销售不动产)，应以取得的全部价款和价外费用减去该项不动产购置原价或者取得不动产时的作价后的余额为销售额，按照 5%的征收率计算应纳税额。纳税人按照上述方法在不动产所在地预缴税款后，向机构所在地主管税务机关进行纳税申报。

(2) 小规模纳税人销售其自建的不动产，应以取得的全部价款和价外费用为销售额，按照 5%的征收率计算应纳税额。纳税人按照上述方法在不动产所在地预缴税款后，向机构所在地主管税务机关进行纳税申报。

(3) 房地产开发企业中的小规模纳税人，销售自行开发的房地产项目，按照 5%的征收率计税。

(4) 小规模纳税人出租其取得的不动产(不含个人出租住房),按照5%的征收率计算应纳税额。如果不动产与机构所在地不在同一县(市、区)的,纳税人按照上述方法在不动产所在地预缴税款后,向机构所在地主管税务机关进行纳税申报。

(5) 小规模纳税人跨县(市、区)提供建筑服务,应以取得的全部价款和价外费用扣除支付的分包款后的余额为销售额,按照3%的征收率计算应纳税额。纳税人应按照上述计税方法在建筑服务发生地预缴税款后,向机构所在地主管税务机关进行纳税申报。

2

三、进口货物应纳税额的计算

无论是一般纳税人还是小规模纳税人申报进口货物都应缴纳增值税,均须按规定的组成计税价格和规定的税率计算增值税税额。其计算公式为:

$$\text{应纳税额}=\text{组成计税价格}\times\text{税率}$$

组成计税价格有以下两种情况:

(1) 进口货物只征收增值税的,其组成计税价格为:

$$\text{组成计税价格}=\text{关税完税价格}+\text{关税}=\text{关税完税价格}\times(1+\text{关税税率})$$

(2) 进口货物同时征收消费税的,其组成计税价格为:

$$\text{组成计税价格}=\text{关税完税价格}+\text{关税}+\text{消费税}=\text{关税完税价格}\times(1+\text{关税税率})\div(1-\text{消费税税率})$$

关于"关税完税价格"的确认问题,将在本教材项目四关税会计业务操作中详细介绍。

另外,根据税法规定纳税人进口货物,从海关处取得的海关进口增值税专用缴款书上注明的增值税税额可以在计算本月应纳增值税税额时作为进项税额抵扣。

【做中学 2-5】 某进出口公司(增值税一般纳税人)2022年6月报关进口数码相机60 000台,每台关税完税价格为3 000元,进口关税税率为60%。已缴进口关税和海关代征的增值税并已取得增值税完税凭证。当月以不含税售价每台5 600元全部售出(数码相机无须缴纳消费税)。

则该公司当月进口环节和销售环节应纳增值税税额计算如下:

(1) 进口环节应纳税额的计算:

$$\text{组成计税价格}=\text{关税完税价格}+\text{关税}=3\ 000\times60\ 000+3\ 000\times60\ 000\times60\%=288\ 000\ 000(\text{元})$$

$$\text{进口环节应纳税额}=\text{组成计税价格}\times\text{适用税率}=288\ 000\ 000\times13\%=37\ 440\ 000(\text{元})$$

(2) 国内销售环节应纳增值税税额的计算:

$$\text{应纳税额}=\text{当期销项税额}-\text{当期进项税额}=5\ 600\times60\ 000\times13\%-37\ 440\ 000=6\ 240\ 000(\text{元})$$

四、扣缴义务人应扣缴税额的计算

境外单位或者个人在境内销售服务、无形资产或者不动产，在境内未设有经营机构的，扣缴义务人按照下列公式计算应扣缴税额：

应扣缴税额＝购买方支付的价款÷(1＋税率)×税率

【做中学 2-6】境外公司为某纳税人提供咨询服务，合同价款 106 万元，且该境外公司没有在境内设立经营机构，应以服务购买方为增值税扣缴义务人，则购买方应当扣缴的税额计算如下：

应扣缴增值税税额＝106÷(1＋6%)×6%＝6(万元)

【任务设计——增值税应纳税额的计算】

工作实例：

某生产型企业为增值税一般纳税人，2022 年 6 月发生以下经济业务，计算该企业本月应缴纳的增值税税额：

(1) 购进生产用原材料一批，已验收入库。取得增值税专用发票，注明价款为 50 万元，税额为 6.5 万元，另外支付购货运费取得增值税专用发票，注明运输费 2 万元，增值税 0.18 万元。

(2) 购进生产用设备一台，取得增值税专用发票，注明价款为 20 万元，税款为 2.6 万元。

(3) 向农业生产者个人购入免税农产品一批，取得经税务机关批准的收购凭证，支付收购价 30 万元。

(4) 购入企业自用小轿车一辆，取得税控机动车销售统一发票，价款 15 万元，税款 1.95 万元，用支票付款。

(5) 将本企业生产的一批产品通过民政部门捐赠给灾区，该产品成本价为 10 万元，销售价格为 18 万元。

(6) 销售甲商品给某商场，开具增值税专用发票，价款 70 万元，税额 9.1 万元。

(7) 销售乙商品给某公司，开具普通发票，价税合计金额为 22.6 万元。

(8) 接受外单位委托加工应税产品一批，收取委托方提供的原材料 5.87 万元，收取加工费 1.977 5 万元(含增值税)。

(9) 将外购的原材料一批用于企业职工集体福利，该材料成本为 6 万元，其进项税额为 0.78 万元。该原材料系以前购入，已在购入当月申报抵扣进项税额。

【操作步骤】

第一步：逐笔分析经济业务，确定是销项税额还是进项税额，并计算出具体数额。

(1) 购进材料取得增值税专用发票，支付运费取得增值税专用发票，其进项税额凭票抵扣，则：

允许抵扣进项税额＝6.5＋0.18＝6.68(万元)

(2) 购进生产经营用固定资产，取得增值税专用发票，其进项税额允许抵扣，则：

允许抵扣进项税额＝2.6(万元)

(3) 向农业生产者个人购买农产品，取得经税务机关批准的收购凭证，按农产品买价和10%（因为是用于生产销售13%税率的货物）的扣除率计算进项税额，则：

允许抵扣进项税额＝30×10%＝3（万元）

(4) 购进纳税人企业自用的消费品小轿车，从2013年8月1日起其进项税额可凭税控机动车销售统一发票抵扣，则

允许抵扣进项税额＝1.95（万元）

(5) 将自产的一批产品捐赠给灾区，属于视同销售，应该缴纳增值税，则：

销项税额＝18×13%＝2.34（万元）

(6) 销售甲商品给某商场，应该缴纳增值税，则：

销项税额＝9.1（万元）

(7) 销售乙商品给某商场，应该缴纳增值税，因为是价税合计，因此，应换算成不含税的销售额后征收增值税，则：

销项税额＝22.6÷（1＋13%）×13%＝2.6（万元）

(8) 接受外单位委托加工应税产品一批，应该缴纳增值税，则：

销项税额＝1.997 5÷（1＋13%）×13%＝0.227 5（万元）

(9) 将外购原材料用于企业职工集体福利，其进项税额不得抵扣，应作进项税额转出处理，则：

进项税额转出＝0.78（万元）

第二步：计算本期销项税额。

当期销项税额＝2.34＋9.1＋2.6＋0.227 5＝14.267 5（万元）

第三步：计算本期可抵扣的进项税额。

进项税额＝6.68＋2.6＋3＋1.95－0.78＝13.45（万元）

第四步：计算本期增值税实际应纳税额。

当期应纳税额＝当期销项税额－当期进项税额＝14.267 5－13.45＝0.817 5（万元）

自测题：增值税税款的计算

任务三 增值税会计核算

任务引例

2022年7月15日，天启机械公司转让当年1月购入的生产用固定资产，原值100 000元，已提折旧4 000元，转让价50 000元（含增值税）。转让2009年1月1日以前购进或者自制的生产用固定资产，原值200 000元，已提折旧100 000元，转让价为110 000元（含增值税）。

要求：对天启机械公司前后转让生产用固定资产的业务进行会计处理。

【知识准备与业务操作】

一、增值税会计科目的设置

（一）一般纳税人会计科目的设置

为了准确地反映应纳增值税的核算和缴纳情况，一般纳税人应在“应交税费”科目下设置“应交增值税”“未交增值税”“预交增值税”“待抵扣进项税额”“待认证进项税额”“待转销项税额”“简易计税”等二级科目进行核算。

1．“应交税费——应交增值税”科目

“应交税费——应交增值税”科目的借方发生额，反映企业购进货物、劳务或接受应税服务所支付的进项税额以及实际已缴纳的增值税税额；其贷方发生额反映企业销售货物、提供劳务和销售服务、不动产或无形资产所收取的销项税额、出口货物退税额以及进项税额转出数；期末贷方余额反映企业应该缴纳的增值税，借方余额反映企业尚未抵扣的增值税。

企业在“应交税费——应交增值税”二级账内，一般可设置“进项税额”“已交税金”“出口抵减内销产品应纳税额”“销项税额”“出口退税”“进项税额转出”“转出未交增值税”“转出多交增值税”等明细专栏，并按规定进行核算。账户结构如图 2-1 所示。

进项税额 已交税金 出口抵减内销产品应纳税额 转出未交增值税	销项税额 出口退税 进项税额转出 转出多交增值税
留抵税额	

图 2-1 应交税费——应交增值税账户结构

①“进项税额”专栏，记录一般纳税人购入货物、加工修理修配劳务、服务、无形资产或不动产而支付或负担的、准予从当期销项税额中抵扣的增值税税额。

②“已交税金”专栏，记录一般纳税人当月已缴纳的应交增值税税额。

③“出口抵减内销产品应纳税额”专栏，记录实行“免、抵、退”办法的一般纳税人按规定计算的出口货物的进项税额抵减内销产品的应纳税额。

④“转出未交增值税”专栏，记录一般纳税人当月发生的应交未交增值税税额在月末转入“未交增值税”明细科目贷方的税额。

⑤“销项税额”专栏，记录一般纳税人销售货物、提供加工修理修配劳务和销售服务、不动产或无形资产应收取的增值税税额。

⑥“出口退税”专栏，记录一般纳税人出口货物、加工修理修配劳务、服务、无形资产按规定退回的增值税税额。

⑦“进项税额转出”专栏，记录一般纳税人购进货物、加工修理修配劳务、服务、无形资产或不动产等发生非正常损失以及其他原因而不应从销项税额中抵扣，按规定转出的进项税额。

⑧“转出多交增值税”专栏，记录企业本月多缴的在月末转入“未交增值税”明细科目借

方的增值税税额。

营业税改征增值税后，企业视业务情况需要增设“销项税额抵减”专栏，用以记录该企业因按规定扣减销售额而减少的销项税额；“减免税款”专栏，用以记录一般纳税人按现行增值税制度规定准予减免的增值税税额。

2.“应交税费——未交增值税”科目

“应交税费——未交增值税”科目核算一般纳税人月份终了从“应交增值税”或“预交增值税”明细科目转入当月应交未交、多交或预缴的增值税税额，以及当月缴纳以前期间未交的增值税税额。

3.“应交税费——预交增值税”科目

“应交税费——预交增值税”科目核算一般纳税人转让不动产、提供不动产经营租赁服务、提供建筑服务、采用预收款方式销售自行开发的房地产项目等，以及其他按现行增值税制度应预缴的增值税税额。

4.“应交税费——待抵扣进项税额”科目

“应交税费——待抵扣进项税额”科目核算一般纳税人已取得增值税扣税凭证并经税务机关认证，按照现行增值税制度规定准予以后期间从销项税额中抵扣的进项税额。

5.“应交税费——待认证进项税额”科目

“应交税费——待认证进项税额”科目核算一般纳税人由于未经税务机关认证而不得从当期销项税额中抵扣的进项税额，包括一般纳税人已取得增值税扣税凭证、按照现行增值税制度规定准予从销项税额中抵扣，但尚未经税务机关认证的进项税额；一般纳税人已申请稽核但尚未取得稽核相符结果的海关缴款书的进项税额。

6.“应交税费——待转销项税额”科目

“应交税费——待转销项税额”科目核算一般纳税人销售货物、提供加工修理修配劳务和销售服务、无形资产或不动产，已确认相关收入(或利得)但尚未发生增值税纳税义务而应于以后期间确认为销项税额的增值税税额。

7.“应交税费——简易计税”科目

“应交税费——简易计税”科目核算一般纳税人采用简易计税方法发生的增值税计提、扣减、预缴、缴纳等业务。

企业视业务情况需要还可在“应交税费”科目下增设“转让金融商品应交增值税”明细科目，核算增值税纳税人转让金融商品发生的增值税税额；“代扣代交增值税”明细科目，核算纳税人购进在境内未设经营机构的境外单位或个人在境内的应税行为代扣代缴的增值税；“增值税留抵税额”明细科目，核算兼有服务、无形资产或者不动产的原增值税一般纳税人，截至纳入营改增试点之日前的增值税期末留抵税额按照现行增值税制度规定不得从销售服务、无形资产或不动产的销项税额中抵扣的增值税留抵税额。

(二) 小规模纳税人会计科目的设置

小规模纳税人只需在“应交税费”科目下设置“应交增值税”明细科目，不需要设置上述专栏及除“转让金融商品应交增值税”“代扣代交增值税”外的明细科目。采用三栏式账页，其贷方发生额反映企业销售货物、劳务、服务、不动产或无形资产应缴纳的增值税税额；借方发生额反映企业已缴纳的增值税税额；期末贷方余额反映企业应交未交的增值税税额，借方余额反映企业多交的增值税税额。

二、一般纳税人的会计核算

（一）一般纳税人销项税额的会计处理

企业销售货物、劳务、服务、不动产或无形资产，应按实现的营业收入和按规定收取的增值税税额，借记“应收账款”“应收票据”“银行存款”等科目，按实现的营业收入，贷记“主营业务收入”等科目，按专用发票上注明的增值税税额，贷记“应交税费——应交增值税（销项税额）”科目。发生的销货退回，作相反的会计分录。

1. 直接收款销售方式

税法规定，企业采取直接收款方式销售货物，不论货物是否发出，均为收到销货款或者取得索取销货款凭据的当天作为销售收入实现、纳税义务发生和开出增值税发票的时间。

【做中学2-7】夏新电视机厂（增值税一般纳税人）本月向某商场销售100台电视机，每台不含税售价6 000元，夏新电视机厂开具的增值税发票上注明价款为600 000元，增值税税额为78 000元。商场以支票形式支付货款及税款。

夏新电视机厂会计处理如下：

借：银行存款　　678 000
　贷：主营业务收入　　600 000
　　应交税费——应交增值税（销项税额）　　78 000

2. 预收货款销售方式

企业采用预收货款结算方式销售货物的，以货物发出的当天作为销售收入实现、纳税义务发生和开出增值税发票的时间。

【做中学2-8】宏鑫工厂和某公司签订供货合同，货款金额为100 000元，应交增值税为13 000元，该公司先预付货款的50%，余款等到货后一个月内支付。

宏鑫工厂会计处理如下：

(1) 收到预收款项时：

借：银行存款　　50 000
　贷：预收账款——某公司　　50 000

(2) 发出货物，开具专用发票时：

借：预收账款——某公司　　113 000
　贷：主营业务收入　　100 000
　　应交税费——应交增值税（销项税额）　　13 000

(3) 收到余款时：

借：银行存款　　63 000
　贷：预收账款　　63 000

3. 赊销和分期收款销售方式

企业采取赊销和分期收款方式销售货物的，其纳税义务发生时间为书面合同约定的收款日期的当天；无书面合同或者书面合同没有约定收款日期的，以货物发出的当天作为纳税义务发生的时间。发出商品时，作移库处理，按合同约定的收款日期开具发票时，确认收入，借记“应收账款”或“银行存款”，贷记“主营业务收入”“应交税费——应交增值税（销项税额）”，同时结转销售成本。

【做中学 2-9】华茂公司以分期收款方式销售产品 20 台给某公司，每台 60 000 元，该产品成本为 420 000 元，货已经发出。按合同规定货款分三个月付清，本月 25 日为第一次付款日。开具增值税专用发票注明销售额 400 000 元，税额 52 000 元，货款已经收到。

华茂公司会计处理如下：

（1）发出商品时：

借：库存商品——分期收款发出商品　　420 000

　　贷：库存商品　　420 000

（2）约定日收到款项时：

借：银行存款　　452 000

　　贷：主营业务收入　　400 000

　　　　应交税费——应交增值税（销项税额）　　52 000

（3）同时结转确认收入部分的成本：

借：主营业务成本　　140 000

　　贷：库存商品——分期收款发出商品　　140 000

在以后约定的收款日，作相同的账务处理。

4. 兼营业务

纳税人销售货物、提供加工修理修配劳务和销售服务、无形资产或者不动产适用不同税率的，应当分别核算适用不同税率的销售额，未分别核算销售额的，从高适用税率。

【做中学 2-10】2022 年 6 月，A 企业本月取得交通运输收入 100 万元、物流辅助收入 100 万元，按照适用税率，分别开具增值税专用发票，款项已收。当月同时销售货物取得价款 30 万元。A 企业会计处理如下：

（1）取得运输收入的会计处理：

借：银行存款　　1 090 000

　　贷：主营业务收入——运输　　1 000 000

　　　　应交税费——应交增值税（销项税额）　　90 000

（2）取得物流辅助收入的会计处理：

借：银行存款　　1 060 000

　　贷：其他业务收入——物流　　1 000 000

　　　　应交税费——应交增值税（销项税额）　　60 000

（3）取得销售货物价款的会计处理：

借：银行存款　　339 000

　　贷：主营业务收入　　300 000

　　　　应交税费——应交增值税（销项税额）　　39 000

5. 委托代销

委托其他纳税人代销货物，以收到代销单位的代销清单或者收到全部或者部分货款的当天作为销售收入实现、纳税义务发生和开出增值税发票的时间。委托代销主要有两种方式：视同买断和收取手续费方式。下面举例说明收取手续费方式。

【做中学 2-11】太平洋商场收到某百货商店代销某品牌电视机的代销清单，列明销售电视机 300 台，每台不含税售价 1 500 元，价款 450 000 元，销项税额 58 500 元，按不含税代销价的 5%结算代销手续费，款项已经收到。

太平洋商场会计处理如下：

借：银行存款	486 000	
销售费用	22 500	
贷：主营业务收入——某品牌电视机		450 000
应交税费——应交增值税（销项税额）		58 500

6. 将自产或委托加工的货物用于集体福利

企业将自产、委托加工的货物用于集体福利，从会计角度看，属于非销售活动，不记入有关收入类科目，但按税法规定则属于视同销售行为，应按自产、委托加工货物的成本与税务机关核定的货物计税依据计算缴纳增值税，纳税义务发生时间为货物移送的当天。

【做中学 2-12】东方集团公司将一批自产产品作为公司职工集体福利使用，实际成本共计 100 000 元，税务机关认定的计税价格为 120 000 元，未开具发票。

该公司的会计处理如下：

借：应付职工薪酬	115 600	
贷：库存商品		100 000
应交税费——应交增值税（销项税额）		15 600

7. 用于对外投资、捐赠的货物

企业将自产、委托加工或购买的货物作投资，提供给其他单位或者个体工商户作为销售活动；无偿捐赠其他单位或个人的，按税法规定属于视同销售行为。

【做中学 2-13】天启机械公司将自产的一台设备投资于某企业，该设备市场售价为 9 万元，成本为 6 万元。

该公司的会计处理如下：

借：长期股权投资	101 700	
贷：主营业务收入		90 000
应交税费——应交增值税（销项税额）		11 700

【做中学 2-14】天启机械公司将5台共价值200 000元(税务机关认定的计税价格为250 000元)的设备,无偿捐赠给灾区救灾使用,开具增值税专用发票。

该公司的会计处理如下:

借:营业外支出 232 500

贷:库存商品 200 000

应交税费——应交增值税(销项税额) 32 500

8. 将自产、委托加工的货物分配给股东

纳税人将自产、委托加工的货物分配给股东,货物的所有权也发生了转移,所以同样要视同销售缴纳增值税,纳税义务的确认时间为货物移送的当天。

【做中学 2-15】天启机械公司将自产的价值500 000元的设备作为股利分配给股东,账面成本为480 000元。

该公司的会计处理如下:

借:应付股利 565 000

贷:主营业务收入 500 000

应交税费——应交增值税(销项税额) 65 000

9. 以物易物方式销售货物

采取以物易物方式销售货物的双方都应作购销处理,以各自发出的货物核算销售额并计算销项税额,以各自收到的货物按规定核算购货额并计算进项税额。

【做中学 2-16】天启机械厂以自产的10台设备与钢材厂互换钢材,已知每台设备不含税价格为50万元,从钢材厂换回的钢材已入库,对方开来的增值税专用发票上注明钢材价款400万元,税额为520 000元,并开出转账支票,补价1 130 000元。

天启机械厂的会计处理如下:

借:原材料——钢材 4 000 000

应交税费——应交增值税(进项税额) 520 000

银行存款 1 130 000

贷:主营业务收入 5 000 000

应交税费——应交增值税(销项税额) 650 000

10. 销售自己使用过的固定资产

自2009年1月1日起,纳税人销售自己使用过的固定资产(即纳税人根据会计准则已经计提折旧的固定资产),应区分不同情况征收增值税:一般纳税人销售自己使用过的于2009年1月1日或纳入营改增试点之日后购进或自制的固定资产,按照适用税率征收增值税;销售自己使用过的于2008年12月31日或纳入营改增试点之日前购进或自制的固定资产，按 3%征收率减按 2%征收增值税并且不得开具增值税专用发票，或者依照 3%征收率缴纳增值税，可开具增值税专用发票。

任务引例解析

根据任务引例，对天启机械公司转让生产用固定资产业务进行会计处理。

(1) 转让 2022 年 1 月购入的固定资产：

借：固定资产清理	96 000	
累计折旧	4 000	
贷：固定资产		100 000
借：银行存款	50 000	
贷：固定资产清理		44 247.79
应交税费——应交增值税(销项税额)		5 752.21
借：资产处置损益——处置固定资产损失	51 752.21	
贷：固定资产清理		51 752.21

(2) 转让 2009 年 1 月 1 日以前年度的固定资产：

借：固定资产清理	100 000	
累计折旧	100 000	
贷：固定资产		200 000
借：银行存款	110 000	
贷：固定资产清理		107 864.08
应交税费——简易计税[110 000÷(1+3%)×2%]		2 135.92
借：固定资产清理	7 864.08	
贷：资产处置损益——处置固定资产利得		7 864.08

11. 销售不动产

纳税人转让 2016 年 4 月 30 日前取得的不动产，选择简易计税方法的，以取得的全部价款和价外费用扣除不动产购置原价或者取得不动产时的作价后的余额为销售额（自建的不动产须按全部价款和价外费用为计税销售额），按照 5%的征收率计算应纳税额；若转让 2016 年 5 月 1 日后取得的不动产，适用一般计税方法的，按照 5%的预征率向不动产所在地主管税务机关预缴税款后，以 9%的税率向机构所在地主管国税机关申报纳税。

【做中学 2-17】 某生产企业 2022 年 6 月转让 2014 年购入的不动产，转让收入为 1 050 万元（含增值税），该不动产购置原价为 840 万元，累计折旧为 100 万元。该企业选择简易计税方法。

该公司会计处理如下：

应纳增值税税额＝(1 050－840)÷(1＋5%)×5%＝10(万元)

2

(1) 销售时会计处理：

借：固定资产清理	7 400 000	
累计折旧	1 000 000	
贷：固定资产		8 400 000
借：银行存款	10 500 000	
贷：固定资产清理		10 400 000
应交税费——简易计税		100 000
借：固定资产清理	3 000 000	
贷：资产处置损益——处置固定资产利得		3 000 000

(2) 上述税款在不动产所在地预缴增值税：

借：应交税费——预交增值税	100 000	
贷：银行存款		100 000

(3) 上述预缴税款月末结转：

借：应交税费——未交增值税	100 000	
贷：应交税费——预交增值税		100 000

假如，上述生产企业2022年6月转让的是2016年6月购入的不动产，转让收入为1 090万元(含增值税)，该不动产购置原价为838万元，累计折旧为40万元。该公司适用一般计税方法。

该公司会计处理如下：

$$应纳增值税税额=1\ 090\div(1+9\%)\times9\%=90(万元)$$

$$在不动产所在地预缴增值税税额=(1\ 090-838)\div(1+5\%)\times5\%=12(万元)$$

(1) 销售时会计处理：

借：固定资产清理	7 980 000	
累计折旧	400 000	
贷：固定资产		8 380 000
借：银行存款	10 900 000	
贷：固定资产清理		10 000 000
应交税费——应交增值税(销项税额)		900 000
借：固定资产清理	2 020 000	
贷：资产处置损益——处置固定资产利得		2 020 000

(2) 在不动产所在地预缴税款时：

借：应交税费——预交增值税	120 000	
贷：银行存款		120 000

(3) 上述预缴税款月末结转时：

借：应交税费——未交增值税	120 000	
贷：应交税费——预交增值税		120 000

(二)一般纳税人进项税额的会计核算

纳税人购进货物、接受应税劳务、服务、无形资产或者不动产时,按增值税专用发票上注明的增值税税额,借记“应交税费——应交增值税(进项税额)”科目,按发票上记载的应计入成本的金额,借记“在途物资”“原材料”“周转材料”“库存商品”“生产成本”“管理费用”“委托加工物资”等科目;按应付或实际支付的金额,贷记“应付账款”“应付票据”“银行存款”等科目。购入货物发生退货时,作相反的会计处理。

1. 可抵扣进项税额的核算

(1)购入材料、商品等取得增值税专用发票。

增值税一般纳税人从国内采购货物或接受应税劳务,应按增值税专用发票上注明的增值税税额,借记“应交税费——应交增值税(进项税额)”科目;按照增值税专用发票上注明的应计入采购成本的金额及价外费用,借记“在途物资”“原材料”“库存商品”“周转材料”“制造费用”“管理费用”等科目;按应付或实际已付的价款、税费总额,贷记“应付账款”“应付票据”“银行存款”“库存现金”等科目。

【做中学 2-18】 某企业购进一批材料,已验收入库,取得的增值税专用发票上注明价款 100 000 元,税款 13 000 元;支付运费取得增值税专用发票,注明运输费 2 000 元,税款 180 元;支付装卸费取得增值税专用发票,注明装卸费 1 000 元,税款 60 元。全部款项已用银行存款支付。

该企业会计处理如下:

$$\text{增值税进项税额} = 13\ 000 + 180 + 60 = 13\ 240(\text{元})$$
$$\text{采购总成本} = 100\ 000 + 2\ 000 + 1\ 000 = 103\ 000(\text{元})$$

借:原材料	103 000	
应交税费——应交增值税(进项税额)	13 240	
贷:银行存款		116 240

(2)购入免税农产品进项税额的核算。

纳税人购入免税农产品,按购入农产品买价的 9%(或按 10%)计算进项税额,借记“应交税费——应交增值税(进项税额)”科目;按照买价扣除按规定可扣除的进项税额,借记“在途物资”“原材料”“库存商品”等科目;按应付或实际已付的价款,贷记“应付账款”“银行存款”“库存现金”等科目。

【做中学 2-19】 某农副产品加工公司购入免税农产品一批,收购价为 40 000 元,货物已验收入库,货款已支付。

该公司会计处理如下:

借:原材料	36 400	
应交税费——应交增值税(进项税额)	3 600	
贷:银行存款		40 000

(3) 接受应税劳务进项税额的核算。

企业接受加工、修理修配劳务，应使用增值税专用发票，分别反映加工、修理修配的成本和进项税额。

【做中学 2-20】某企业委托乙加工厂加工材料一批，加工费 4 000 元（不含税），材料加工完成后验收入库。

该企业会计处理如下：

借：委托加工物资　　4 000

　　应交税费——应交增值税（进项税额）　　520

　　贷：应付账款——乙加工厂　　4 520

(4) 接受投资或捐赠的进项税额的核算。

纳税人接受投资或捐赠转入的货物，按专用发票上注明的增值税税额，借记“应交税费——应交增值税（进项税额）”科目；按照确认投资或捐赠货物的价值，借记“原材料”“库存商品”等科目，贷记“实收资本”“营业外收入”等科目。下面以接受捐赠为例进行核算。

【做中学 2-21】某公司接受某基金会捐赠的环保材料一批，增值税发票注明价款为 50 000 元，税款为 6 500 元，材料已经运达。

该公司会计处理如下：

借：原材料　　50 000

　　应交税费——应交增值税（进项税额）　　6 500

　　贷：营业外收入　　56 500

(5) 进口货物进项税额的核算。

企业进口物资，应按其组成计税价格和规定的税率计税，依法缴纳增值税，按海关进口增值税专用缴款书上注明的增值税税额，借记“应交税费——应交增值税（进项税额）”科目；按进口货物的实际成本，借记“原材料”“库存商品”等科目，贷记“银行存款”“应付账款”等科目。

【做中学 2-22】某进口公司从 A 公司进口货物一批（非应税消费品），关税完税价格折合人民币为 10 万元，该货物适用的关税税率为 15%，增值税税率为 13%。货物已验收入库，货款尚未支付。

该公司会计处理如下：

$$应纳关税=100\ 000\times15\%=15\ 000(元)$$

$$应纳增值税税额=(100\ 000+15\ 000)\times13\%=14\ 950(元)$$

借：原材料　　115 000

　　应交税费——应交增值税（进项税额）　　14 950

　　贷：应付账款　　129 950

(6) 购入固定资产进项税额的核算。

自2009年1月1日起,增值税一般纳税人购进(包括接受捐赠、实物投资)或者自制(包括改扩建、安装)固定资产(不含不动产,下同)发生的进项税额,可凭增值税专用发票、海关进口增值税专用缴款书从销项税额中抵扣,其进项税额记入“应交税费——应交增值税(进项税额)”科目。

【做中学2-23】某公司购入生产用设备一台,取得增值税专用发票注明价款120 000元,税款15 600元。

该公司会计处理如下:

借:固定资产　　120 000

　　应交税费——应交增值税(进项税额)　　15 600

　　贷:银行存款　　135 600

但是纳税人购进固定资产发生下列情形的,进项税额不得抵扣而应计入固定资产的成本:❶将固定资产专用于免税项目;❷将固定资产专用于集体福利或个人消费。

(7) 购入不动产进项税额的核算。

纳税人于2019年4月1日后取得不动产或者不动产在建工程的进项税额不再分2年抵扣,可在当月销项税额中一次性抵扣。其进项税额记入“应交税费——应交增值税(进项税额)”科目。

【做中学2-24】2022年6月16日,东方公司(增值税一般纳税人)购买了一层写字楼用于办公,不含税价1 000万元,进项税额90万元。

该公司会计处理如下:

借:固定资产　　10 000 000

　　应交税费——应交增值税(进项税额)　　900 000

　　贷:银行存款　　10 900 000

2. 不得抵扣进项税额的核算

(1) 取得普通发票的购进货物的核算。

一般纳税人在购入货物时(不包括购进免税农业产品),只取得普通发票的,应按发票累计全部价款入账,不得将增值税分离出来进行抵扣处理。在进行会计处理时,借记“在途物资”“原材料”“制造费用”“管理费用”“其他业务成本”等科目;贷记“银行存款”“应付票据”“应付账款”等科目。

(2) 购入用于集体福利等项目的货物或劳务的核算。

企业购入货物及接受应税劳务直接用于职工集体福利等,按其专用发票上注明的增值税税额,计入购入货物及接受劳务的成本,借记“应付职工薪酬”等科目,贷记“银行存款”等科目。需要注意的是,纳税人购进用于交际应酬的货物不允许抵扣进项税额。

(3) 购进货物过程中发生非正常损失的会计处理。

企业在货物购进过程中,如果因管理不善造成货物被盗、发生霉烂、变质以及因违反法律法规造成货物或不动产被依法没收、销毁拆除而产生的损失,称为非正常损失,其进项税额不得抵扣。《增值税暂行条例》规定非正常损失不再包括自然灾害造成的损失。

3. 进项税额转出的会计处理

已抵扣进项税额的购进货物或者应税劳务改变用途，用于免税项目、简易计税项目、集体福利或个人消费的，应当将该项购进货物或者应税劳务的进项税额从当期的进项税额中扣减。

(1) 将购进的货物用于非货币性福利。

纳税人将外购的货物用于集体福利或个人消费的，其进项税额不得抵扣。企业以外购的货物作为非货币性福利提供给职工的，应当按照该产品的公允价值确定应付职工薪酬金额，其收入和成本的会计处理与正常商品销售相同，进项税额作转出处理。

2

【做中学 2-25】甲公司将外购的商品一批分给职工，该商品售价为 10 000 元，进价为 8 500 元(已取得专用发票)，增值税税率为 13%。

该公司会计处理如下：

借：应付职工薪酬——非货币性福利　　9 605

　　贷：库存商品　　8 500

　　　　应交税费——应交增值税(进项税额转出)　　1 105

(2) 发生非正常损失。

购进的物资、在产品、产成品发生因管理不善造成的损失，其进项税额应相应转入有关账户不得抵扣。借记“待处理财产损溢”科目，贷记“应交税费——应交增值税(进项税额转出)”科目。

【做中学 2-26】甲企业由于管理不严造成原材料被盗，损失价值共计 25 000 元，增值税税率为 13%。后经主管部门批准，该损失作为管理费用处理。

甲企业会计处理如下：

借：待处理财产损溢——待处理流动资产损溢　　28 250

　　贷：库存商品　　25 000

　　　　应交税费——应交增值税(进项税额转出)　　3 250

借：管理费用　　28 250

　　贷：待处理财产损溢——待处理流动资产损溢　　28 250

(三) 一般纳税人已交增值税的会计核算

企业购销等业务发生的进项税额、销项税额，平时均在“应交税费——应交增值税”的明细账户有关专栏内核算。月末，结出借、贷方合计和余额，计算企业当月应交未交的增值税税额，并结转相关科目。

$$\text{当月未交增值税税额}=\left(\text{销项税额}+\text{出口退税}+\text{进项税额转出}\right)-\left(\text{进项税额}+\text{期初留抵税额}+\text{已交税金}+\text{出口抵减内销产品应纳税额}\right)$$

月末根据计算的未交增值税税额，作会计分录如下：

借：应交税费——应交增值税(转出未交增值税)
　　贷：应交税费——未交增值税

如果月末计算的未交增值税税额为负数，在没有预缴增值税的情况下，属于尚未抵扣的增值税税额，不需要进行账务处理；在预缴增值税的情况下，属于多交了的增值税税额，月末作会计分录如下(注意：转出多交增值税只能在本月已交税金的金额范围内转回)：

借：应交税费——未交增值税
　　贷：应交税费——应交增值税(转出多交增值税)

(四) 减免增值税的会计核算

减免增值税分先征收后返还、即征即退、享受限额扣减和减免增值税等多种形式，其会计处理有所不同，但企业收到返还的增值税都应通过“营业外收入——政府补助”科目进行核算，作为企业利润总额的组成部分。

采用先征收后返还、即征即退办法进行减免的企业，在销售货物时，应按正常会计核算程序核算应纳增值税税额，贷记“应交税费——应交增值税(销项税额)”科目。当办理增值税退还手续，收到退税款时，借记“银行存款”科目，贷记“应交税费——应交增值税(减免税款)”科目；同时作结转分录，借记“应交税费——应交增值税(减免税款)”科目，贷记“营业外收入——政府补助”科目。

享受限额扣减增值税的企业，按规定扣减的增值税，借记“应交税费——应交增值税(减免税款)”科目，贷记“营业外收入——政府补助”科目。

一般纳税人首次购入增值税税控系统专用设备，可在增值税应纳税额中全额抵减(抵减额为价税合计额)，借记“应交税费——应交增值税(减免税款)”科目，贷记“管理费用”“递延收益”等科目 。

直接减免增值税不属于政府补助。如果是免税，在会计处理时，借记“应收账款”等，贷记“主营业务收入”，即不反映“应交税费”的贷项；若是减税，只按应交增值税的税额，贷记“应交税费”即可。

【做中学 2-27】 2022 年 5 月，某企业首次购入增值税税控系统设备，支付价款 2 000 元，同时支付当年增值税税控系统专用设备技术维护费 500 元。当月两项合计抵减当月的增值税 2 500 元。

(1) 首次购入增值税税控系统专用设备时：

借：固定资产——税控设备	2 000	
贷：银行存款		2 000

(2) 发生税控系统专用技术维护费时：

借：管理费用	500	
贷：银行存款		500

(3) 抵减当月增值税应纳税额：

借：应交税费——应交增值税(减免税款) 2 500
　贷：管理费用 500
　　递延收益 2 000
以后各月计提折旧时再结转递延收益。

2

三、小规模纳税人的会计核算

(一) 小规模纳税人销售的核算

小规模纳税人发生应税行为实行简易计税方法，按征收率3%(不动产按5%)计算税额。以不含税销售额乘以征收率，计算其应交增值税。小规模纳税人一般不得为购买方开具增值税专用发票，如果购买方特别提出开具专用发票的要求，小规模纳税人应持普通发票前往税务机关换开增值税专用发票。无论是否开具专用发票，小规模纳税人均按实现的应税收入和征收率计算应纳税额，并记入“应交税费——应交增值税”科目。实现销售时，按价税合计数，借记“银行存款”“应收账款”等账户，按不含税销售额，贷记“主营业务收入”“其他业务收入”等科目，按规定收取的增值税，贷记“应交税费——应交增值税”科目。

【做中学2-28】 三林商贸公司被认定为小规模纳税人，本月销售货物一批，价款为88 000元(含税)，开具普通发票，货款已收。

三林商贸公司会计处理如下：

借：银行存款 88 000
　贷：主营业务收入 85 436.89
　　应交税费——应交增值税 2 563.11

缴纳本月应交增值税时：

借：应交税费——应交增值税 2 563.11
　贷：银行存款 2 563.11

(二) 小规模纳税人购进的核算

用简易办法计算应纳增值税的小规模纳税人购进货物、接受劳务、服务、无形资产或者不动产时，不论是否取得增值税专用发票，其支付给销售方的增值税税额都不得抵扣，而应计入购进货物或接受劳务的成本。依据这一特点，在会计处理时，应按全部价款和税款，借记“在途物资”“原材料”“库存商品”“固定资产”“管理费用”“主营业务成本”“制造费用”等账户，贷记“银行存款”“应付账款”等科目。

【做中学2-29】 某小规模纳税人企业购进商品的价款100 000元，增值税税额13 000元，支付运费2 000元，装卸费1 000元。上述款项均已用银行存款支付。

该企业会计处理如下：

借：库存商品	116 000	
贷：银行存款		116 000

【任务设计——增值税涉税业务的会计核算】

工作实例：

美途汽车集团为增值税一般纳税人，2022 年 5 月份尚未抵扣完的进项税额为 5 100 元。该企业 2022 年 6 月份有关生产经营业务如下：

（1）以交款提货方式销售 A 型小汽车 10 辆给汽车销售公司，每辆车不含税售价 15 万元，开具增值税专用发票注明应收价款 150 万元，款项已全部收回。

（2）销售 B 型小汽车 50 辆给特约经销商，每辆车不含税售价 12 万元，向特约经销商开具了增值税专用发票，注明价款 600 万元、增值税 78 万元。

（3）企业将某单位逾期未退还包装物押金 4 万元转作其他业务收入。

（4）购进机械设备取得增值税专用发票注明价款 20 万元、进项税额 2.6 万元，支付运费取得增值税专用发票，注明运输费 5 万元、税款 0.45 万元，该设备当月投入使用。

（5）当月购进原材料取得增值税专用发票注明金额 600 万元、进项税额 78 万元，支付购进原材料的运费取得增值税专用发票，注明运输费 20 万元，税款 1.8 万元；支付装卸费取得增值税专用发票，注明装卸费 3 万元，税款 0.18 万元。

（6）企业以商业汇票方式购入包装物一批，价款为 6 万元，增值税税额为 0.78 万元。

（7）企业因材料质量问题将上月所购材料退还给供货方，收回价款 4 万元，增值税税额为 0.52 万元。

（8）委托一企业加工一批材料，发出原材料成本 200 万元，支付加工费 10 万元（不含税），取得增值税专用发票，材料加工完成后验收入库。

（9）企业将购进的钢材转用于企业职工集体福利。按企业材料成本计算方法确定，该材料成本为 52 万元，其进项税额为 6.76 万元。

（10）当月因管理不善，发生意外事故损失库存原材料金额 35 万元，经批准，计入营业外支出。

要求：计算该集团本月应缴纳的增值税税额，并作会计分录。

【操作步骤】

第一步：逐笔计算增值税销项税额、进项税额，并作会计分录。

（1）增值税销项税额＝1 500 000×13％＝195 000（元）

借：银行存款	1 695 000	
贷：主营业务收入		1 500 000
应交税费——应交增值税（销项税额）		195 000

（2）增值税销项税额＝6 000 000×13％＝780 000（元）

借：银行存款　　　6 780 000
　贷：主营业务收入　　　6 000 000
　　　应交税费——应交增值税(销项税额)　　　780 000

(3) 逾期未退还包装物押金应纳税额＝[40 000÷(1＋13%)]×13%＝4 601.77(元)

2

借：其他应付款　　　40 000
　贷：其他业务收入　　　35 398.23
　　　应交税费——应交增值税(销项税额)　　　4 601.77

(4) 应抵扣固定资产增值税税额＝26 000＋4 500＝30 500(元)

借：固定资产　　　250 000
　　应交税费——应交增值税(进项税额)　　　30 500
　贷：银行存款　　　280 500

(5) 可抵扣进项税额＝780 000＋18 000＋1 800＝799 800(元)
采购总成本＝6 000 000＋200 000＋30 000＝6 230 000(元)

借：在途物资　　　6 230 000
　　应交税费——应交增值税(进项税额)　　　799 800
　贷：银行存款　　　7 029 800

(6) 增值税进项税额＝7 800(元)

借：周转材料　　　60 000
　　应交税费——应交增值税(进项税额)　　　7 800
　贷：应付票据　　　67 800

(7) 增值税进项税额＝－5 200(元)

借：银行存款　　　45 200
　贷：原材料　　　40 000
　　　应交税费——应交增值税(进项税额)　　　5 200

(8) 发出委托材料时：

借：委托加工物资　　　2 000 000
　贷：原材料　　　2 000 000

支付加工费时：

借：委托加工物资	100 000	
应交税费——应交增值税（进项税额）	13 000	
贷：银行存款		113 000

收回加工材料时：

借：原材料	2 100 000	
贷：委托加工物资		2 100 000

（9）企业将购进货物改变用途于其他方面的，其进项税额应相应转入有关账户：

借：应付职工薪酬	587 600	
贷：原材料		520 000
应交税费——应交增值税（进项税额转出）		67 600

（10）应转出的进项税额＝350 000×13%＝45 500（元）

借：待处理财产损溢——待处理流动资产损溢	395 500	
贷：原材料		350 000
应交税费——应交增值税（进项税额转出）		45 500
借：营业外支出	395 500	
贷：待处理财产损溢——待处理流动资产损溢		395 500

第二步：根据会计处理计算本月应缴纳增值税税额。

本期销售额＝1 500 000＋6 000 000＋40 000÷（1＋13%）＝7 535 398.23（元）

本期销项税额＝195 000＋780 000＋4 601.77＝979 601.77（元）

本期进项税额＝30 500＋799 800＋7 800－5 200＋13 000＝845 900（元）

本期进项税额转出＝67 600＋45 500＝113 100（元）

本期应纳税额＝979 601.77－845 900＋113 100－5 100＝241 701.77（元）

第三步：月末结转本月应交未交的增值税税额，下月缴纳增值税税款时，作以下会计分录。

借：应交税费——应交增值税（转出未交增值税）	241 701.77	
贷：应交税费——未交增值税		241 701.77

自测题：
增值税
会计核算

2

下月实际缴纳增值税时：

借：应交税费——未交增值税　　241 701.77
　贷：银行存款　　241 701.77

任务四 增值税纳税申报

作为报税岗位的会计人员，每月在规定时间内，在做好增值税专用发票的认证、抄税、报税的基础上，还应根据会计资料计算应纳增值税税额，选择申报方式，准备申报材料，进行纳税申报和税款缴纳工作。下面以任务三美途汽车集团的工作实例来学习增值税的纳税申报过程。

【知识准备与业务操作】

一、增值税的征收管理

（一）纳税义务发生时间

（1）纳税人发生应税行为，为收讫销售款项或者取得索取销售款项凭据的当天；先开具发票的，为开具发票的当天。按销售结算方式的不同，具体分为下列几种形式：❶采取直接收款方式销售货物，不论货物是否发出，均为收到销售款或者取得索取销售款凭据的当天。❷采取托收承付和委托银行收款方式销售货物，为发出货物并办妥托收手续的当天。❸采取赊销和分期收款方式销售货物，为书面合同约定的收款日期的当天，无书面合同的或者书面合同没有约定收款日期的，为货物发出的当天。❹采取预收货款方式销售货物，为货物发出的当天，但销售生产工期超过 12 个月的大型机械设备、船舶、飞机等货物，为收到预收款或者书面合同约定的收款日期的当天。❺纳税人采取预收款方式提供建筑服务、租赁服务的，其纳税义务发生时间为收到预收款的当天。❻委托其他纳税人代销货物，为收到代销单位的代销清单或者收到全部或者部分货款的当天，未收到代销清单及货款的，为发出代销货物满 180 天的当天。❼销售增值税应税劳务，为提供劳务的同时收讫销售款或者取得索取销售款的凭据的当天。❽纳税人从事金融商品转让的，为金融商品所有权转移的当天。❾纳税人发生视同销售行为，其纳税义务发生时间为货物移送、服务及无形资产转让完成的当天或者不动产权属变更的当天。

（2）进口货物，为报关进口的当天。

（3）增值税扣缴义务发生时间为纳税人增值税纳税义务发生的当天。

（二）增值税的纳税期限

增值税的纳税期限分别为 1 日、3 日、5 日、10 日、15 日、1 个月或者 1 个季度。纳税人的具体纳税期限，由主管税务机关根据纳税人应纳税额的大小分别核定；不能按照固定期限纳税的，可以按次纳税。

纳税人以 1 个月或者 1 个季度为 1 个纳税期的，自期满之日起 15 日内申报纳税；以 1

日、3 日、5 日、10 日或者 15 日为 1 个纳税期的，自期满之日起 5 日内预缴税款，于次月 1 日起 15 日内申报纳税并结清上月应纳税款。扣缴义务人解缴税款的期限，依照纳税义务人规定执行。纳税人进口货物，应当自海关填发海关进口增值税专用缴款书之日起 15 日内缴纳税款。

以 1 个季度为纳税期限的规定适用于小规模纳税人、银行、财务公司、信托投资公司、信用社以及财政部和国家税务总局规定的其他纳税人。

（三）增值税纳税地点

（1）固定业户应当向其机构所在地或者居住地主管税务机关申报纳税。总机构和分支机构不在同一县（市）的，应当分别向各自所在地的主管税务机关申报纳税；经国务院财政部和国家税务总局或者其授权的财政和税务机关批准，可以由总机构汇总向总机构所在地的主管税务机关申报纳税；跨县（市）提供建筑服务或者销售取得的不动产，应按规定在建筑服务发生或不动产所在地预缴税款后，向机构所在地主管税务机关进行纳税申报。

（2）非固定业户应当向应税行为发生地主管税务机关申报纳税；未申报纳税的，由其机构所在地或者居住地的主管税务机关补征税款。

（3）其他个人提供建筑服务，销售或者租赁不动产，转让自然资源使用权，应向建筑服务发生地、不动产所在地、自然资源所在地主管税务机关申报纳税。

（4）进口货物，应当向报关地海关申报纳税。

（5）扣缴义务人应当向其机构所在地或者居住地的主管税务机关申报缴纳其扣缴的税款。

二、增值税的纳税申报

（一）一般纳税人的纳税申报

1. 申报程序

一般纳税人办理纳税申报，需要经过增值税专用发票认证（或选择抵扣）、抄税、报税、办理申报、税款缴纳等工作。

（1）增值税专用发票认证（或选择抵扣）。增值税专用发票的认证方式可选择手工认证和网上认证。手工认证是指单位办税员月底持专用发票“抵扣联”到所属主管税务机关服务大厅“认证窗口”进行认证；网上认证是纳税人月底前通过扫描仪将专用发票抵扣联扫入认证专用软件，生成电子数据，将数据文件传给税务机关完成认证。自 2019 年 3 月 1 日起，一般纳税人对取得的增值税专用发票可以不再进行认证，通过增值税发票税控开票软件登录本省增值税发票查询平台，查询、选择用于申报抵扣、出口退税或者代办退税的增值税发票信息。

动画视频：增值税纳税申报流程

（2）抄税。抄税是在当月的最后一天，通常是在次月 1 日早上开票前，利用防伪税控开票系统进行抄税处理，将本月开具增值税专用发票的信息读入 IC 卡（抄税完成后本月不允许再开具发票）。

（3）报税。报税是在报税期内，一般单位在 15 日前，将 IC 卡拿到税务机关，由税务人员将 IC 卡的信息读入税务机关的金税系统。经过抄税，税务机关确保了所有开具的销项发票都进入了金税系统；经过报税，税务机关确保了所有抵扣的进项发票都进入了金税系统，就可以在系统内由系统进行自动比对，确保任何一张抵扣的进项发票都有销项发票与其对应。

(4) 办理申报。申报工作可分为上门申报和网上申报。上门申报是指在申报期内，携带填写的申报表、资产负债表、利润表及其他相关材料到主管税务机关办理纳税申报，税务机关审核后将申报表退还一联给纳税人。网上申报是指纳税人在征税期内，通过互联网将增值税及附加税费申报表主表、附表及其他必报资料的电子信息传送至电子申报系统。纳税人应从办理税务登记的次月 1 日起 15 日内，不论有无销售额，均应按主管税务机关核定的纳税期限按期向当地税务机关申报。

(5) 税款缴纳。税务机关将申报表单据送到开户银行，由银行进行自动转账处理。对于未实行税库银联网的纳税人还须自己到税务机关指定的银行进行现金缴纳。

2. 申报资料

电子信息采集系统一般纳税人纳税申报资料包括以下几项：

(1) 必须填报资料：自 2021 年 8 月 1 日起，增值税与城市维护建设税、教育费附加、地方教育附加申报表整合。❶《增值税及附加税费申报表(一般纳税人适用)》和反映本期销售情况明细的附列资料(一)、反映本期进项税额明细的附列资料(二)、反映营改增纳税人服务、不动产和无形资产扣除明细的附列资料(三)、反映税额抵减情况表附列资料(四)、反映附加税费情况表附列资料(五)以及《增值税减免税申报明细表》；❷备份数据软盘和 IC 卡；❸资产负债表和利润表。

(2) 其他必报资料：❶《海关完税凭证抵扣清单》；❷《代开发票抵扣清单》；❸主管国税机关规定的其他必报资料。

(3) 备查资料：❶已开具普通发票存根联；❷符合抵扣条件并且在本期申报抵扣的增值税专用发票抵扣联；❸海关进口货物完税凭证、购进农产品普通发票存根联原件及复印件；❹收购发票；❺代扣代缴税款凭证存根联；❻主管税务机关规定的其他备查资料。备查资料是否需要在当期报送，由各级国家税务局确定。

【任务设计——增值税纳税申报表的填写】

动画视频：增值税网上申报现场操作

工作实例：

接本项目任务三的工作实例，以美途汽车集团 2022 年 6 月增值税申报为例，说明增值税及附加税费申报表的填写过程。

操作步骤：

第一步：申报期内，凭"应交税费——应交增值税"明细账，填写增值税及附加税费申报表附列资料(表一)、增值税及附加税费申报表附列资料(表二)分别如表 2-1、表 2-2 所示。

第二步：根据"应交税费——应交增值税"明细账、增值税及附加税费申报表附列资料(表一)、增值税及附加税费申报表附列资料(表二)，填写增值税及附加税费申报表，如表 2-3 所示。

根据《中华人民共和国增值税暂行条例》第二十二条和第二十三条的规定制定本表。纳税人不论有无销售额，均应按主管税务机关核定的纳税期限按期填报本表，并于次月 1 日起 15 日内，向当地税务机关申报。

表 2-1

增值税及附加税费申报表附列资料(表一)

(本期销售情况明细)

纳税人名称:(公章)美途汽车集团　　税款所属时间:2022 年 6 月 1 日至 2022 年 6 月 30 日　　金额单位:元(列至角分)

项目及栏次				开具增值税专用发票		开具其他发票		未开具发票		纳税检查调整		合　计			服务、不动产和无形资产扣除项目本期实际扣除金额	扣除后	
				销售额	销项(应纳)税额	销售额	销项(应纳)税额	销售额	销项(应纳)税额	销售额	销项(应纳)税额	销售额	销项(应纳)税额	价税合计		含税(免税)销售额	销项(应纳)税额
				1	2	3	4	5	6	7	8	9＝1＋3＋5＋7	10＝2＋4＋6＋8	11＝9＋10	12	13＝11－12	14＝13÷(100%＋税率或征收率)×税率或征收率
一、一般计税方法计税	全部征税项目	13%税率的货物及加工修理修配劳务	1	7 500 000	975 000			35 398.23	4 601.77			7 535 398.23	979 601.77	—	—	—	—
		13%税率的服务、不动产和无形资产	2														
		9%税率的货物及加工修理修配劳务	3														
		9%税率的服务、不动产和无形资产	4														
		6%税率	5														
	其中:即征即退项目	即征即退货物及加工修理修配劳务	6	—	—	—	—	—	—	—	—			—	—	—	—
		即征即退服务、不动产和无形资产	7	—	—	—	—	—	—	—	—						
二、简易计税方法计税	全部征税项目	6%征收率	8							—	—			—	—	—	—
		5%征收率的货物及加工修理修配劳务	9a							—	—			—	—	—	—
		5%征收率的服务、不动产和无形资产	9b							—	—						

2

2

续 表

项目及栏次				开具增值税专用发票		开具其他发票		未开具发票		纳税检查调整		合计			服务、不动产和无形资产扣除项目本期实际扣除金额	扣除后	
				销售额	销项(应纳)税额	销售额	销项(应纳)税额	销售额	销项(应纳)税额	销售额	销项(应纳)税额	销售额	销项(应纳)税额	价税合计		含税(免税)销售额	销项(应纳)税额
				1	2	3	4	5	6	7	8	9＝1＋3＋5＋7	10＝2＋4＋6＋8	11＝9＋10	12	13＝11－12	14＝13÷(100%＋税率或征收率)×税率或征收率
二、简易计税方法计税	全部征税项目	4%征收率	10							—	—			—	—	—	—
		3%征收率的货物及加工修理修配劳务	11							—	—			—	—	—	—
		3%征收率的服务、不动产和无形资产	12							—	—						
		预征率 %	13a							—	—						
		预征率 %	13b							—	—						
		预征率 %	13c							—	—						
	其中：即征即退项目	即征即退货物及加工修理修配劳务	14	—	—	—	—	—	—	—	—			—	—	—	—
		即征即退服务、不动产和无形资产	15	—	—	—	—	—	—	—	—						
三、免抵退税	货物及加工修理修配劳务		16	—	—		—		—	—	—		—	—	—	—	—
	服务、不动产和无形资产		17	—	—		—		—	—	—		—				—
四、免税	货物及加工修理修配劳务		18				—		—	—	—		—	—	—	—	—
	服务、不动产和无形资产		19	—	—		—		—	—	—		—				—

表 2-2　　增值税及附加税费申报表附列资料(表二)

(本期进项税额明细)

税款所属时间：2022 年 6 月 1 日至 2022 年 6 月 30 日

纳税人名称：(公章)美途汽车集团　　　　金额单位：元(列至角分)

一、申报抵扣的进项税额				
项　　目	栏　次	份数	金　额	税　额
(一) 认证相符的增值税专用发票	1 ＝ 2＋3	7	6 640 000.00	851 100.00
其中：本期认证相符且本期申报抵扣	2	7	6 640 000.00	851 100.00
前期认证相符且本期申报抵扣	3			
(二) 其他扣税凭证	4＝5＋6＋7＋8a＋8b			
其中：海关进口增值税专用缴款书	5			
农产品收购发票或者销售发票	6			
代扣代缴税收缴款凭证	7		—	
加计扣除农产品进项税额	8a			
其他	8b			
(三) 本期用于购建不动产的扣税凭证	9			
(四) 本期不动产允许抵扣进项税额	10	—	—	
(五) 外贸企业进项税额抵扣证明	11	—	—	
当期申报抵扣进项税额合计	12 ＝ 1＋4＋11	7	6 640 000.00	851 100.00

二、进项税额转出额		
项　　目	栏　次	税　额
本期进项税转出额	13＝14 至 23 之和	118 300.00
其中：免税项目用	14	
集体福利、个人消费	15	67 600.00
非正常损失	16	45 500.00
简易计税办法征税项目用	17	
免抵退税办法不得抵扣的进项税额	18	
纳税检查调减进项税额	19	

续 表

二、进项税额转出额		
项　　目	栏　　次	税　　额
红字专用发票通知单注明的进项税额	20	**5 200.00**
上期留抵税额抵减欠税	21	
上期留抵税额退税	22	
异常凭证转出进项税额	23a	
其他应作进项税额转出的情形	23b	

三、待抵扣进项税额				
项　　目	栏次	份数	金额	税额
（一）认证相符的增值税专用发票	24	—	—	—
期初已认证相符但未申报抵扣	25			
本期认证相符且本期未申报抵扣	26			
期末已认证相符但未申报抵扣	27			
其中：按照税法规定不允许抵扣	28			
（二）其他扣税凭证	29=30 至 33 之和			
其中：海关进口增值税专用缴款书	30			
农产品收购发票或者销售发票	31			
代扣代缴税收缴款凭证	32		—	
其他	33			
	34			

四、其　他				
项　　目	栏次	份数	金额	税额
本期认证相符的增值税专用发票	35	7	**6 640 000.00**	**851 100.00**
代扣代缴税额	36	—	—	

注：本表一式二份，一份纳税人留存，一份主管税务机关留存。

表 2-3

增值税及附加税费申报表

（一般纳税人适用）

根据国家税收法律法规及增值税相关规定制定本表。纳税人不论有无销售额，均应按税务机关核定的纳税期限填写本表，并向当地税务机关申报。

税款所属时间：自 2022 年 6 月 1 日至 2022 年 6 月 30 日　　　　填表日期：2022 年 7 月 14 日

纳税人识别号		所属行业：制造业	金额单位：元(列至角分)

纳税人名称	美途汽车集团(公章)	法定代表人姓名		注册地址		营业地址	
开户银行及账号		企业登记注册类型				电话号码	

项目		栏次	一般项目		即征即退项目	
			本月数	本年累计	本月数	本年累计
销售额	(一) 按适用税率计税销售额	1	**7 535 398.23**			
	其中：应税货物销售额	2	**7 535 398.23**			
	应税劳务销售额	3				
	纳税检查调整的销售额	4				
	(二) 按简易办法计税销售额	5				
	其中：纳税检查调整的销售额	6				
	(三) 免、抵、退办法出口销售额	7			—	—
	(四) 免税销售额	8			—	—
	其中：免税货物销售额	9			—	—
	免税劳务销售额	10			—	—
税款计算	销项税额	11	**979 601.77**			
	进项税额	12	**851 100.00**			
	上期留抵税额	13	**5 100.00**	—		—
	进项税额转出	14	**118 300.00**			
	免、抵、退应退税额	15			—	—
	按适用税率计算的纳税检查应补缴税额	16			—	—
	应抵扣税额合计	17＝12＋13－14－15＋16	**737 900.00**	—		—
	实际抵扣税额	18(如 17<11，则为 17，否则为 11)	**737 900.00**			
	应纳税额	19＝11－18	**241 701.77**			
	期末留抵税额	20＝17－18		—		—
	简易计税办法计算的应纳税额	21				
	按简易计税办法计算的纳税检查应补缴税额	22			—	—
	应纳税额减征额	23				
	应纳税额合计	24＝19＋21－23	**241 701.77**			

续 表

	项 目	栏次	一般货物、劳务和应税服务		即征即退货物、劳务和应税服务	
			本月数	本年累计	本月数	本年累计
税款缴纳	期初未缴税额(多缴为负数)	25				
	实收出口开具专用缴款书退税额	26			—	—
	本期已缴税额	27 = 28 + 29 + 30 + 31				
	① 分次预缴税额	28		—		—
	② 出口开具专用缴款书预缴税额	29		—	—	—
	③ 本期缴纳上期应纳税额	30				
	④ 本期缴纳欠缴税额	31				
	期末未缴税额(多缴为负数)	32 = 24 + 25 + 26 − 27	**241 701.77**			
	其中：欠缴税额(≥0)	33 = 25 + 26 − 27		—		—
	本期应补(退)税额	34 = 24 − 28 − 29	**241 701.77**	—		—
	即征即退实际退税额	35	—	—		
	期初未缴查补税额	36			—	—
	本期入库查补税额	37			—	—
	期末未缴查补税额	38 = 16 + 22 + 36 − 37			—	—
附加税费	城市维护建设税本期应补(退)税额	39			—	—
	教育费附加本期应补(退)费额	40			—	—
	地方教育附加本期应补(退)费额	41			—	—

声明：此表是根据国家税收法律法规及相关规定填写的，本人(单位)对填报内容(及附带资料)的真实性、可靠性、完整性负责。 纳税人(签章)：　　年　月　日	
经办人： 经办人身份证号： 代理机构签章： 代理机构统一社会信用代码：	受理人： 受理税务机关(章)：　受理日期：2022 年 7 月 14 日

(二) 小规模纳税人的纳税申报

小规模纳税人无论当季有无销售额，均应填报《增值税及附加税费申报表(小规模纳税人适用)》，于季满次月 15 日前报主管税务征收机关。

1. 申报资料

小规模纳税人申报资料包括以下几项：

(1) 增值税小规模纳税人纳税申报表及其附列资料。

(2) 资产负债表、利润表。

(3) 主管税务机关要求的其他资料。

2. 申报表的格式与内容

小规模纳税人纳税申报表的格式与内容如表 2-4 所示。

表 2-4 **增值税及附加税费申报表**

（小规模纳税人适用）

纳税人识别号：□□□□□□□□□□□□□□□

纳税人名称（公章）： 金额单位：元（列至角分）

税款所属期： 年 月 日至 年 月 日 填表日期： 年 月 日

	项 目	栏 次	本期数		本年累计	
			货物及劳务	服务、不动产和无形资产	货物及劳务	服务、不动产和无形资产
一、计税依据	（一）应征增值税不含税销售额（3%征收率）	1				
	税务机关代开的增值税专用发票不含税销售额	2				
	税控器具开具的普通发票不含税销售额	3				
	（二）应征增值税不含税销售额（5%征收率）	4	—		—	
	税务机关代开的增值税专用发票不含税销售额	5	—		—	
	税控器具开具的普通发票不含税销售额	6	—		—	
	（三）销售使用过的固定资产不含税销售额	7（7≥8）		—		—
	其中：税控器具开具的普通发票不含税销售额	8		—		—
	（四）免税销售额	9=10+11+12				
	其中：小微企业免税销售额	10				
	未达起征点销售额	11				
	其他免税销售额	12				
	（五）出口免税销售额	13（13≥14）				
	其中：税控器具开具的普通发票销售额	14				
二、税款计算	本期应纳税额	15				
	本期应纳税额减征额	16				
	本期免税额	17				
	其中：小微企业免税额	18				
	未达起征点免税额	19				
	应纳税额合计	20 = 15 − 16				
	本期预缴税额	21			—	—
	本期应补（退）税额	22 = 20 − 21			—	—

续 表

<table>
<tr><td rowspan="5">三、附加税费</td><td rowspan="2">项　目</td><td rowspan="2">栏 次</td><td colspan="2">本期数</td><td colspan="2">本年累计</td></tr>
<tr><td>货物及劳务</td><td>服务、不动产和无形资产</td><td>货物及劳务</td><td>服务、不动产和无形资产</td></tr>
<tr><td>城市维护建设税本期应补(退)税额</td><td>23</td><td colspan="2"></td><td colspan="2"></td></tr>
<tr><td>教育费附加本期应补(退)费额</td><td>24</td><td colspan="2"></td><td colspan="2"></td></tr>
<tr><td>地方教育附加本期应补(退)费额</td><td>25</td><td colspan="2"></td><td colspan="2"></td></tr>
<tr><td colspan="7">声明:此表是根据国家税收法律法规及相关规定填写的,本人(单位)对填报内容(及附带资料)的真实性、可靠性、完整性负责。
纳税人(签章):　　年　月　日</td></tr>
<tr><td colspan="3">经办人:
经办人身份证号:
代理机构签章:
代理机构统一社会信用代码:</td><td colspan="4">受理人:
受理税务机关(章):　受理日期:　年　月　日</td></tr>
</table>

3. 申报缴纳

按主管税务机关规定的纳税期限携带填列准确无误的申报资料到申报征收窗口办理申报缴款手续。以国税机关填开的《中华人民共和国税收通用缴款书》为完税凭证,作会计处理依据。

自测题:增值税纳税申报

任务五　增值税出口退税

任务引例

甲企业是自营出口生产企业(增值税一般纳税人),出口货物的征税率为13%,退税率为7%,上月末留抵税款6万元。2022年6月发生以下业务:

(1) 外购原材料,支付价款400万元,增值税税额52万元,取得增值税专用发票。

(2) 本月内销货物取得不含税收入200万元。

(3) 本月出口货物的销售额折合人民币400万元。

要求:计算甲企业6月份出口业务应退的税额。

【知识准备与业务操作】

出口货物以不含国内流转税的价格参与全球市场竞争,是国际通行的惯例。我国依照国际惯例实行出口货物退(免)税政策,目的是为了平衡税负,使本国出口货物与其他国家或地区的货物具有相对平等的税收条件,这在客观上有利于发展外向型经济、增加出口、扩大出口创汇。

一、出口货物退(免)税的基本政策

我国出口货物纳税的基本政策分为以下三种情况。

(一) 出口免税并退税

该政策是指对货物在出口销售环节不征增值税,对货物在出口前实际承担的税收负担,按规定的出口退税率计算后予以退还。具体适用对象有:❶生产企业自营或委托外贸企业代理出口自产货物;❷有出口经营权的外贸企业收购后直接出口或委托其他外贸企业代理出口的货物;❸出口企业从小规模纳税人处购进并取得增值税专用发票的抽纱、工艺品、香料油、山货、草柳竹藤制品、渔网渔具、松香、五倍子、生漆、鬃尾、山羊板皮、纸制品 12 类货物;❹特定企业出口的特定货物。

(二) 出口免税但不退税

该政策是指出口环节免征增值税。适用该政策的货物因为在前一道生产、销售环节或进口环节是免税的,其价格本身就是不含税的,因此也不需退税。具体适用对象有:❶属于生产企业的小规模纳税人自营出口或委托外贸企业代理出口的自产货物;❷外贸企业从小规模纳税人处购进并持普通发票的货物出口;❸外贸企业直接购进国家规定的免税货物(包括免税农业产品)出口的;❹其他的免税货物或项目。

(三) 出口环节不免税也不退税

出口不免税是指对国家限制或禁止出口的某些货物,出口环节视同内销环节,照常征收增值税;出口不退税是指不退还货物出口前其所负担的增值税。具体适用对象有:❶国家计划外出口的原油;❷援外出口货物;❸天然牛黄、麝香、铜及铜基合金(出口电解铜按 13% 退税率退还增值税)、白银等。

二、出口货物退(免)税的范围

对出口的凡属于已征或应征增值税的货物,除国家明文规定不予退(免)税的货物,以及出口企业从小规模纳税人处购进,持有普通发票的部分货物外,其他出口货物都属于出口退(免)税的范围。一般而言,应同时具备以下四个条件:❶属于增值税范围的货物;❷报关离境的货物;❸财务上作销售处理的货物;❹出口收汇并已核销的货物。

生产企业承接国外修理修配业务以及利用国际金融组织或外国政府贷款采用国际招标方式、国内企业中标或外国企业中标后分包给国内企业销售的货物,可以比照出口货物,实行免、抵、退税管理办法。

出口的机械手表(含机芯)、化妆品、乳胶制品和其他橡胶制品、黄金首饰、珠宝玉石、水貂皮、鱼翅、鲍鱼、海参、鱼唇、干贝、燕窝等货物,除国家指定的出口企业可以退税外,其他非指定的企业不能享受出口退税。

三、出口应税服务、无形资产退(免)税的范围

单位和个人提供适用零税率的应税服务和无形资产,如果属于适用增值税一般计税方法的,生产企业实行免抵退税办法,外贸企业外购服务或者无形资产出口实行免退税办法,外贸企业直接将服务或自行研发的无形资产出口,视同生产企业连同其出口货物统一实行免抵退税办法。如果属于适用简易计税方法的,实行免征增值税办法。

(一) 适用增值税零税率的范围

自 2016 年 5 月 1 日起,单位和个人销售下列服务和无形资产适用增值税零税率。

(1) 国际运输服务,是指:❶在境内载运旅客或货物出境;❷在境外载运旅客或货物入境;❸在境外载运旅客或货物。

(2) 航天运输服务。

(3) 向境外单位提供的完全在境外消费的下列服务:❶研发服务;❷合同能源管理服务;❸设计服务;❹广播影视节目(作品)的制作和发行服务;❺软件服务;❻电路设计及测试服务;❼信息系统服务;❽业务流程管理服务;❾离岸服务外包业务;❿转让技术。

(4) 财政部和国家税务总局规定的其他服务。

(二) 应税服务免税的范围

单位和个人提供的下列应税服务或无形资产免征增值税,但财政部和国家税务总局规定适用零税率的除外。

(1) 下列服务:❶工程项目在境外的建筑服务;❷工程项目在境外的工程监理服务;❸工程、矿产资源在境外的工程勘察勘探服务;❹会议展览地点在境外的会议展览服务;❺存储地点在境外的仓储服务;❻标的物在境外使用的有形动产租赁服务;❼在境外提供的广播影视节目(作品)的播映服务;❽在境外提供的文化体育服务、教育医疗服务、旅游服务。

(2) 为出口货物提供的邮政服务、收派服务、保险服务。

(3) 向境外单位提供的完全在境外消费的下列服务和无形资产:❶电信服务;❷知识产权服务;❸物流辅助服务(仓储服务、收派服务除外);❹鉴证咨询服务;❺专业技术服务;❻商务辅助服务;❼广告投放地在境外的广告服务;❽无形资产。

(4) 以无运输工具承运方式提供的国际运输服务。

(5) 为境外单位之间的货币资金融通及其他金融业务提供的直接收费金融服务,且该服务与境内的货物、无形资产和不动产无关。

(6) 财政部和国家税务总局规定的其他服务。

按照国家有关规定应取得相关资质的国际运输服务项目,纳税人取得相关资质的,适用增值税零税率政策,未取得的,适用增值税免税政策。

四、出口货物(服务)增值税退税率

1994 年实行的新税制,对出口货物增值税实行了零税率,即货物出口时,按其征税率退税。从 1995 年 7 月 1 日起,连续多次调低了出口货物退税率。为抵御 1997 年亚洲金融危机以及 2008 年由美国引起的全球金融危机,缓解出口企业生存压力,解决人员就业问题,改变出口增量回落现象,保持我国外贸经济平稳发展,国家及时运用财税政策对出口退税率进行了适当的调整。目前,我国出口货物的退税率为 5%~13%。

服务和无形资产的退税率为其在境内提供服务和无形资产的增值税税率,即 6%、9%和 13%三档。实行退(免)税办法的服务和无形资产,如果主管税务机关认定出口价格偏高的,有权按照核定的出口价格计算退(免)税,核定的出口价格低于外贸企业购进价格的,低于部分对应的进项税额不予退税,转入成本。境内的单位和个人销售适用增值税零税率的服务或无形资产的,可以放弃适用增值税零税率,选择免税或按规定缴纳增值税。放弃适用增值税零税率后,36 个月内不得再申请适用增值税零税率。

五、出口货物(服务)增值税退(免)税额的计算

不同的出口货物(服务)适用不同的税收政策,因此,不是所有出口的货物(服务)都要计算

退税额。出口货物(服务)只有在适用既免税又退税的政策时,才会涉及如何计算退税问题。

由于各类企业对于出口货物或服务的会计核算不同,有的对出口货物或服务单独核算,有的对出口货物或服务和内销货物统一核算。我国目前主要有两种退税计算方法:一是"免、抵、退"办法,主要适用于自营和委托出口自产货物的生产企业以及提供适用零税率的应税服务和无形资产的企业。二是"先征后退"办法,主要适用于收购货物出口的外贸企业。

(一)货物出口"免、抵、退"税的计算办法

生产企业自营或委托外贸企业代理出口自产货物,除另有规定外,增值税一律实行"免、抵、退"管理办法。这里所说的生产企业是指独立核算,经主管国税机关认定为增值税一般纳税人,并且具有实际生产能力的企业和企业集团。

"免"税,是指对生产企业出口的自产货物和视同自产货物,免征本企业生产销售环节增值税;"抵"税,是指生产企业出口自产货物和视同自产货物所耗用的原材料、零部件、燃料、动力等所含应予退还的进项税额,抵顶内销货物的应纳税额;"退"税,是指生产企业出口的自产货物和视同自产货物在当月内应抵顶的进项税额大于应纳税额时,对未抵顶完的税额部分予以退税。

免、抵、退税的计算公式和步骤如下:

1. 当期应纳税额的计算

(1) 当期应纳税额=当期内销货物的销项税额-(当期进项税额-当期免、抵、退不得免征和抵扣税额)-上期留抵税额

(2) 当期免、抵、退税不得免征和抵扣税额=当期出口货物离岸价×外汇人民币折合价×(出口货物征税率-出口货物退税率)-当期免、抵、退税不得免征和抵扣税额抵减额

(3) 当期免、抵、退税不得免征和抵扣税额抵减额=当期免税购进原材料价格×(出口货物征税率-出口货物退税率)

免税购进原材料包括从国内购进免税原材料和进料加工免税进口料件,其中进料加工免税进口料件的价格为组成计税价格。其计算公式为:

进料加工免税进口料件的组成计税价格=货物到岸价+海关实征关税+海关实征消费税

如果当期没有免税购进原材料,前述公式中的"当期免、抵、退税不得免征和抵扣税额抵减额"不用计算。

若上述计算结果为正数,说明从内销货物销项税额中抵扣后仍有余额,该余额则为企业当期应纳的增值税税额,无退税额;若计算结果为负数,则当期期末留抵税额=当期应纳税额绝对数,则有应退税额,应退税额大小在下面步骤中分析确定。

2. 当期免、抵、退税额的计算

(1) 当期免、抵、退税额=当期出口货物离岸价×外汇人民币折合价×出口货物退税率-当期免、抵、退税额抵减额

(2) 当期免、抵、退税额抵减额=当期免税购进原材料价格×出口货物退税率

值得注意的是:出口货物离岸价(FOB)以出口发票计算的离岸价为准。出口发票不能如实反映实际离岸价的,企业必须按照实际离岸价向主管国税机关进行申报,同时主管税务机关有权依照《中华人民共和国税收征收管理法》《中华人民共和国增值税暂行条例》等有关规定予以核定。

如果当期没有免税购进原材料，“免、抵、退税额抵减额”不用计算。

3. 当期应退税额和免、抵税额的计算

(1) 如当期应纳税额 ≥ 0，则：当期应退税额 = 0

(2) 如当期应纳税额 < 0，且当期期末留抵税额 < 当期免、抵、退税额，则：

当期应退税额 = 当期期末留抵税额

当期免、抵税额 = 当期免、抵、退税额 − 当期应退税额

2

(3) 如当期应纳税额 < 0，且当期期末留抵税额 ≥ 当期免、抵、退税额，则：

当期应退税额 = 当期免、抵、退税额

当期免、抵税额 = 0

公式中的“当期”是指一个纳税申报期，征税率和退税率是指出口货物的征税率和退税率。当期期末留抵税额，根据当期《增值税及附加税费申报表》中“期末留抵税额”确定。

任务引例解析

根据任务引例资料，甲企业6月份出口业务应退增值税税额计算如下：

(1) 当期免、抵、退税不得免征和抵扣税额 = 400 × (13% − 7%) = 24(万元)

(2) 当期应纳税额 = 200 × 13% − (52 − 24) − 6 = 26 − 28 − 6 = −8(万元)

当期期末留抵税额 = 8(万元)

(3) 当期免、抵、退税额 = 400 × 7% = 28(万元)

(4) 当期期末留抵税额 < 当期免、抵、退税额，则：

当期应退税额 = 8(万元)

当期免抵税额 = 28 − 8 = 20(万元)

(二) 应税服务、无形资产出口“免、抵、退”税的计算办法

免、抵、退税办法是指零税率应税服务、无形资产提供者提供零税率应税服务和无形资产，免征增值税，相应的进项税额抵减应纳增值税税额(不包括适用增值税即征即退、先征后退政策的应纳增值税税额)，未抵减完的部分予以退还。具体计算步骤如下：

1. 零税率应税服务(含无形资产)当期免、抵、退税额的计算

当期零税率应税服务免、抵、退税额 = 当期零税率应税服务免、抵、退税计税价格 × 外汇人民币牌价 × 零税率应税服务退税率

零税率应税服务免、抵、退税计税价格为提供零税率应税服务取得的全部价款，扣除支付给非试点纳税人价款后的余额。

2. 当期应退税额和当期免、抵税额的计算

(1) 当期期末留抵税额≤当期免、抵、退税额时，

当期应退税额 = 当期期末留抵税额

当期免、抵税额 = 当期免、抵、退税额 − 当期应退税额

(2) 当期期末留抵税额 > 当期免、抵、退税额时，

当期应退税额 = 当期免、抵、退税额

当期免、抵税额 = 0

“当期期末留抵税额”为当期《增值税及附加税费申报表》的“期末留抵税额”。

零税率应税服务提供者如同时有货物出口的，可结合现行出口货物免、抵、退税公式一

并计算免、抵、退税。

【做中学 2-30】国内某大型航空公司主要经营国内和经批准的境外航空客、货、邮、行李运输业务及延伸服务，注册地点在上海浦东，2014 年年底被上海市国税局认定为增值税一般纳税人。2022 年 6 月份经营情况如下：国内运输收入 24 000 万元，国际运输业务收入 15 000 万元，航空地面服务收入 9 000 万元，油料支出飞机维修等可抵扣的进项税额为 4 000 万元。则其 6 月份应退增值税税额计算如下：

(1) 当期应纳税额＝24 000×9%＋9 000×6%－4 000＝－1 300(万元)

即期末留抵税额＝1 300(万元)

(2) 当期免、抵、退税额＝15 000×9%＝1 350(万元)

(3) 当期应退税额＝1 300(万元)

(4) 当期免、抵税额＝1 350－1 300＝50(万元)

(三) “先征后退”的计算办法

“先征后退”是指出口货物在生产(购货)环节按规定缴纳增值税，货物出口后由收购出口的企业向其主管出口退税的税务机关申请办理出口货物退税。“先征后退”方式目前主要适用于有进出口经营权的外贸企业直接出口或委托其他外贸企业代理出口的货物，以及其他特准退税的企业出口的货物。

(1) 对有进出口经营权的外贸企业收购货物直接出口或委托其他外贸企业代理出口货物，应按照购进货物所取得的增值税专用发票上注明的计税金额和该货物适用的退税率计算退税。其计算公式为：

应退税额＝出口货物不含增值税的购进金额×出口退税率

或　　　　＝出口货物的进项税额－出口货物不予退税的税额

出口货物不予退税的税额＝出口货物不含增值税的购进金额×(增值税法定税率－退税率)

【做中学 2-31】某进出口公司 2022 年 6 月出口美国平纹布 2 000 米，进货增值税专用发票列明单价 20 元/米，计税金额 40 000 元，退税率 10%。则：

应退税额＝2 000×20×10%＝4 000(元)

(2) 外贸企业委托生产企业加工收回后出口的货物，按照委托加工增值税专用发票注明的金额和出口货物的退税率计算退税额，外贸企业应将加工的原材料作价销售给受托加工的生产企业，受托加工的生产企业应将原材料成本并入加工费用开具发票。其计算公式如下：

应退税额＝委托加工的增值税退(免)税计税依据×出口货物退税率

【做中学 2-32】某进出口公司 2022 年 6 月购进牛仔布委托加工成服装出口，取得牛仔布及加工增值税专用发票一张，注明计税金额 12 000 元(退税率 10%)。则：

应退税额＝12 000×10%＝1 200(元)

2

(3) 外贸企业从小规模纳税人处购进并持普通发票的货物出口，不得退税，但对出口抽纱、工艺品、香料、山货、松香、五倍子等几类货物，考虑其占我国出口比重较大及其生产、采购的特殊因素，凭税务机关代开的增值税专用发票予以退税。计算公式如下：

应退税额＝税务机关代开的增值税专用发票注明的金额×退税率

【做中学 2-33】某进出口公司 2022 年 4 月购进某增值税小规模纳税人生产的抽纱工艺品 2 000 打(套)全部出口，取得税务机关代开的增值税专用发票，发票注明金额 50 000 元，退税率 3%。则：

应退税额＝50 000×3%＝1 500(元)

六、出口货物退(免)增值税的会计核算

(一) 生产企业出口货物免、抵、退税的核算

生产企业货物出口销售，免缴本环节的增值税，并按规定的退税率计算出口货物的进项税额，抵减内销产品的应纳税额。这类货物免征出口环节增值税，其耗用的购进货物所负担的进项税额，记入“应交税费——应交增值税(进项税额)”科目；按该货物适用的增值税税率与退税率之差乘以出口货物离岸价折合人民币的金额，计算当期出口货物不予抵扣或退税的税额，借记“主营业务成本”科目，贷记“应交税费——应交增值税(进项税额转出)”科目；企业按照国家规定的退税率计算的出口货物的进项税额抵减内销产品的应纳税额时，借记“应交税费——应交增值税(出口抵减内销产品应纳税额)”科目，贷记“应交税费——应交增值税(出口退税)”科目。对因出口比重大，在规定期限内不足抵减的，不足部分可按有关规定给予退税，借记“其他应收款”科目，贷记“应交税费——应交增值税(出口退税)”科目；企业在实际收到退回的税款时，借记“银行存款”科目，贷记“其他应收款”科目。

【做中学 2-34】某自营出口生产企业某季度购进原材料一批，取得增值税专用发票注明价款为 550 000 元，增值税进项税额 71 500 元，本季度生产产品 1 000 件，每件生产成本为 600 元；每件国内售价为 700 元人民币，出口售价为 140 美元；本季度内销 600 件，出口 400 件，增值税税率为 13%，出口退税率为 9%，美元汇率为 1∶6.75。

应作会计分录如下：

(1) 购进原材料时：

借：原材料	550 000	
应交税费——应交增值税(进项税额)	71 500	
贷：银行存款		621 500

(2) 实现内销收入时：

借：银行存款	474 600	
贷：主营业务收入		420 000
应交税费——应交增值税(销项税额)		54 600

(3) 实现出口销售收入时：

借：银行存款 378 000

贷：主营业务收入 378 000

(4) 结转产品销售成本时：

借：主营业务成本 600 000

贷：库存商品 600 000

(5) 计算出口货物当期不予抵扣或退税的税额，调整出口商品成本时：

当期免、抵、退税不得免征和抵扣税额 $=400\times140\times6.75\times(13\%-9\%)=15\ 120$(元)

当期应纳税额 $=600\times700\times13\%-(71\ 500-15\ 120)=-1\ 780$(元)

当期免、抵、退税额 $=400\times140\times6.75\times9\%=34\ 020$(元)

期末留抵税额 $=1\ 780$(元)

当期期末留抵税额＜当期免、抵、退税额

当期应退税额 $=1\ 780$(元)

当期免、抵税额 $=34\ 020-1\ 780=32\ 240$(元)

应作会计分录如下：

(1) 结转当期不予抵扣或退税的税款：

借：主营业务成本 15 120

贷：应交税费——应交增值税(进项税额转出) 15 120

(2) 出口抵减内销产品销项税额：

借：应交税费——应交增值税(出口抵减内销产品应纳税额) 32 240

贷：应交税费——应交增值税(出口退税) 32 240

(3) 结转应收退税款：

借：其他应收款 1 780

贷：应交税费——应交增值税(出口退税) 1 780

(二) 外贸企业出口货物退(免)税的核算

外贸企业购进货物时，应按照专用发票上注明的增值税税额，借记“应交税费——应交增值税(进项税额)”，按照专用发票上记载的应计入采购成本的金额，借记“在途物资”“销售费用”等；按照应付或实际支付的金额，贷记“应付账款”“应付票据”“银行存款”等。

外贸企业按照规定退税率计算应收出口退税款时，借记“其他应收款”，贷记“应交税费——应交增值税(出口退税)”；收到出口退税款时，借记“银行存款”，贷记“其他应收款”。按照出口货物购进时取得的增值税专用发票上记载的进项税额或应分摊的进项税额与按照国家规定的退税率计算的应退税额的差额，借记“主营业务成本”，贷记“应交税费——应交增值税(进项税额转出)”。

1. 库存商品成本和销售成本单独确认的核算

【做中学 2-35】某外贸进出口公司当期收购 A 设备 100 台，专用发票上价款 700 万元，税款 91 万元，合计 791 万元。当月全部出口，出口 FOB 价折合人民币 1 000 万元，购进出口设备取得增值税专用发票，注明运输费 1 万元，税款 0.09 万元。所有货款、运费均以银行存款付讫。在规定时间内办妥退税事宜，退税率 10%，已收到退税款。作会计处理如下：

(1) 购进出口 A 设备时：

借：应交税费——应交增值税(进项税额) 910 000
　　在途物资 7 000 000
　　贷：银行存款 7 910 000

(2) 购进商品入库时：

借：库存商品 7 000 000
　　贷：在途物资 7 000 000

(3) 出口 A 设备时：

借：应收账款 10 000 000
　　贷：主营业务收入 10 000 000

(4) 支付运费时：

借：销售费用 10 000
　　应交税费——应交增值税(进项税额) 900
　　贷：银行存款 10 900

(5) 结转销售成本时：

借：主营业务成本 7 000 000
　　贷：库存商品 7 000 000

(6) 计算不予退税的税额时：

不予抵扣或退税的税额 $=91+0.09-700\times10\%=21.09$(万元)

借：主营业务成本 210 900
　　贷：应交税费——应交增值税(进项税额转出) 210 900

(7) 计算应退增值税税额时：

应退税额 $=700\times10\%=70$(万元)

借：其他应收款 700 000
　　贷：应交税费——应交增值税(出口退税) 700 000

(8) 收到退税款时：

借：银行存款 700 000
　　贷：其他应收款 700 000

2. 库存商品和销售成本采用加权平均价格计算的核算

【做中学 2-36】某五金矿产进出口公司对小五金的购进和销售采用加权平均的方法核算其库存。6月6日，该公司购入小五金100件，不含税单价20元；18日购入小五金200件，不含税单价18元；26日公司出口销售小五金300件。上月末小五金库存150件，平均不含税单价为21元。增值税税率为13%，退税率10%。作会计分录如下：

$$\text{本月出口销售小五金的加权平均单位成本}=\frac{21\times150+20\times100+18\times200}{150+100+200}=19.44(\text{元})$$

$$\text{本月小五金的应退税款}=300\times19.44\times10\%=583.20(\text{元})$$

(1) 申报退税时：

借：其他应收款　　583.20

　贷：应交税费——应交增值税(出口退税)　　583.20

(2) 结转不予抵扣或退税的税额时：

$$\text{不予抵扣或退税的税额}=300\times19.44\times(13\%-10\%)=174.96(\text{元})$$

借：主营业务成本　　174.96

　贷：应交税费——应交增值税(进项税额转出)　　174.96

3. 从小规模纳税人处购进特准退税出口货物的核算

【做中学 2-37】某土产进出口公司从小规模纳税人处购入麻纱一批用于出口，含税金额60 000元，小规模纳税人提供税务机关代开的增值税专用发票。土产进出口公司已将该批货物出口完毕，有关出口应收的全套凭证已经备齐。作会计分录如下：

$$\text{应退税额}=60\ 000\div(1+3\%)\times3\%=1\ 747.57(\text{元})$$

(1) 申报退税时：

借：其他应收款　　1 747.57

　贷：应交税费——应交增值税(出口退税)　　1 747.57

(2) 收到出口退税时：

借：银行存款　　1 747.57

　贷：其他应收款　　1 747.57

七、出口货物退(免)税管理

(一) 出口货物退(免)税的登记

出口企业持商务部及其授权单位批准其出口经营权的批件和工商营业执照，于批准之日起30日内向所在地主管退税业务的税务机关办理退税登记。

出口企业如发生撤销、变更情况，应于批准撤销、变更之日起30日内，向所在地主管出口退税业务的税务机关办理注销或变更退税登记手续。

税收与民生：办理出口退税提升综合素质

(二) 出口货物退(免)税申报

(1) 出口企业应设专职或兼职办理出口退税的人员，经税务机关培训考核后，发给“办税员证”，没有“办税员证”的人员不得办理出口退税业务。

(2) 出口企业应在货物报关出口并在财务上作销售处理后，按月填报出口货物退(免)税申报表和经征税部门审核签章的当期《增值税及附加税费申报表》及有关退税凭证。出口货物退(免)税申报表分为两类：生产企业的申报表有《生产企业出口货物免、抵、退税申报明细表》(格式如表 2-5 所示)；《生产企业出口货物免抵、退、税申报汇总表》(格式如表 2-6 所示)；外贸企业的申报表有《外贸企业出口货物退税汇总申报表》(格式如表 2-7 所示)等。

(3) 出口企业代理其他企业出口后，应在货物报关出口之日起 60 天内凭出口货物报关单、代理出口协议，向主管国家税务机关申请开具《代理出口货物证明》，并及时转给委托出口企业。

(三) 办理出口退税必须提供的凭证

办理出口退税时必须提供以下凭证：

(1) 购进出口货物的增值税专用发票(抵扣联)、出口销售发票。

(2) 盖有海关验讫章的出口货物报关单(出口退税专用)。

(3) 查账时提供出口货物的销售明细账。

(4) 有委托业务的须提供由受托方税务机关签发的代理出口证明；有远期收汇业务的须提供由当地外经贸主管部门签发的中、远期结汇证明。

【任务设计——出口货物增值税退(免)税的处理】

工作实例：

某自营出口生产企业是增值税一般纳税人，出口货物的征税率为 13%，退税率为 9%。2022 年 6 月购进原材料一批，取得的增值税专用发票注明的价款 200 万元，外购货物准予抵扣进项税额 26 万元，货已入库。当月海关进口料件的组成计税价格 50 万元，进口手册号为 C4708230028，已按规定向税务机关办理了“生产企业进料加工贸易免税证明”。上期期末留抵税额 3 万元。当月内销货物销售额 170 万元，销项税额 22.1 万元。本月出口货物销售折合人民币 130 万元。

要求：试计算该企业本期免、抵、退税额，进行相关的会计处理并填报相关申报表。

【操作步骤】

第一步：分析购进原材料及进口料件涉税情况，作如下会计分录。

(1) 购进原材料时：

借：应交税费——应交增值税(进项税额)	260 000	
在途物资	2 000 000	
贷：银行存款		2 260 000

(2) 购进原材料入库时：

借：原材料	2 000 000	
贷：在途物资		2 000 000

（3）进口免税料件入库时：

借：原材料	500 000	
贷：银行存款		500 000

第二步：分析内销、出口货物涉税情况，作如下会计分录。

（1）实现内销收入时：

借：银行存款	1 921 000	
贷：主营业务收入		1 700 000
应交税费——应交增值税（销项税额）		221 000

（2）实现出口销售收入时：

借：银行存款	1 300 000	
贷：主营业务收入		1 300 000

第三步：计算免、抵、退税不得免征和抵扣税额。

免、抵、退税不得免征和抵扣税额抵减额＝50×（13%－9%）＝2（万元）

免、抵、退税不得免征和抵扣税额＝130×（13%－9%）－2＝3.2（万元）

结转当期不予抵扣税额时：

借：主营业务成本	32 000	
贷：应交税费——应交增值税（进项税额转出）		32 000

第四步：计算应纳增值税税额。

应纳增值税税额＝170×13%－（26－3.2）－3＝－3.7（万元）

第五步：计算出口货物免、抵、退税额。

免、抵、退税额抵减额＝50×9%＝4.5（万元）

出口货物免、抵、退税额＝130×9%－4.5＝7.2（万元）

第六步：计算当期应退税额及当期免、抵税额并作会计处理。

当期期末留抵税额3.7万元小于当期免、抵、退税额7.2万元，则

当期应退税额＝3.7（万元）

当期免、抵税额＝7.2－3.7＝3.5（万元）

抵减内销产品销项税额时：

借：应交税费——应交增值税（出口抵减内销产品应纳税额）	35 000	
贷：应交税费——应交增值税（出口退税）		35 000

结转应收（或收到）退税款时：

借：其他应收款（银行存款）	37 000	
贷：应交税费——应交增值税（出口退税）		37 000

自测题：
增值税
出口退税

表 2-5

生产企业出口货物免、抵、退税申报明细表

企业代码：

企业名称：　　　　纳税人识别号：　　　　所属期：　　年　　月　　　　计量单位：元(列至角分)

序号	出口发票号码	出口报关单号	出口日期	代理证明号	核销单号	出口商品代码	出口商品名称	计量单位	出口数量	出口销售额		征税税率	退税税率	出口销售额乘征退税率之差	出口销售额乘退税率	海关进料加工手册	单证不齐标志	备注
										美元	人民币							
1	2	3	4	5	6	7	8	9	10	11	12	13	14	15 = 12×(13－14)	16 = 12×14	17	18	19
											1 300 000	**13%**	**9%**	**52 000**	**117 000**	C4708230028		H
合计											**1 300 000**	**13%**	**9%**	**52 000**	**117 000**			

出口企业

兹声明以上申报无讹并愿意承担一切法律责任。

(公章)

经办人：　　　　财务负责人：

企业负责人：　　　　年　　月　　日

退税部门

(章)

经办人：　　　　复核人：　　　　负责人：　　　　年　　月　　日

注：① 生产企业应按当期出口并在财务上做销售后的所有出口明细填报本表，一式三份。

② 对单证不齐的在“单证不齐标志”栏内做相应标志，缺少报关单的填列 B、缺少核销单的填列 H、缺少代理证明的填列 D、缺少两项以上的，同时填列两个以上对应字母，单证齐全后销号；对前期单证不齐，当期收集齐全的，可在当期免、抵、退税申报时填报本表一并申报，在“单证不齐标志”栏内填写原申报时的所属期和申报序号。

③ 中标销售的机电产品，应在“备注”栏内填注 ZB 标志，退税部门人工审单时应审核规定的特殊退税凭证，计算机审核时将做特殊处理。

第七步：根据会计账簿登记资料和海关出口货物报关单等凭证，填报相关申报表。

《生产企业出口货物免、抵、退税申报明细表》(表 2-5)、《生产企业出口货物免、抵、退税申报汇总表》(表 2-6)、《外贸企业出口货物退税汇总申报表》(表 2-7)。

表 2-6　　生产企业出口货物免、抵、退税申报汇总表

纳税人识别号：　　纳税人名称(公章)：

海关代码：　　税款所属期限：自　年　月　日至　年　月　日

申报日期：　　计量单位：元(列至角分)

项　目	栏　次	当期	本年累计	与增值税及附加税费申报表差额
		(a)	(b)	(c)
当期免抵退出口货物销售额(美元)	1			—
当期免抵退出口货物销售额	2＝3＋4	**1 300 000**		
其中：单证不齐销售额	3			—
单证齐全销售额	4	**1 300 000**		—
前期出口货物当期收齐单证销售额	5		—	—
单证齐全出口货物销售额	6＝4＋5	**1 300 000**		—
不予免抵退出口货物销售额	7			—
出口销售额乘征退税率之差	8	**52 000**		—
上期结转免抵退税不得免征和抵扣税额抵减额	9		—	—
免抵退税不得免征和抵扣税额抵减额	10	**20 000**		—
免抵退税不得免征和抵扣税额	11(如 8＞9＋10 则为 8－9－10，否则为 0)	**32 000**		
结转下期免抵退税不得免征和抵扣税额抵减额	12(如 9＋10＞8 则为 9＋10－8，否则为 0)	**0**	—	—
出口销售额乘退税率	13	**117 000**		—
上期结转免抵退税额抵减额	14		—	—
免抵退税额抵减额	15	**45 000**		—
免抵退税额	16(如 13＞14＋15 则为 13－14－15，否则为 0)	**72 000**		—
结转下期免抵退税额抵减额	17(如 14＋15＞13 则为 14＋15－13，否则为 0)		—	—
增值税及附加税费申报表期末留抵税额	18	**37 000**	—	—
计算退税的期末留抵税额	19＝18－11c	**37 000**	—	—
当期应退税额	20(如 16＞19 则为 19，否则为 16)	**37 000**		—
当期免抵税额	21＝16－20	**35 000**		—
出口企业申明：		退税部门		
兹声明以上申报无讹并愿意承担一切法律责任。 经办人： 财务负责人：　　(公章) 企业负责人：　　年　月　日		经办人： 复核人：　　(章) 负责人：　　年　月　日		

表 2-7 **外贸企业出口货物退税汇总申报表**

（适用于增值税一般纳税人）

申报年月： 年 月　　　　申报批次：

纳税人识别号：　　　　海关代码：

纳税人名称（公章）：　　申报日期： 年 月 日　　计量单位：元（列至角分）、美元

<table>
<tr><td colspan="3">出 口 企 业 申 报</td><td colspan="2">主 管 退 税 机 关 审 核</td></tr>
<tr><td>出口退税出口申报明细</td><td>份，记录</td><td>条</td><td>审核情况</td><td>机 审 情 况</td></tr>
<tr><td>出口发票</td><td>张，出口额</td><td>美元</td><td rowspan="23"></td><td rowspan="13">本次机审通过退增值税税额　元
其中：上期结转疑点退增值税　元
本期申报数据退增值税　元

本次机审通过退消费税额　元
其中：上期结转疑点退消费税　元
本期申报数据退消费税　元

结余疑点数据退增值税　元
结余疑点数据退消费税　元</td></tr>
<tr><td>出口报关单</td><td>张，</td><td></td></tr>
<tr><td>代理出口货物证明</td><td>张，</td><td></td></tr>
<tr><td>收汇核销单</td><td>张，收汇额</td><td>美元</td></tr>
<tr><td>远期收汇证明</td><td>张，其他凭证</td><td>张</td></tr>
<tr><td>出口退税进货明细申报表</td><td>份，记录</td><td>条</td></tr>
<tr><td>增值税专用发票</td><td>张，其中非税控专用发票</td><td>张</td></tr>
<tr><td>普通发票</td><td>张，专用税票</td><td>张</td></tr>
<tr><td>其他凭证</td><td>张，总进货金额</td><td>元</td></tr>
<tr><td>总进货税额</td><td>元，</td><td></td></tr>
<tr><td>其中：增值税</td><td>元，消费税</td><td>元</td></tr>
<tr><td>本月申报退税额</td><td>元，</td><td></td></tr>
<tr><td>其中：增值税</td><td>元，消费税</td><td>元</td></tr>
<tr><td>进料应抵扣税额</td><td>元，</td><td></td><td>授权人申明</td></tr>
<tr><td>申请开具单证</td><td></td><td></td><td rowspan="9">（如果你已委托代理申报人，请填写下列资料）

为代理出口货物退税申报事宜，现授权＿＿＿＿＿＿为本纳税人的代理申报人，任何与本申报表有关的文件都可寄与此人。

授权人签字：　　（盖章）</td></tr>
<tr><td>代理出口货物证明</td><td>份，记录</td><td>条</td></tr>
<tr><td>代理进口货物证明</td><td>份，记录</td><td>条</td></tr>
<tr><td>进料加工免税证明</td><td>份，记录</td><td>条</td></tr>
<tr><td>来料加工免税证明</td><td>份，记录</td><td>条</td></tr>
<tr><td>出口货物转内销证明</td><td>份，记录</td><td>条</td></tr>
<tr><td>补办报关单证明</td><td>份，记录</td><td>条</td></tr>
<tr><td>补办收汇核销单证明</td><td>份，记录</td><td>条</td></tr>
<tr><td>补办代理出口证明</td><td>份，记录</td><td>条</td></tr>
<tr><td colspan="3">出 口 企 业 申 报</td><td colspan="2">主 管 退 税 机 关 审 核</td></tr>
<tr><td>内销抵扣专用发票</td><td>张，其他非退税专用发票</td><td>张</td><td rowspan="2">审单人：</td><td rowspan="2">审核人：

年 月 日</td></tr>
<tr><td colspan="3">申报人申明</td></tr>
<tr><td colspan="3">此表各栏目填报内容是真实、合法的，与实际出口货物情况相符。此次申报的出口业务不属于“四自三不见”等违背正常出口经营程序的出口业务。否则，本企业愿意承担由此产生的相关责任。
企业填表人：
财务负责人：　　（公章）
企业负责人：　　年 月 日</td><td colspan="2">签批人：　　（公章）

年 月 日</td></tr>
</table>

项目小结

增值税会计业务操作内容结构如图 2-2 所示。

- 增值税会计业务操作
  - 增值税纳税人和征税范围的确定
    - 增值税纳税人的确定：一般纳税人和小规模纳税人
    - 增值税征税范围：一般规定；视同销售行为；混合销售行为和兼营行为；特殊项目
    - 增值税税率和征收率选择：一般纳税人适用税率为 13%、9%、6%、5%、3% 及 3% 减按 2%；小规模纳税人适用税率为 3%、5% 和 2%
    - 增值税优惠政策的运用：减免税项目；营改增过渡优惠政策；起征点
    - 增值税专用发票的使用
  - 增值税税款计算
    - 一般纳税人应纳税额的计算
      - 基本公式：当期应纳税额＝当期销项税额－当期进项税额
      - 销项税额计算：❶基本公式：销项税额 ＝ 销售额 × 税率；❷销售额确定：一般规定；视同销售行为；包装物押金；特殊销售方式(折扣销售、销售折扣、销售折让、还本销售、以旧换新、以物易物、特殊销售服务方式)；❸时限确定："当期" 销项税额与纳税义务发生时间一致
      - 进项税额计算：❶允许抵扣的条件：以票抵扣和计算抵扣(免税农产品)；❷不得抵扣的项目；❸税额抵扣的时限
    - 小规模纳税人应纳增值税税额计算：基本公式：应纳税额＝销售额×征收率
    - 进口货物应纳税额计算：组成计税价格＝关税完税价格＋关税＋消费税＝(关税完税价格＋关税税率)÷(1－消费税税率)
  - 增值税会计核算
    - 增值税会计科目设置
    - 一般纳税人增值税业务的核算：销项税额的核算、进项税额的核算、缴纳业务的核算
    - 小规模纳税人增值税业务的核算：小规模纳税人增值税业务核算的列示
  - 增值税纳税申报
    - 纳税义务发生时间：一般规定；具体规定
    - 纳税期限：以月为单位的，次月 15 日前完成纳税申报
    - 纳税地点：以"就地缴纳" 原则，具体规定
    - 一般纳税人的纳税申报：一张主表、五张附列资料；上门申报与网上申报
    - 小规模纳税人的纳税申报：一张主表、二张附表
  - 增值税出口退税
    - 出口货物、应税服务退税额的计算方法："免、抵、退" 办法、"先征后退" 办法
    - 出口货物、应税服务退(免)税的会计核算："免、抵、退""先征后退"
    - 出口货物、应税服务退(免)税的管理

图 2-2　增值税会计业务操作内容结构图

项目三　消费税会计业务操作

【职业能力目标】

1. 掌握消费税的基本法律知识；会判断哪些项目应征收消费税；选择具体适用税率。

2. 掌握消费税计税依据的确定方法，能根据业务资料计算应纳消费税税额。

3. 熟悉消费税税款的会计处理方法，能进行消费税税款的会计处理。

4. 掌握消费税纳税申报表的填制方法，能根据业务资料填制消费税及附加税费申报表、相关附表及税款缴纳书。

5. 熟悉消费税出口退税的相关规定，掌握消费税出口退税额的计算；能进行消费税出口退税的会计处理，会办理出口货物退(免)消费税工作。

【典型工作任务】

1. 消费税纳税人的判定，征税对象、税目的确定。

2. 具体适用税率的选择，各税目计税依据的确定、应税消费税税额的计算。

3. 会计处理方法的选择，消费税应纳税款的计提、缴纳、结转的会计处理。

4. 消费税及附加税费申报表及相关附表的填制。

5. 消费税出口退税额的计算及出口退税的办理。

【教授寄语】

我们要了解并宣传消费税法规政策，树立生态环保意识，全方位、全地域、全过程地加强生态环境保护。

任务一 消费税纳税人和征税范围的确定

任务引例

宝利珠宝饰品制造公司(中国人民银行批准的金银首饰经营单位)为增值税一般纳税人,从事金银首饰经销和加工生产业务。2022 年 6 月份发生如下经营业务:❶向某大型商场(金银首饰经营单位)销售黄金项链 100 条;❷同时向该商场销售自产包金项链 5 条、镀金项链 5 条;❸向消费者销售自产纯金项链 200 条;❹向消费者销售自产高档手表 20 块。

请问:上述四笔经济业务中,哪些需要征收消费税?各采用什么样的税率?

【知识准备与业务操作】

3

消费税是指对在我国境内从事生产、委托加工和进口应税消费品的单位和个人,就其应税消费品的销售额或销售量征收的一种税。在我国的税制结构体系中,消费税是增值税的配套税种,征收的目的是为了调节产业结构,限制某些奢侈品、高能耗产品的生产,正确引导消费,保证国家财政收入。消费税与增值税同为流转税,凡征收消费税的物品肯定征收增值税。然而增值税和消费税,一个是价外税,一个是价内税,征税环节也不一样,其计税依据也不完全相同。在学习消费税之时,先熟悉消费税的纳税人和征税范围就显得十分重要。

一、消费税纳税人的确定

在我国的税制结构体系中,消费税是与增值税配套的一个税种。它是在普遍征收增值税的基础上,根据国家产业政策的要求,选择少数消费品再征一道特殊的流转税,目的是引导消费和生产结构,调节收入分配,增加财政收入。消费税具有以特定消费品为课税对象、征税环节单一、计税方法灵活、实行价内征收等特点。

消费税的纳税人,是指在中华人民共和国境内生产、委托加工和进口应税消费品的单位和个人。自 1995 年 1 月 1 日起,金银首饰消费税改在零售环节征收,在我国境内从事金银首饰零售业务的单位和个人,为金银首饰消费税的纳税人,委托加工、委托销售金银首饰的,受托方也是纳税人;自 2009 年 5 月 1 日起,对卷烟在批发环节加征一道消费税,因此,从事卷烟批发的单位和个人也是消费税纳税人。

这里所说的"中华人民共和国境内",是指生产、委托加工和进口应税消费品的起运地或所在地在中国境内。所说的"单位",是指国有企业、集体企业、私营企业、股份制企业、外商投资企业、外国企业和其他企业,以及行政单位、事业单位、军事单位、社会团体和其他单位。所说的"个人",是指个体经营者和包括中国公民和外国公民在内的其他个人。

税收与民生:消费税征税范围的调整与生态文明

二、征税范围的确定

(一)征税范围的确定原则

(1)对人类健康、社会秩序、生态环境等方面造成危害的特殊消费品,如烟、酒、鞭炮焰火。

(2)奢侈品、非生活必需品,如贵重首饰及珠宝玉石、高档化妆品等。

（3）高能耗及高档消费品，如小汽车、摩托车、高尔夫球及球具、高档手表、游艇等。

（4）不可再生和替代的资源类消费品，如成品油、木制一次性筷子、实木地板等。

（5）促进节能环保的消费品，如电池、涂料等。

（二）征税范围的具体规定

消费税的征税范围包括烟、酒、高档化妆品、贵重首饰及珠宝玉石、鞭炮焰火、成品油、摩托车、小汽车、高尔夫球及球具、高档手表、游艇、木制一次性筷子、实木地板、电池、涂料共15个税目，有的税目还可进一步划分为若干子目。其具体范围如下：

1. 烟

本税目下设卷烟（分生产环节和批发环节）、雪茄烟、烟丝和电子烟4类。

卷烟的征税范围包括各种规格、型号的国产卷烟、进口卷烟、白包卷烟、手工卷烟等；雪茄烟的征税范围包括各种规格、型号的雪茄烟；烟丝的征税范围包括以烟叶为原料加工生产的不经卷制的散装烟，如斗烟、莫合烟、烟末、水烟、黄红烟丝等；电子烟是指用于产生气溶胶供人抽吸等的电子传输系统，包括烟弹、烟具以及烟弹与烟具组合销售的电子烟产品。烟弹是指含有雾化物的电子烟组件，烟具是指将雾化物雾化为可吸入气溶胶的电子装置。

3

2. 酒

本税目下设粮食白酒、薯类白酒、啤酒、黄酒、其他酒5个子目。

酒是指酒精度在1度以上的各种酒类饮料，包括粮食白酒、薯类白酒、啤酒、黄酒和其他酒。

饮食业、商业、娱乐业举办的啤酒屋（啤酒坊）利用啤酒生产设备生产的啤酒，应当征收消费税；无醇啤酒比照啤酒征税；“果啤”属于啤酒，应征消费税。

3. 高档化妆品

本税目征税范围包括高档美容、修饰类化妆品、高档护肤类化妆品和成套化妆品。

高档美容、修饰类化妆品和高档护肤类化妆品是指生产（进口）环节销售（完税）价格（不含增值税）在10元/毫升（克）或15元/片（张）及以上的美容、修饰类化妆品和护肤类化妆品。从2016年10月1日起，取消对普通美容、修饰类化妆品征收消费税。舞台、戏剧、影视演员化妆用的上妆油、卸妆油、油彩、发胶和头发漂白剂等，不属于本税目征收范围。

4. 贵重首饰及珠宝玉石

本税目征税范围包括各种金银珠宝首饰和经采掘、打磨、加工的各种珠宝玉石。

5. 鞭炮焰火

本税目征税范围包括各种鞭炮、焰火。体育运动中用的发令纸、鞭炮引线不按本税目征税。

6. 成品油

本税目下设汽油、柴油、石脑油、溶剂油、润滑油、燃料油、航空煤油7个子目。

7. 摩托车

本税目征税范围包括轻便摩托车、摩托车。摩托车包括两轮车、边三轮车、正三轮车等。发动机气缸容量250毫升（不含）以下的小排量摩托车不征收消费税。

8. 小汽车

本税目下设乘用车、中轻型商用客车子目、超豪华小汽车3个子目。

乘用车征税范围包括含驾驶员座位在内最多不超过9个座位（含）的，在设计和技术特性上用于载运乘客和货物的各类乘用车。

中轻型商用客车征税范围包括含驾驶员座位在内的座位数在10至23座（含23座）的，在设计和技术特性上用于载运乘客和货物的各类中轻型商用客车。

含驾驶员人数（额定载客）为区间值的（如8～10人；17～26人）小汽车，按其区间值下限人数确定征税范围。电动汽车不属于本税目征税范围。

超豪华小汽车征税范围为每辆零售价格 130 万元(不含增值税)及以上的乘用车和中轻型商用客车。

9. 高尔夫球及球具

本税目包括高尔夫球、高尔夫球杆及高尔夫球包(袋)等。

高尔夫球是指重量不超过 45.93 克、直径不超过 42.67 毫米的高尔夫球运动比赛、练习用球;高尔夫球杆是指被设计用来打高尔夫球的工具,由杆头、杆身和握把三部分组成;高尔夫球包(袋)是指专用于盛装高尔夫球及球杆的包(袋)。

10. 高档手表

本税目是指销售价格(不含增值税)每只在 10 000 元(含)以上的各类手表。

11. 游艇

本税目是指长度大于 8 米(含)、小于 90 米(含),船体由玻璃钢、钢、铝合金、塑料等多种材料制作,可以在水上移动的水上浮载体。按照动力划分,游艇分为无动力艇、帆艇和机动艇。

本税目征税范围包括艇身长度大于 8 米(含)、小于 90 米(含),内置发动机,可以在水上移动,一般为私人或团体购置,主要用于水上运动和休闲娱乐等非谋利活动的各类机动艇。

3

12. 木制一次性筷子

本税目征税范围包括以木材为原料经过锯段、浸泡、旋切、刨切、烘干、筛选、打磨、倒角、包装等环节加工而成的各类一次性使用的筷子。

13. 实木地板

本税目是指以木材为原料,经锯割、干燥、刨光、截断、开榫、涂漆等工序加工而成的块状或条状的地面装饰材料。实木地板按生产工艺不同,可分为独板(块)实木地板、实木指接地板、实木复合地板三类;按表面处理状态不同,可分为未涂饰地板(白坯板、素板)和漆饰地板两类。

本税目征税范围包括各类规格的实木地板、实木指接地板、实木复合地板及用于装饰墙壁、天棚的侧端面为榫、槽的实木装饰板。未经涂饰的素板属于本税目征税范围。

14. 电池

本税目征税范围包括原电池、蓄电池、燃料电池、太阳能电池和其他电池。原电池又称一次电池,是按不可以充电设计的电池,包括锌原电池、锂原电池和其他原电池,也可以分为无汞原电池和含汞原电池;蓄电池又称二次电池,是按可充电、重复使用设计的电池,包括酸性蓄电池、碱性或其他非酸性蓄电池、氧化还原液流电池和其他蓄电池;燃料电池是指通过一个电化学过程,将连续供应的反应物和氧化剂的化学能直接转换为电能的电化学发电装置;太阳能电池是指将太阳光能转换成电能的装置。

15. 涂料

涂料是指涂于物体表面能形成具有保护、装饰或特殊性能的固态涂膜的一类液体或固体材料之总称。

税收与民生:消费税税目税率的变化不断实现人民对美好生活的向往

三、消费税税率的选择

消费税实行比例税率、定额税率和从量定额与从价定率相结合的复合计税三种形式,共设置了 20 余档不同的税率(税额)。多数消费品采用比例税率,最高税率为 56%,最低税率为 1%;对成品油和黄酒、啤酒等实行定额税率;对卷烟、粮食白酒、薯类白酒实行从量定额与从价定率相结合计算应纳税额的复合计税办法。现行消费税税目税率(税额)如表 3-1 所示。

表 3-1　　　　现行消费税税目税率(税额)表

税目		征税范围	计税单位	税率(税额)
一、烟	1. 卷烟(生产环节)	甲类卷烟：每标准条(200 支，下同)调拨价 70 元(含 70 元，不含增值税，下同)以上		56%
			标准箱(50 000 支，下同)	150 元/箱(0.003 元/支；0.6 元/条)
		乙类卷烟：每标准条调拨价 70 元以下		36%
			标准箱	150 元/箱(0.003 元/支；0.6 元/条)
	2. 卷烟(批发环节)			11%
			支	0.005 元
	3. 雪茄烟(生产环节)	包括各种规格、型号的雪茄烟		36%
	4. 烟丝(生产环节)	包括以烟叶为原料加工生产的不经卷制的散装烟		30%
	5. 电子烟(生产环节)	包括烟弹、烟具以及烟弹与烟具组合销售的电子烟产品		36%
	6. 电子烟(批发环节)			11%
二、酒	1. 粮食白酒	以高粱、玉米、大米、糯米、大麦、小麦、青稞等各种粮食为原料		20%
			斤(500 克)	0.5 元
	2. 薯类白酒	以白薯、木薯、马铃薯、芋头、山药等各种干鲜薯类为原料；用甜菜酿制的白酒，比照薯类白酒征税		20%
			斤(500 克)	0.5 元
	3. 啤酒(含果啤)	出厂价(含包装物及押金)3 000 元(含 3 000 元，不含增值税，下同)以上	吨	250 元
		出厂价 3 000 元以下	吨	220 元
	4. 黄酒	包括各种原料酿制的黄酒和酒精度超过 12 度(含 12 度)的土甜酒	吨	240 元
	5. 其他酒	包括糠麸白酒、其他原料白酒、土甜酒、复制酒、果木酒、汽酒、药酒等		10%
三、高档化妆品		包括高档美容、修饰类化妆品、高档护肤类化妆品和成套化妆品		15%
四、贵重首饰及珠宝玉石		包括各种金、银、珠宝首饰及珠宝玉石		10%
五、鞭炮焰火				15%
六、成品油	1. 汽油	以汽油、汽油组分调和生产的甲醇汽油、乙醇汽油也属于本税目征税范围	升	1.52 元
	2. 柴油	以柴油、汽、柴油组分调和生产的生物柴油也属于本税目征税范围	升	1.2 元
	3. 石脑油		升	1.52 元
	4. 溶剂油		升	1.52 元
	5. 润滑油		升	1.52 元
	6. 燃料油		升	1.2 元
	7. 航空煤油		升	1.2 元

续　表

税　　目		征税范围	计税单位	税率（税额）
七、摩托车		气缸容量为250毫升的		3%
		气缸容量在250毫升以上的		10%
八、小汽车	1. 乘用车（生产、进口环节）	气缸容量（排气量，下同）在1.0升（含）以下的		1%
		气缸容量在1.0升以上至1.5升（含）的		3%
		气缸容量在1.5升以上至2.0升（含）的		5%
		气缸容量在2.0升以上至2.5升（含）的		9%
		气缸容量在2.5升以上至3.0升（含）的		12%
		气缸容量在3.0升以上至4.0升（含）的		25%
		气缸容量在4.0升以上的		40%
	2. 中轻型商用客车（生产、进口环节）			5%
	3. 超豪华小汽车（零售环节）	每辆零售价格130万元（不含增值税）及以上的乘用车和中轻型商用客车		10%（生产、进口环节按子税目1和子税目2的规定征收）
九、高尔夫球及球具				10%
十、高档手表				20%
十一、游艇				10%
十二、木制一次性筷子				5%
十三、实木地板				5%
十四、电池				4%
十五、涂料				4%

注：① 自1995年1月1日起，金银首饰（包括金基、银基合金首饰，以金、银和金基、银基合金的镶嵌首饰）、铂金首饰（从2003年5月1日起）和钻石及钻石饰品（从2002年1月1日起）的纳税环节由生产环节、进口环节转至零售环节，税率改为5%。不属于上述范围的首饰，仍按10%的税率在原纳税环节计缴。

② 自2006年4月1日起，取消"护肤护发品"税目，将原属于护肤护发品征税范围的高档护肤类化妆品列入化妆品税目。

③ 自2009年1月1日起，航空煤油暂缓征收消费税；对用外购或委托加工收回的已税汽油生产的乙醇汽油免税。

④ 娱乐业、饮食业自制啤酒，一律按250元/吨征税。

⑤ 自2014年12月1日起，提高成品油消费税率，取消对酒精、汽车轮胎、气缸容量在250毫升以下的摩托车、车用含铅汽油等产品征收消费税。

⑥ 自2015年2月1日起，电池、涂料征收消费税。但对无汞原电池、锂原电池、金属氢化物镍蓄电池、锂离子蓄电池、太阳能电池、燃料电池和全钒液流电池免征消费税；对施工状态下挥发性有机物含量低于420克/升（含）的涂料免征消费税。

⑦ 自2016年10月1日起，取消对普通美容、修饰类化妆品征收消费税，仅对高档美容、修饰类化妆品、高档护肤类化妆品和成套化妆品征收消费税，并将税率由原来的30%降为15%。

⑧ 自2016年12月1日起，对超豪华小汽车，在生产（进口）环节按现行税率征收消费税基础上，在零售环节加征消费税，税率为10%。

⑨ 自2022年11月1日起，对电子烟在生产环节和批发环节征收消费税。

在消费税税率选择中，应注意以下几个具体问题：

（1）对兼营不同税率的应税消费品适用税目税率的规定。对纳税人兼营不同税率的应税消费品，应当分别核算其销售额或销售数量。未分别核算销售额或销售数量的，或者将不同税率的应税消费品组成成套消费品销售的，从高适用税率。

（2）对卷烟适用税目税率的具体规定。对白包卷烟、手工卷烟、自产自用没有同牌号规格调拨价格的卷烟、委托加工没有同牌号规格调拨价格的卷烟、未经国务院批准纳入计划的企业和个人生产的卷烟，除定额税率征收外，一律按56%的比例税率征收。

（3）消费税税目、税率（税额）的调整由国务院确定，地方无权调整。

自测题：消费税纳税人和征税范围的确定

3

任务引例解析

任务引例中，宝利珠宝饰品制造公司发生的下列业务：❶向大型商场销售黄金项链时，由于金银首饰在零售环节征收消费税，宝利珠宝饰品制造公司不征收消费税，由大型商场在出售时征收消费税，税率为5%；❷向大型商场销售自产包金项链和镀金项链时，要征收消费税，因为包金项链、镀金项链在生产环节征收消费税，税率为10%；❸向消费者销售自产纯金项链，由于是向消费者销售，属于零售环节，要征收消费税，税率为5%；❹向消费者销售自产高档手表，要征收消费税，高档手表在生产环节征税，税率为20%。

任务二 消费税税款计算

任务引例

2022年东风酒业集团向其所属销售公司销售粮食白酒2 500千克，每千克售价为120元，同类白酒对外销售价格为每千克300元，东风酒业集团按照税法规定计算销售白酒应纳的消费税税额为62 500元，当销售公司再对外销售时，则无须缴纳消费税。如果该批白酒由东风酒业集团直接对外销售，则应缴纳的消费税税额为152 500元，销售给销售公司可直接为东风酒业集团节省税款9万元。

请问：这样的纳税筹划合理吗？

【知识准备与业务操作】

一、直接对外销售应税消费品应纳税额的计算

直接对外销售应税消费品应纳税额的计算一般有三种方法，即从价定率法、从量定额法、从价定率和从量定额复合计税法。

（一）从价定率法应纳税额的计算

消费税是价内税，即以含消费税的价格作为计税价格，应纳税额的计算取决于应税消费品的销售额和适用税率两个因素。其计算公式为：

$$应纳税额=应税消费品的计税销售额\times 比例税率$$

1. 计税销售额的一般规定

纳税人对外销售其生产的应税消费品，应当以其销售额为依据计算纳税。这里的销售额包括向购货方收取的全部价款和价外费用。由于消费税和增值税实行交叉征收，消费税实行价内税，增值税实行价外税，因此实行从价定率征收消费税的消费品，其消费税税基和增值税税基是一致的，即都是以含消费税而不含增值税的销售额作为计税基数，所以在项目二中有关增值税确认销售额的规定同样适用于消费税，在此不再重复。

【做中学 3-1】 某日化厂为增值税一般纳税人，2022 年 6 月销售高档化妆品，开具增值税专用发票注明的销售额为 300 000 元；开具普通发票注明的销售额为 46 800 元。要求计算该日化厂 6 月份应缴纳的消费税税额。

计税依据 $= 300\,000 + 46\,800 \div (1 + 13\%) = 341\,415.93$（元）

应纳消费税税额 $= 341\,415.93 \times 15\% = 51\,212.39$（元）

2. 计税销售额的特殊规定

（1）包装物及押金的计税销售额。应税消费品连同包装物销售的，无论包装物是否单独计价，也不论在会计上如何核算，均应并入应税消费品的销售额中征收消费税。

如果包装物不作价随同产品销售而是收取押金，此项押金不应并入应税消费品的销售额中纳税。但对因逾期未收回的包装物不再退还的和已收取一年以上的押金，应并入应税消费品的销售额，按照应税消费品的适用税率缴纳消费税。

提示： 几种包装物押金税务处理的比较如表 3-2 所示。

对既作价随同应税消费品销售，又另外收取押金的包装物的押金，凡纳税人在规定的期限内不予退还的，均应并入应税消费品的销售额，按照应税消费品的适用税率缴纳消费税。

对酒类产品生产企业销售酒类产品（从价定率办法征收的）而收取的包装物押金，无论押金是否返还与会计上如何核算，均须并入酒类产品销售额中，依酒类产品的适用税率征收消费税。但以上规定不适用于实行从量定额征收消费税的啤酒和黄酒。

表 3-2 包装物押金税务处理的比较

押金种类	收取时，未逾期	逾期时
一般应税消费品的包装物押金	不缴增值税，不缴消费税	缴纳增值税，缴纳消费税（押金须换算为不含税价）
酒类产品包装物押金（除啤酒、黄酒外）	缴纳增值税、消费税（押金须换算为不含税价）	不再缴纳增值税、消费税
啤酒、黄酒包装物押金	不缴增值税；不缴消费税	只缴纳增值税；不缴纳消费税（因为从量征收）

(2) 纳税人销售的应税消费品，如果是以外汇计算销售额的，应当按外汇牌价折合成人民币计算应纳消费税税额。

(3) 纳税人通过自设非独立核算门市部销售的自产应税消费品，应当按照门市部对外销售金额缴纳消费税。

(4) 纳税人用于换取生产资料和消费资料、投资入股和抵偿债务等方面的应税消费品，应当以纳税人同类应税消费品的最高销售价格作为计税依据计算消费税。

(5) 白酒生产企业向商业销售单位收取的"品牌使用费"是随着应税白酒的销售而向购货方收取的，属于应税白酒销售价款的组成部分，因此，不论企业采取何种方式或以何种名义收取价款，均应并入白酒的销售额中缴纳消费税。

(6) 从2009年8月1日起，白酒生产企业销售给销售单位的白酒，生产企业消费税计税价格低于销售单位对外销售价格70%以下的，税务机关应核定消费税最低计税价格；已核定最低计税价格的白酒，销售单位对外销售价格持续上涨或下降时间达到3个月以上、累计上涨或下降幅度在20%(含)以上的白酒，税务机关应重新核定最低计税价格。

3

任务引例解析

任务引例中，东风酒业集团公司采用低价销售给自己所属的销售公司，然后再由销售公司对外销售的做法不符合税法规定。当白酒生产企业销售给销售单位的白酒，生产企业消费税计税价格低于销售单位对外销售价格70%以下的，税务机关应核定消费税最低计税价格。东风酒业集团公司的计税价格为120元，而对外销售的价格为300元，税务机关可以根据实际情况对计税价格进行调整，最低不低于210元(300×70%)，必须按调整后的价格计算应纳消费税税额。

(二) 从量定额法应纳税额的计算

按从量定额办法计算消费税，应纳税额的计算取决于应税消费品的销售数量和单位税额两个因素。其基本计算公式为：

应纳消费税税额＝应税消费品的销售数量×单位税额

1. 应税消费品销售数量的确定

根据应税消费品的应税行为，应税消费品的数量具体规定为：

(1) 销售应税消费品的，为应税消费品的销售数量。纳税人通过自设的非独立核算门市部销售自产应税消费品的，应当按照门市部对外销售数量征收消费税。

(2) 自产自用应税消费品的(用于连续生产应税消费品的除外)，为应税消费品的移送使用数量。

(3) 委托加工应税消费品的，为纳税人收回的应税消费品数量。

(4) 进口的应税消费品，为海关核定的应税消费品进口征税数量。

2. 计量单位的换算标准

按照消费税暂行条例的规定，对黄酒、啤酒、成品油等应税消费品采取从量定额办法计算应纳税额。其计量单位的换算标准如下：

啤酒 1 吨＝988 升； 黄酒 1 吨＝962 升；
汽油 1 吨＝1 388 升； 柴油 1 吨＝1 176 升；

石脑油 1 吨＝1 385 升；
溶剂油 1 吨＝1 282 升；
润滑油 1 吨＝1 126 升；
燃料油 1 吨＝1 015 升；
航空煤油 1 吨＝1 246 升。

【做中学 3-2】某炼油厂采购原油 40 吨，加工成无铅汽油 12 吨，其应纳消费税税额计算如下：

应纳消费税税额＝12×1 388×1.52＝25 317.12(元)

(三) 从价定率和从量定额复合计税法应纳税额的计算

现行消费税的征税范围中，实行复合计税法的消费品有卷烟、粮食白酒和薯类白酒。其计算公式为：

应纳税额＝应税消费品销售额×比例税率＋应税消费品销售数量×单位税额

粮食白酒、薯类白酒的计税依据与前面从价定率、从量定额相同，卷烟的计税依据有以下几方面的特殊规定：

(1) 纳税人销售的卷烟因放开销售价格而经常发生价格上下浮动的，应以该牌号规格卷烟销售当月的加权平均价格确定征收类别和适用税率，但销售的卷烟有下列情况之一者，不得列入加权平均计算：一是销售价格明显偏低而无正当理由；二是无销售价格的。

(2) 卷烟由于接装过滤嘴、改变包装或其他原因提高销售价格后，应按照新的销售价格确定征税类别和适用税率。

(3) 实际销售价格高于计税价格和核定价格的卷烟，按实际销售价格征收消费税；实际销售价格低于计税价格和核定价格的卷烟，按计税价格或核定价格征收消费税。

(4) 非标准条(每条包装多于或者少于 200 支)包装卷烟应当折算成标准条包装卷烟的数量，依其实际销售收入计算确定其折算成标准条包装后的实际销售价格，并确定适用的比例税率。折算的实际销售价格高于计税价格的，应按照折算的实际销售价格确定适用比例税率；折算的实际销售价格低于计税价格的，应按照同牌号规格标准条包装卷烟的计税价格和适用税率征税。卷烟的折算标准如下：

1 箱＝250 条；1 条＝10 包；1 包＝20 支

【做中学 3-3】某卷烟厂出售卷烟 20 个标准箱，每标准条调拨价格 80 元，共计 400 000 元，烟丝 45 000 元，采用托收承付结算方式，货已发出并办妥托收手续。其应纳消费税税额计算如下：

应纳消费税税额＝20×150＋400 000×56%＋45 000×30%＝240 500(元)

(四) 已纳消费税扣除的计算

为了避免重复征税，现行税法规定，将外购应税消费品继续生产应税消费品销售的，准予从应纳消费税税额中按当期生产领用数量计算扣除外购已税消费品已纳的消费税税款。

3

1. 扣税范围

在消费税15个税目中，除酒、小汽车、高档手表、游艇、电池、涂料等6个税目外，其余税目均有扣税规定，具体包括：

(1) 外购已税烟丝为原料生产的卷烟。

(2) 外购已税高档化妆品为原料生产的高档化妆品。

(3) 外购已税珠宝玉石为原料生产的贵重首饰及珠宝玉石。

(4) 外购已税鞭炮焰火为原料生产的鞭炮焰火。

(5) 外购已税摩托车为原料生产的摩托车(如用外购两轮摩托车改装三轮摩托车)。

(6) 外购已税杆头、杆身和握把为原料生产的高尔夫球杆。

(7) 外购已税木制一次性筷子为原料生产的木制一次性筷子。

(8) 外购已税实木地板为原料生产的实木地板。

(9) 外购已税石脑油为原料生产的应税消费品。

(10) 外购已税润滑油为原料生产的润滑油，已税汽油、柴油为原料生产的汽油、柴油。

3

2. 扣税方法

上述当期准予扣除外购应税消费品已纳消费税税款的，在计税时按当期生产领用数量计算：

(1) 从价定率时：

$$\text{当期准予扣除的外购应税消费品已纳消费税税款}=\text{当期准予扣除的外购应税消费品买价}\times\text{外购应税消费品适用税率}$$

$$\text{当期准予扣除的外购应税消费品买价}=\text{期初库存的外购应税消费品买价}+\text{当期购进的外购应税消费品买价}-\text{期末库存的外购应税消费品买价}$$

外购应税消费品的买价是指购货发票上注明的销售额(不包括增值税税款)。

纳税人用外购的已税珠宝玉石生产的改在零售环节征收消费税的金银首饰(镶嵌首饰)，在计税时一律不得扣除外购珠宝玉石的已纳税款。允许扣除已纳税款的应税消费品只限于从工业企业购进的应税消费品和进口环节已缴纳消费税的应税消费品，对从境内商业企业购进应税消费品的已纳税款一律不得扣除。

(2) 从量定额时：

$$\text{当期准予扣除的外购应税消费品已纳消费税税款}=\text{当期准予扣除的外购应税消费品数量}\times\text{外购应税消费品单位税额}$$

$$\text{当期准予扣除的外购应税消费品数量}=\text{期初库存的外购应税消费品数量}+\text{当期购进的外购应税消费品数量}-\text{期末库存的外购应税消费品数量}$$

【做中学3-4】某化妆品厂6月份发生如下业务：

(1) 购进化工A材料20千克，价款100 000元，增值税13 000元。

(2) 购进散装香粉10千克，价款100 000元，增值税13 000元。

(3) 生产口红及精致香粉，领用A材料10千克及散装香粉5千克。

(4) 销售口红5箱，不含税价50 000元。

(5) 销售香粉1箱，含税价339 000元。

其应纳增值税及消费税税额计算如下：

销售香粉的不含增值税价款＝339 000÷(1＋13%)＝300 000(元)

增值税销项税额＝50 000×13%＋300 000×13%＝45 500(元)

应纳增值税税额＝销项税额－进项税额＝45 500－(13 000＋13 000)＝19 500(元)

应纳消费税税额＝(50 000＋300 000)×15%－100 000÷2×15%＝45 000(元)

二、自产自用应税消费品应纳税额的计算

(一) 自产自用应税消费品的确定

所谓自产自用，是指纳税人生产应税消费品后，不是直接用于对外销售，而是用于自己连续生产应税消费品，或用于其他方面。根据《中华人民共和国消费税暂行条例》规定，纳税人自产自用的消费品，用于连续生产应税消费品的，不再重复缴纳消费税；用于其他方面的，于移送使用时缴纳消费税。

3

所谓“连续生产应税消费品”，是指作为生产最终应税消费品的直接材料，并构成最终产品实体的应税消费品。对自产自用的应税消费品，用于连续生产应税消费品的不再征税，体现了税不重征和计税简便的原则，避免了重复征税。例如，卷烟厂生产的烟丝，如果直接对外销售，应缴纳消费税，但如果烟丝用于本厂连续生产卷烟，其烟丝就不再征收消费税，只对最终生产出来的卷烟征收消费税。

所谓“用于其他方面的”，是指纳税人用于生产非应税消费品和在建工程、管理部门、非生产机构、提供劳务，以及用于馈赠、赞助、集资、广告、样品、职工福利、奖励等方面的应税消费品。企业自产的应税消费品虽然没有用于销售或连续生产应税消费品，但只要是用于税法所规定的范围都要视同销售，依法缴纳消费税。

(二) 自产自用应税消费品计税依据的确定

根据《中华人民共和国消费税暂行条例》规定，纳税人自产自用的应税消费品，凡用于其他方面应当缴纳消费税的，其销售额的核算顺序如下：

(1) 按照纳税人生产的当月同类消费品的销售价格计算纳税。

(2) 如果当月同类消费品各期销售价格高低不同，应按销售数量加权平均计算。但销售的应税消费品有下列情况之一的，不得列入加权平均计算：❶销售价格明显偏低又无正当理由的；❷无销售价格的。

(3) 如果当月无销售或者当月未完结，应按照同类消费品上月或最近月份的销售价格计算纳税。

(4) 没有同类消费品销售价格的，按照组成计税价格计算纳税。

实行从价定率办法计算纳税的组成计税价格计算公式为：

组成计税价格＝(成本＋利润)÷(1－比例税率)

实行复合计税办法计算纳税的组成计税价格计算公式为：

组成计税价格＝(成本＋利润＋自产自用数量×定额税率)÷(1－比例税率)

上述公式中所称的“成本”，是指应税消费品的产品生产成本。公式中所称“利润”，是指根据应税消费品的全国平均成本利润率计算的利润。应税消费品全国平均利润率由国家税务总局确定，具体规定如下：

甲类卷烟 10%；
乙类卷烟 5%；
雪茄烟 5%；
烟丝 5%；
粮食白酒 10%；
薯类白酒 5%；
其他酒 5%；
化妆品 5%；
鞭炮、焰火 5%；
贵重首饰及珠宝玉石 6%；
电子烟 10%。
摩托车 6%；
乘用车 8%；
中轻型商用客车 5%；
高尔夫球及球具 10%；
高档手表 20%；
游艇 10%；
木制一次性筷子 5%；
实木地板 5%；
电池 4%；
涂料 7%；

3

(三) 自产自用应税消费品应纳税额的计算

(1) 从价定率征税的应税消费品应纳税额的计算公式：

应纳消费税税额＝自产自用同类应税消费品销售额或组成计税价格×适用税率

(2) 从量定额征税的应税消费品应纳税额的计算公式：

应纳消费税税额＝应税消费品移送使用数量×单位税额

(3) 复合计税方法征税的应税消费品应纳税额的计算公式：

应纳消费税税额＝自产自用同类应税消费品销售额或组成计税价格×适用税率＋应税消费品移送使用数量×单位税额

【做中学 3-5】 某酒厂将自产薯类白酒 1 吨发放给职工作福利，该薯类白酒对外销售价格为每吨 7 000 元，生产成本 4 000 元/吨，成本利润率 5%。其应纳消费税税额计算如下：

应纳消费税税额＝7 000×20%＋2 000×0.5＝2 400(元)

如果该种薯类白酒没有同类消费品的销售价格，因其生产成本为 4 000 元，则其组成计税价格计算如下：

消费税组成计税价格＝[4 000×(1＋5%)＋2 000×0.5]÷(1－20%)＝6 500(元)

应纳消费税税额＝6 500×20%＋2 000×0.5＝2 300(元)

三、委托加工应税消费品应纳税额的计算

(一) 委托加工应税消费品的确定

委托加工应税消费品，是指由委托方提供原料和主要材料，受托方只收取加工费和代垫

部分辅助材料加工的应税消费品。对于由受托方提供原材料生产的应税消费品，或者受托方先将原材料卖给委托方，然后再接受加工的应税消费品，以及由受托方以委托方名义购进原材料生产的应税消费品，无论纳税人在财务上是否作销售处理，都不得作为委托加工应税消费品，而应当按照销售自制应税消费品缴纳消费税。由此可见，作为委托加工的应税消费品，必须具备两个条件：第一是由委托方提供原料和主要材料；第二是受托方只收取加工费和代垫部分辅助材料。无论是委托方还是受托方，凡不符合规定条件的，都不能按委托加工应税消费品进行税务处理，只能按照销售自制应税消费品缴纳消费税。这种处理方法体现了税收管理的源泉控制原则，避免了应交税款的流失。

（二）委托加工应税消费品计税依据的确定

委托加工的应税消费品，按照受托方的同类消费品的销售价格计算纳税，同类消费品的销售价格是指受托方当月销售的同类消费品的销售价格，如果当月同类消费品各期销售价格高低不同，应按销售价格加权平均计算。但销售的应税消费品有下列情况之一的，其销售价格不得列入加权平均计算：❶销售价格明显偏低又无正当理由的；❷无销售价格的。如果当月无销售或者当月未完结，应按照同类消费品上月或最近月份的销售价格计算纳税。没有同类消费品销售价格的，按照组成计税价格计算纳税。

3

实行从价定率办法计算纳税的组成计税价格计算公式为：

$$组成计税价格=(材料成本+加工费)\div(1-消费税税率)$$

实行复合计税办法计算纳税的组成计税价格计算公式为：

$$组成计税价格=(材料成本+加工费+委托加工数量\times定额税率)\div(1-消费税税率)$$

上述公式中的“材料成本”，是指委托方所提供加工材料的实际成本。委托加工应税消费品的纳税人必须在委托加工合同上如实注明（或以其他方式提供）材料成本，凡未提供材料成本的，受托方所在地主管税务机关有权核定其材料成本。可见，税法严格规定委托方提供原料和主要材料必须如实提供材料成本，其目的是为了防止假冒委托加工应税消费品或少报材料成本逃避纳税的问题。

公式中的“加工费”，是指受托方加工应税消费品向委托方收取的全部费用（包括代垫辅助材料的实际成本，不包括增值税税额），这是税法对受托方的要求。受托方必须如实提供向委托方收取的全部费用，这样才能既保证组成计税价格及代收代缴消费税计算的准确性，又确保了受托方按加工费正确地计算其应纳的增值税。

（三）委托加工应税消费品应纳税额的计算

（1）从价定率征税的应税消费品应纳税额的计算公式：

$$应纳消费税税额=委托加工同类应税消费品销售额或组成计税价格\times适用税率$$

（2）从量定额征税的应税消费品应纳税额的计算公式：

$$应纳消费税税额=纳税人收回的应税消费品数量\times单位税额$$

（3）复合计税方法征税的应税消费品应纳税额的计算公式：

$$\begin{matrix}应纳\\消费税税额\end{matrix}=\begin{matrix}委托加工同类应税\\消费品销售额或组成计税价格\end{matrix}\times\begin{matrix}适用\\税率\end{matrix}+\begin{matrix}纳税人收回的\\应税消费品数量\end{matrix}\times\begin{matrix}单位\\税额\end{matrix}$$

(四) 委托加工应税消费品消费税的缴纳

(1) 对委托加工应税消费品的应纳消费税,采取由受托方代收代缴税款的办法,由受托方在向委托方交货时代收代缴消费税。委托方将收回的应税消费品,以不高于受托方的计税价格出售的,为直接出售,不再缴纳消费税;委托方以高于受托方的计税价格出售的,不属于直接出售,须按照规定申报缴纳消费税,在计税时准予扣除受托方已代收代缴的消费税。受托方必须严格履行代收代缴义务,否则要承担税收法律责任。

(2) 纳税人委托个体经营者加工应税消费品,一律在收回加工应税消费品后由委托方向所在地主管税务机关缴纳消费税。

(3) 受托方没有代收代缴消费税的,委托方应补交税款,补税的计税依据为:❶已直接销售的,按销售额计税;❷未销售或不能直接销售的(如收回后用于连续生产等),按组成计税价格计税。

【做中学 3-6】甲企业受托加工一批高档化妆品,委托方提供的材料成本为 95 000 元,双方协议加工费为 5 240 元,甲企业应代收代缴的消费税税额计算如下:

$$组成计税价格=(95\ 000+5\ 240)\div(1-15\%)=117\ 929.41(元)$$

$$应代收代缴的消费税税额=117\ 929.41\times 15\%=17\ 689.41(元)$$

(五) 委托加工收回的应税消费品已纳税款的扣除

纳税人委托加工的应税消费品已由受托方代收代缴消费税,如果委托方收回货物后用于连续生产应税消费品的,其已纳税款准予按照规定从连续生产的应税消费品应纳消费税税额中扣除,这种扣税方法与外购已税消费品连续生产应税消费品的扣税范围、扣税方法、扣税环节相似。

1. 扣税范围

扣税范围包括:

(1) 以委托加工收回的已税烟丝为原料生产的卷烟。

(2) 以委托加工收回的已税高档化妆品为原料生产的高档化妆品。

(3) 以委托加工收回的已税珠宝玉石为原料生产的贵重首饰及珠宝玉石。

(4) 以委托加工收回的已税鞭炮、焰火为原料生产的鞭炮、焰火。

(5) 以委托加工收回的已税摩托车为原料生产的摩托车。

(6) 以委托加工收回的已税杆头、杆身和握把为原料生产的高尔夫球杆。

(7) 以委托加工收回的已税木制一次性筷子为原料生产的木制一次性筷子。

(8) 以委托加工收回的已税实木地板为原料生产的实木地板。

(9) 以委托加工收回的已税石脑油为原料生产的应税消费品。

(10) 以委托加工收回的已税润滑油为原料生产的润滑油,已税汽油、柴油为原料生产的汽油、柴油。

2. 扣税方法

用公式表示为:

$$\begin{array}{c}当期准予扣除的\\委托加工应税\\消费品已纳税款\end{array}=\begin{array}{c}期初库存的委托加工\\应税消费品已纳税款\end{array}+\begin{array}{c}当期收回的委托加工\\应税消费品已纳税款\end{array}-\begin{array}{c}期末库存的委托加工\\应税消费品已纳税款\end{array}$$

纳税人用委托加工收回的已税珠宝玉石生产的改在零售环节征收消费税的金银首饰，在计税时一律不得扣除委托加工收回的珠宝玉石的已纳消费税税款。委托加工应税消费品已纳税款为代扣代收税款凭证注明的受托方代收代缴的消费税税额。

提示：
委托加工业务中委托方与受托方的关系如表3-3所示。

表 3-3　委托加工业务中委托方与受托方的关系

项　目	委　托　方	受　托　方
委托加工成立的条件	提供原料和主要材料	只收取加工费和代垫辅料
加工及提货时涉及的流转税	❶ 购进材料涉及增值税进项税额 ❷ 支付加工费涉及增值税进项税额 ❸ 视同自产消费品应交消费税	❶ 购买辅料涉及增值税进项税额 ❷ 收取加工费和代垫辅料涉及增值税销项税额
消费税纳税环节	提货时受托方代收代缴（受托方为个体户的除外）	交货时代收代缴委托方消费税
代收代缴后消费税的相关处理	❶ 不高于受托方计税价格直接出售的不再缴纳消费税 ❷ 连续加工应税消费品销售后在出厂环节缴纳的消费税，可按规定在生产领用后抵扣已纳消费税	及时解缴代收代缴税款

3

四、进口应税消费品应纳消费税税额的计算

（一）进口一般应税消费品应纳消费税税额的计算

纳税人进口应税消费品，按照组成计税价格和规定的税率计算应纳消费税税额，组成计税价格包括到岸价格、关税和消费税三部分。

1. 实行从价定率办法应纳税额的计算

应纳税额的计算公式：

$$应纳税额=组成计税价格\times消费税税率$$

$$组成计税价格=(关税完税价格+关税)\div(1-消费税税率)$$

公式中所称的“关税完税价格”，是指海关核定的关税计税价格。

2. 实行从量定额办法应纳税额的计算

应纳税额的计算公式：

$$应纳税额=应税消费品数量\times单位税额$$

3. 实行从价定率和从量定额复合征税办法应纳税额的计算

应纳税额的计算公式：

$$应纳税额=组成计税价格\times消费税税率+应税消费品数量\times单位税额$$

$$组成计税价格=\left(关税完税价格+关税+进口数量\times单位税额\right)\div\left(1-消费税税率\right)$$

注意：进口环节消费税除国务院另有规定者外，一律不得给予减税、免税。

【做中学 3-7】 某公司进口成套高档化妆品一批，该批高档化妆品关税完税价格为40万元，关税税率为50%。其应纳消费税税额计算如下：

消费税组成计税价格＝400 000×(1＋50%)÷(1－15%)＝705 882.35(元)

应纳消费税税额＝705 882.35×15%＝105 882.35(元)

(二) 进口卷烟应纳消费税税额的计算

从2009年5月1日起，进口卷烟的消费税适用比例税率进行了调整，其消费税应纳税额的计算方法如下：

第一步，确定进口卷烟消费税适用比例税率。

每标准条进口卷烟(200支)确定消费税适用比例税率的价格＝(关税完税价格＋关税＋消费税定额税)÷(1－消费税税率)。其中，关税完税价格和关税为每标准条的关税完税价格及关税税额；消费税定额税为每标准条(200支)0.6元(依据现行消费税定额税率折算而成)；消费税税率固定为36%。

每标准条进口卷烟(200支)确定消费税适用比例税率的价格≥70元人民币的，适用比例税率为56%；每标准条进口卷烟(200支)确定消费税适用比例税率的价格＜70元人民币的，适用比例税率为36%。

第二步，计算进口卷烟应纳消费税税额。

$$\text{进口卷烟消费税组成计税价格}=\left(\text{关税完税价格}+\text{关税}+\text{消费税定额税}\right)\div\left(1-\text{进口卷烟消费税适用比例税率}\right)$$

$$\text{应纳消费税税额}=\text{进口卷烟消费税组成计税价格}\times\text{进口卷烟消费税适用比例税率}+\text{海关核定的进口卷烟数量}\times\text{消费税定额税率}$$

其中，消费税定额税率为每标准箱(50 000支)150元。

【做中学 3-8】 某公司从境外进口10箱卷烟，经海关核定，关税的完税价格为100 000元，关税25 000元。应纳消费税税额计算如下：

(1) 每标准条进口卷烟适用比例税率的价格＝(100 000＋25 000＋150×10)÷(1－36%)÷(10×250)＝79.06(元)＞70(元)，所以，进口卷烟的适用比例税率为56%。

(2) 进口卷烟消费税组成计税价格＝(关税完税价格＋关税＋消费税定额税)÷(1－进口卷烟消费税适用比例税率)＝(100 000＋25 000＋150×10)÷(1－56%)＝287 500(元)

(3) 应纳消费税税额＝进口卷烟消费税组成计税价格×进口卷烟消费税适用比例税率＋海关核定的进口卷烟数量×消费税定额税率＝287 500×56%＋10×150＝162 500(元)

五、批发和零售环节应税消费品应纳税额的计算

（一）批发环节应纳消费税税额的计算

批发环节的应税消费品特指卷烟，在我国境内从事卷烟批发业务的所有单位和个人，应就其批发销售的所有牌号、规格的卷烟，自 2015 年 5 月 10 日起，按 11% 的从价税率、每支 0.005 元的定额税率双重计征消费税。此外，计算批发环节卷烟消费税还应注意：

（1）应将卷烟销售额与其他商品销售额分开核算，未分开核算的，一并征收消费税。

（2）卷烟批发企业之间销售的卷烟不缴纳消费税，只有将卷烟销售给零售商等其他单位和个人时才缴纳消费税。

（3）卷烟批发企业在计算卷烟消费税时不得扣除卷烟生产环节已缴纳的消费税税额。

【做中学 3-9】 某市烟草集团公司属增值税一般纳税人，持有烟草批发许可证，2022 年 6 月收回委托加工的卷烟 200 箱，集团公司将其中 20 箱销售给烟草批发商 N 企业，取得含税销售收入 83.62 万元；80 箱销售给烟草零售商 Y 专卖店，取得不含税销售收入 320 万元；100 箱作为股本与 F 企业合资成立一家烟草零售经销商 Z 公司。

要求：

（1）计算集团公司向 N 企业销售卷烟应缴纳的消费税税额。

（2）计算集团公司向 Y 专卖店销售卷烟应缴纳的消费税税额。

（3）计算集团公司向 Z 公司投资应缴纳的消费税税额。

计算分析过程如下：

（1）因为 N 企业是烟草批发商，批发商之间不征消费税，因此，向 N 企业销售卷烟应纳消费税为零。

（2）向 Y 专卖店销售卷烟应纳消费税 $=320\times11\%+80\times50\ 000\times0.005\div10\ 000=37.2$（万元）

（3）向 Z 公司投资应纳消费税 $=100\times320\div80\times11\%+100\times50\ 000\times0.005\div10\ 000=46.5$（万元）

3

（二）零售环节应纳消费税税额的计算

零售环节的应税消费品特指金银首饰、钻石及钻石饰品。“金银首饰”特指金、银和金基、银基合金首饰，以及金、银和金基、银基合金的镶嵌首饰。自 2016 年 12 月 1 日起，对超豪华小汽车，在生产（进口）环节按现行税率征收消费税基础上，在零售环节加征消费税，税率为 10%。

对既销售金银首饰，又销售非金银首饰的生产经营单位，应分别核算两类商品的销售额。凡划分不清楚或不能分别核算的，在生产环节销售的，一律从高适用税率征收消费税；在零售环节销售的，一律按金银首饰征收消费税。金银首饰与其他产品组成套装消费品销售的，应按销售额全额征收消费税。对纳税人采取以旧换新方式销售金银首饰的，按实际收取的不含增值税价款计算消费税。

【做中学 3-10】 东方珠宝店是一家经批准有权经营金银首饰的珠宝零售店，为增值税一般纳税人，2022 年 6 月份涉税业务如下：

（1）金银首饰及珠宝玉石零售金额共计 246 600 元，其中：金银首饰 112 860 元，钻

石及钻石饰品 90 540 元，其他首饰 43 200 元。

（2）采取以旧换新方式销售金项链 100 条，新项链每条零售价 3 000 元，旧项链每条作价 2 000 元，每条项链实收差价款 1 000 元。

要求：计算东方珠宝店 6 月份应缴纳的消费税税额。

计算分析过程如下：

（1）根据消费税法规规定，金银首饰和珠宝玉石的消费税在零售环节缴纳，其他首饰消费税应在生产、进口或委托加工环节缴纳。

$$消费税税额=(112\ 860+90\ 540)\div(1+13\%)\times5\%=9\ 000(元)$$

（2）金银首饰零售环节以旧换新应以实际取得的不含税价款为消费税计税依据。

$$消费税税额=100\times1\ 000\div(1+13\%)\times5\%=4\ 424.78(元)$$

3

【任务设计——消费税应纳税额的计算】

工作实例：

2022 年 7 月，某高校会计专业毕业生赵小芬到 ABC 股份有限责任公司报税岗位上班。该公司主要生产经营酒类、卷烟和高档化妆品，7 月份发生如下经济业务：

（1）7 月 1 日销售高档化妆品 100 套，已知增值税专用发票上注明的价款 30 000 元，税额 3 900 元，款已收到。

（2）7 月 4 日将自己生产的啤酒 20 吨销售给家乐超市，货款已收到；另外将 10 吨用于客户及顾客免费品尝。该啤酒出厂价为 2 800 元/吨，成本为 2 000 元/吨。

（3）7 月 10 日销售粮食散装白酒 20 吨，单价 7 000 元，价款 140 000 元。

（4）7 月 20 日用自产粮食白酒 10 吨抵偿华盛超市货款 70 000 元，不足或多余部分不再结算。该粮食白酒每吨本月售价在 5 500～6 500 元间浮动，平均售价为 6 000 元。

（5）7 月 25 日将一批自产的高档化妆品作为福利发给职工个人，这批高档化妆品的成本为 10 000 元。假设该类高档化妆品不存在同类消费品销售价格。

（6）2022 年 6 月 10 日将外购的烟叶 100 000 元发给嘉华加工公司，委托其加工成烟丝 10 000 千克。嘉华加工公司代垫辅助材料 4 000 元（款已付），本月应支付加工费 36 000 元（不含税）、增值税 4 680 元。7 月 5 日 ABC 公司以银行存款付清全部款项和代缴的消费税；6 日收回已加工的烟丝并全部用于生产卷烟 10 箱；25 日该批卷烟全部用于销售，总售价为 300 000 元，款已收到。

（7）7 月 26 日向陈氏超市销售用上月外购烟丝生产的卷烟 20 个标准箱，每标准条调拨价格 80 元，共计 400 000 元（购入烟丝含增值税价款为 90 400 元），采取托收承付结算方式，货已发出并办妥托收手续。

（8）7 月 28 日从国外购进成套化妆品，关税完税价格 80 000 美元，关税税率为 50%。假定当日美元对人民币的汇率为 1 : 6.60，货款全部以银行存款付清。

请问：赵小芬如何计算该公司 7 月份应纳消费税税额？

【操作步骤】

第一步：判断经济业务类型。

属于直接对外销售应税消费品业务的有：（1）、（2）部分、（3）、（4）、（7）。

属于自产自用应税消费品业务的有：(2)部分、(5)。

属于委托加工应税消费品业务的有：(6)。

属于进口应税消费品业务的有：(8)。

第二步：分别确定计税依据并逐项计算应纳消费税税额。

(1) 计税销售额＝30 000 元；应纳消费税税额＝30 000×15%＝4 500(元)

(2) 对外销售的计税销售量＝20 吨；应纳消费税税额＝20×220＝4 400(元)

免费品尝的计税销售量＝10 吨；应纳消费税税额＝10×220＝2 200(元)

(3) 计税销售额＝140 000(元)；计税销售量＝20×2 000＝40 000(斤)

应纳消费税税额＝140 000×20%＋40 000×0.5＝48 000(元)

(4) 计税销售额＝10×6 500＝65 000(元)；计税销售量＝10×2 000＝20 000(斤)

应纳消费税税额＝65 000×20%＋20 000×0.5＝23 000(元)

(5) 组成计税价格＝10 000×(1＋5%)÷(1－15%)＝12 352.94(元)

应纳消费税税额＝12 352.94×15%＝1 852.94(元)

(6) 烟丝组成计税价格＝(100 000＋4 000＋36 000)÷(1－30%)＝200 000(元)

嘉华公司代收代缴烟丝的消费税税额＝200 000×30%＝60 000(元)

每条卷烟价格＝300 000÷(10×250)＝120(元)，应按 56%税率计税。

卷烟应纳消费税税额＝300 000×56%＋10×150－60 000＝109 500(元)

(7) 外购烟丝已纳的消费税税额(可抵扣)＝90 400÷(1＋13%)×30%＝24 000(元)

出售卷烟计税销售额＝400 000 元；计税销售量＝20 箱

应纳消费税税额＝(400 000×56%＋20×150)－24 000＝203 000(元)

(8) 进口化妆品组成计税价格＝80 000×6.60×(1＋50%)÷(1－15%)＝931 764.71(元)

海关代征的化妆品消费税＝931 764.71×15%＝139 764.71(元)

第三步：汇总计算本月应纳消费税总额。

ABC 股份有限责任公司 7 月份应申报缴纳的消费税税额＝4 500＋4 400＋2 200＋48 000＋23 000＋1 852.94＋109 500＋203 000＝396 452.94(元)

海关代征的消费税税额＝139 764.71(元)

嘉华公司代收代缴的消费税税额＝60 000(元)

自测题：消费税税款的计算

任务三　消费税会计核算

任务引例

甲企业接受乙企业委托加工实木地板，收到乙企业提供的原材料，实际成本 62 000 元，收到加工费 40 000 元、增值税 5 200 元，同时按规定代收消费税，甲企业无同类产品销售价格。加工完成后乙企业收回实木地板，收回的实木地板以受托方的计税价格直接出售。

要求：对甲企业、乙企业的涉税业务作会计处理。

【知识准备与业务操作】

一、会计科目的设置

为了正确反映和核算消费税有关纳税事项，纳税人应在“应交税费”科目下设置“应交消费税”二级科目。本科目的借方反映企业实际缴纳的消费税和待抵扣的消费税；贷方反映按规定应缴纳的消费税；其对应科目期末余额在贷方，反映尚未缴纳的消费税；期末若为借方余额，则反映多交或待抵扣的消费税。

由于消费税属于价内税，即销售额中含有应负担的消费税税额，应将消费税作为费用、成本的内容加以核算，因此，还应设置与之相应的会计科目，如“税金及附加”“其他业务成本”“长期股权投资”“在建工程”“营业外支出”“应付职工薪酬”等科目。

二、会计核算实务

3

（一）一般销售的核算

消费税是一种价内税，纳税人销售应税消费品的售价中包含了消费税，因此，纳税人缴纳的消费税应记入“税金及附加”科目，从销售收入中得到补偿。纳税人生产的需要缴纳消费税的消费品，在销售时应当按照应交消费税借记“税金及附加”科目，贷记“应交税费——应交消费税”科目。实际缴纳消费税时，借记“应交税费——应交消费税”科目，贷记“银行存款”科目。发生销货退回及退税时，作相反的会计分录。

（二）视同销售的核算

1. 应税消费品用于在建工程、职工福利或者直接转为固定资产

纳税人将自产的应税消费品用于在建工程、职工福利或直接转为固定资产的，应于货物移送使用时，按同类消费品的平均销售价格计算应纳消费税和应纳增值税，贷记“应交税费——应交消费税”“应交税费——应交增值税”科目；按移送使用的货物成本，贷记“库存商品”科目；按应缴纳的增值税、消费税和移送使用货物的成本之和，借记“在建工程”“应付职工薪酬”“固定资产”等科目。

2. 应税消费品用于捐赠、赞助、广告

纳税人将自产的应税消费品用于捐赠、赞助和广告的，应于货物移送使用时，按同类消费品的平均销售价格或组成计税价格计算应纳消费税和应纳增值税，贷记“应交税费——应交消费税”“应交税费——应交增值税”科目；按移送使用的货物成本，贷记“库存商品”科目；按应缴纳的增值税、消费税和移送使用货物的成本之和，借记“营业外支出”“销售费用”科目。

3. 应税消费品用于换取生产资料、消费资料

纳税人以生产的应税消费品用于换取生产资料和消费资料，属于非货币性资产交换，应按非货币性资产交换的办法进行处理。按换入资产可抵扣的增值税进项税额，借记“应交税费——应交增值税（进项税额）”科目；按换出应税消费品应支付的相关税费，贷记“应交税费——应交增值税（销项税额）”“应交税费——应交消费税”等科目。

特别要注意的是：纳税人用于换取生产资料和消费资料、投资入股和抵偿债务等方面的应税消费品，应当以纳税人同类应税消费品的最高销售价格作为计税依据计算消费税；而

增值税仍以同类产品的平均销售价格作为计税依据。

4. 应税消费品用于投资入股

纳税人以生产的应税消费品换取长期股权投资的(长期债权投资的处理相同),按对外投资处理办法借记有关投资科目,按投资移送应税消费品的售价或组成计税价格,贷记“主营业务收入”科目,按应交的增值税税额,贷记“应交税费——应交增值税(销项税额)”科目;按应交的消费税税额,贷记“应交税费——应交消费税”科目,借记“税金及附加”科目;按移送使用的货物成本,借记“主营业务成本”科目,贷记“库存商品”科目。

5. 应税消费品用于抵偿债务

纳税人以生产的应税消费品清偿债务,应按应付账款的账面余额,借记“应付账款”科目,按用于清偿债务的应税消费品的公允价值,贷记“主营业务收入”科目,按应交的增值税销项税额,贷记“应交税费——应交增值税(销项税额)”科目,按其差额,贷记“营业外收入”等科目或借记“营业外支出”等科目;按应交的消费税税额,贷记“应交税费——应交消费税”科目,借记“税金及附加”科目;同时按照该用于抵债的应税消费品的账面余额,借记“主营业务成本”科目,贷记“库存商品”科目。

(三) 包装物押金的核算

1. 随同商品出售但单独计价的包装物

随同商品出售但单独计价的包装物,其收入贷记“其他业务收入”科目;按规定应缴纳的消费税,借记“税金及附加”科目,贷记“应交税费——应交消费税”科目,同时结转包装物的成本。

2. 出租、出借包装物逾期的押金

纳税人出租、出借包装物逾期未退还的包装物押金,应从“其他应付款”科目转入“其他业务收入”科目,并按照应缴纳的消费税,借记“税金及附加”科目,贷记“应交税费——应交消费税”科目。

(四) 委托加工应税消费品的核算

委托加工的应税消费品,由受托方所在地主管税务机关代收代缴消费税税款;委托个人加工的应税消费品,由委托方向其机构所在地或者居住地主管税务机关申报纳税。

1. 委托方的账务处理

(1) 委托加工的应税消费品收回后直接销售的,在销售时不再征收消费税。委托方应将受托方代收代缴的消费税计入委托加工应税消费品的成本,借记“委托加工物资”等科目,贷记“银行存款”“应付账款”等科目。

(2) 委托加工的应税消费品收回后用于连续生产应税消费品按规定准予抵扣的,委托方应按代收代缴的消费税税额,借记“应交税费——应交消费税”科目,贷记“银行存款”“应付账款”等科目。待加工成最终应税消费品销售时,按最终应税消费品应缴纳的消费税税额,借记“税金及附加”科目,贷记“应交税费——应交消费税”科目。

2. 受托方的账务处理

受托方按应收的消费税税额,借记“银行存款”“应收账款”等科目,贷记“应交税费——应交消费税”科目。

任务引例解析

根据任务引例资料，分别作甲企业、乙企业涉税业务的会计分录。

受托方甲企业代收的消费税税额计算如下：

组成计税价格＝(62 000＋40 000)÷(1－5%)＝107 368.42(元)

代收代缴消费税税额＝107 368.42×5%＝5 368.42(元)

甲企业收取加工费、增值税和代收消费税时，会计分录如下：

借：银行存款	50 568.42	
贷：主营业务收入		40 000
应交税费——应交增值税(销项税额)		5 200
——应交消费税		5 368.42

乙企业支付加工费、增值税和消费税时，会计分录如下：

借：委托加工物资	45 368.42	
应交税费——应交增值税(进项税额)	5 200	
贷：银行存款		50 568.42

(五) 进口应税消费品的核算

纳税人进口应税消费品时，由海关代征的进口消费税，应计入应税消费品的成本中，根据海关完税凭证上注明的消费税税额，借记“固定资产”“在途物资”“库存商品”“应交税费——应交增值税(进项税额)”等科目，贷记“银行存款”“应付账款”等科目。

【任务设计——消费税业务的会计核算】

工作实例：

接本项目任务二的工作实例，编制 ABC 股份有限责任公司 7 月份的会计分录，进行会计处理。

【操作步骤】

第一步：逐笔分析经济业务内容。

属于一般销售应税消费品业务的有：(1)、(2)部分、(3)、(7)。

属于视同销售应税消费品业务的有：(2)部分、(4)、(5)。

属于委托加工应税消费品业务的有：(6)。

属于进口应税消费品业务的有：(8)。

第二步：根据经济业务逐项编制会计分录。

(1) 销售化妆品：

借：银行存款	33 900	
贷：主营业务收入		30 000
应交税费——应交增值税(销项税额)		3 900

计提消费税：

借：税金及附加	4 500	
贷：应交税费——应交消费税		4 500

（2）销售啤酒给超市：

借：银行存款	63 280	
贷：主营业务收入		56 000
应交税费——应交增值税（销项税额）		7 280

计提消费税：

借：税金及附加	4 400	
贷：应交税费——应交消费税		4 400

啤酒给客户及顾客免费品尝：

借：营业外支出	25 840	
贷：库存商品		20 000
应交税费——应交增值税（销项税额）		3 640
应交税费——应交消费税		2 200

（3）销售粮食白酒：

借：银行存款	158 200	
贷：主营业务收入		140 000
应交税费——应交增值税（销项税额）		18 200

计提消费税：

借：税金及附加	48 000	
贷：应交税费——应交消费税		48 000

（4）抵偿债务：

借：应付账款——华盛超市	70 000	
贷：主营业务收入		62 200
应交税费——应交增值税（销项税额）		7 800

计提消费税：

借：税金及附加	23 000	
贷：应交税费——应交消费税		23 000

(5) 化妆品作为福利发给职工个人：

借：应付职工薪酬 13 958.82
　　贷：主营业务收入 12 352.94
　　　　应交税费——应交增值税(销项税额) 1 605.88

计提消费税：

借：税金及附加 1 852.94
　　贷：应交税费——应交消费税 1 852.94

(6) 发出委托加工材料：

借：委托加工物资 100 000
　　贷：原材料——烟叶 100 000

支付辅助材料费、加工费及增值税：

借：委托加工物资 40 000
　　应交税费——应交增值税(进项税额) 4 680
　　贷：银行存款 44 680

支付消费税时：

借：应交税费——应交消费税 60 000
　　贷：银行存款 60 000

完工入库：

借：库存商品 140 000
　　贷：委托加工物资 140 000

销售卷烟：

借：银行存款 339 000
　　贷：主营业务收入 300 000
　　　　应交税费——应交增值税(销项税额) 39 000

计提消费税：

借：税金及附加 169 500
　　贷：应交税费——应交消费税 169 500

(7) 上月购入烟丝时：

借：原材料——烟丝 80 000
　　应交税费——应交增值税(进项税额) 10 400
　　贷：银行存款 90 400

领用烟丝投入生产时：

借：生产成本　56 000
　　应交税费——应交消费税　24 000
　　贷：原材料——烟丝　80 000

销售卷烟：

借：应收账款　452 000
　　贷：主营业务收入　400 000
　　　　应交税费——应交增值税（销项税额）　52 000

计提消费税：

借：税金及附加　227 000
　　贷：应交税费——应交消费税　227 000

3

（8）进口化妆品，支付货款时：

借：在途物资　528 000
　　贷：银行存款　528 000

支付关税时：

借：在途物资　264 000
　　贷：银行存款　264 000

支付增值税、消费税时：

借：在途物资　139 764.71
　　应交税费——应交增值税（进项税额）　121 129.41
　　贷：银行存款　260 894.12

（9）申报缴纳当月消费税：

借：应交税费——应交消费税　396 452.94
　　贷：银行存款　396 452.94

自测题：消费税会计核算

任务四　消费税纳税申报

作为报税岗位的会计人员，每月在规定时间内，应及时根据会计资料计算应纳消费税税额，并选择申报方式、准备申报材料，进行纳税申报和税款缴纳工作。本学习任务以任务二的工作实例ABC股份有限责任公司为例来学习消费税的纳税申报过程。

【知识准备与业务操作】

一、消费税的征收管理

(一) 纳税义务发生时间

纳税人生产的应税消费品于销售时纳税，进口应税消费品应于报关进口环节纳税，但金银首饰、钻石及钻石饰品在零售环节纳税。消费税纳税义务发生时间，以货款结算方式或行为发生时间分别确定。

(1) 纳税人销售的应税消费品，其纳税义务发生时间为：❶采取赊销和分期收款结算方式的，为纳税人书面合同约定的收款日期的当天，书面合同没有约定收款日期或者无书面合同的，为发出应税消费品的当天；❷采取预收货款结算方式的，为纳税人发出应税消费品的当天；❸采取托收承付和委托银行收款方式销售的应税消费品，为纳税人发出应税消费品并办妥托收手续的当天；❹采取其他结算方式的，为纳税人收讫销售款或者取得索取销售款凭据的当天。

3

(2) 自产自用的应税消费品，其纳税义务的发生时间，为纳税人移送使用的当天。

(3) 委托加工的应税消费品，其纳税义务的发生时间，为纳税人提货的当天。

(4) 进口的应税消费品，其纳税义务的发生时间，为纳税人报关进口的当天。

(二) 纳税期限

按照《中华人民共和国消费税暂行条例》规定，消费税的纳税期限分别为 1 日、3 日、5 日、10 日、15 日、1 个月或者 1 个季度。纳税人的具体纳税期限，由主管税务机关根据纳税人应纳税额的大小分别核定；如果不能按照固定期限纳税，则可以按次纳税。

纳税人以 1 个月或者 1 个季度为 1 个纳税期的，自期满之日起 15 日内申报纳税；以 1 日、3 日、5 日、10 日或者 15 日为一期纳税的，自期满之日起 5 日内预缴税款，于次月 1 日起至 15 日内申报纳税并结清上月应纳税款。

纳税人进口应税消费品，应当自海关填发税款缴款书之日起 15 日内缴纳税款。

(三) 纳税地点

(1) 纳税人销售的应税消费品，以及自产自用的应税消费品，除国家另有规定外，应当向纳税人机构所在地或居住地主管税务机关申报纳税。

(2) 委托加工的应税消费品，由受托方向其所在地主管税务机关代收代缴消费税税款；委托个人加工的应税消费品，由委托方向其机构所在地或者居住地主管税务机关申报纳税。

(3) 进口的应税消费品，由进口人或者其代理人向报关地海关申报纳税。

(4) 纳税人到外县(市)销售或委托外县(市)代销自产应税消费品的，于应税消费品销售后，回纳税人机构所在地或居住地缴纳消费税。

(5) 纳税人的总机构与分支机构不在同一县(市)的，应当分别向各自机构所在地的主管税务机关申报纳税。但经财政部、国家税务总局或者其授权的财政、税务机关批准，可以由总机构汇总向总机构所在地的主管税务机关申报纳税。

自测题：消费税纳税申报

(6) 纳税人销售的应税消费品，如因质量等原因由购买者退回时，经机构所在地或者居住地主管税务机关审核批准后，可退还已缴纳的消费税税款，但不能自行直接抵减应纳税款。

二、消费税的纳税申报

自 2021 年 8 月 1 日起，消费税与城市维护建设税、教育费附加、地方教育附加申报表整合。纳税人无论当期有无销售或是否盈利，均应在次月 1 日至 15 日内填写《消费税及附加税费申报表》，向主管税务机关进行纳税申报。

动画视频：消费税纳税申报流程

除了申报表以外，申报表还有附表：《本期准予扣除税额计算表》《本期减（免）税额明细表》《本期委托加工收回情况报告表》《卷烟批发企业月份销售明细清单》《卷烟生产企业合作生产卷烟消费税情况报告表》《消费税附加税费计算表》等，在申报时一并填写。

【任务设计——消费税纳税申报】

工作实例：

接本项目任务二的工作实例，填报 ABC 股份有限责任公司 7 月份消费税的纳税申报表，办理 2022 年 7 月份消费税的缴纳工作（因附加税费内容会在项目七介绍，这里暂不计算）。

【操作步骤】

第一步：分析经济业务内容，填制申报表的附表。

具体填制内容如表 3-4、表 3-5 所示。

第二步：填制纳税申报表。

具体填制内容如表 3-6 所示。

3

表 3-4　　本期准予扣除税额计算表

金额单位：元（列至角分）

准予扣除项目 \ 应税消费品名称				烟丝			合计
一、本期准予扣除的委托加工应税消费品已纳税款计算		期初库存委托加工应税消费品已纳税款	1				
		本期收回委托加工应税消费品已纳税款	2	60 000			60 000
		期末库存委托加工应税消费品已纳税款	3				
		本期领用不准予扣除委托加工应税消费品已纳税款	4				
		本期准予扣除委托加工应税消费品已纳税款	5=1+2−3−4	60 000			60 000
二、本期准予扣除的外购应税消费品已纳税款计算	（一）从价计税	期初库存外购应税消费品买价	6	80 000			80 000
		本期购进应税消费品买价	7				
		期末库存外购应税消费品买价	8				
		本期领用不准予扣除外购应税消费品买价	9				
		适用税率	10	30%			30%
		本期准予扣除外购应税消费品已纳税款	11=(6+7−8−9)×10	24 000			24 000

续 表

准予扣除项目 \ 应税消费品名称				烟丝			合计
二、本期准予扣除的外购应税消费品已纳税款计算	（二）从量计税	期初库存外购应税消费品数量	12				
		本期外购应税消费品数量	13				
		期末库存外购应税消费品数量	14				
		本期领用不准予扣除外购应税消费品数量	15				
		适用税率	16				
		计量单位	17				
		本期准予扣除的外购应税消费品已纳税款	18=(12+13−14−15)×16				
三、本期准予扣除税款合计			19=5+11+18	84 000			84 000

表 3-5　　本期委托加工收回情况报告表

一、委托加工收回应税消费品代收代缴税款情况

金额单位：元(列至角分)

应税消费品名称	商品和服务税收分类编码	委托加工收回应税消费品数量/kg	委托加工收回应税消费品计税价格	适用税率/%		受托人已代收代缴的税款	受托方(扣缴义务人)名称	受托方(扣缴义务人)识别号	税收缴款书(代扣代收专用)号码	税收缴款书(代扣代收专用)开具日期
				定额税率	比例税率					
1	2	3	4	5	6	7=3×5+4×6	8	9	10	11
烟丝		10 000	200 000		30	60 000	嘉华加工公司	××××	×××	×××

二、委托加工收回应税消费品领用存情况

应税消费品名称	商品和服务税收分类编码	上期库存数量	本期委托加工收回入库数量/kg	本期委托加工收回直接销售数量	本期委托加工收回用于连续生产数量/kg	本期结存数量
1	2	3	4	5	6	7=3+4−5−6
烟丝			10 000		10 000	

表 3-6 **消费税及附加税费申报表**

税款所属期:2022 年 7 月 1 日 至 2022 年 7 月 31 日

纳税人识别号(统一社会信用代码):□□□□□□□□□□□□□□□

纳税人名称:ABC 股份有限责任公司　　　　金额单位:元(列至角分)

项目 \ 应税消费品名称	适用税率		计量单位	本期销售数量	本期销售额	本期应纳税额
	定额税率	比例税率				
	1	2	3	4	5	6=1×4+2×5
卷烟	30 元/万支	56%	万支	150	700 000	396 500
粮食白酒	0.5 元/500 克	20%	500 克	60 000	205 000	71 000
啤酒	220 元/吨			30		6 600
高档化妆品	15%				42 352.94	6 352.94
合计	—	—	—	—	—	480 452.94

	栏次	本期税费额
本期减(免)额	7	
期初留抵税额	8	
本期准予扣除税额	9	84 000
本期应扣除税额	10=8+9	84 000
本期实际扣除税额	11[10<(6-7),则为 10,否则为 6-7]	84 000
期末留抵税额	12=10-11	0
本期预缴税额	13	
本期应补(退)税额	14=6-7-11-13	396 452.94
城市维护建设税本期应补(退)税额	15	
教育费附加本期应补(退)费额	16	
地方教育附加本期应补(退)费额	17	

声明:此表是根据国家税收法律法规及相关规定填写的,本人(单位)对填报内容(及附带资料)的真实性、可靠性、完整性负责。

纳税人(签章):　　年　　月　　日

经办人: 经办人身份证号: 代理机构签章: 代理机构统一社会信用代码:	受理人: 受理税务机关(章):　　受理日期:　　年　　月　　日

3

任务五 消费税出口退税

任务引例

外贸公司从某高档化妆品厂购入化妆品一批，增值税专用发票注明价款 250 万元，增值税 32.5 万元，外贸公司将该批高档化妆品销往国外，离岸价为 50 万美元（当日外汇牌价 1∶6.60），并按规定申报办理消费税退税。消费税税率为 15%，增值税退税率为 11%。

要求：计算外贸公司应收的消费税退税额，并作会计分录。

【知识准备与业务操作】

3

一、出口应税消费品退(免)税政策的适用范围

出口应税消费品退（免）消费税在政策适用上分为三种情况。

（一）出口免税并退税

适用这个政策的是：有出口经营权的外贸企业购进应税消费品直接出口，以及外贸企业受其他外贸企业委托代理出口应税消费品。需要注意的是，外贸企业只有受其他外贸企业委托，代理出口应税消费品才可办理退税，外贸企业受其他企业（主要是非生产性的商贸企业）委托，代理出口应税消费品是不予退（免）税的。这个政策限定与前述出口货物退（免）增值税的政策规定是一致的。

（二）出口免税但不退税

适用这个政策的是：有出口经营权的生产性企业自营出口或生产企业委托外贸企业代理出口自产的应税消费品，依据其实际出口数量免征消费税，但不予办理退还消费税。这里，免征消费税是指对生产性企业按其实际出口数量免征生产环节的消费税；不予办理退还消费税，是指因已免征生产环节的消费税，该应税消费品出口时，已不含有消费税，所以也无须再办理退还消费税了。这与前述出口货物退（免）增值税的规定不一致，原因是消费税仅在生产环节征收，生产环节免征，出口的应税消费品就不含有消费税；而增值税却在货物销售的各个环节征收，生产企业出口货物时，已纳的增值税就需退还。

（三）出口不免税也不退税

适用这个政策的是：除生产企业、外贸企业外的其他企业，具体是指一般商贸企业，这类企业委托外贸企业代理出口应税消费品一律不予退（免）税。

二、出口应税消费品的退税率

计算出口应税消费品应退消费税的税率或单位税额，依据《中华人民共和国消费税暂行条例》所附《消费税税目税率（税额）表》执行。退（免）消费税与退（免）增值税的一个重要区别是：当出口的货物是应税消费品时，其退还增值税要按规定的退税率计算，其退还消费税则按该应税消费品所适用的消费税税率计算。

企业应将不同消费税税率的出口应税消费品分开核算和申报，凡划分不清适用税率的，

一律从低适用税率计算应退消费税税额。

三、出口应税消费品退税额的计算

1. 从价征收计算退税额

从价定率计征消费税的应税消费品，应依照外贸企业从工厂购进货物时征收消费税的价格计算应退消费税税款，其计算公式为：

应退消费税税额＝出口货物的工厂销售额×消费税税率

公式中"出口货物的工厂销售额"不包含增值税，对含增值税的购进金额应换算成不含增值税的金额。

2. 从量征收计算退税额

从量定额计征消费税的应税消费品，应按货物购进和报关出口的数量计算应退消费税税款，其计算公式为：

应退消费税税额＝出口数量×单位税额

3. 复合征收计算退税额

复合计征消费税的应税消费品，应按货物购进和报关出口的数量以及外贸企业从工厂购进货物时征收消费税的价格计算应退消费税税款，其计算公式为：

应退消费税税额＝出口货物的工厂销售额×消费税税率＋出口数量×单位税额

四、出口应税消费品的会计处理

生产企业直接出口自产应税消费品时，按规定予以直接免税，不计算应缴消费税；免税后发生退货或退关的，也可以暂不办理补税，待其转为国内销售时，再申报缴纳消费税。

生产企业将应税消费品销售给外贸企业，由外贸企业自营出口的，按"先征后退"办法进核算，即外贸企业从生产企业购入应税消费品时，先缴纳消费税，在产品报关出口后，再申请出口退税；退税后若发生退货或退关，应及时补缴消费税。

表 3-7 消费税与增值税出口退税政策差异

项 目	增值税出口退税	消费税出口退税
适用退税率	法定退税率	征税率即为退税率
生产企业自营出口或委托外贸企业代理出口	采用"免、抵、退"办法，运用特定公式和适用退税率计算退税额	采用出口免税不退税政策，不计算退税
外贸企业收购货物出口	采用"先征后退"办法，用收购价款和适用退税率计算退税额	采用出口免税并退税政策，用收购价和适用征税率计算退税额

提示：

消费税与增值税出口退税政策差异如表 3-7 所示。

3

自测题：消费税出口退税

任务引例解析

根据任务引例资料，计算外贸公司应收的消费税退税额，并作会计分录。

（1）购入化妆品验收入库时：

借：库存商品　2 500 000

　　应交税费——应交增值税（进项税额）　325 000

　　贷：银行存款　2 825 000

（2）化妆品报关出口时：

借：银行存款　3 300 000

　　贷：主营业务收入　3 300 000

（3）结转销售成本时：

借：主营业务成本　2 500 000

　　贷：库存商品　2 500 000

（4）不得抵扣或退税税额，调整出口成本时：

借：主营业务成本　50 000

　　贷：应交税费——应交增值税（进项税额转出）　50 000

（5）申请退税时：

应退增值税 $=2\ 500\ 000\times11\%=275\ 000$（元）

应退消费税 $=2\ 500\ 000\times15\%=375\ 000$（元）

借：其他应收款　650 000

　　贷：应交税费——应交增值税（出口退税）　275 000

　　　　主营业务成本　375 000

（6）收到出口退税时：

借：银行存款　650 000

　　贷：其他应收款　650 000

项目小结

消费税会计业务操作内容结构如图 3-1 所示。

- 消费税会计业务操作
  - 消费税纳税人和征税范围的确定
    - 消费税纳税人的确定
    - 消费税征税范围确定：15 个税目
    - 消费税税率的选择：比例税率、定额税率和复合税率
  - 消费税税款计算
    - 直接对外销售消费税应纳税额的计算：从价定率的计算；从量定额的计算；复合计税法的计算；已纳税额的扣除
    - 自产自用消费税应纳税额的计算：应税消费品的确定；计税依据的确定；应纳税额的计算
    - 委托加工消费税应纳税额的计算：应税消费品的确定；计税依据的确定；应纳税额的计算；应纳税额的缴纳；已纳税额的扣除
    - 进口应税消费品应纳税额的计算：进口一般应税消费品应纳税额的计算；进口卷烟应纳税额的计算
    - 批发和零售环节应税消费品应纳税额的计算：批发环节应税消费品应纳税额的计算；零售环节应税消费品应纳税额的计算
  - 消费税会计核算
    - 会计科目的设置:“应交税费——应交消费税”等
    - 会计核算实务：一般销售的核算、视同销售的核算、包装物押金的核算、委托加工应税消费品的核算、进口应税消费品的核算
  - 消费税纳税申报
    - 纳税义务发生时间：一般规定；具体规定
    - 纳税期限：以月为单位的，次月 15 日前完成纳税申报
    - 纳税地点：自产行为、委托加工行为、进口行为等各不相同
    - 纳税申报:消费税及附加税费申报表主表及附表
  - 消费税出口退税
    - 出口应税消费品退(免)税政策的适用范围
    - 出口应税消费品的退税率
    - 出口应税消费品退税额的计算
    - 出口应税消费品的会计处理

图 3-1　消费税会计业务操作内容结构图

项目四　关税会计业务操作

【职业能力目标】

1. 掌握关税的基本法规知识和关税完税价格的确定方法；熟悉关税的相关优惠政策，会根据业务资料计算应纳关税税额。

2. 熟悉进出口关税税款的会计处理方法，能根据业务资料进行进（出）口关税税款的会计处理。

3. 掌握关税征收管理的相关规定和纳税申报流程，能根据业务资料填制海关进出口关税专用缴款书，会办理关税的日常纳税申报工作。

【典型工作任务】

1. 关税纳税人的判定，征税对象的确定。

2. 具体适用税率的选择，关税优惠政策的运用、关税完税价格的确定、应纳关税税额的计算。

3. 进出口关税的会计处理。

4. 进（出）口货物报关单的填报。

5. 进（出）口关税专用缴款书的填开。

【教授寄语】

我们要了解并宣传关税法规政策，深化个人的爱国主义、集体主义、社会主义教育。

任务一　关税税款计算

任务引例

某进出口公司出口某种应税产品一批，离开我国口岸价格为600万元，假定该种产品出口关税的税率为30%，纳税人在计算关税时，以600万元作为关税完税价格计算应纳关税税额，这样计算对吗？

这是一个有关出口关税的问题，什么是关税，纳税人是谁，计税依据是什么等问题都将在本学习任务中进行阐述。

【知识准备与业务操作】

一、征税对象和纳税人的确定

关税是海关依法对进出关境的货物和物品征收的一种税。是否征收关税，以货物或物品是否经过一个国家的关境而不是以国境为标准。一般情况下，一个国家的国境与关境是一致的，但两者不完全相同。国境是一个国家以边界为界限，全面行使主权的境域，包括领土、领海和领空。关境又称海关境域或关税领域，是一个国家关税法令有效施行的境域。当一个国家在国境内设立自由贸易港、自由贸易区、保税区、保税仓库时，关境就小于国境；当几个国家或地区结成关税同盟，成员之间相互取消关税，对外实行共同的关税税则时，就其成员而言，关境就大于国境。

（一）关税征税对象的确定

关税的征税对象，是准许进出我国关境的货物和物品。货物是指贸易性商品；物品包括入境旅客随身携带的行李和物品、各种运输工具上服务人员携带进口的自用物品、个人邮递物品、馈赠物品及以其他方式入境的个人物品。

税收与民生：关税与国家主权

（二）关税纳税人的确定

贸易性商品的纳税人是经营进口货物的收货人、出口货物的发货人。进出口货物的收货人、发货人是依法取得对外贸易经营权，并进口或者出口货物的法人或者其他社会团体。对虽然从事进出口业务，但没有自营进出口权的企业，必须委托专门的报关人代理报关和申报纳税。

进出境物品的纳税人是物品的所有人和推定为所有人的人。其具体包括：❶对于携带进境的物品，推定其携带人为所有人；❷对分离运输的行李，推定相应的进出境旅客为所有人；❸对以邮递方式进境的物品，推定其收件人为所有人；❹以邮递或其他运输方式出境的物品，推定其寄件人或托运人为所有人。

二、关税的分类

（一）按进出关境的货物或物品流向分类

按进出关境的货物和物品的不同流向，可分为进口税和出口税。

(1) 进口税。进口税是指海关对进口货物或物品征收的关税。通常是在货物或物品进入关境或从保税仓库提出投入国内市场时征收。当今世界各国的关税均以进口税为关税主体。征收进口税的目的在于保护本国市场和增加财政收入。

(2) 出口税。出口税是指海关对出口货物或物品征收的关税。征收出口税将增加出口货物的成本,降低出口货物在国际市场的竞争力,目前世界各国一般少征或不征出口税。但在一些发展中国家和经济落后的国家,为保护本国生产和市场供应,增加财政收入,特别是为防止本国自然资源的大量外流,对部分商品仍征收出口税。

(二) 按货物国别来源而区别对待的原则分类

按对进口货物输出国实行区别对待的原则,可分为加重关税和优惠关税。

(1) 加重关税。加重关税也称歧视性关税,是为了达到某种特别目的而征收的关税。如为了保护本国工农业生产和本国经济的发展征收加重关税,即在征收一般关税之外又加征的一种临时性的进口附加税,主要包括反倾销税、反补贴税和报复关税。

(2) 优惠关税。优惠关税是指对从某些国家进口的货物使用低于普通税率的优惠税率所征收的关税,包括互惠税、特惠税、最惠国待遇、普惠制和世界贸易组织成员间的关税减让。

(三) 按计征关税的标准分类

按计税标准不同,可分为从价税、从量税、复合税和滑准税。

(1) 从价税。从价税是指以进出口货物的完税价格为计税标准而计算征收的关税,是一种最常用的关税计税标准。我国目前海关计征关税主要是从价税。

4

(2) 从量税。从量税是指以进出口货物的数量、重量、体积、容量等计量单位为计税标准而计算征收的关税。计税时以货物的计量单位乘以每单位应纳税额即可得出该商品的关税税额。

(3) 复合税。复合税是对同一种进出口货物同时采用从价和从量标准计算征收的关税,即制订从价、从量两种税率,随着完税价格和进口数量而变化,征收时两种税率合并计征。我国目前对录像机、放像机、数字照相机和摄录一体机实行复合税。

(4) 滑准税。滑准税也叫滑动税,是根据货物的不同价格适用不同税率的一类特殊的从价关税。它的关税税率随进口货物价格由高至低而由低至高来设置,即进口货物的价格越高,其进口关税税率越低;进口货物的价格越低,其进口关税税率越高。其特点是可保持实行滑准税货物的国内市场价格相对稳定,而不受国际市场价格波动的影响,目前我国仅对进口新闻纸实行滑准税。

(四) 按征收关税目的分类

按征收目的不同,可分为财政关税和保护关税。

(1) 财政关税。财政关税又称收入关税,是指以增加财政收入为主要目的而课征的关税。其税率一般比保护关税低。

(2) 保护关税。保护关税是指以保护本国经济发展为主要目的而课征的关税。保护关税主要是进口税,税率较高,有的高达百分之几百。通过征收高额进口税,使进口货物成本增加,从而削弱它在进口国市场的竞争能力,甚至阻碍其进口,以达到保护本国经济发展的目的。它是实现一个国家对外贸易政策的重要措施之一。

三、关税完税价格的确定

关税完税价格是海关计征关税所使用的计税价格，是海关以进出口货物的实际成交价格为基础审定的完税价格。实际成交价格是一般贸易项下进口或出口货物的买方为购买该项货物向卖方实际支付或应当支付的价格。当实际成交价格不能确定时，完税价格由海关依法估定。纳税人向海关申报的价格不一定等于完税价格，只有经海关审核并接受的申报价格才能作为完税价格。

（一）一般进口货物完税价格的确定

1. 以成交价格为基础的完税价格的确定

根据《中华人民共和国海关法》的相关规定：进口货物以海关审定的成交价格为基础的到岸价格为完税价格。“到岸价格”包括货价加上货物运抵我国关境内输入地点起卸前的运费、包装费、保险费和其他劳务费。“我国境内输入地”为入境海关地，包括内陆河、江口岸，一般为第一口岸。“成交价格”是指买方为购买该货物，并按有关规定调整后的实付或应付价格，即买方为购买进口货物直接或间接支付的总额。具体要注意以下几点：

（1）下列费用或价值未包含在进口货物的成交价格中，应一并计入完税价格：

❶ 特许权使用费，但与进口货物无关或者不构成进口货物向境内销售条件的不计入完税价格。

❷ 除购货佣金以外的佣金和经纪费，比如卖方佣金。“购货佣金”指买方为购买进口货物向自己的采购代理人支付的劳务费用；“经纪费”指买方为购买进口货物向代表买卖双方利益的经纪人支付的劳务费用。

❸ 货物运抵我国关境内输入地点起卸前由买方支付的包装费、运费、保险费和其他劳务费用。

❹ 由买方负担的与进口货物视为一体的容器费用。

❺ 由买方负担的包装材料和包装劳务的费用。

❻ 卖方直接或间接从买方对该货物进口后转售（含处置和使用）所得中获得的收益。

（2）下列费用，如在货物的成交价格中单独列明的，应从完税价格中扣除：

❶ 工业设施、机械设备类货物进口后发生的基建、安装、调试、技术指导等费用。

❷ 货物运抵境内输入地点起卸后的运输费用、保险费用和其他相关费用。

❸ 进口关税及其他国内税收。

❹ 为在境内复制进口货物而支付的费用。

❺ 境内外技术培训及境外考察费用。

（3）进口货物完税价格中的运费和保险费按下列规定确定：

❶ 进口货物的运费，应当按照实际支付的费用计算。如果进口货物的运费无法确定的，海关应当按照该货物的实际运输成本或者该货物进口同期运输行业公布的运费率（额）计算运费。

运输工具作为进口货物，利用自身动力进境的，海关在审查确定完税价格时，不再另行计入运费。

❷ 进口货物的保险费，应当按照实际支付的费用计算。如果进口货物的保险费无法确定或者未实际发生，海关应当按照“货价加运费”两者总额的 3‰计算保险费。

❸ 邮运进口的货物，应当以邮费作为运输及其相关费用、保险费。

4

❹ 以境外边境口岸价格条件成交的铁路或者公路运输进口货物，海关应当按照境外边境口岸价格的1%计算运输及其相关费用、保险费。

2. 进口货物海关估价的方法

进口货物的成交价格不符合成交价格条件或者成交价格不能确定的，海关经了解有关情况，并与纳税义务人进行价格磋商后，依次以下列方法审查确定该货物的完税价格：

(1) 相同货物成交价格估价法。这是指海关以与进口货物同时或者大约同时向我国境内销售相同货物的成交价格为基础，审查确定进口货物完税价格的估价方法。

(2) 类似货物成交价格估价法。这是指海关以与进口货物同时或者大约同时向我国境内销售类似货物的成交价格为基础，审查确定进口货物完税价格的估价方法。

(3) 倒扣价格估价方法。这是指海关以进口货物、相同或者类似进口货物在境内的销售价格为基础，扣除境内发生的关税和进口环节海关代征税及其他国内税、运费、保险费、利润等相关规定费用后，审查确定进口货物完税价格的估价方法。

(4) 计算价格估价方法。这是指海关按照下列各项总和计算出完税价格：生产该货物所使用的料件成本和加工费用；向境内销售同等级或者同种类货物通常的利润和一般费用；该货物运抵境内输入地点起卸前的运输及相关费用、保险费。

(5) 其他合理方法。这是指海关以客观量化的数据资料为基础审查确定进口货物完税价格的估价方法。

(二) 特殊进口货物完税价格的确定

一般来说，特殊进口货物的完税价格包括以下几种情况：

4

1. 运往境外加工的货物

运往境外加工的货物，出境时已向海关报明，并在海关规定期限内复运进境的，应当以境外加工费和料件费以及该货物复运进境的运输及其相关费用、保险费为基础审查确定完税价格。

2. 运往境外修理的货物

运往境外修理的机械器具、运输工具或其他货物，出境时已向海关报明，并在海关规定期限内复运进境的，应当以境外修理费和料件费为基础审查确定完税价格。

3. 租赁方式进口的货物

租赁方式进口的货物，按照下列方法审查确定完税价格：❶以租金方式对外支付的租赁货物，在租赁期间以海关审查确定的租金作为完税价格，利息应当予以计入；❷留购的租赁货物以海关审查确定的留购价格作为完税价格；❸纳税义务人申请一次性缴纳税款的，可以选择申请按照进口货物海关估价的方法确定完税价格，或者按照海关审查确定的租金总额作为完税价格。

4. 暂时进境货物

经海关批准的暂时进境的货物，应按照一般进口货物估价办法的规定，估定完税价格。

5. 留购的进口货样等货物

国内单位留购的进口货样、展览品及广告陈列品，以海关审定的留购价格为完税价格。

(三) 出口货物完税价格的确定

1. 以成交价格为基础的完税价格

出口货物的完税价格由海关以该货物的成交价格（离岸价）为基础审查确定，并应当包括货物运至我国境内输出地点装载前的运费及其相关费用、保险费，但不包括出口关税税额。

出口货物的成交价格，是指该货物出口销售时，卖方为出口该货物应当向买方直接收取和间接收取的价款总额。但下列费用应予扣除：

（1）成交价格中含有支付给国外的佣金，并与货物成交价格分列的，应予扣除；未单独列明的，则不予扣除。

（2）出口货物的销售价格如果包括离境口岸至境外口岸之间的运费、保险费的，该运费、保险费应予扣除。

出口货物完税价格计算公式为：

完税价格＝离岸价格÷（1＋出口关税税率）

任务引例解析

了解了这些法律规定，我们再回顾一下任务引例，某进出口公司以离岸价600万元作为完税价格计算应纳关税税额显然是错误的。出口货物应以海关审定的离岸价格扣除出口关税后作为完税价格。所以完税价格＝600÷（1＋30％）＝461.54（万元）。

2. 由海关估定的完税价格

出口货物的发货人或其代理人应如实向海关申报出口货物售予境外的价格，对出口货物的成交价格不能确定时，完税价格由海关依次按下列价格予以估定：

（1）同时或大约同时向同一国家或地区销售出口的相同货物的成交价格。

（2）同时或大约同时向同一国家或地区销售出口的类似货物的成交价格。

（3）根据境内生产相同或类似货物的成本、利润和一般费用、境内发生的运费及其相关费用、保险费计算所得的价格。

（4）按照其他合理方法估定的价格。

四、关税税率的选择

关税税率是整个关税制度的核心要素。目前我国的关税税率主要有以下几种：

（一）进口货物税率

改革开放后，我国多次降低进口关税税率。从1992年年初的44.4％（简单算术平均，下同）下降至1996年年初的23％；1997年10月1日起，平均税率为17％，2001年12月11日起我国已正式成为世界贸易组织成员，2001年平均税率为15.3％，按2002年的新税则，我国的关税总水平2002年已降至12.7％，2006年我国的关税总水平为9.9％。我国于2015年6月1日、2016年1月1日、2017年1月1日、2017年12月1日，三年内四次降低关税税率。2018年7月1日起，我国又大幅度降低关税，将服装鞋帽、厨房和体育健身用品等进口关税平均税率从15.9％降至7.1％；将洗衣机、冰箱等家用电器进口关税平均税率从20.5％降至8％；将养殖类、捕捞类水产品和矿泉水等加工食品进口关税平均税率从15.2％降至6.9％；将洗涤用品和护肤、美发等化妆品及部分医药健康类产品进口关税平均税率从8.4％降至2.9％。

进口关税设置最惠国税率、协定税率、特惠税率、普通税率、配额税率等，进口货物在一定期限内可以实行暂定税率。

（1）最惠国税率。

适用原产于与我国共同适用最惠国待遇条款的世界贸易组织成员的进口货物；或原产于与我国签订有相互给予最惠国待遇条款的双边贸易协定的国家或地区的进口货物。

(2) 协定税率。

适用原产于我国参加的含有关税优惠条款的区域性贸易协定的有关缔约方的进口货物。

(3) 特惠税率。

适用原产于与我国签订有特殊优惠关税协定的国家或地区的进口货物。

(4) 普通税率。

适用原产于上述国家或地区以外的国家或地区的进口货物。

(5) 配额税率。

配额内关税是对一部分实行关税配额的货物,按低于配额外税率的进口税率征收的关税。按照国家规定实行关税配额管理的进口货物,关税配额内的,适用关税配额税率;关税配额外的,其税率的适用按照前述的规定执行。

(6) 暂定税率。

暂定税率是对某些税号中的部分货物在适用最惠国税率的前提下,通过法律程序暂时实施的进口税率,具有非全税目的特点,低于最惠国税率。

适用最惠国税率的进口货物有暂定税率的,应当适用暂定税率;适用协定税率、特惠税率的进口货物有暂定税率的,应当从低适用税率;适用普通税率的进口货物,不适用暂定税率。

提示:

为服务进出口企业,保证《2022年关税调整方案》顺利实施,便于进出口货物的收发货人、经营单位及其代理人有所对照以正确申报,海关总署已调整关税税目、税率内容和《中华人民共和国海关进出口商品规范申报目录》(2022年版),供通关参考(详见海关总署门户网站,可查询具体进出口商品税率)。

(二) 出口货物税率

出口货物税率没有普通税率和优惠税率之分。既为鼓励国内企业出口创汇,又能够控制一些商品的盲目出口,我国对绝大部分出口货物不征收出口关税,只对少数产品征收出口关税。现行税则仅对鳗鱼苗、部分有色金属矿砂及其精矿、生锑、磷、苯、山羊板皮、部分铁合金、钢铁废碎料、铜和铝原料及其制品、镍锭、锌锭、锑锭等30多种商品征收出口关税,实行0～20%的暂定税率。

五、优惠政策的运用

(一) 法定减免

法定减免是指《海关法》《进出口关税条例》和《海关进出口税则》等法规中所规定的减免税,包括:

(1) 下列货物,经海关审查无讹,可以免税:❶关税税额在人民币50元以下的一票货物;❷无商业价值的广告品和货样;❸外国政府、国际组织无偿赠送的物资;❹进出境运输工具装载的途中必需的燃料、物料和饮食用品。

(2) 中华人民共和国缔结或者参加的国际条约规定减征、免征关税的货物、物品,海关按规定减免关税。

(3) 有下列情形之一的进口货物,海关可以酌情减免关税:❶在境外运输途中或者在起卸时,遭受损坏或者损失;❷起卸后海关放行前，因不可抗力遭受损坏或者损失；❸海关查验时已经破漏、损坏或者腐烂，经证明不是保管不慎造成的。

(4) 为境外厂商加工、装配成品和为制造外销产品而进口的原材料、辅料、零件、部件、配套件和包装物料，海关按实际加工出口的成品数量免征进口关税；或者对进口料件，先征进口关税，再按实际加工出口的成品数量予以退税。

(5) 经海关核准，暂时进境或暂时出境并在6个月内复运出境或复运进境的货样、展览品、施工机械、工程车辆、工程船舶、安装设备时使用的仪器和工具、电视或电影摄制器械、盛装货物的容器，以及剧团的服装道具等，在货物收、发货人向海关缴纳相当于税款的保证金或提供担保后，准予暂时免征关税。

(6) 无代价抵偿货物，即进口货物在征税放行后，发现货物残损、短少或品质不良，而由国外承运人、发货人或保险公司免费补偿或更换的同类货物，可以免税，但有残损或质量问题的原进口货物如未退回国外，其进口的无代价抵偿货物应该照章征税。

(7) 因故退还的中国出口货物，经海关查实，可予免征进口关税，但已征的出口关税不予退还。

(8) 因故退还的境外进口货物，经海关查实，可予免征出口关税，但已征的进口关税不予退还。

(9) 法律规定的其他可以免税的进出口货物。

(二) 特定减免税

特定减免税亦称政策性减免税，是指在法定减免税以外，由国务院或国务院授权的机关颁布法规、规章特别规定的减免。特定减免税货物一般有地区、企业和用途的限制，海关需要进行后续管理，并进行减免税统计。

(三) 临时减免税

临时减免税是指除法定和特定减免税以外的其他减免税，即由国务院根据《海关法》对某个单位、某类商品、某个项目或某批进出口货物的特殊情况，给予特别照顾，一案一批，专文下达的减免税，一般不能比照执行。

4

六、关税应纳税额的计算

(一) 进口货物应纳关税的计算

1. 从价关税应纳税额的计算

从价进口关税税额＝应税进口货物数量×单位完税价格×关税税率

具体分为以下几种情况：

(1) 以我国口岸到岸价格(cost, insurance and freight; CIF)成交的，或者和我国毗邻的国家以两国共同边境地点交货价格成交的进口货物，其成交价格即为完税价格。应纳关税计算公式为：

应纳进口关税税额＝(CIF)×关税税率

【做中学4-1】 某进出口公司2022年6月从美国进口一批化工原料，运至上海的到岸价格(CIF)为800 000美元，另外在货物成交过程中，公司向卖方支付佣金40 000美元，已知当时外汇牌价为100美元＝660人民币元，该原料的进口关税税率为18%。则该公司进口该批货物应纳的关税为：

该批原料的完税价格包括到岸价格和支付给卖方的佣金，故：

完税价格＝(800 000＋40 000)×6.60＝5 544 000(元)

应纳进口关税税额＝5 544 000×18%＝997 920(元)

(2) 以国外口岸离岸价(free on board，FOB)或国外口岸到岸价格成交的，应另加上从发货口岸或国外交货口岸运到我国口岸以前的运杂费和保险费作为完税价格。应纳关税的计算公式为：

应纳进口关税税额＝(FOB＋运杂费＋保险费)×关税税率

在国外口岸成交的情况下，完税价格中包括的运杂费、保险费，原则上应按实际支付的金额计算，若无法得到实际支付金额，也可以按外贸系统海运进口运杂费率或协商规定的固定运杂费率计算运杂费，保险费按中国人民保险公司的保险费率计算。其计算公式为：

应纳进口关税税额＝(FOB＋运杂费)×(1＋保险费率)×关税税率

4

【做中学 4-2】宏远公司委托天兴进出口贸易公司代理进口材料一批。该批材料实际支付离岸价为 480 000 美元，海外运输费、包装费、保险费共计 20 000 美元(支付日市场汇价为 6.65 人民币元)，进口报关当日人民银行公布的市场汇价为 1 美元＝6.60 人民币元，进口关税税率为 20%。则该公司进口该批货物应纳的关税为：

进口报关时应纳税额为：

应纳进口关税税额＝(480 000＋20 000)×6.60×20%＝660 000(元)

(3) 以国外口岸离岸价格加运费(cost and freight，CFR)成交的，应另加保险费作为完税价格。其计算公式为：

应纳进口关税税额＝(CFR＋保险费)×关税税率＝CFR×(1＋保险费率)×关税税率

【做中学 4-3】某企业从中国香港地区进口原产地为韩国的设备 3 台，该设备的总成交价格为离岸价上海港 180 000 港元，保险费率为 3‰，设备进口关税税率为 10%，当日外汇牌价 100 港元＝83 人民币元，则应纳的关税为：

完税价格＝180 000×0.83×(1＋3‰)＝149 848.2(元)

应纳进口关税税额＝149 848.2×10%＝14 984.82(元)

（4）特殊进口商品的关税计算。特殊进口货物种类繁多，须在确定完税价格基础上，再计算应纳税额。应纳关税的计算公式为：

应纳进口关税税额＝特殊进口货物完税价格×关税税率

【做中学 4-4】某企业 2022 年将以前年度进口的设备运往境外修理，设备进口时成交价格 58 万元，发生境外运费和保险费共计 6 万元；在海关规定的期限内复运进境，进境时同类设备价格 65 万元；发生境外修理费 8 万元，料件费 9 万元，境外运输费和保险费共计 3 万元，进口关税税率为 20%。则该设备复运进境时应纳的进口关税计算如下：

运往境外修理的机械器具、运输工具或其他货物，出境时已向海关报明，并在海关规定期限内复运进境的，应当以海关审定的境外修理费和料件费为完税价格。

应纳进口关税税额＝（8＋9）×20%＝3.4（万元）

2. 从量关税应纳税额的计算

从量进口关税税额＝应税进口货物数量×单位税额

3. 复合关税应纳税额的计算

复合进口关税税额＝应税进口货物数量×单位税额＋应税进口货物数量×单位完税价格×税率

> **提示：** 我国目前实行的复合关税都是先计征从量税，再计征从价税，出口关税税额的计算也是如此。

（二）出口货物应纳关税的计算

1. 从价关税应纳税额的计算

从价出口关税税额＝应税出口货物数量×单位完税价格×税率

具体分以下几种情况：

（1）以我国口岸离岸价格（FOB）成交的出口关税计算公式为：

应纳出口关税税额＝FOB÷（1＋关税税率）×关税税率

（2）以国外口岸到岸价格（CIF）成交的出口关税计算公式为：

应纳出口关税税额＝（CIF－保险费－运费）÷（1＋关税税率）×关税税率

（3）以国外口岸价格加运费价格（CFR）成交的出口关税计算公式为：

应纳出口关税税额＝（CFR－运费）÷（1＋关税税率）×关税税率

【做中学 4-5】某进出口公司自营出口商品一批，我国口岸离岸价格折合人民币为720 000元，出口关税税率为20%，根据海关开出的专用缴款书，以银行转账支票付讫税款。应纳的出口关税为：

应纳出口关税税额＝720 000÷(1＋20%)×20%＝120 000(元)

2. 从量关税应纳税额的计算

从量出口关税税额＝应税出口货物数量×单位税额

3. 复合关税应纳税额的计算

我国目前实行的复合税都是先计征从量税，再计征从价税。

复合出口关税税额＝应税出口货物数量×单位税额＋应税出口货物数量×单位完税价格×税率

自测题：关税税款计算

任务二　关税会计核算

任务引例

某外贸企业从国外自营进口商品一批，CIF价格折合人民币为400 000元，进口关税税率为40%，代征增值税税率为13%，根据海关开出的专用缴款书，以银行转账支票付讫税款。

要求：计算进口关税税额并作会计核算处理。

【知识准备与业务操作】

一、会计科目的设置

有进出口货物的企业在核算关税时，应在"应交税费"科目下设置"应交进口关税""应交出口关税"两个明细科目，分别对进、出口关税进行账务处理。企业按规定计算应纳税额时，借记有关科目，贷记"应交税费——应交进(出)口关税"；实际缴纳时，借记"应交税费——应交进(出)口关税"，贷记"银行存款"。

在实际工作中，由于企业经营进出口业务的形式和内容不同，具体会计核算方式也有所区别。

二、会计核算实务处理

(一) 自营进出口关税的核算

自营进出口是指由有进出口自营权的企业办理对外洽谈和签订进出口合同，执行合同且办理运输、开证、付汇全过程，并自负进出口盈亏。

企业自营进口商品计算应纳关税税额时，借记“在途物资”等科目，贷记“应交税费——应交进口关税”科目，进口当时直接支付关税的，也可不通过“应交税费”科目；企业自营出口商品计算应纳关税税额时，借记“税金及附加”等科目，贷记“应交税费——应交出口关税”科目。

任务引例解析

根据任务引例，该外贸企业应交关税税额、增值税税额及会计处理如下：

计算应交关税和物资采购成本如下：

$$应纳进口关税税额=400\ 000\times 40\%=160\ 000(元)$$

$$物资采购成本=400\ 000+160\ 000=560\ 000(元)$$

$$代征增值税=560\ 000\times 13\%=72\ 800(元)$$

作会计分录如下：

计提关税和增值税时：

借：在途物资　　560 000

　贷：应交税费——应交进口关税　　160 000

　　　应付账款　　400 000

支付关税和增值税时：

借：应交税费——应交进口关税　　160 000

　　　　　——应交增值税(进项税额)　　72 800

　贷：银行存款　　232 800

商品验收入库时：

借：库存商品　　560 000

　贷：在途物资　　560 000

【做中学 4-6】 某企业直接对外出口产品一批，离岸价为 2 000 000 元，出口关税税率为 15%，则：

$$应纳出口关税税额=2\ 000\ 000\div(1+15\%)\times 15\%=260\ 869.57(元)$$

作会计分录如下：

出口产品时：

借：银行存款　　2 000 000

　贷：主营业务收入　　2 000 000

借：税金及附加　　260 869.57

　贷：应交税费——应交出口关税　　260 869.57

缴纳出口关税时：

借：应交税费——应交出口关税　　260 869.57

　贷：银行存款　　260 869.57

4

（二）代理进出口关税的核算

代理进出口是指外贸企业接受国内委托方的委托，办理对外洽谈和签订进出口合同，执行合同并办理运输、开证、付汇全过程的进出口业务。受托企业不负担进出口盈亏，只按规定收取一定比例的手续费，因此，受托企业进出口商品计算应纳关税时，借记“应收账款”等有关科目，贷记“应交税费——应交进(出)口关税”科目；代交进出口关税时，借记“应交税费——应交进(出)口关税”科目，贷记“银行存款”科目；收到委托单位的税款时，借记“银行存款”科目，贷记“应收账款”科目。

【做中学 4-7】 某进出口公司接受宏远公司的委托进口商品一批，进口货款 2 550 000 元，已汇入进出口公司存款账户。该进口商品我国口岸 CIF 价格为 240 000 美元，进口关税税率为 20%，当日的外汇牌价为 100 美元＝660 人民币元，代理手续费按货价的 2%收取，现该批商品已运达，向委托单位办理结算。

商品货价＝240 000×6.6＝1 584 000(元)

应纳进口关税税额＝1 584 000×20%＝316 800(元)

代理手续费＝1 584 000×2%＝31 680(元)

作会计分录如下：

收到委托单位划来进口货款时：

借：银行存款	2 550 000	
贷：应付账款——宏远公司		2 550 000

对外付汇进口商品时：

借：应收账款——外商	1 584 000	
贷：银行存款		1 584 000

支付进口关税时：

借：应付账款——宏远公司	316 800	
贷：应交税费——应交进口关税		316 800
借：应交税费——应交进口关税	316 800	
贷：银行存款		316 800

将进口商品交付委托单位并收取手续费时：

借：应付账款——宏远公司	1 615 680	
贷：其他业务收入(或主营业务收入)		31 680
应收账款——外商		1 584 000

将委托单位剩余的进口货款退回时：

借：应付账款——宏远公司	617 520	
贷：银行存款		617 520

4

自测题：关税会计核算

【做中学 4-8】某进出口公司代理乙企业出口商品一批，该商品的 FOB 价格折合人民币 300 000 元，出口关税税率 20%，手续费 12 800 元。试计算其应纳关税税额，并作相应会计分录。

(1) 计算并缴纳关税：

应纳出口关税税额＝300 000÷(1＋20%)×20%＝50 000(元)

借：应收账款——乙企业 50 000
　　贷：应交税费——应交出口关税 50 000
借：应交税费——应交出口关税 50 000
　　贷：银行存款 50 000

(2) 计算应收手续费时：

借：应收账款——乙企业 12 800
　　贷：其他业务收入(或主营业务收入) 12 800

(3) 收到乙单位支付的税款及手续费时：

借：银行存款 62 800
　　贷：应收账款——乙企业 62 800

任务三　关税征收管理

关税的征收管理有其特殊性，我国绝大多数税种都是由税务机关负责征收的，而关税则由海关负责征收，货物的进、出口需要向海关申报，简称报关。这是一个十分复杂的过程，需要填报海关进口货物报关单或出口货物报关单，而关税的缴纳只是报关中的一个环节，凭海关填发的进(出)口关税专用缴款书向指定银行缴纳。当企业发生退还关税情况时，还需要办理税款的退还等工作。

【知识准备与业务操作】

一、进出口货物报关

(一) 报关时间

进口货物的纳税人应当自运输工具申报进境之日起 14 日内，向货物的进境地海关申报，如实填写海关进口货物报关单，并提交进口货物的发票、装箱清单、进口货物提货单或运单、关税免税或免予查验的证明文件等。

出口货物的发货人除海关特准外，应当在运抵海关监管区装货的 24 小时以前，填报出口货物报关单，交验出口许可证和其他证件，申报出口，由海关放行，否则货物不得离境出口。

（二）报关应提交的相关材料

进出口货物报关时应当提交以下材料：

（1）进出口货物报关单（表 4-1、表 4-2）。

（2）合同。

（3）发票。

（4）装箱清单。

（5）载货清单（舱单）。

（6）提（运）单。

（7）代理报关授权委托协议。

（8）进出口许可证件。

（9）海关要求的加工贸易手册（纸质或电子数据的）及其他进出口有关单证。

表 4-1　　中华人民共和国海关出口货物报关单

预录入编号：　　　　　　　　　　海关编号：

收发货人	出口口岸	出口日期	申报日期					
生产销售单位	运输方式	运输工具名称	提运单号					
申报单位	监管方式	征免性质	备案号					
贸易国（地区）	运抵国（地区）	起运港	境内货源地					
许可证号	成交方式	运费	保费	杂费				
合同协议号	件数	包装种类	毛重（千克）	净重（千克）				
集装箱号	随附单据							
标记唛码及备注								
项号	商品编号	商品名称、规格型号	数量及单位	原产国（地区）	单价	总价	币制	征免
特殊关系确认：	价格影响确认：	支付特许权使用费确认：						
录入员　录入单位	兹申明对以上内容承担如实申报、依法纳税之法律责任	海关批注及签章						
报关人员	申报单位（签章）							

表 4-2　　中华人民共和国海关进口货物报关单

预录入编号：　　　　　　　　　　海关编号：

收发货人	进口口岸	进口日期	申报日期					
消费使用单位	运输方式	运输工具名称	提运单号					
申报单位	监管方式	征免性质	备案号					
贸易国(地区)	起运国(地区)	装货港	境内目的地					
许可证号	成交方式	运费	保费	杂费				
合同协议号	件数	包装种类	毛重(千克)	净重(千克)				
集装箱号	随附单据							
标记唛码及备注								
项号	商品编号	商品名称、规格型号	数量及单位	原产国(地区)	单价	总价	币制	征免
特殊关系确认：	价格影响确认：	支付特许权使用费确认：						
录入员　录入单位	兹申明对以上内容承担如实申报、依法纳税之法律责任	海关批注及签章						
报关人员　　申报单位(签章)								

二、关税的缴纳

(一) 缴纳地点

根据纳税人的申请及进出口货物的具体情况，关税可以在关境地缴纳，也可在主管地缴纳。关境地缴纳是指进出口货物在哪里通关，纳税人即在哪里缴纳关税，这是最常见的做法。主管地纳税是指纳税人住址所在地海关监管其通关并征收关税，它只适用于集装箱运载的货物。

(二) 缴纳凭证

海关在接受进出口货物通关手续申报后，逐票计算应征关税并向纳税人或其代理人填发《海关进(出)口关税专用缴款书》(表 4-3)，纳税人或其代理人持《海关进(出)口关税专用缴款书》在规定期限内向银行办理税款交付手续。

4

表 4-3 海关进（出）口关税专用缴款书（收据联）

收入系统： 填发日期： 年 月 日 No.

收款单位	收入机关			缴款单位（人）	名称		第一联：（收据）国库收款签章后交缴款单位或缴款人
	科目		预算级次		账号		
	收缴国库				开户银行		
税号	货物名称	数量	单位	完税价格（¥）	税率（%）	税款金额（¥）	
金额人民币（大写）					合计（¥）		
申请单位编号		报关单编号		填制单位	收缴国库（银行）		
合同（批文）号		运输工具号					
缴款日期	年 月 日	提/装货单号					
备注	一般征税： 国际代码：			制单人： 复核人：			

从填发缴款书之日起限 15 日内缴纳（期末遇法定节假日顺延），逾期按日征收税款总额 0.5‰的滞纳金。

进出口货物收发货人或其代理人缴纳税款后，应将盖有“收讫”章的《海关进（出）口关税专用缴款书》第一联送签发海关验核，海关据此办理有关手续。

（三）缴纳期限

纳税人应当自海关填发税款缴款书之日起 15 日内，向指定银行缴纳税款。如果关税缴纳期限的最后 1 日是周末或法定节假日，则关税缴纳期限顺延至周末或法定节假日过后的第 1 个工作日。

关税纳税人因不可抗力或者在国家税收政策调整的情形下，不能按期缴纳税款的，经海关总署批准，可以延期缴纳税款，但最长不得超过 6 个月。

三、关税的强制执行

根据《海关法》规定，纳税人或其代理人应当在海关规定的缴款期限内缴纳税款，逾期未缴的即构成关税滞纳。为保证海关决定的有效执行和国家财政收入的及时入库，《海关法》赋予海关对滞纳关税的纳税人强制执行的权力。强制措施主要有两类：

（一）征收滞纳金

滞纳金自关税缴纳期限届满滞纳之日起，至纳税人缴纳关税之日止，按滞纳税款万分之五的比例按日征收，周末或法定节假日不予扣除。其计算公式为：

$$关税滞纳金金额 = 滞纳关税税额 \times 0.5‰ \times 滞纳天数$$

（二）强制征收

纳税人自海关填发缴款书之日起 3 个月仍未缴纳税款的，经海关关长批准，海关可以采取强制措施扣缴。强制措施主要有强制扣缴和变价抵缴两种。

1. 强制扣缴

强制扣缴是指海关依法自行或向人民法院申请采取从纳税人的开户银行或者其他金融机构的存款中将相当于纳税人应纳税款的款项强制划拨入国家金库的措施，即书面通知其开户银行或者其他金融机构从其存款中扣缴税款。

2. 变价抵缴

变价抵缴是指如果纳税人的银行账户中没有存款或存款不足以强制扣缴时，海关可以将未放行的应税货物依法变卖，以销售货物所得价款抵缴应缴税款。如果该货物已经放行，海关可以将该纳税人的其他价值相当于应纳税款的货物或其他财产依法变卖，以变卖所得价款抵缴应缴税款。

强制扣缴和变价抵缴的税款含纳税人未缴纳的税款滞纳金。

四、关税的退还

关税的退还是指关税纳税人缴纳税款后，因某种原因的出现，海关将实际征收多于应当征收的税款退还给原纳税人的一种行政行为。根据《海关法》规定，海关多征的税款，海关发现后应当立即退还。

按规定，有下列情形之一的，纳税人可以自缴纳税款之日起 1 年内，书面声明理由，连同原缴税凭证及相关资料向海关申请退还税款并加算银行同期活期存款利息，逾期则不予受理：

(1) 因海关误征，多纳税款的。

(2) 海关核准免验进口的货物，在完税后发现有短缺情况，经海关审查认可的。

(3) 已征出口关税的货物，因故未装运出口申报退关，经海关查明属实的。

对已征出口关税的出口货物和已征进口关税的进口货物，因货物品种或规格原因（非其他原因）原状复运进境或出境的，经海关查验属实的，也应退还已征关税，海关应当在受理退税申请之日起 30 日内作出书面答复并通知退税申请人。

五、关税的补征和追征

关税的补征和追征是海关在纳税人按海关规定缴纳关税后，发现实际征收税额少于应当征收的税额时，责令纳税人补缴所差税款的一种行政行为。

关税的补征系非因纳税人违反海关规定造成少征关税。根据《海关法》规定，进出境货物或物品放行后，海关发现少征或漏征税款的，应当自缴纳税款或者货物、物品放行之日起 1 年内，向纳税人补征税款。

关税的追征是由于纳税人违反海关规定造成少征关税。因纳税人违反规定而造成的少征或者漏征税款的，自纳税人应缴纳税款之日起 3 年以内可以追征，并从缴纳税款之日起按日加收少征或者漏征税款万分之五的滞纳金。

六、关税的纳税争议

为保护纳税人合法权益，我国《海关法》和《进出口关税条例》都规定了纳税人对海关确定的进出口货物的征税、减税、补税或者退税等有异议时，有提出申诉的权利。在纳税义务人同海关发生纳税争议时，可以向海关申请复议，但同时应当在规定期限内按海关核定的税额缴纳关税，逾期则构成滞纳，海关有权按规定采取强制执行措施。

纳税争议的内容一般为进出境货物和物品的纳税人对海关在原产地认定、税则归类、税率或汇率适用、完税价格确定、关税减征、免征、追征、补征和退还等征税行为是否合法或适当，是否侵害了纳税义务人的合法权益，而对海关征收关税的行为表示异议。

纳税争议的申诉程序：纳税义务人自海关填发税款缴款书之日起 30 日内，向原征税海关的上一级海关书面申请复议。逾期申请复议的，海关不予受理。海关应当自收到复议申请之日起 60 日内作出复议决定，并以复议决定书的形式正式答复纳税人；纳税人对海关复议决定仍然不服的，可以自收到复议决定书之日起 15 日内，向人民法院提起诉讼。

自测题：关税征收管理

项目小结

关税会计业务操作内容结构如图 4-1 所示。

- 关税会计业务操作
  - 关税税款计算
    - 纳税人：进口关税纳税人、出口关税纳税人
    - 征税对象：入境货物、出境货物
    - 关税分类：进口关税和出口关税；加重关税和优惠关税；从价税、从量税、复合税和滑准税；财政关税和保护关税
    - 完税价格的计算
      - 一般进口货物完税价格的计算
      - 特殊进口货物完税价格的计算
      - 出口货物完税价格的计算
      - 完税价格中运费及相关费用、保险费的计算
    - 税率：进口关税税率、出口关税税率、特别关税税率
    - 税收优惠政策：法定减免、特定减免、临时减免
    - 进口关税、出口关税应纳税额的计算
      - 从价税应纳税额的计算
      - 从量税应纳税额的计算
      - 复合税应纳税额的计算
  - 关税会计核算
    - 会计账户的设置："应交税费——应交进(出)口关税"等
    - 会计核算实务：自营进出口关税的核算、代理进出口关税的核算
  - 关税征收管理
    - 进出口货物报关：报关时间、提交的相关材料
    - 关税的缴纳：缴纳地点、缴纳凭证、缴纳期限
    - 强制执行：征收滞纳金、强制扣缴、变价抵缴
    - 关税的退补和追征：关税的退还、补征、追征
    - 关税的纳税争议：关税争议的内容、争议的申诉程序

图 4-1 关税会计业务操作内容结构图

项目五　企业所得税会计业务操作

【职业能力目标】

1. 掌握企业所得税的基本法规知识，能判断居民企业纳税人、非居民企业纳税人适用何种税率。

2. 掌握企业所得税的纳税调整和应税所得额的计算，理解相关抵免规定，会根据业务资料计算应纳企业所得税税额。

3. 掌握暂时性差异的确认方法，熟悉企业所得税会计的处理方法，能根据业务资料进行所得税会计的处理。

4. 熟悉企业所得税月(季)度预缴、年终汇算清缴的相关规定，会根据业务资料填制企业所得税月(季)度预缴纳税申报表、企业所得税年度纳税申报表及相关附表，能办理年终企业所得税的汇算清缴工作。

【典型工作任务】

1. 企业所得税居民纳税人、非居民纳税人的判定。
2. 征税对象的确定。
3. 税率的选择。
4. 企业所得税优惠政策的运用。
5. 企业所得税月(季)度预缴金额的计算。
6. 年度的纳税调整和应税所得额的计算。
7. 企业所得税年度应纳税额的计算。
8. 会计处理方法的选择，企业所得税应纳税款计提、缴纳、结转的会计处理。
9. 月(季)度预缴纳税申报表的填制，预缴税款工作的办理。
10. 年度纳税申报表及相关附表的填制，年度汇算清缴工作的办理。

【教授寄语】

我们要了解并宣传企业所得税法规政策，认识到共同进行税收筹划，实现人民对美好生活的向往，是现代化建设的出发点与落脚点。

任务一 企业所得税纳税人和征税对象的确定

任务引例

某商贸公司从业人员为35人，资产总额为850万元，2021年该企业亏损(经税务机关审核后的亏损数字，而非会计报表中的亏损)33万元，假定2022年该企业弥补亏损前的应纳税所得额为40万元，则该企业属于什么类型的企业，适用的所得税税率是多少？

【知识准备与业务操作】

一、纳税人的确定

企业所得税是指国家对境内企业生产、经营所得和其他所得依法征收的一种税。它是国家参与企业利润分配的重要手段。

企业所得税的纳税义务人为在中华人民共和国境内的企业和其他取得收入的组织(以下统称企业)。个人独资企业、合伙企业不征收企业所得税，而征收个人所得税。企业所得税纳税人按照国际惯例一般分为居民企业和非居民企业，这是确定纳税人是否负有全面纳税义务的基础。

(一) 居民企业

居民企业是指依法在中国境内成立，或者依照外国法律成立但实际管理机构在中国境内的企业。实际管理机构，是指对企业的生产经营、人员、账务、财产等实施实质性全面管理和控制的机构。例如，在我国注册成立的沃尔玛(中国)公司，通用汽车(中国)公司，就是我国的居民企业；在英国、百慕大群岛等国家和地区注册的公司，其实际管理机构在我国境内的，也是我国的居民企业。

(二) 非居民企业

非居民企业是指按照中国税法规定不符合居民企业标准的企业，即依照外国(地区)法律、法规成立且实际管理机构不在中国境内，但在中国境内设立机构、场所的，或者在中国境内未设立机构、场所，但有来源于中国境内所得的企业。例如，在我国设立的代表处及其他分支机构等外国企业。

对中国境内未设立机构、场所的非居民企业或者虽设立机构、场所但取得的所得与其所设机构、场所没有实际联系的中国境内所得应缴纳的所得税，实行源泉扣缴，以支付人为扣缴义务人，税款由扣缴义务人在每次支付或者到期应支付时，从支付或者到期应支付的款项中扣缴；对非居民企业在中国境内取得工程作业和劳务所得应缴纳的所得税，税务机关可以指定工程价款或者劳务费的支付人为扣缴义务人；扣缴义务人未依法扣缴或者无法履行扣缴义务的，由纳税人在所得发生地缴纳。纳税人未依法缴纳的，税务机关可以从该纳税人在中国境内其他收入项目的支付人应付的款项中，追缴该纳税人的应纳税款。

二、征税对象的确定

企业所得税的征税对象为在中国境内企业的生产经营所得和其他所得。所谓生产经营所得，是指企业从事物质生产、商品流通、交通运输、劳动服务以及其他营利事业取得的境内外所得。其他所得包括企业有偿转让各类财产取得的财产转让所得；纳税人购买各种有价证券取得的利息及因外单位欠款取得的利息所得；纳税人出租固定资产、包装物等取得的租赁所得；纳税人因提供转让专利权、非专利技术、商标权、著作权等取得的特许权使用费所得；纳税人对外投资入股取得的股息、红利所得以及固定资产盘盈、因债权人原因确实无法支付的应付款项、物资及现金溢余等取得的其他所得。

居民企业应当就其来源于中国境内、境外的所得缴纳企业所得税；非居民企业在中国境内设立机构、场所的，应当就其所设机构、场所取得的来源于中国境内的所得，以及发生在中国境外但与其所设机构、场所有实际联系的所得，缴纳企业所得税；非居民企业在中国境内未设立机构、场所的，或者虽设立机构、场所但取得的所得与其所设机构、场所没有实际联系的，应当就其来源于中国境内的所得缴纳企业所得税。

纳税对象的具体化即为应纳税所得额，是指纳税人每一纳税年度的收入总额减除不征税收入、免税收入、各项扣除以及允许弥补的以前年度亏损后的余额。

提示：

我国法律规定，个人独资企业和合伙企业的出资人对外承担无限责任，企业的财产与出资人的财产密不可分，生产经营收入就是出资人个人的收入，个人独资企业和合伙企业应就其出资人所得缴纳个人所得税，因此，他们属于个人所得税纳税人，不属于企业所得税纳税人。

提示：

企业所得税法对所得来源地的确认有明确规定：销售货物所得为交易活动发生地；提供劳务所得为劳务发生地；不动产转让所得为不动产所在地，动产转让所得为转让动产的企业或机构、场所所在地；权益性投资资产转让所得为被投资企业所在地；股息、红利等权益性投资所得为分配所得的企业所在地；利息所得、租金所得、特许权使用费所得为负担支付所得的企业或机构、场所所在地，或负担、支付所得的个人的住所地；其他所得，由国务院财政、税务主管部门确定。

三、税率的选择

我国企业所得税实行的是比例税率，从 2008 年起税法规定企业所得税税率为 25%；同时对以下所得作了专门的规定：

（1）对符合条件的小型微利企业减按 20%的税率征收。小型微利企业是指从事国家非限制和禁止行业，并符合下列条件的企业：工业企业的条件为年度应纳税所得额不超过 30 万元、从业人数不超过 100 人、资产总额不超过 3 000 万元；其他企业的条件为年度应纳税所得额不超过 30 万元、从业人数不超过 80 人、资产总额不超过 1 000 万元。在 2019 年 1 月 1 日至 2024 年 12 月 31 日期间，将小型微利企业条件放宽为从事国家非限制和禁止行业，且同时符合年度应纳税所得额不超过 300 万元、从业人数不超过 300 人、资产总额不超过 5 000 万元等三个条件的企业。

（2）在中国境内未设立机构、场所，或者虽设立机构、场所但取得的所得与其所设机构、场所没有实际联系的非居民企业的中国境内所得，减按 10%的税率征收企业所得税。

（3）对国家需要重点扶持的高新技术企业，减按 15%的税率征收企业所得税。

四、优惠政策的运用

税收优惠政策是指为了照顾某些纳税人的特殊情况而给予减征或

免征所得税的规定。它是税法原则性和灵活性相结合的体现，是发挥税收特殊调节作用的重要手段。根据《中华人民共和国企业所得税法》《中华人民共和国企业所得税法实施条例》及现行的有关法规，我国从2008年1月1日起企业所得税的减免优惠政策主要有以下五个方面。

税收与民生：企业所得税研发费用的加计扣除与创新发展

（一）促进技术创新和科技进步

（1）对国家需要重点扶持的高新技术企业，减按15%的税率征收企业所得税。国家需要重点扶持的高新技术企业，必须同时符合下列条件：①拥有核心自主知识产权；②产品（服务）属于《国家重点支持的高新技术领域》规定的范围；③有关比例符合规定标准，即研究开发费用占销售收入的比例、高新技术产品（服务）收入占企业总收入的比例、科技人员占企业职工总数的比例不低于规定比例；④高新技术企业认定管理办法规定的其他条件。

（2）对经济特区（深圳、珠海、汕头、厦门和海南）和上海浦东新区内在2008年1月1日（含）之后完成登记注册的国家需要重点扶持的高新技术企业（以下简称新设高新技术企业），在经济特区和上海浦东新区内取得的所得，自取得第一笔生产经营收入所属纳税年度起，第一年至第二年免征企业所得税，第三年至第五年按照25%的法定税率减半征收企业所得税。

（3）企业为开发新技术、新产品、新工艺发生的研究开发费用，未形成无形资产计入当期损益的，在按照规定据实扣除的基础上，按照研究开发费用的75%（制造业、科技型中小企业按100%）加计扣除；形成无形资产的，按照无形资产成本的175%（制造业、科技型中小企业按200%）摊销。

（4）创业投资企业采取股权投资方式投资于未上市的中小高新技术企业2年以上的，可以按照其投资额的70%在股权持有满2年的当年抵扣该创业投资企业的应纳税所得额；当年不足抵扣的，可以在以后纳税年度结转抵扣。

在京津冀、上海、广东、安徽、四川、武汉、西安、沈阳8个全面创新改革试验地区和苏州工业园区开展试点，从2017年1月1日起，对公司制创业投资企业采取股权投资方式直接投资于种子期、初创期科技型企业满2年的，可以按照投资额的70%在股权持有满2年的当年抵扣该公司制创业投资企业的应纳税所得额；当年不足抵扣的，可以在以后纳税年度结转抵扣。自2017年7月1日起，将享受这一优惠政策的投资主体由公司制和合伙制创投企业的法人合伙人扩大到个人投资者。自2018年1月1日起有关优惠政策推广到全国。

（5）企业的固定资产由于技术进步等原因，确需加速折旧的，可以缩短折旧年限或者采取加速折旧的方法。可以采取缩短折旧年限或者采取加速折旧方法的固定资产，包括：①由于技术进步，产品更新换代较快的固定资产；②常年处于强震动、高腐蚀状态的固定资产。

采取缩短折旧年限方法的，最低折旧年限不得低于规定折旧年限的60%；采取加速折旧方法的，可以采取双倍余额递减法或者年数总和法。

（6）在一个纳税年度内，居民企业技术转让所得不超过500万元的部分，免征企业所得税；超过500万元的部分，减半征收企业所得税。

（7）关于鼓励软件产业和集成电路产业发展的优惠政策：①软件生产企业实行增值税即征即退政策，所退还的税款由企业用于研究开发软件产品和扩大再生产，不作为企业所得税应税收入，不予征收企业所得税；②我国境内新办软件生产企业经认定后，自获利年度起，第一年和第二年免征企业所得税，第三年至第五年减半征收企业所得税（即“二免三减半”）；❸国家规划布局内的重点软件生产企业，如当年未享受免税优惠的，减按 10%的税率征收企业所得税；❹软件生产企业的职工培训费用，可按实际发生额在计算应纳税所得额时扣除；❺企事业单位购进软件，凡符合固定资产或无形资产确认条件的，可以按照固定资产或无形资产进行核算，经主管税务机关核准，其折旧或摊销年限可以适当缩短，最短可为 2 年；❻集成电路生产企业的生产性设备，经主管税务机关核准，其折旧年限可以适当缩短，最短可为 3 年；❼投资额超过 80 亿元人民币或集成电路线宽小于 0.25 微米的集成电路生产企业，可以减按 15%的税率缴纳企业所得税，其中，经营期在 15 年以上的，从开始获利的年度起，五年免税、五年减半征收企业所得税（即“五免五减半”）；❽对生产线宽小于 0.8 微米（含）的集成电路产品生产企业，经认定后，自获利年度起，二年免税、三年减半征收企业所得税（即“二免三减半”）。

（二）鼓励基础设施建设

从事国家重点扶持的公共基础设施项目投资经营的所得，自项目取得第一笔生产经营收入所属纳税年度起，第一年至第三年免征企业所得税，第四年至第六年减半征收企业所得税。

国家重点扶持的公共基础设施项目，是指《公共基础设施项目企业所得税优惠目录》规定的港口码头、机场、铁路、公路、城市公共交通、电力、水利等项目，不包括企业承包经营、承包建设和内部自建自用的项目。

（三）扶持农、林、牧、渔业发展

（1）企业从事下列项目的所得，免征企业所得税：❶蔬菜、谷物、薯类、油料、豆类、棉花、麻类、糖料、水果、坚果的种植；❷农作物新品种的选育；❸中药材的种植；❹林木的培育和种植；❺牲畜、家禽的饲养；❻林产品的采集；❼灌溉、农产品初加工、兽医、农技推广、农机作业和维修等农、林、牧、渔服务业项目；❽远洋捕捞。

（2）企业从事下列项目的所得，减半征收企业所得税：❶花卉、茶以及其他饮料作物和香料作物的种植；❷海水养殖、内陆养殖。

企业从事国家限制和禁止发展的项目，不得享受企业所得税优惠。

5

（四）支持环境保护、节能节水、资源综合利用、安全生产

（1）从事符合条件的环境保护、节能节水项目的所得，自项目取得第一笔生产经营收入所属纳税年度起，第一年至第三年免征企业所得税，第四年至第六年减半征收企业所得税。

环境保护、节能节水项目，包括公共污水处理、公共垃圾处理、沼气综合开发利用、节能减排技术改造、海水淡化等。

（2）企业以《资源综合利用企业所得税优惠目录》规定的资源作为主要原材料并符合规定比例，生产国家非限制和禁止并符合国家和行业相关标准的产品取得的收入，可以在计算应纳税所得额时减按 90%计入收入总额。

（3）企业购置用于环境保护、节能节水、安全生产等专用设备投资额的 10%可以从企业当年的应纳税额中抵免；当年不足抵免的，可以在以后 5 个纳税年度结转抵免。

购置环境保护、节能节水、安全生产设备是指企业购置并实际使用《环境保护专用设备企业所得税优惠目录》《节能节水专用设备企业所得税优惠目录》和《安全生产专用设备企业所得税优惠目录》规定的专用设备。

提示：

取得增值税专用发票时：如进项税额可从其销项税额中抵扣，则专用设备投资额不再包括增值税进项税额；如进项税额不允许抵扣，则其专用设备投资额应为增值税专用发票上注明的价税合计金额。取得普通发票时：专用设备投资额为普通发票上注明的金额。

企业购置的专用设备在5年内转让、出租的，应当停止享受企业所得税优惠，并补缴已经抵免的企业所得税税款。

（五）促进公益事业和照顾弱势群体

（1）企业发生的公益性捐赠支出，在年度利润总额12%以内的部分，准予在计算应纳税所得额时扣除。

公益性捐赠是指企业通过公益性社会团体或者县级以上人民政府及其部门，用于《中华人民共和国公益事业捐赠法》规定的公益事业的捐赠。

年度利润总额，是指企业依照国家统一会计制度的规定计算的年度会计利润。

（2）企业安置残疾人员的，在按照支付给残疾职工工资据实扣除的基础上，按照支付给残疾职工工资的100%加计扣除。残疾人员的范围适用《中华人民共和国残疾人保障法》的有关规定。

（3）企业安置国家鼓励的其他就业人员所支付的工资，可以在计算应纳税所得额时加计扣除；国家鼓励安置的其他就业人员是指下岗失业人员、军队转业干部、城镇退役士兵、随军家属等。

（4）民族自治地方的自治机关对本民族自治地方的企业应缴纳的企业所得税中属于地方分享的部分，可以决定减征或者免征。自治州、自治县决定减征或者免征的，须报省、自治区、直辖市人民政府批准。

（5）对设在西部地区（包括重庆市、四川省、贵州省、云南省、西藏自治区、陕西省、甘肃省、宁夏回族自治区、青海省、新疆维吾尔自治区、新疆生产建设兵团、内蒙古自治区和广西壮族自治区。湖南省湘西土家族苗族自治州、湖北省恩施土家族苗族自治州、吉林省延边朝鲜族自治州，可以比照西部地区执行），以国家规定的鼓励类产业项目为主营业务，且其当年主营业务收入超过企业总收入70%的企业，实行企业自行申请，税务机关审核的管理办法。经税务机关审核确认后，企业可减按15%的税率缴纳企业所得税。

5

（6）自2023年1月1日至2024年12月31日，对小型微利企业年应纳税所得额不超过300万元的部分，减按25%计入应纳税所得额，按20%的税率缴纳企业所得税。

同时从事适用不同企业所得税待遇的项目的企业，其优惠项目应当单独计算所得，并合理分摊企业的期间费用；没有单独计算的，不得享受企业所得税优惠。

纳税人申请减免税，必须向主管税务机关提供如下书面资料：❶减免税申请报告，包括减免税的依据、范围、年限、金额、企业的基本情况等；❷纳税人的财务会计报表；❸工商执照和税务登记证的复印件；❹根据不同的减免税项目，税务机关要求提供的其他材料；❺减免税受理的截止日期为年度终了后2个月内，逾期税务机关不再办理减免税申请。

任务引例解析

自测题：企业所得税纳税人和征税对象的确定

根据任务引例，分析某商贸公司企业所得税纳税人的类型，选择其适用的税率。

该商贸公司可以先用2022年的40万元应纳税所得额弥补上一年度33万元的亏损，用弥补亏损之后的应纳税所得额7万元选择适用税率。

由于该商贸公司从业人员35人，未超过300人；资产总额850万元，未超过5 000万元；应纳税所得额7万元，符合小型微利企业的条件，属于小型微利企业，适用的所得税税率为20%，同时又符合优惠条件，可以享受“其所得减按12.5%计入应纳税所得额”的优惠政策，因此，该企业可按0.875万元的应纳税所得额、选择20%的税率来计算应纳企业所得税税额。

任务二 企业所得税税款计算

任务引例

东海服装有限责任公司2022年取得主营业务收入4 500万元，其他业务收入400万元，营业外收入80万元。当年营业成本3 500万元，税金及附加38万元，其他业务成本340万元，财务费用50万元，管理费用300万元，销售费用560万元，营业外支出68万元，会计利润为124万元。通过审查该公司账目，得到如下信息：

(1) 支付工资总额1 125万元，税务机关认定该企业支付工资属于合理的工资薪金支出，可以全额在税前扣除。

(2) 向工会组织拨付了22.5万元职工工会经费，实际支出了120万元职工福利费，发生了35万元职工教育经费。

(3) 支付财产保险费和运输保险费共计32万元。

(4) “财务费用”由三部分构成：以年利率6%向银行贷款500万元(其中200万元作为注册资本注入)，利息支出30万元；汇兑损失10万元；支付开户银行结算手续费等10万元。

(5) 管理费用中支付业务招待费50万元。

(6) 销售费用中列支广告费和业务宣传费300万元。

(7) 营业外支出中，通过民政部分向灾区捐款14万元；直接向某贫困小学捐赠5万元；由于消防设施不合格，被处以罚款3万元。

要求：根据以上资料进行年度纳税调整，计算该企业2022年应税所得额。

【知识准备与业务操作】

会计利润是根据会计准则计算而来的，应税所得额是要按照企业所得税法的规定而确定的，两者之间往往是不一致的，企业会计核算的亏损并不代表企业就不用缴纳企业所得税了，应税所得额需要在会计利润的基础上按照税法规定进行纳税调整后取得。如何确定应税所得额是计算企业所得税的关键所在。

一、应税所得额的计算

应税所得额也称为应纳税所得额，是指纳税人每一纳税年度的收入总额减除不征税收入、免税收入、各项扣除以及允许弥补的以前年度亏损后的余额，是计算应纳所得税额的依据。实际工作中，应根据国家税务总局2021年12月公布的《中华人民共和国企业所得税年度纳税申报表（A类）》的规定，在企业会计利润总额的基础上，加减纳税调整额及相关项目金额后计算出应纳税所得额。其计算公式为：

$$\text{应纳税所得额}=\text{利润总额}-\text{境外所得}+\text{纳税调整增加额}-\text{纳税调整减少额}-\text{免税、减计收入及加计扣除}+\text{境外应税所得抵减境内亏损}-\text{所得减免}-\text{抵扣应纳税所得额}-\text{弥补以前年度亏损}$$

下面按顺序分析各项目的计算过程：

（一）利润总额的确定

利润总额是指按会计准则核算计算的会计利润总额，数据可直接取自利润表。

$$\text{利润总额}=\text{营业收入}-\text{营业成本}-\text{税金及附加}-\text{期间费用}-\text{资产减值损失}+\text{公允价值变动收益}+\text{投资收益}+\text{营业外收入}-\text{营业外支出}$$

1. 营业收入

营业收入是指纳税人当期发生的，主要经营业务和其他经营业务取得的收入总额，包括会计核算中的主营业务收入和其他业务收入。

（1）主营业务收入。其包括销售商品收入、提供劳务收入、建造合同收入、让渡资产使用权收入和其他收入。

（2）其他业务收入。其包括材料销售收入、出租固定资产收入、出租无形资产收入、出租包装物和商品收入和其他收入。

2. 营业成本

营业成本是纳税人经营主要业务和其他业务发生的实际成本总额。其包括会计核算中的主营业务成本和其他业务成本。

（1）主营业务成本。其包括销售商品成本、提供劳务成本、建造合同成本、让渡资产使用权成本和其他支出。

（2）其他业务成本。其包括材料销售成本、出租固定资产成本、出租无形资产成本、包装物出租成本和其他支出。

3. 税金及附加

税金及附加是指企业发生的除企业所得税和允许抵扣的增值税以外的各项税金及其附加，包括消费税、城市维护建设税、资源税、土地增值税和教育费附加等。企业缴纳的增值税因其属于价外税，不属于本项目。

【做中学 5-1】某市一家居民企业为增值税一般纳税人，主要生产销售高档化妆品，假定 2022 年 6 月份有关经营业务如下：

(1) 销售高档化妆品取得不含税收入 8 600 万元，与高档化妆品配比的销售成本为 3 160 万元。

(2) 转让技术所有权取得收入 700 万元，直接与技术所有权转让有关的成本和费用为 100 万元。

(3) 出租土地使用权取得租金收入 210 万元(含增值税)，按简易计税办法 5%税率征收增值税。接受原材料捐赠取得增值税专用发票注明材料金额 50 万元、增值税进项税额 6.5 万元，取得国债利息收入 30 万元。

(4) 购进原材料共计 3 000 万元，取得增值税专用发票注明进项税额 390 万元；支付购料运输费用取得增值税专用发票，注明运输费 200 万元，税款 18 万元。

注意：城市维护建设税按应纳增值税税额、消费税税额的 7%缴纳，教育费附加按应纳增值税税额、消费税税额的 3%缴纳。

企业所得税税前可以扣除的税费金额计算如下：

(1) 应缴纳的增值税 $=8\,600\times13\%+210\div(1+5\%)\times5\%-6.5-390-18=713.5$(万元)

(2) 应缴纳的消费税 $=8\,600\times15\%=1\,290$(万元)

(3) 应缴纳的城市维护建设税和教育费附加 $=(713.5+1\,290)\times(7\%+3\%)$

$=200.35$(万元)

(4) 所得税前可以扣除的税费合计 $=1\,290+200.35=1\,490.35$(万元)

4. 期间费用

期间费用是指企业在生产经营活动中发生的销售费用、管理费用和财务费用，已经计入成本的有关费用除外。

销售费用，是指纳税人在销售商品和材料、提供劳务的过程中发生的各种费用，包括包装费、广告费等费用和为销售本企业商品而专设的销售机构的职工薪酬、业务费等经营费用。

管理费用，是指纳税人为组织和管理企业生产经营所发生的管理费用。

财务费用，是指纳税人为筹集生产经营所需资金等而发生的筹资费用。

5. 资产减值损失

资产减值损失是指纳税人计提各项资产准备发生的减值损失。

6. 公允价值变动收益

公允价值变动收益是指纳税人在初始确认时划分为以公允价值计量且其变动计入当期损益的金融资产或金融负债，以及采用公允价值模式计量的投资性房地产、衍生工具和套期保值业务中公允价值变动形成的应计入当期损益的利得或损失。

7. 投资收益

投资收益是指纳税人以各种方式对外投资所取得的收益或发生的损失。企业持有的交易性金融资产处置和出让时，处置收益部分应当自“公允价值变动损益”项目转出，列入本项目，包括境外投资应纳税所得额。

8. 营业外收入

营业外收入是指纳税人发生的与其经营活动无直接关系的各项收入。

9. 营业外支出

营业外支出是指纳税人发生的与其经营活动无直接关系的各项支出。

（二）境外所得

境外所得是指纳税人分国（地区）别取得的境外税后所得计入利润总额的金额。其金额为纳税人的中国境外税前所得减去其来源于境外的股息、红利等权益性投资收益，由外国企业在境外实际缴纳的所得税税额后的余额。

（三）纳税调整项目

在计算应纳税所得额时，纳税人按照会计准则、会计制度核算与税收规定不一致的项目，应当进行纳税调整。根据国家税务总局 2017 年 12 月公布的纳税调整明细表（A105000）的规定，纳税调整项目分为收入类调整项目、扣除类调整项目、资产类调整项目、特殊事项调整项目和特别纳税调整项目，每个项目涉及纳税调整增加和纳税调整减少的内容，现按照纳税调整明细表的顺序分别说明如下。

1. 收入类调整项目

（1）收入类纳税调整增加的项目。

❶ 视同销售收入。这是指会计上不作为销售核算，而在税收上应作为应税收入缴纳企业所得税的收入，主要包括非货币性交换视同销售收入、用于市场推广或销售视同销售收入、用于交际应酬视同销售收入、用于职工奖励或福利视同销售收入、用于股息分配视同销售收入、用于对外捐赠视同销售收入、用于对外投资项目视同销售收入、提供劳务视同销售收入和其他视同销售收入。

《企业所得税法实施条例》规定："企业发生非货币性资产交换，以及将货物、财产、劳务用于捐赠、偿债、赞助、集资、广告、样品、职工福利或者利润分配等用途的，应当视同销售货物、转让财产或者提供劳务，但国务院财政、税务主管部门另有规定的除外。"

5

国家税务总局国税函〔2008〕828 号对企业处置资产是否作为企业所得税视同销售处理，以"资产所有权属在形式和实质上是否改变为原则"，具体明确如下：

企业发生下列情形的处置资产，除将资产转移至境外以外，由于资产所有权属在形式和实质上均不发生改变，应作为内部处置资产，不视同销售确认收入，相关资产的计税基础延续计算：将资产用于生产、制造、加工另一产品；改变资产形状、结构或性能；改变资产用途（如自建商品房转为自用或经营）；将资产在总机构及其分支机构之间转移；上述两种或两种以上情形的混合；其他不改变资产所有权属的用途。

企业将资产移送他人的下列情形，因资产所有权属已发生改变而不属于内部处置资产，应按规定视同销售确定收入：用于市场推广或销售；用于交际应酬；用于职工奖励或福利；用于股息分配；用于对外捐赠；其他改变资产所有权属的用途。

【做中学 5-2】 东方股份公司将自产 A 产品一批转为公司免税项目工程建设用，实际成本共计 60 000 元，税务机关认定的计税价格为 80 000 元。请问是否要进行纳税调整？

按企业会计准则进行会计处理时，不作为视同销售货物，不确认利润。

根据增值税暂行条例规定，应作为视同销售货物，应缴纳增值税。

$$应纳税额 = 80\ 000 \times 13\% = 10\ 400（元）$$

根据企业所得税法相关规定，上述业务由于资产所在权属未改变，应作为企业内部处置资产，不确认视同销售收入，不影响应纳税所得额，不需要进行纳税调整。

【做中学 5-3】 东方股份公司将自产 B 产品以福利形式分给本公司职工个人，实际成本共计 40 000 元，同类产品不含税售价为 50 000 元。请问是否要进行纳税调整？

按企业会计准则进行会计处理时，作为视同销售货物，确认利润额 10 000 元(50 000－40 000)。

根据增值税暂行条例规定，应作为视同销售货物，应缴纳增值税。

$$应纳税额 = 50\ 000 \times 13\% = 6\ 500（元）$$

根据企业所得税法相关规定，上述业务属于企业所得税视同销售行为，应按同类产品售价确认计税销售收入 50 000 元，允许扣除销售成本 40 000 元，即确认应纳税所得额 10 000 元。由于应纳税所得额与会计利润额相等，不需要进行纳税调整。

若将自产的 B 产品无偿赠送给本企业以外的其他人，则：

按企业会计准则进行会计处理时，对外赠送不属于视同销售行为，不确认利润额。

根据增值税暂行条例规定，应属于视同销售行为，应缴纳增值税 6 500 元。

根据企业所得税法相关规定，上述业务属于企业所得税视同销售行为，应确认应纳税所得额 10 000 元。由于会计不确认利润额，故需要调增纳税所得额 10 000 元。

提示：

增值税的视同销售行为与企业所得税的视同销售行为不完全相同，主要表现在：第一，法律依据不同；第二，两者的具体内容不同；第三，两者的计量方法不同。

❷ 交易性金融资产初始投资调整。这是指纳税人根据税法规定确认交易性金融资产初始投资金额与会计核算的交易性金融资产初始投资账面价值的差额，调增纳税所得额。

(2) 收入类纳税调整减少的项目。

按权益法核算长期股权投资，对初始投资成本调整确认收益。这是指纳税人采取权益法核算方法下，初始投资成本小于取得投资时应享有被投资单位可辨认净资产公允价值份额的，两者之间的差额在会计核算中计入取得投资当期的营业外收入的金额。税收规定对这部分收入不征税，调减纳税所得额。

(3) 收入类纳税调整视情况增减的项目。

❶ 未按权责发生制原则确认的收入。这是指会计上按照权责发生制原则确认收入，计税时未按权责发生制确认的收入，如分期收款销售商品销售收入的确认、税收规定按收付实现制收入的确认、持续时间超过12个月的收入的确认、利息收入的确认、租金收入的确认等企业财务会计处理办法与税收规定不一致应进行纳税调整产生的时间性差异的项目数据。税收规定的收入大于会计核算确认的收入，其差额应调整增加纳税所得额；反之，则应调整减少纳税所得额。

❷ 投资收益。这是指纳税人根据《中华人民共和国企业所得税法》及其实施条例以及企业会计制度、企业会计准则核算投资项目的持有收益、处置收益时，会计核算与税收的差异金额。会计核算确认的投资收益大于税收规定的收入，其差额应调整减少纳税所得额；反之，则应调整增加纳税所得额。

税法实施条例规定，对来自于所有非上市企业，以及连续持有上市公司股票12个月以上取得的股息、红利收入，给予免税，不再实行补税率差的做法；纳税人因收回、转让或清算处置股权投资发生的股权投资损失，可以在税前扣除，但在每一纳税年度扣除的股权投资损失，不得超过当年实现的股权投资收益和投资转让所得，超过部分可按规定向以后年度结转扣除。

❸ 公允价值变动净收益。这是指企业以公允价值计量且其变动计入当期损益的金融资产、金融负债以及投资性房地产的公允价值，其税法规定的计税基础与会计处理不一致，应进行纳税调整的金额。

当纳税人所有的按照公允价值计量且其变动进入当期损益的金融资产、金融负债以及投资性房地产按照税收规定确认的期末与期初的差额大于根据会计准则核算的期末与期初的差额时，其差额应调整增加纳税所得额；反之，则应调整减少纳税所得额。

5

❹ 不征税收入。其包括财政拨款、行政事业性收费、政府性基金及其他。

提示：

企业的不征税收入用于支出所形成的费用，不得在计算应纳税所得额时扣除；企业的不征税收入用于支出所形成的资产，其计算的折旧、摊销不得在计算应纳税所得额时扣除。

财政拨款是指各级人民政府对纳入预算管理的事业单位、社会团体等组织拨付的财政资金，但国务院和国务院财政、税务主管部门另有规定的除外。

行政事业性收费是指依照法律行政法规等有关规定，按照国务院规定程序批准，在实施社会公共管理，以及在向公民、法人或者其他组织提供特定公共服务过程中，向特定对象收取并纳入财政管理的费用。

政府性基金是指纳税人依照法律、行政法规等有关规定，代政府收取的具有专项用途的财政资金。

其他不征税收入是指纳税人取得的，由国务院财政、税务主管部门规定专项用途并经国务院批准的财政性资金。财政性资金，是指企业取得的来源于政府及其有关部门的财政补助、补贴、贷款贴息，以及其他各类财政专项资金，包括直接减免的增值税和即征即退、先征后退、先征后返的各种税收，但不包括企业按规定取得的出口退税款。

纳税人符合税法规定的不征税收入条件并作为不征税收入处理，且已计入当期损益的金额，应调减纳税所得额；纳税人以前年度取得的财政性资金且已作为不征税收入处理，在5年(60个月)内未发生支出且未缴回财政部门或其他拨付资金政府部门的，应调增纳税所得额。

❺ 销售折扣、折让和退回。这是指不符合税收规定的销售折扣和折让应进行纳税调整的金额和发生的销售退回因会计处理与税法规定有差异须纳税调整的金额。税收规定对折扣额另开发票的，不得从销售额中减除折扣额，应调增纳税所得额；销货退回影响损益的跨期时间性差异，应调减纳税所得额。

❻ 其他。这是指纳税人其他因会计处理与税法规定有差异须纳税调整的收入类项目金额。

2. 扣除类调整项目

(1) 扣除类纳税调整增加的项目。

❶ 业务招待费。这是指企业发生的与生产经营活动有关的业务招待费支出，按照发生额的60%扣除，但最高不得超过当年销售(营业)收入的5‰，超过部分应调增纳税所得额。

税收与民生：企业所得税捐赠支出扣除与社会责任

【做中学5-4】某企业2022年实现销售收入2 000万元，请计算在以下两种情况下业务招待费的纳税调整额，第一种情况：若实际发生业务招待费40万元；第二种情况：若实际发生业务招待费15万元。

业务招待费发生扣除最高限额2 000×5‰＝10(万元)

第一种情况：实际发生40万元，40×60%＝24(万元)；税前可扣除10万元，纳税调整增加额＝40－10＝30(万元)。

第二种情况：实际发生15万元，15×60%＝9(万元)；税前可扣除9万元，纳税调整增加额＝15－9＝6(万元)。

5

提示：

与流转税的关系：企业将自产货物用于捐赠，按公允价值缴纳增值税；视同对外销售缴纳所得税；但会计上不确认收入和利润。

❷ 捐赠支出。分为公益性捐赠支出和非公益性捐赠支出，公益性捐赠是指企业通过公益性社会团体或者县级以上人民政府及其部门，用于《中华人民共和国公益事业捐赠法》规定的公益事业的捐赠。自2019年1月1日至2022年12月31日，企业通过公益性社会组织或者县级(含县级)以上人民政府及其组成部门和直属机构，用于目标脱贫

地区的扶贫捐赠支出，准予在计算企业所得税应纳税所得额时据实扣除。在政策执行期限内，目标脱贫地区实现脱贫的，可继续适用上述政策。

企业发生的公益性捐赠支出，不超过年度会计利润总额12%的部分，准予据实扣除。超过部分和非公益性捐赠支出不允许税前扣除，应调增纳税所得额。

【做中学5-5】 某企业2022年开具增值税专用发票取得收入3 510万元。收入对应的销售成本2 480万元，期间费用为360万元，营业外支出200万元（其中180万元为公益性捐赠支出），销售税金及附加60万元。公益性捐赠支出纳税调整计算如下：

(1) 年度利润总额＝3 510－2 480－360－200－60＝410（万元）

(2) 捐赠扣除限额＝410×12%＝49.2（万元）

(3) 纳税调整增加额＝180－49.2＝130.8（万元）

❸ 罚金、罚款和被没收财物的损失。纳税人的生产、经营因违反国家法律、法规和规章，被有关部门处以的罚款、被没收财物的损失以及因违反税法规定，被处以的滞纳金、罚金，不得扣除，应调增纳税所得额。但纳税人按照经济合同规定支付的违约金（包括银行罚息）、罚款和诉讼费，不属于行政性罚款，允许在税前扣除。

❹ 税收滞纳金、加收利息。这是指纳税人会计核算计入当期损益的税收滞纳金、加收利息，不得在税前扣除，应调增纳税所得额。

❺ 赞助支出。这是指纳税人会计核算计入当期损益的不符合税法规定的公益性捐赠的赞助支出的金额，包括直接向受赠人的捐赠、赞助支出等，应调增纳税所得额。不含广告性的赞助支出，如果属于广告性赞助支出，可参照广告费用的相关规定扣除。

❻ 佣金和手续费支出。纳税人会计核算计入当期损益的佣金和手续费金额扣除税法规定允许税前扣除的金额后的余额，应调增纳税所得额。

❼ 不征税收入用于支出所形成的费用。这是指符合条件的不征税收入用于支出所形成的计入当期损益的费用化支出金额，应调增纳税所得额。

❽ 与收入无关的支出。这是指纳税人实际发生的与取得收入无关的支出，如企业已出售给职工个人住房的折旧费、维修管理费，应调增纳税所得额。

❾ 境外所得分摊的共同支出。这是指纳税人境外分支机构应合理分摊的总部管理费等有关成本费用和实际发生与取得境外所得有关但未直接计入境外所得应纳税所得的成本费用支出，应调增纳税所得额。

（2）扣除类纳税调整减少的项目。

视同销售成本。这是指纳税人按税收规定计算的与视同销售收入对应的成本，每一笔被确认为视同销售的经济事项，在确认计算应税收入的同时，均有与此收入相配比的应税成本，主要包括非货币性交换视同销售成本、用于市场推广或销售视同销售成本、用于交际应酬视同销售成本、用于职工奖励或福利视同销售成本、用于股息分配视同销售成本、用于对外捐赠视同销售成本、用于对外投资项目视同销售成本、提供劳务视同销售成本和其他视同销售成本。

（3）扣除类纳税调整视情况增减的项目。

❶ 职工薪酬。其包括工资薪金支出、职工福利费支出、工会经费支出、职工教育经费支出、各类基本社会保障性缴款、住房公积金、补充养老保险、补充医疗保险和其他。

工资薪金支出是指纳税人每一纳税年度支付给在本企业任职或者受雇的员工的所有现金形式或者非现金形式的劳动报酬，包括基本工资、奖金、津贴、补贴、年终加薪、加班工资，以及与员工任职或者受雇有关的其他支出。企业发生的合理工资薪金支出，准予扣除，对明显不合理的工资、薪金，则不予扣除。

纳税人实际支出的职工福利费、工会经费，分别按照工资薪金总额的14%、2%计算限额扣除，超过部分应调增纳税所得额；纳税人的职工教育经费按工资薪金总额的8%计算扣除，超过部分准予在以后纳税年度结转扣除，本年度应调增纳税所得额；当本年度职工教育经费低于工资薪金总额的8%时，差额准予结转以前年度累计未扣除的职工教育经费金额，应调减纳税所得额。

纳税人依照国务院有关主管部门或者省级人民政府规定的范围和标准为职工缴纳的基本养老保险费、基本医疗保险费、失业保险费、工伤保险费、生育保险费等基本社会保险费和住房公积金，准予扣除。超过规定范围和标准部分应调增纳税所得额。

纳税人为投资者或者职工支付的补充养老保险费、补充医疗保险费，在国务院财政、税务主管部门规定的范围和标准内，准予扣除。除纳税人依照国家有关规定为特殊工种职工支付的人身安全保险费和国务院财政、税务主管部门规定的可以扣除的其他商业保险费外，纳税人为投资者或者职工支付的商业保险费，不得扣除，应调增纳税所得额。

❷ 广告费和业务宣传费支出。企业发生的符合条件的广告费和业务宣传费支出，除国务院财政、税务主管部门另有规定外，不超过当年销售（营业）收入15%的部分，准予扣除；超过部分，准予在以后纳税年度结转扣除，本年度调增纳税所得额。当本年度广告费和业务宣传费低于当年扣除限额时，差额准予结转以前年度累计未扣除的广告费和业务宣传费金额，应调减纳税所得额。纳税人因行业特点等特殊原因确需提高广告费扣除比例的，须报国家税务总局批准。对化妆品制造或销售、医药制造和饮料制造（不含酒类制造）企业发生的广告费和业务宣传费支出，不超过当年销售（营业）收入30%的部分，准予扣除，超过部分，准予在以后纳税年度结转扣除；烟草企业的烟草广告费和业务宣传费支出，一律不得在计算应纳税所得额时扣除。

提示：

软件生产企业发生的职工教育经费中的职工培训费用，可以全额在企业所得税前扣除。

提示：

企业计算业务招待费、广告费和业务宣传费的扣除限额时，其计算基础均是“销售（营业）收入”，具体包括企业发生非货币性资产交换，以及将货物、财产、劳务用于捐赠、偿债、赞助、集资、广告、样品、职工福利或者利润分配等用途应当视同销售（营业）的收入额，也就是会计核算中所涉及的主营业务收入、其他业务收入和视同销售收入，但不包括“营业外收入”和“投资收益”。

【做中学 5-6】某服装厂 2022 年实现销售收入 3 000 万元，发生现金折扣 100 万元；转让技术使用权收入 200 万元，广告费支出 1 000 万元，业务宣传费 40 万元。广告宣传费的纳税调整额计算如下：

广告费和业务宣传费扣除标准＝(3 000＋200)×15%＝480(万元)

广告费和业务宣传费实际发生额＝1 000＋40＝1 040(万元)，超标准费用＝1 040－480＝560(万元)，纳税调整增加额为 560 万元。

❸ 利息支出。在生产、经营期间，非金融企业向金融企业借款的利息支出、金融企业的各项存款利息支出和同业拆借利息支出、企业经批准发行债券的利息支出，按照实际发生数扣除；非金融企业向非金融企业借款的利息支出，不超过按照金融企业同期同类贷款利率计算的数额的部分，准予扣除。企业为购置、建造固定资产、无形资产和经过 12 个月以上的建造才能达到预定可销售状态的存货发生借款的，在有关资产购置、建造期间发生的合理的借款费用，应当作为资本性支出计入有关资产的成本，调增纳税所得额。纳税人从关联方取得的借款金额超过其注册资本 50%的，超过部分利息支出，不论利率高低，全额不得在税前扣除，未超过的部分只能按金融机构同期利率计算扣除。此外，纳税人逾期归还银行贷款，向银行支付的加收罚息，不属于行政性罚款，允许在税前扣除。

比较会计与税法对利息支出的规定，两者的主要差异表现为向非金融企业和关联方借款利息支出的扣除规定。

【做中学 5-7】某居民企业 2022 年发生财务费用 40 万元，其中含向非金融企业借款的 250 万元所支付的年利息为 20 万元(当年金融企业贷款的年利率为 5.8%)。利息支出的纳税调整计算如下：

利息支出税前扣除额＝250×5.8%＝14.5(万元)

财务费用纳税调整增加额＝20－14.5＝5.5(万元)

5

❹ 与未实现融资收益相关在当期确认的财务费用。具有融资性质的分期收款销售的商品，根据会计准则企业应当按照应收的合同或协议价款的公允价值确定收入金额，即按照其未来现金流量现值或商品现销价格计算确定，合同或协议价款与其公允价值之间的差额，应当在合同或协议期间内，按照实际利率法摊销，分期冲减财务费用。税收规定分期收款销售商品，按合同或协议确定的时间确认收入，不存在未实现融资收益抵减当期财务费用的问题，企业发生与未实现融资收益相关在当期确认的财务费用时，应调增纳税所得额。

❺ 跨期扣除。这是指纳税人维简费(即专项用于维持简单再生产的资金)、安全生产费用、预提费用、预计负债等跨期扣除项目调整情况。当纳税人按会计核算计入当期损益的跨期扣除项目金额大于按照税法规定允许税前扣除的金额时，其差额调增纳税所得额；反之，则调减纳税所得额。

❻ 其他。这是指纳税人因会计处理与税法规定有差异而需要纳税调整的其他扣除类项目金额。

任务引例解析

根据上述规定，计算任务二引例中东海服装有限责任公司2022年的应纳税所得额。

(1) 会计利润＝4 500＋400＋80－3 500－38－340－50－300－560－68＝124(万元)

(2) 纳税调整情况如下：

❶ 工资支出，经税务机关认定属于合理的工资薪金支出，1 125万元可以在税前扣除，不需要进行调整。

❷“三项经费”：

准予税前扣除的职工工会经费限额＝1 125×2%＝22.5(万元)，该企业向工会组织拨付了22.5万元工会经费，未超过限额，可以在税前扣除，不需要进行调整。

准予税前扣除的职工福利费限额＝1 125×14%＝157.5(万元)，该企业实际支出了120万元，未超过限额，可以在税前扣除，不需要进行调整。

准予税前扣除的职工教育经费限额＝1 125×8%＝90(万元)，该企业实际支出了35万元，未超过限额，可以在税前扣除，不需要进行调整。

❸ 支付的32万元财产保险费和运输保险费可以在税前全额扣除，不需要进行调整。

❹ 在财务费用中，企业不得在税前列支资本的利息，应纳税调增12万元(200×6%)；汇兑损失10万元和支付开户银行结算手续费等10万元可以在税前扣除。

❺ 业务招待费。发生额的60%为30万元，税前扣除限额＝(4 500＋400)×5‰＝24.5(万元)，实际支出业务招待费50万元和税前扣除额24.5万元之间的差额25.5万元应作调增处理。

❻ 广告费和业务宣传费。扣除限额＝(4 500＋400)×15%＝735(万元)，由于实际支出的广告费和业务宣传费小于扣除限额，可以全额在税前扣除，不需要纳税调整。

❼ 公益性捐赠。通过民政部门向灾区的捐赠属于公益性捐赠，扣除限额＝124×12%＝14.88(万元)，实际捐赠14万元小于扣除限额，可以在税前全额扣除；直接向贫困小学的捐赠不符合公益捐赠的条件，不允许扣除，需调增5万元。

❽ 罚款支出。行政罚款支出不允许在税前扣除，应调增3万元。

该公司的应纳税所得额＝124＋12＋25.5＋5＋3＝169.5(万元)

3. 资产类调整项目

(1) 资产折旧、摊销。

❶ 固定资产。下列差异可能导致固定资产税法折旧额与会计折旧额不一致，在计算企业所得税应税所得额时，应作纳税调整。

a. 固定资产初始成本与计税基础的差异。税法规定，固定资产以历史成本为计税基础，企业会计准则规定固定资产一般应以历史成本为计量基础，因此，两者一般不存在差异。但下列情况可能导致固定资产初始成本与计税基础出现差异。

一是超过正常信用条件购入固定资产。税法规定，外购固定资产以购买价款和支付的相关税费以及直接归属于使该资产达到预定用途发生的其他支出为计税基础；企业会计准则规定，超过正常信用条件购入固定资产，按应付购买价款的现值为固定资产的入账价值，应付购买价款与其现值之间的差额作为未确认融资费用。由此将造成固定资产的初始成本

5

与计税基础之间的差异。

二是融资租入固定资产。税法规定，融资租入的固定资产，以租赁合同约定的付款总额和承租人在签订租赁合同过程中发生的相关费用为计税基础，租赁合同未约定付款总额的，以该资产的公允价值和承租人在签订租赁合同过程中发生的相关费用为计税基础；企业会计准则规定，融资租入固定资产，以租赁开始日租赁资产的公允价值与最低租赁付款额的现值中的较低者为基础确定租入固定资产的入账价值，以最低租赁付款额为长期应付款，其差额作为未确认融资费用。由此将造成固定资产的初始成本与计税基础之间出现差异。

税法规定，准予税前扣除的固定资产折旧，是以按税法确定的固定资产计税基础为基数计算的计税折旧额，固定资产初始成本与计税基础的不同将直接导致会计折旧与计税折旧之间存在差异，从而导致应纳税所得额与会计利润的不同，必须进行纳税调整。

b. 固定资产折旧范围的差异。税法规定，除房屋建筑物以外未投入使用的固定资产、已足额提取折旧仍继续使用的固定资产、与经营活动无关的固定资产和单独估价作为固定资产入账的土地不得计提折旧；企业会计准则规定，除已提足折旧继续使用的固定资产和单独估价作为固定资产入账的土地外，所有的固定资产均应计提折旧。

当税法规定的折旧范围与会计确定的折旧范围不一致时，必将造成计税折旧与会计折旧之间出现差异，进而必须进行纳税调整。

提示：

企业固定资产投入使用后，由于工程款项尚未结清而未取得全额发票的，可暂按合同规定的金额计入固定资产计税基础计提折旧，待发票取得后进行调整。但该项调整应在固定资产投入使用后12个月内进行。

c. 固定资产折旧方法的差异。税法规定，固定资产应采用直线法计提折旧，但特殊原因确需加速折旧的，可缩短折旧年限或采取加速折旧的方法。采取缩短折旧年限方法的，最低折旧年限不得低于企业所得税法规定折旧年限的60%；采取加速折旧方法的，可以采取双倍余额递减法或年数总和法。所谓“特殊原因”是指由于技术进步，产品更新换代较快；常年处于强震动、高腐蚀状态的原因；企业会计准则规定，企业应根据固定资产所包含的经济利益预期实现方式，合理选择固定资产折旧方法，如年限平均法、工作量法、双倍余额递减法和年数总和法等。

对生物药品制造业，专用设备制造业，铁路、船舶、航空航天和其他运输设备制造业，计算机、通信和其他电子设备制造业，仪器仪表制造业，信息传输、软件和信息技术服务业等6个行业的企业于2014年1月1日后新购进的固定资产和轻工、纺织、机械、汽车等4个领域重点行业的企业于2015年1月1日后新购进的固定资产，可缩短折旧年限或采取加速折旧的方法。

当企业采用的折旧方法不符合税法规定时，就会造成会计折旧与计税折旧之间的差异，进而必须进行纳税调整。

d. 固定资产折旧年限的差异。企业所得税法按不同种类固定资产分别规定了计算折旧的最低年限：房屋、建筑物为20年；飞机、火车、轮船、机器、机械和其他生产设备为10年；与生产经营活动有关的器具、工具、家具等为 5 年；飞机、火车、轮船以外的运输工具为 4 年；电子设备为 3 年；企业会计准则要求企业根据固定资产的性质和使用情况，合理确定固定资产的使用寿命，并按使用寿命分期计提折旧。

对 2014 年 1 月 1 日后新购进的下列固定资产，单位价值不超过 100 万元的，允许一次性计入当期成本费用，在计算应纳税所得额时扣除，不再分年度计算折旧，单位价值超过 100 万元的，可缩短折旧年限或采取加速折旧的方法：❶所有行业企业专门用于研发的仪器、设备；❷生物药品制造业，专用设备制造业，铁路、船舶、航空航天和其他运输设备制造业，计算机、通信和其他电子设备制造业，仪器仪表制造业，信息传输、软件和信息技术服务业等 6 个行业和 2015 年 1 月 1 日以后购进的轻工、纺织、机械、汽车等 4 个领域重点行业的小型微利企业供研发和生产经营共用的仪器、设备。

自 2014 年 1 月 1 日起，对所有行业企业持有的单位价值不超过 5 000 元的固定资产和 2023 年 1 月 1 日至 2027 年 12 月 31 日期间新购进的单位价值不超过 500 万元的设备、器具，允许一次性计入当期成本费用，在计算应纳税所得额时扣除，不再分年度计算折旧。

当税法规定的折旧年限与会计确定的折旧年限不一致时，必将造成计税折旧与会计折旧之间出现差异，进而必须进行纳税调整。

e. 固定资产减值的差异。税法规定，不符合国务院财政、税务主管部门规定的各项资产减值准备、风险准备等准备金支出，不得在计算应纳税所得额时扣除。企业持有各项资产期间的资产增值或减值，除国务院财政、税务主管部门规定可以确认损益外，不得调整该项资产的计税基础；企业会计准则规定，在会计期末，当固定资产存在减值迹象，经测试可收回金额低于其账面价值的，应确认资产的减值损失，同时计提固定资产减值准备。计提减值准备后的固定资产，应当按照计提减值准备后的账面价值及尚可使用年限重新计算确定折旧率、折旧额。由此将造成其以后期间计税折旧和会计折旧的差异，进而必须进行纳税调整。

【做中学 5-8】2022 年 4 月 20 日某企业购进一台机械设备，取得增值税专用发票上注明价款 600 万元（购入成本），当月投入使用。按税法规定该设备按直线法折旧，期限为 10 年，残值率 5%，企业将设备购入成本一次性计入费用并在税前作了扣除。此项业务应当调整的纳税所得额计算如下：

$$税法规定可扣除的折旧额 = 600 \times (1 - 5\%) \div 10 \div 12 \times 8 = 38(万元)$$

$$外购设备应调增的应纳税所得额 = 600 - 38 = 562(万元)$$

5

❷ 生产性生物资产折旧。这是指企业为生产农产品、提供劳务或者出租等而持有的生物资产，包括经济林、薪炭林、产畜和役畜等。生产性生物资产折旧在会计核算与税收规定不一致时，需要按税收规定进行纳税调整。

生产性生物资产按照以下方法确定计税基础：外购的生产性生物资产，以购买价款和支付的相关税费为计税基础；通过捐赠、投资、非货币性资产交换、债务重组等方式取得的生产性生物资产，以该资产的公允价值和支付的相关税费为计税基础。

生产性生物资产应当按照直线法计算折旧，企业应当自生产性生物资产投入使用月份的次月起计算折旧；停止使用的生产性生物资产，应当自停止使用月份的次月起停止计算折旧。企业应当根据生产性生物资产的性质和使用情况，合理确定生产性生物资产的预计净残值，预计净残值一经确定，不得变更。生产性生物资产计算折旧的最低年限如下：林木类生产性生物资产，为10年；畜类生产性生物资产，为3年。

❸ 无形资产摊销。这是指企业为生产产品、提供劳务、出租或者经营管理而持有的、没有实物形态的非货币性长期资产，包括专利权、商标权、著作权、土地使用权、非专利技术、特许权使用费等。无形资产摊销在会计核算与税收规定不一致时，需要按税收规定进行纳税调整。

无形资产按照以下方法确定计税基础：外购的无形资产，以购买价款和支付的相关税费以及直接归属于使该资产达到预定用途发生的其他支出为计税基础；自行开发的无形资产，以开发过程中该资产符合资本化条件后至达到预定用途前发生的支出为计税基础；通过捐赠、投资、非货币性资产交换、债务重组等方式取得的无形资产，以该资产的公允价值和支付的相关税费为计税基础。

无形资产按照直线法计算的摊销费用，准予扣除，摊销年限不得低于10年；作为投资或者受让的无形资产，有关法律规定或者合同约定了使用年限的，可以按照规定或者约定的使用年限分期摊销；外购商誉的支出，在企业整体转让或者清算时，准予扣除。

下列无形资产不得计算摊销费用扣除：❶自行开发的支出已在计算应纳税所得额时扣除的无形资产；❷自创商誉；❸与经营活动无关的无形资产；❹其他不得计算摊销费用扣除的无形资产。

【做中学5-9】 某市区的一个企业，2022年1月购买一项无形资产的所有权。购买时支付60万元。会计上按5年直线法摊销。2022年计算纳税所得额时应调整的金额计算如下：

会计上按5年直线法摊销时，每年摊销额＝60÷5＝12(万元)

税法规定无形资产摊销年限不低于10年，则每年摊销额＝60÷10＝6(万元)

纳税调整增加额＝12－6＝6(万元)

❹ 长期待摊费用的摊销。这是指不能全部计入当年损益，应当在以后年度内分期摊销的各项费用，包括固定资产的改建支出(含已足额提取折旧的固定资产的改建支出和租入固定资产改建支出)、固定资产的大修理支出和开办费等。长期待摊费用的摊销在会计核算与税收规定不一致时，需要按税收规定进行纳税调整。

5

固定资产的改建支出是指改变房屋或者建筑物结构、延长使用年限等发生的支出。已足额提取折旧的固定资产的改建支出按照固定资产预计尚可使用年限分期摊销；租入固定资产的改建支出按照合同约定的剩余租赁期限分期摊销。其他改建的固定资产延长使用年限的，应当适当延长折旧年限。

固定资产的大修理支出，是指同时符合下列条件的支出：❶修理支出达到取得固定资产时的计税基础50%以上；❷修理后固定资产的使用年限延长2年以上。

固定资产的大修理支出按照固定资产尚可使用年限分期摊销。

其他应当作为长期待摊费用的支出自支出发生月份的次月起，分期摊销，摊销年限不得低于3年。

(2) 资产减值准备金。纳税人未经财政、税务部门核实的准备金，如坏账准备金、存货跌价准备金、短期投资跌价准备金、理赔费用准备金、固定资产减值准备金、长期投资减值准备金、无形资产减值准备金以及国家税收法规规定可提取的准备金之外的任何形式的准备金，不得扣除，应调增纳税所得额。企业按会计准则规定因价值恢复、资产转让等原因转回准备金时，调减纳税所得额。企业资产损失实际发生时，经报主管税务机关核定后，在实际发生年度按其发生额扣除。

（3）资产损失。企业在生产经营活动中发生的固定资产和存货的盘亏、毁损、报废损失，转让财产损失，呆账损失，坏账损失，自然灾害等不可抗力因素造成的损失以及其他损失，减除责任人赔偿和保险赔款后的余额，依照税务主管部门的规定扣除。企业已经作为损失处理的资产，在以后纳税年度又全部或部分收回时，应当计入当期收入。企业发生的各类财产损失的扣除额按以下原则确定。

❶ 货币资产损失。其包括现金损失、银行存款损失和应收及预付款项损失等。

现金损失。企业清查出的现金短缺减除责任人赔偿后的余额，作为现金损失在计算应纳税所得额时扣除。

银行存款损失。企业将货币性资金存入法定具有吸收存款职能的机构，因该机构依法破产、清算，或政府责令停业、关闭等原因，确实不能收回的部分，作为存款损失在计算应纳税所得额时扣除。

应收及预付款项损失。企业除贷款类债权外的应收、预付账款符合下列条件之一的，减除可收回金额后确认的无法收回的应收、预付款项，可以作为坏账损失在计算应纳税所得额时扣除：债务人依法宣告破产、关闭、解散、被撤销，或被依法注销、吊销营业执照，其清算财产不足清偿的；债务人死亡，或依法被宣告失踪、死亡，其财产或遗产不足清偿的；债务人逾期 3 年以上未清偿，且有确凿证据证明已无力清偿债务的；与债务人达成债务重组协议或法院批准破产重组计划后，无法追偿的；因自然灾害、战争等不可抗力导致无法收回的；国务院财政、税务主管部门规定的其他条件。

❷ 非货币资产损失。其包括存货损失、固定资产损失、无形资产损失、在建工程损失、生产性生物资产损失等。

对企业盘亏的固定资产或存货，以该固定资产的账面净值或存货的成本减除责任人赔偿后的余额，作为固定资产或存货盘亏损失在计算应纳税所得额时扣除；对企业毁损、报废的固定资产或存货，以该固定资产的账面净值或存货的成本减除残值、保险赔款和责任人赔偿后的余额，作为固定资产或存货毁损、报废损失在计算应纳税所得额时扣除；对企业被盗的固定资产或存货，以该固定资产的账面净值或存货的成本减除保险赔款和责任人赔偿后的余额，作为固定资产或存货被盗损失在计算应纳税所得额时扣除；企业因存货盘亏、毁损、报废、被盗等原因不得从增值税销项税额中抵扣的进项税额，可以与存货损失一起在计算应纳税所得额时扣除。

❸ 投资损失。企业的股权投资符合下列条件之一的，减除可收回金额后确认的无法收回的股权投资，可以作为股权投资损失在计算应纳税所得额时扣除：被投资方依法宣告破产、关闭、解散、被撤销，或被依法注销、吊销营业执照的；被投资方财务状况严重恶化，累计发生巨额亏损，已连续停止经营 3 年以上，且无重新恢复经营改组计划的；对被投资方不具有控制权，投资期限届满或投资期限已超过 10 年，且被投资单位因连续 3 年经营亏损导致资不抵债的；被投资方财务状况严重恶化，累计发生巨额亏损，已完成清算或清算期超过 3 年以上的；国务院财政、税务主管部门规定的其他条件。

企业的各项财产损失，应在损失发生当年申报扣除，不得提前或延后。非因计算错误或其他客观原因，企业未及时申报的财产损失，逾期不得扣除。确因税务机关原因未能按期扣除的，经税务机关批准后，应调整该财产损失发生年度的纳税申报表，并相应抵退税款，不得改变财产损失所属纳税年度。

（4）其他。其他是指纳税人因会计处理与税法规定有差异需要纳税调整的其他资产类项目金额。

4. 特殊事项调整项目

（1）企业重组。企业重组包括债务重组、股权收购、资产收购、企业合并、企业分立和其他等项目，发生企业重组的纳税人，按税法确认的所得（或损失）与按会计核算确认的损益金额的差额若大于0，应调增纳税所得额；反之，若小于0，则调减纳税所得额。对于发生债务重组业务且选择特殊性税务处理（即债务重组所得可以在5个纳税年度均匀计入应纳税所得额）的纳税人，重组日所属纳税年度的以后纳税年度，也在本项目进行债务重组的纳税调整。

（2）政策性搬迁。企业政策性搬迁是指由于社会公共利益的需要，在政府主导下企业进行整体搬迁或部分搬迁。企业在搬迁期间发生的搬迁收入和搬迁支出，可以暂不计入当期应纳税所得额，而在完成搬迁的年度，对搬迁收入和支出进行汇总清算，进行纳税所得额的调整。

❶ 搬迁收入。其包括搬迁过程中从本企业以外（包括政府或其他单位）取得的搬迁补偿收入，以及本企业搬迁资产处置收入等。搬迁补偿收入是指企业由于搬迁取得的货币性和非货币性补偿收入。具体包括对被征用资产价值的补偿；因搬迁、安置而给予的补偿；对停产停业形成的损失而给予的补偿；资产搬迁过程中遭到毁损而取得的保险赔款和其他补偿收入。搬迁资产处置收入是指企业由于搬迁而处置企业各类资产所取得的收入。企业由于搬迁处置存货而取得的收入，应按正常经营活动取得的收入进行所得税处理，不作为企业搬迁收入。

❷ 搬迁支出。其包括搬迁费用支出以及由于搬迁所发生的企业资产处置支出。搬迁费用支出是指企业搬迁期间所发生的各项费用，包括安置职工实际发生的费用、停工期间支付给职工的工资及福利费、临时存放搬迁资产而发生的费用、各类资产搬迁安装费用以及其他与搬迁相关的费用。资产处置支出是指企业由于搬迁而处置各类资产所发生的支出，包括变卖及处置各类资产的净值、处置过程中所发生的税费等支出。

❸ 搬迁所得或损失。企业的搬迁收入扣除搬迁支出后的余额，若大于0，为企业的搬迁所得，调增搬迁完成年度的纳税所得额；若小于0，则为搬迁损失，可选择一次性扣除或分期扣除的办法调减纳税所得额。

（3）特殊行业准备金。特殊行业的准备金包括保险公司的准备金、证券行业的风险基金、期货行业的风险准备金、金融行业的损失准备金、中小企业信用担保机构的赔偿准备金等。

特殊行业纳税人按会计核算计入当期损益的金额与按税法规定允许税前扣除的金额的差额若大于0，应调增纳税所得额；反之若小于0，则调减纳税所得额。

（4）房地产开发企业特定业务计算的纳税调整额。房地产开发企业特定业务计算的纳税调整额是指房地产企业销售未完工产品、未完工产品转完工产品特定业务按税法规定纳税调整的金额。

房地产企业销售未完工开发产品取得的销售收入按税收规定计算的纳税调整额与房地

产企业销售的未完工产品转完工产品按税法规定计算的纳税调整额的差额，若大于0，应调增纳税所得额；反之，若小于0，则调减纳税所得额。

5. 特别纳税调整项目

特别纳税调整是税务机关对各种避税行为进行特定纳税事项所作的调整，包括针对纳税人转让定价、资本弱化、避税港避税及其他情况所进行的税务调整。

（1）企业与其关联方之间的业务往来，不符合独立交易原则而减少企业或者其关联方应纳税收入或者所得额的，税务机关有权按照合理方法进行调整。

（2）企业与其关联方共同开发、受让无形资产，或者共同提供、接受劳务发生的成本，在计算应纳税所得额时应当按照独立交易原则进行分摊。企业与其关联方分摊成本时，应当按照成本与预期收益相配比的原则进行，并在税务机关规定的期限内，按照税务机关的要求报送有关资料。企业与其关联方分摊成本时违反独立交易原则或配比原则的，其自行分摊的成本不得在计算应纳税所得额时扣除。

（3）由居民企业，或者由居民企业和中国居民控制的设立在实际税负明显低于我国法定税率水平的国家（地区）的企业，即低于我国法定税率的50%，并非由于合理的经营需要而对利润不作分配或者减少分配的，上述利润中应归属于该居民企业的部分，应当计入该居民企业的当期收入。

（4）企业从其关联方接受的债权性投资与权益性投资的比例超过规定标准而发生的利息支出，不得在计算应纳税所得额时扣除。

企业实施其他不具有合理商业目的的安排而减少其应纳税收入或者所得额的，税务机关有权按照合理方法调整。税务机关作出纳税调整，需要补征税款的，应当补征税款，并按照规定加收利息。

税务机关根据规定对企业作出特别纳税调整的，自税款所属纳税年度的次年6月1日起至补缴税款之日止的期间，按日加收利息，并按照税款所属纳税年度中国人民银行公布的与补税期间同期的人民币贷款基准利率加5个百分点计算；企业按规定提供有关资料的，可以只按规定的人民币贷款基准利率计算利息。加收的利息，不得在计算应纳税所得额时扣除。

企业与其关联方之间的业务往来，不符合独立交易原则，或者企业实施其他不具有合理商业目的的行为的，税务机关有权在该业务发生的纳税年度起10年内，进行纳税调整。

5

（四）免税、减计收入及加计扣除

免税、减计收入及加计扣除是指纳税人属于税法规定的免税收入、减计收入和加计扣除金额的合计。

1. 免税收入

免税收入是指纳税人本年度发生的根据税收规定免征企业所得税的收入和所得，具体包括国债利息收入、符合条件的居民企业之间的股息、红利等权益性投资收益、符合条件的非营利组织的收入和其他专项优惠。

（1）国债利息收入是指企业持有国务院财政部门发行的国债取得的利息收入，是指到期的利息收入，不是中途转让的收益。

（2）符合条件的居民企业之间的股息、红利等权益性投资收益是指居民企业直接投资于另一居民企业所取得的投资收益，不包括连续持有居民企业公开发行并上市流通的股票不足12个月取得的投资收益。税收政策规定对来自所有非上市企业，以及连续持有上市公司股票12个月以上取得的股息、红利等投资收益，给予免税，不再补税率差。

(3) 符合条件的非营利组织的收入是指同时符合下列条件的非营利组织的收入：依法履行非营利组织登记手续；从事公益性或者非营利性活动；取得的收入除用于与该组织有关的、合理的支出外，全部用于登记核定或者章程规定的公益性或者非营利性事业；财产及其孳息不用于分配；按照登记核定或者章程规定，该组织注销后的剩余财产用于公益性或者非营利性目的，或者由登记管理机关转赠与该组织性质、宗旨相同的组织，并向社会公告；投入人对投入该组织的财产不保留或者享有任何财产权利；工作人员工资福利开支控制在规定的比例内，不变相分配该组织的财产。

我国相关管理办法规定，非营利组织一般不能从事营利性活动。因此，为规范此类组织的活动，防止其从事经营性活动可能带来的税收漏洞，《企业所得税法实施条例》规定，对非营利组织的营利性活动取得的收入，不予免税。但国务院财政、税务主管部门另有规定的除外。

(4) 其他专项优惠是指纳税人除上述已列明免税收入以外的，按税收规定可以免税的其他收入。如中国清洁发展机制基金取得的收入、证券投资基金从证券市场取得的收入、取得的地方政府债券利息所得或收入、受灾地区企业取得的救灾和灾后恢复重建款项等收入等。

2. 减计收入

减计收入包括综合利用资源生产产品取得的收入和其他专项优惠。

(1) 综合利用资源生产产品取得的收入是指纳税人以《资源综合利用企业所得税优惠目录》内的资源作为主要原材料，生产非国家限定并符合国家和行业相关标准的产品所取得的收入，减按90%计入收入总额，调减按政策规定减计10%收入的部分。

(2) 其他专项优惠是指金融、保险等机构取得的涉农利息、保费收入和取得的中国铁路建设债券利息收入，对企业持有发行的中国铁路建设债券取得的利息收入，减半征收企业所得税，调减按政策规定减计50%收入的部分。

3. 加计扣除

5

加计扣除主要包括开发新技术、新产品、新工艺发生的研究开发费用；安置残疾人员所支付的工资和国家鼓励安置的其他就业人员支付的工资等可以加计扣除的税收优惠政策。

(1) 开发新技术、新产品、新工艺所发生的研究开发费用，包括新产品设计费、工艺流程制定费、设备调整费、原材料和半成品的试验费、技术图书资料费、未纳入国家计划的中间试验费、研究机构人员的工资、研究设备的折旧、与新产品的试制、技术研究有关的其他经费以及委托其他单位进行科研试制的费用，未形成无形资产的，可不受比例限制在据实扣除的基础上，按照研究开发费用的75%(制造业、科技型中小企业按100%)加计扣除，加计扣除部分已形成企业年度亏损，可以用于以后年度所得弥补，但结转年限最长不超过5年；形成无形资产的，按照无形资产成本的175%(制造业、科技型中小企业按200%)摊销。

(2) 企业安置残疾人员所支付的工资，在按照支付给残疾职工工资据实扣除的基础上，按照支付给残疾职工工资的100%加计扣除。残疾人员的范围适用《中华人民共和国残疾人保障法》的有关规定。

（3）企业安置国家鼓励的其他就业人员所支付的工资，可以在计算应纳税所得额时加计扣除；国家鼓励安置的其他就业人员是指下岗失业人员、军队转业干部、城镇退役士兵、随军家属等。

（五）境外应税所得抵减境内亏损

境外应税所得抵减境内亏损是指纳税人在计算缴纳企业所得税时，其境外营业机构的盈利可以抵减境内营业机构的亏损。即当“利润总额”，加上“纳税调整增加额”，减去“境外所得”“纳税调整减少额”和“免税、减计收入及加计扣除”后的余额为负数时，境外应税所得可以用于抵减境内亏损，最大不得超过企业当年的全部境外应税所得；若为正数时，如以前年度无亏损额，则不需要抵减；如以前年度有亏损额，则可以抵减以前年度亏损额，最大不得超过企业当年的全部境外应税所得。

（六）所得减免

所得减免是指按照税法规定减征、免征企业所得税项目的所得。其主要包括农林牧渔业项目、国家重点扶持的公共基础设施项目、符合条件的环境保护节能节水项目、符合条件的技术转让项目和其他专项优惠项目。

（七）抵扣应纳税所得额

抵扣应纳税所得额是指创业投资企业采取股权投资方式投资于未上市的中小高新技术企业 2 年以上的，可以按照其投资额的 70% 在股权持有满 2 年的当年抵扣该创业投资企业的应纳税所得额；当年不足抵扣的，可以在以后纳税年度结转抵扣。

（八）弥补以前年度亏损

弥补以前年度亏损是指纳税人按税收规定可以在税前弥补的以前年度亏损额。税法中的亏损称为应税亏损，它是指对财务会计亏损按税法调整后，应纳税所得额为负数的金额。企业某一年度发生的亏损可以用下一年度的所得弥补；下一年度的所得不足以弥补的，可以逐年延续弥补，但最长不超过 5 年，自 2018 年 1 月 1 日起，高新技术企业和科技型中小企业亏损结转年限由 5 年延长至 10 年。亏损弥补应注意的问题如下：

（1）亏损弥补期应连续计算，不得间断，不论弥补亏损期间是盈利还是亏损。

（2）连续发生亏损，其亏损弥补期应按每个年度分别计算，按先亏先补的顺序弥补，不能将每个亏损年度的亏损弥补期相加。

（3）企业境外业务之间的盈亏可以互相弥补，但企业境外投资除合并、撤销、依法清算外形成的亏损不得用境内盈利弥补。

提示：

企业自开始生产经营的年度，为开始计算企业损益的年度，企业从事生产经营之前进行筹办活动期间发生的筹办费用支出，不得计算为当期的亏损。

二、应纳所得税额的计算

（一）预缴所得税额的计算

企业所得税实行按年计征、分月（季）预缴、年终汇算清缴，多退少补的办法，实行查账征收方式申报企业所得税的居民纳税人及在中国境内设立机构的非居民纳税人在月(季)度预缴企业所得税时可采用以下方法计算缴纳：

1. 据实预缴

$$\text{本月(季)应缴所得税额} = \text{实际利润累计额} \times \text{税率} - \text{减免所得税税额} - \text{已累计预缴的所得税额}$$

实际利润累计额是指纳税人按会计制度核算的利润总额，包括从事房地产开发企业按本期取得预售收入计算出的预计利润等。平时预缴时，先按会计利润计算，暂不作纳税调整，待会计年度终了再作纳税调整。

税率统一按照《中华人民共和国企业所得税法》规定的25%税率计算应纳所得税额。

减免所得税额是指纳税人当期实际享受的减免所得税额，包括享受减免税优惠过渡期的税收优惠、小型微利企业的税率优惠、高新技术企业的税率优惠及经税务机关审批或备案的其他减免税优惠。

2. 按照上一纳税年度应纳税所得额的平均额预缴

$$\text{本月(季)应缴所得税额} = \frac{\text{上一纳税年度应纳税所得额}}{12(\text{或}4)} \times \text{税率}$$

上一纳税年度所得额中不包括纳税人的境外所得。税率统一按照25%计算。

除了以上两种方法计算预缴所得税外，还可以由税务机关确定的其他方法进行。

(二) 应纳所得税额的年终汇算

企业所得税纳税人在分月(季)预缴的基础上，实行年终汇算清缴，多退少补的办法。其计算公式如下：

$$\text{实际应纳所得税额} = \text{应纳税所得额} \times \text{税率} - \text{减免所得税额} - \text{抵免所得税额} + \text{境外所得应纳所得税额} - \text{境外所得抵免所得税额}$$

$$\text{本年应补(退)的所得税额} = \text{实际应纳所得税额} - \text{本年累计实际已预缴的所得税额}$$

5

应纳税所得额是在企业会计利润总额的基础上，加减纳税调整等相关项目金额后计算得出，税率按25%计算。

1. 减免所得税额

减免所得税额是指纳税人按照税收优惠政策规定实际减免的企业所得税额，主要包括：

(1) 小型微利企业的减征税额。纳税人从事国家非限制和禁止行业并符合规定条件的小型微利企业享受20%的优惠税率。

$$\text{小型微利企业的减征税额} = \text{应纳税所得额} \times (25\% - 20\%)$$

(2) 高新技术企业的减征税额。纳税人从事国家需要重点扶持的高新技术企业，减按15%的税率征收企业所得税。

$$\text{高新技术企业的减征税额} = \text{应纳税所得额} \times (25\% - 15\%)$$

(3) 民族自治地方企业的减征额。民族自治地方的自治机关对本民族自治地方的企业应缴纳的企业所得税中属于地方分享的部分，可以决定减征或者免征。自治州、自治县决定减征或者免征的，须报省、自治区、直辖市人民政府批准。

（4）其他专项优惠减征额。其他专项优惠减征额是指除上述已列明减征额以外的，按税收规定可以减征的其他企业的减征金额。如经济特区和上海浦东新区新设立的高新技术企业，受灾地区损失严重的企业，符合条件的集成电路企业和软件企业等按税法规定可以减免所得税的金额。

2. 抵免所得税额

纳税人购置并实际使用《环境保护专用设备企业所得税优惠目录》《节能节水专用设备企业所得税优惠目录》和《安全生产专用设备企业所得税优惠目录》规定的环境保护、节能节水、安全生产等专用设备的，该专用设备投资额的10%可以从企业当年的应纳税额中抵免；当年不足抵免的，可以在以后5个纳税年度内结转抵免。

享受上述企业所得税优惠的企业，应当实际购置并自身实际投入使用规定的专用设备；企业购置上述专用设备在5年内转让、出租的，应当停止享受企业所得税优惠，并补缴已经抵免的企业所得税税款。

3. 境外所得应补税额

居民纳税人应就其来源于境内外所得纳税，对来源于境外的所得已在境外缴纳的所得税税额，可以从其当期应纳税额中抵免。其计算步骤为：

境外所得应补税额＝境外所得应纳所得税额－境外所得抵免所得税额

境外所得应纳所得税额＝（境外所得换算成含税收入的所得－弥补以前年度境外亏损－境外免税所得－境外所得弥补境内亏损）×税率

境外所得抵免所得税额＝本年可抵免的境外所得税款＋本年可抵免以前年度所得税额

（1）境外所得应纳所得税额的计算。境外所得是指纳税人来源于境外的收入总额（包括生产经营所得和其他所得），扣除按税收规定允许扣除的境外发生的成本费用后的金额。若取得的所得为税后收入，则须将其换算为包含在境外缴纳企业所得税的所得，其换算公式为：

境外所得换算成含税收入的所得＝适用所在国家（地区）所得税税率的境外所得÷（1－适用所在国家（地区）所得税税率）＋适用所在国家（地区）预提所得税税率的境外所得÷（1－适用所在国家（地区）预提所得税税率）

弥补以前年度境外亏损是指纳税人境外所得按税收规定弥补以前年度的境外亏损额；境外免税所得是指境外所得中按税收规定予以免税的部分；境外所得弥补境内亏损是指境外所得按税收规定弥补境内的亏损额部分。

（2）境外所得抵免所得税额的计算。境外所得抵免所得税额包括本年可抵免的境外所得税款和本年可抵免的以前年度所得税额两部分金额。

境外所得税款的抵免限额为该项所得依照我国税法规定计算的应纳税额，超过抵免限额的部分，可以在以后5个年度内，用每年度抵免限额抵免当年应抵税额后的余额进行抵补。公式如下：

抵免限额＝中国境内、境外所得依照企业所得税法和条例的规定计算的应纳税总额×来源于某国（地区）的应纳税所得额÷中国境内、境外应纳税所得总额

提示：

企业按照规定计算的当期境内、境外应纳税所得总额小于零的，应以零计算当期境内、境外应纳税所得总额，其当期境外所得税的抵免限额也为零。

从2017年1月1日起，企业可以选择按国(地区)别分别计算(即“分国(地区)不分项”)，或者不按国(地区)别汇总计算(即“不分国(地区)不分项”)其来源于境外的应纳税所得额，并按照规定的税率，分别计算其可抵免境外所得税税额和抵免限额，方式一经选择，5年内不得改变。

纳税人根据境外的所得而在境外实际缴纳的所得税税款，低于依照税法计算的扣除限额的，可以从应纳税额中如数扣除，若有前五年境外所得已缴税款未抵扣的余额，可在限额内扣除；高于扣除限额的，其超过部分不得在本年度的应纳税额中扣除，也不得列为费用支出，但可用以后年度税额扣除的余额补扣，补扣期限最长不得超过5年。

【做中学5-10】 某企业2022年度境内应纳税所得额为100万元，适用25%的企业所得税税率。另外，该企业分别在A、B两国设有分支机构，在A国分支机构的应纳税所得额为50万元，A国企业所得税税率为20%；在B国的分支机构的应纳税所得额为30万元，B国企业所得税税率为30%。假设在A、B两国应纳税所得额的计算与我国税法相同，两个分支机构在A、B两国分别缴纳了10万元和9万元的企业所得税。该企业汇总时选择“不分国不分项”方式抵免境外所得税税额。则该企业汇总缴纳时在我国应缴纳的企业所得税税额计算如下：

(1) 该企业按我国税法计算的境内、境外所得的应纳税额：

$$应纳税额=(100+50+30)\times 25\%=45(万元)$$

(2) A、B两国的扣除限额：

$$A国扣除限额=45\times[50\div(100+50+30)]=12.5(万元)$$

$$B国扣除限额=45\times[30\div(100+50+30)]=7.5(万元)$$

$$境外扣除限额=12.5+7.5=20(万元)$$

$$境外实际缴纳税额=10+9=19(万元)$$

在不分国不分项的情况下，境外实际缴纳的税额可以全部抵扣。

(3) 汇总时在我国应缴纳的所得税税额=45−10−9=26(万元)

三、企业所得税的核定征收

为了加强企业所得税的征收管理，对部分中小企业采取核定征收的办法计算其应纳税额，根据《税收征收管理法》的有关规定，核定征收企业所得税的有关规定如下：

(一) 所得税核定征收的范围

纳税人具有下列情形之一的，应采取核定征收方式征收企业所得税。

(1) 依照税法规定可以不设账或应设而未设账的。

（2）只能准确核算收入总额或收入总额能够查实，但其成本费用支出不能准确核算的。

（3）只能准确核算成本费用支出或成本费用支出能够查实，但其收入总额不能准确核算的。

（4）收入总额、成本费用支出虽能正确核算，但未按规定保存有关凭证、账簿及纳税资料的。

（5）虽然能够按规定设置账簿并进行核算，但未按规定保存有关凭证、账簿及纳税资料的。

（6）未按规定期限办理纳税申报，经税务机关责令限期申报，逾期仍未申报的。

（二）核定征收的办法

核定征收方式包括定额征收和核定应税所得率征收两种方法。

1. 定额征收

定额征收是税务机关按照一定的标准、程序和方法，直接核定纳税人年度应纳所得税税额，由纳税人按规定申报缴纳的办法。主管税务机关应对纳税人的有关情况进行调查研究、分类排队、认真测算，按年从高直接核定纳税人的应纳所得税税额。

2. 核定应税所得率征收

核定应税所得率征收是税务机关按照一定的标准、程序和方法，预先核定纳税人的应税所得率，由纳税人根据纳税年度内的收入总额或成本费用等项目的实际发生额，按预先核定的应税所得率计算缴纳企业所得税的办法。

应税所得额计算公式为：

$$应税所得额=应税收入额\times应税所得率$$

或

$$=\frac{成本费用支出额}{1-应税所得率}\times应税所得率$$

$$应税收入额=收入总额-不征税收入-免税收入$$

$$应纳所得税税额=应税所得额\times适用税率$$

应税所得率统一执行标准如表5-1所示。

5

表5-1　应税所得率统一执行标准

行　业	应税所得率/%
农、林、牧、渔业	3～10
制造业	5～15
批发和零售贸易业	4～15
交通运输业	7～15
建筑业	8～20
饮食业	8～25
娱乐业	15～30
其他行业	10～30

企业经营多种业务时，不论其经营项目是否单独核算，均由主管税务机关根据其主营项目，核定其适用某一行业的应税所得率。

【做中学 5-11】某零售企业 2022 年度自行申报收入总额 364 万元、成本费用 372 万元，经营亏损 8 万元。经主管税务机关审核，发现其发生的成本费用真实，实现的收入无法确认，依据规定对其进行核定征收。假定应税所得率为 9%，则该小型零售企业 2022 年度应缴纳的企业所得税税额计算如下：

应税所得额 $=372\div(1-9\%)\times9\%=36.79$（万元）

应纳所得税税额 $=36.79\times25\%=9.2$（万元）

【任务设计——企业所得税年度汇算清缴】

工作实例：

2023 年 3 月，会计专业应届毕业生陈某到甲公司报税岗位进行顶岗实习，正值企业进行 2022 年度企业所得税年度汇算清缴工作。

甲公司为居民企业，2022 年境内经营业务如下：

(1) 取得销售收入 2 500 万元。

(2) 销售成本 1 100 万元。

(3) 发生销售费用 670 万元（其中广告费 450 万元），管理费用 480 万元（其中业务招待费 15 万元、新技术的研究开发费用为 40 万元），财务费用 60 万元。

(4) 销售税金 160 万元（含增值税 120 万元）。

(5) 营业外收入 70 万元，营业外支出 50 万元（含通过公益性社会团体向贫困山区捐款 36.24 万元，支付税收滞纳金 6 万元）。

(6) 连续 12 个月以上的权益性投资收益 34 万元（已在投资方所在地按 15% 的税率缴纳了所得税）。

5

(7) 计入成本、费用中的实发工资总额 150 万元，拨缴职工工会经费 3 万元，支出职工福利费 23 万元，职工教育经费 6 万元。

甲公司 2022 年已预缴了企业所得税 50 万元。

甲公司在 A、B 两国设有分支机构，在 A 国机构的税后所得为 28 万元，A 国所得税税率为 30%；在 B 国机构的税后所得为 24 万元，B 国所得税税率为 20%。在 A、B 两国已分别缴纳所得税 12 万元、6 万元。假设在 A、B 两国应税所得额的计算与我国税法相同，公司汇总时选择“不分国不分项”方式，抵免境外所得税税额。

要求：运用企业所得税相关政策，分别进行相关项目的年度纳税调整，计算甲公司 2022 年应补缴的企业所得税税额。

【操作步骤】

第一步：计算会计利润总额。

会计利润总额 $=2\,500-1\,100-670-480-60-40+70-50+34+28+24=256$（万元）

第二步：计算纳税调整增加额。

(1) 广告费和业务宣传费调增所得额＝450－2 500×15%＝450－375＝75(万元)

(2) 业务招待费调增所得额＝15－15×60%＝15－9＝6(万元)

2 500×5‰＝12.5(万元)＞9(万元)

(3) 捐赠支出应调增所得额＝36.24－256×12%＝5.52(万元)

(4) 支付的税收滞纳金调增所得额＝6(万元)

(5) 职工福利费调增所得额＝23－150×14%＝2(万元)

职工教育经费扣除限额＝150×8%＝12(万元)

甲公司实际支出了6万元，未超过限额，不需调整。

纳税调整增加额＝75＋6＋5.52＋6＋2＝94.52(万元)

第三步：计算纳税调整减少额。

(1) 技术研究开发费用调减所得额＝40×75%＝30(万元)

(2) 权益性投资收益调减所得额＝34(万元)

(3) 境外税后所得在计算境内所得应纳税额时，予以调减28＋24＝52(万元)

纳税调整减少额＝30＋34＋52＝116(万元)

第四步：计算应纳税所得额。

应纳税所得额＝256＋94.52－116＝234.52(万元)

第五步：计算应纳所得税税额。

(1) 境内所得应纳所得税税额＝234.52×25%＝58.63(万元)

(2) 境外所得应补缴的税额：

境外所得换算为含税收入的所得：

A国：28÷(1－30%)＝40(万元)

B国：24÷(1－20%)＝30(万元)

境外所得应纳所得税税额＝(40＋30)×25%＝17.5(万元)

5

抵扣限额：

A国的抵扣限额＝(234.52＋40＋30)×25%×40÷304.52＝10(万元)

B国的抵扣限额＝(234.52＋40＋30)×25%×30÷304.52＝7.5(万元)

在A国实际缴纳所得税12万元，在B国实际缴纳所得税6万元，合计18万元，高于抵扣限额17.5万元，在“不分国不分项”情况下，不需要再补缴企业所得税。

自测题：企业所得税税款计算

(3) 甲公司2022年应补缴企业所得税税额：

58.63－50＝8.63(万元)

任务三 企业所得税会计核算

任务引例

东方股份有限公司2022年度利润表中利润总额为1 200万元，该公司适用的所得税税率为25%，假定2021年年末资产负债表各项目的账面价值与其计税基础一致，2022年发生的有关交易和事项中，会计处理与税收处理存在的差异有：

（1）2022年1月2日开始计提折旧的一项固定资产，成本为600万元，使用年限为10年，净残值为零，税法规定可采用双倍余额递减法计提折旧，会计处理按直线法计提折旧。假定税法规定的使用年限及净残值与会计规定相同。

（2）向关联企业提供现金捐赠200万元。

（3）该年度发生技术研究支出500万元。

（4）应付违反环保法规定罚款100万元。

（5）期末对持有的存货计提了30万元的存货跌价准备。

要求：根据以上资料，用资产负债表债务法进行会计核算。

【知识准备与业务操作】

企业所得税会计核算是对按照会计准则计算的税前会计利润（或亏损）与按税法计算的应纳税所得（或亏损）额之间的差异进行会计处理。目前有两种处理办法：一是将应纳所得税全部作为所得税费用，计入当期利润表；二是对应税所得额进行调整，然后得出所得税费用。前者称为应付税款法，后者称为纳税影响会计法。纳税影响会计法又可分为递延法和债务法；债务法分为利润表债务法和资产负债表债务法。根据我国《企业会计准则第18号——所得税》的规定，所得税会计核算应该采用资产负债表债务法。

5

一、暂时性差异的确认

暂时性差异是指资产或负债的账面价值与其计税基础之间的差额。账面价值是指按照企业会计准则规定确定的有关资产、负债在企业的资产负债表中应列示的金额；计税基础分为资产的计税基础和负债的计税基础。

（一）资产计税基础的确定

资产的计税基础，是指企业收回资产账面价值的过程中，计算应纳税所得额时，按照税法规定可以从应税经济利益中抵扣的金额，即某一项资产在未来期间计税时可以税前扣除的金额。从税收的角度考虑，资产的计税基础是假定企业按照税法规定进行核算所提供的资产负债表中资产的应有金额，本质上就是税收口径的资产价值标准。

通常情况下，资产在取得时其入账价值与计税基础是相同的，后续计量过程中因企业会计准则规定与税法规定不同，可能造成计税基础与其账面价值不同。常见的有以下资产项目：

1. 固定资产

以各种方式取得的固定资产，初始确认时入账价值基本上是被税法认可的，即取得时其入账价值一般等于计税基础。但固定资产在持有期间进行后续计量时，会计与税收处理在折旧方法、折旧年限的不同以及固定资产减值准备的提取等方面会产生差异。

(1) 折旧方法、折旧年限不同产生的差异。企业会计准则规定，企业可以根据消耗固定资产经济利益的方式合理选择折旧方法，如可以按直线法计提折旧，也可以按照双倍余额递减法、年数总和法等计提折旧，前提是有关的方法能够反映固定资产为企业带来经济利益的实现方式。税法一般规定固定资产的折旧方法，除某些按照规定可以加速折旧的情况外，基本上可以税前扣除的是按照直线法计提的折旧。

(2) 因计提固定资产减值准备产生的差异。持有固定资产的期间内，在对固定资产计提了减值准备以后，因所计提的减值准备不允许税前扣除，账面价值下降，但计税基础不会随资产减值准备的提取而发生变化，也会造成其账面价值与计税基础的差异。

【做中学 5-12】 某公司 2021 年年末以 100 万元购入一项固定资产，会计上的折旧年限为 5 年，税法规定折旧年限为 10 年，会计与税法均按平均年限法计提折旧，净残值为 0，假定固定资产未发生减值。则该项固定资产 2022 年 12 月 31 日的账面价值和计税基础计算如下：

$$账面价值 = 100 - 100 \div 5 = 80(万元)$$

$$计税基础 = 100 - 100 \div 10 = 90(万元)$$

2. 无形资产

在无形资产后续计量和内部研究开发形成无形资产的初始确认方面，其入账价值与税法规定的成本之间会存在一定差异。

(1) 无形资产在后续计量时，会计与税收的差异主要产生于对无形资产是否需要摊销及无形资产减值准备的提取。企业会计准则规定，对于无形资产应根据其使用寿命情况，区分为使用寿命有限的无形资产与使用寿命不确定的无形资产。对于使用寿命不确定的无形资产，不要求摊销，而应在会计期末进行减值测试。税法规定，企业取得的无形资产成本，应在一定期限内摊销，合同、法律未明确规定摊销期限的，应按不少于 10 年的期限摊销。因摊销规定的不同，会造成其账面价值与计税基础的差异。在对无形资产计提减值准备的情况下，因所计提的减值准备不允许税前扣除，也会造成其账面价值与计税基础的差异。

(2) 对于内部研究开发形成的无形资产的处理。企业会计准则规定，有关研究开发支出区分为两个阶段：研究阶段的支出应当费用化计入当期损益；而开发阶段符合资本化条件以后发生的支出应当资本化，作为无形资产的成本。税法规定，企业发生的研究开发支出可税前加计扣除，即一般可按当期实际发生的研究开发支出的 75%（制造业、科技型中小企业按 100%）加计扣除，形成无形资产的按无形资产成本的 175%（制造业、科技型中小企业按 200%）摊销。这样，两者就会造成其账面价值与计税基础的差异。

【做中学 5-13】某制造企业当期发生研究开发费用总计为1 300万元,其中,研究阶段费用支出300万元,开发阶段符合资本化条件前费用支出为400万元,符合资本化条件后至达到预定用途前费用支出为600万元,假定开发形成的无形资产在当期期末已达到预定用途(尚未开始摊销)。当期期末该无形资产账面价值与计税基础分别确定如下:

按照企业会计准则规定,当期发生的研究开发支出中应予以费用化的金额为700万元,形成无形资产的成本为600万元,即期末所形成的无形资产的账面价值为600万元。

按照税法规定,可在当期税前扣除的金额为1 400万元,所形成无形资产在未来期间可于税前扣除的金额为1 200万元,其计税基础为1 200万元。

提示:

该无形资产的确认不是产生于企业合并交易,而是在资产初始确认时产生,确认该资产时既不影响会计利润也不影响应纳税所得额,则按照所得税会计准则的规定,不确认有关暂时性差异的所得税影响。

3. 以公允价值计量且其变动计入当期损益的金融资产

按照《企业会计准则第22号——金融工具确认和计量》的规定,对于以公允价值计量且其变动计入当期损益的金融资产,其于某一会计期末的账面价值为公允价值;税法规定按照企业会计准则确认的公允价值变动损益在计税时不予考虑,即有关金融资产在某一会计期末的计税基础为其取得成本,就会造成该类金融资产账面价值与其计税基础之间的差异。

【做中学 5-14】某公司2022年年末持有一项交易性金融资产,成本为80万元,期末公允价值为90万元。年末该资产账面价值与计税基础分别确定如下:

按照企业会计准则规定,交易性金融资产期末应以公允价值计量,公允价值的变动计入当期损益。即该交易性金融资产的账面价值为90万元。

按照税法规定,交易性金融资产在持有期间公允价值变动不计入应纳税所得额,即其计税基础保持80万元不变。

5

4. 其他资产

因企业会计准则规定与税法规定不同,企业持有的其他资产,可能造成其账面价值与计税基础之间存在差异。

(1) 投资性房地产。对于采用公允价值模式进行后续计量的投资性房地产,其期末账面价值为公允价值;而如果税法规定不认可该类资产在持有期间因公允价值变动产生的利得或损失,则其计税基础应以取得时支付的历史成本为基础计算确定,从而会造成账面价值与计税基础之间的差异。

(2) 其他计提了资产减值准备的各项资产。有关资产计提减值准备以后，其账面价值会随之下降，而税法规定，资产的减值准备在转化为实质性损失之前，不允许税前扣除，即其计税基础不会因减值准备的提取而发生变化，从而造成资产的账面价值与其计税基础之间的差异。

【做中学 5-15】某公司 2022 年年末存货余额为 590 万元，已确认并计提存货跌价准备 10 万元。2022 年年末该存货的账面价值和计税基础确认如下：

按照企业会计准则规定，存货的账面价值为 580 万元。

按照税法规定，企业提取的资产减值准备一般不能在税前抵扣，只有在资产发生实质性损失时才允许税前扣除，所以存货的计税基础为 590 万元。

(二) 负债计税基础的确定

负债的计税基础，是指负债的账面价值减去未来期间计算应纳税所得额时按照税法规定可予抵扣的金额。它与账面价值的关系式为：

负债的计税基础＝负债的账面价值－将来负债在兑付时允许扣税的金额

一般情况下，负债的确认与偿还不会影响企业的损益，也不会影响其应纳税所得额，未来期间计算应纳税所得额时按照税法规定可予抵扣的金额为零，计税基础即为账面价值，如企业的短期借款、应付账款等。但是，在某些情况下，负债的确认可能会影响企业的损益，进而影响不同期间的应纳税所得额，使得其计税基础与账面价值之间产生差额，如按照会计规定确认的某些预计负债和预收账款。

1. 企业因销售商品提供售后服务等原因确认的预计负债

按照《企业会计准则第 13 号——或有事项》的规定，企业应将预计提供售后服务发生的支出在销售当期确认为费用，同时确认预计负债。如果税法规定，有关的支出在实际发生时可全部税前扣除，则该事项产生的预计负债在期末的计税基础为其账面价值与未来兑付时允许扣除的全部账面价值之间的差额，等于零，即计税基础为零。

因其他事项确认的预计负债，应按照税法规定的计税原则确定其计税基础。在某些情况下，因有些事项确认的预计负债，如果税法规定其支出无论是否实际发生，均不允许税前扣除，即未来期间按照税法规定可予抵扣的金额为零，其账面价值与计税基础相同。

【做中学 5-16】甲企业 2022 年因销售产品承诺提供 3 年的保修服务，在当年度利润表中确认了 500 万元的销售费用，同时确认为预计负债，当年度未发生任何保修支出。2022 年 12 月 31 日此项负债的账面价值和计税基础确认如下：

按照会计准则规定，负债账面价值为 500 万元。

按照税法规定，与产品售后服务相关的费用在实际发生时允许税前扣除，负债计税基础＝500－500＝0。

2. 预收账款

企业在收到客户预付款项时，因不符合收入确认条件，会计上将其确认为负债。税法中对于收入的确认原则一般与会计规定相同，即会计上未确认收入时，计税时一般也不计入应纳税所得额，该部分经济利益在未来期间计税时可予税前扣除的金额为零，计税基础等于账面价值。

如果不符合企业会计准则规定的收入确认条件，但按照税法规定应计入当期应纳税所得额时，预收账款的计税基础为零，即因其产生时已经计算缴纳所得税，未来期间可全额税前扣除，计税基础为账面价值减去在未来期间可全额税前扣除的金额，即其计税基础为零。

【做中学 5-17】 A公司于2022年12月20日收到一笔合同预付款，金额为2 500万元，作为预收账款核算。按照适用税法规定，该款项应计入取得当期应纳税所得额计算缴纳所得税。2022年年末该项负债的账面价值和计税基础确认如下：

按照企业会计准则规定，账面价值为2 500万元。

按照税法规定，该项预收账款在未来期间计算应纳税所得额时可予全部抵扣，计税基础＝2 500－2 500＝0。

（三）应纳税暂时性差异的确认

应纳税暂时性差异是指在确定未来收回资产或清偿负债期间的应纳税所得额时，将产生应税金额的暂时性差异。该差异在未来期间转回时，会增加转回期间的应纳税所得额。由于该暂时性差异的转回，会进一步增加转回期间的应纳税所得额和应交所得税税额。在该暂时性差异产生当期，应当确认相关的递延所得税负债。应纳税暂时性差异通常产生于以下两种情况：

（1）资产的账面价值大于其计税基础。一项资产的账面价值代表的是企业在持续使用及最终出售该项资产时会取得的经济利益的总额，而计税基础代表的是一项资产在未来期间可予税前扣除的总金额。资产的账面价值大于计税基础，意味着该项资产未来期间产生的经济利益不能全部税前扣除，两者之间的差额需要纳税，产生应纳税暂时性差异。

例如【做中学 5-14】中，某公司交易性金融资产的账面价值90万元与其计税基础80万元之间产生的差额10万元，意味着企业将于未来期间增加应纳税所得额和应交所得税，属于应纳税暂时性差异，应确认相应的递延所得税负债。

5

（2）负债的账面价值小于其计税基础。一项负债的账面价值为企业预计在未来期间清偿该项负债时的经济利益流出，而计税基础代表的是账面价值在扣除税法规定未来期间允许税前扣除的金额之后的差额。负债的账面价值小于其计税基础，则意味着该项负债在未来期间可以税前抵扣的金额为负数，即应在未来期间应纳税所得额的基础上调增，增加应纳税所得额和应交所得税金额，产生应纳税暂时性差异，但这种情况一般不会产生。

（四）可抵扣暂时性差异的确认

可抵扣暂时性差异是指在确定未来收回资产或清偿负债期间的应纳税所得额时，将产生可抵扣金额的暂时性差异。该差异在未来期间转回时会减少转回期间的应纳税所得额，减少未来期间的应交所得税。在该暂时性差异产生当期，应当确认相关的递延所得税资产。可抵扣暂时性差异一般产生于以下两种情况：

（1）资产的账面价值小于计税基础。从经济含义来看，资产在未来期间产生的经济利益少，按照税法规定允许税前扣除的金额多，则企业在未来期间可以减少应税所得额并减少应交所得税，形成可抵扣暂时性差异。

例如【做中学 5-12】中，某公司固定资产的账面价值80万元与其计税基础90万元之间产生的差额10万元，因其在未来期间会减少企业的应纳税所得额和应交所得税，为可抵扣暂时性差异，应确认与其相关的递延所得税资产。

（2）负债的账面价值大于计税基础。负债产生的暂时性差异实质上是税法规定的该项负债可以在未来期间税前扣除的金额。一项负债的账面价值大于其计税基础，意味着未来期间按照税法规定构成负债的全部或部分金额可以从未来应税经济利益中扣除，减少未来期间的应交所得税，产生可抵扣暂时性差异。

例如【做中学5-16】中，甲企业预计负债的账面价值500万元与其计税基础0之间形成暂时性差异500万元，在未来期间转回时，会减少企业的应纳税所得额，使企业在未来期间以应交所得税的方式流出的经济利益减少，为可抵扣暂时性差异，在其产生期间，应确认相关的递延所得税资产。

二、会计科目的设置

企业在选择资产负债表债务法时，应设置“递延所得税负债”“递延所得税资产”“所得税费用”“应交税费——应交所得税”等科目。

（1）“递延所得税负债”是负债类科目，核算企业确认的应纳税暂时性差异产生的所得税负债。其贷方反映企业确认的各类递延所得税负债以及递延所得税负债的应有余额大于其账面余额的差额；与直接计入所有者权益的交易或事项相关的递延所得税负债，以及企业合并中取得资产、负债的入账价值与其计税基础不同形成的应纳税暂时性差异也贷记本账户。其借方反映资产负债表日递延所得税负债的应有余额小于其账面余额的差额。期末贷方余额反映企业已确认的递延所得税负债。

（2）“递延所得税资产”是资产类科目，核算企业由于可抵扣暂时性差异确认的递延所得税资产及按规定可用以后年度税前利润弥补的亏损及税款抵减产生的所得税资产。其借方反映期末确认的各类递延所得税资产以及递延所得税资产应有余额大于其账面余额的差额。其贷方反映企业期末递延所得税资产应有余额小于其账面余额的差额；资产负债表日，预计未来期间很可能无法获得足够的应纳税所得额用以抵扣可抵扣暂时性差异的，按原已确认的递延所得税资产中应减记的金额贷记本科目。本账户期末借方余额，反映企业确认的递延所得税资产。

5

（3）“所得税费用”是损益类科目，核算企业确认的应从当期利润总额中扣除的所得税费用，按“当期所得税费用”“递延所得税费用”进行明细核算。其借方反映资产负债表日，企业按照税法规定计算确定的当期应交所得税（当期所得税费用）和递延所得税资产的应有余额小于“递延所得税资产”科目余额的差额（递延所得税费用）；贷方反映资产负债表日，递延所得税资产的应有余额大于“递延所得税资产”科目余额的差额（递延所得税费用）。企业应予确认的递延所得税负债，也比照上述原则调整本科目。期末，应将本账户的余额转入“本年利润”科目，结转后无余额。

三、资产负债表债务法的会计处理

企业会计准则规定，企业应采用资产负债表债务法核算所得税。资产负债表债务法是指从资产负债表出发，通过比较资产负债表上列示的资产、负债按照企业会计准则规定确定的账面价值与按照税法规定的计税基础，对于两者之间的差额分别确认应纳税暂时性差异与可抵扣暂时性差异，确认相关的递延所得税负债和递延所得税资产，并在此基础上确定每一期间利润表中的所得税费用。

（一）递延所得税资产的确认

（1）递延所得税资产的确认应以未来期间可能取得的应纳税所得额为限。资产、负债的账面价值与其计税基础不同产生可抵扣暂时性差异的，在估计未来期间能够取得足够的应纳税所得额用以抵扣该可抵扣暂时性差异时，应当以很可能取得用来抵扣可抵扣暂时性差异的应纳税所得额为限，确认相关的递延所得税资产；在可抵扣暂时性差异转回的未来期间内，若企业无法产生足够的应纳税所得额用以抵减可抵扣暂时性差异的影响时，使得与递延所得税资产相关的经济利益无法实现的，该部分递延所得税资产不应确认。

（2）按照税法规定可以结转以后年度的未弥补亏损和税款抵减，应视同可抵扣暂时性差异处理。在预计可利用可弥补亏损或税款抵减的未来期间内能够取得足够的应纳税所得额时，应当以很可能取得的应纳税所得额为限，确认相应的递延所得税资产，同时减少确认当期的所得税费用。

（3）适用税率的确定。确认递延所得税资产时，应估计相关可抵扣暂时性差异的转回时间，采用转回期间适用的所得税税率为基础计算确定。无论相关的可抵扣暂时性差异转回期间如何，递延所得税资产均不予折现。

（4）资产负债表日，企业应当对递延所得税资产的账面价值进行复核。如果未来期间很可能无法取得足够的应纳税所得额用以抵扣递延所得税资产的利益，应当减记递延所得税资产的账面价值。递延所得税资产的账面价值减记以后，继后期间根据新的环境和情况判断能够产生足够的应纳税所得额用以抵扣可抵扣暂时性差异，使得递延所得税资产包含的经济利益能够实现的，应相应恢复递延所得税资产的账面价值。

递延所得税资产的计算公式为：

“递延所得税资产”的余额＝该时点可抵扣暂时性差异×当时的所得税税率

当期“递延所得税资产”变动额＝（年末可抵扣暂时性差异－年初可抵扣暂时性差异）×所得税税率

如果所得税税率发生变化，则：

当期“递延所得税资产”变动额＝年末可抵扣暂时性差异×新的所得税税率－年初可抵扣暂时性差异×旧的所得税税率

（二）递延所得税负债的确认

（1）应纳税暂时性差异在转回期间将增加未来期间企业的应纳税所得额和应交所得税，导致企业经济利益的流出，从其发生当期看，构成企业应支付税金的义务，应作为递延所得税负债确认。除直接计入所有者权益的交易或事项以及企业合并外，在确认递延所得税负债的同时，应增加利润表中的所得税费用。

（2）递延所得税负债应以相关应纳税暂时性差异转回期间适用的所得税税率计量。在我国，除享受优惠政策的情况以外，企业适用的所得税税率在不同年度之间一般不会发生变化，企业在确认递延所得税负债时，以现行适用税率为基础计算确定，递延所得税负债的确认不要求折现。

递延所得税负债的计算公式为：

“递延所得税负债”的余额＝该时点应纳税暂时性差异×当时的所得税税率

当期"递延所得税负债"变动额＝（年末应纳税暂时性差异－年初应纳税暂时性差异）×所得税税率

如果所得税税率发生变化，则：

当期"递延所得税负债"变动额＝年末应纳税暂时性差异×新的所得税税率－年初应纳税暂时性差异×旧的所得税税率

（三）所得税费用的确认

利润表中的所得税费用由当期所得税和递延所得税两部分组成，即：

所得税费用＝当期所得税＋递延所得税

当期所得税，是指企业按照税法规定计算确定的针对当期发生的交易和事项，应缴纳给税务部门的所得税金额，即应交所得税。

递延所得税，是指按照企业会计准则规定应予以确认的递延所得税资产和递延所得税负债在期末应有的金额相对于原已确认金额之间的差额，即递延所得税资产及递延所得税负债的当期发生额，但不包括直接计入所有者权益交易事项及企业合并的所得税影响。用公式表示为：

递延所得税＝递延所得税费用－递延所得税收益

递延所得税费用＝当期递延所得税负债增加额＋当期递延所得税资产减少额

递延所得税收益＝当期递延所得税资产增加额＋当期递延所得税负债减少额

四、应付税款法的会计处理

企业会计准则规定，上市公司应采用资产负债表法核算所得税，非上市企业仍执行《企业会计制度》和《小企业会计制度》，因而绝大部分非上市企业采用应付税款法核算所得税费用，因此，这里对应付税款法也作简单介绍。

应付税款法是指企业不确认时间性差异对所得税的影响金额，直接将当期计算的应交所得税确认为所得税费用的方法。在这种情况下，当期所得税费用等于当期应交的所得税。该核算方法的特点是：本期所得税费用为按照本期应税所得额与适用的所得税税率计算的应交所得税，即本期从净利润中扣除的所得税费用等于本期应交的所得税。时间性差异产生的影响所得税的金额均在本期确认所得税费用，或在本期抵减所得税费用，在会计报表中不反映为一项负债或一项资产。例如，按照我国税法规定，企业固定资产一般应按直线法提取折旧，但会计准则规定企业的固定资产采用什么方法提取折旧由企业自行确定。在这种情况下，按直线法提取折旧额计算的应税所得额和采用加速折旧法提取折旧额计算的税前会计利润之间必然产生一个差额。在采用应付税款法进行处理时，应按税法规定，就存在的差额对本期税前会计利润进行调整，将其调整为应税所得额，按照应税所得额计算的本期应交所得税额，作为本期的所得税费用。

根据实际应缴的所得税税额：

借：所得税费用
　　贷：应交税费——应交所得税

实际上交所得税时：

5

借：应交税费——应交所得税
　贷：银行存款

在应付税款法下，本期发生的暂时性差异不单独核算，与本期发生的永久性差异同样处理。也就是说，不管税前会计利润是多少，在计算缴纳所得税时均应按税法规定对税前会计利润进行调整，将其调整为应税所得，再按应税所得计算出本期应交的所得税，作为本期所得税费用，即本期所得税费用等于本期应交所得税。

【任务设计——资产负债表债务法的应用】

工作实例 1：

资料：本项目任务三的引例。

要求：用资产负债表债务法对东方股份有限公司进行会计核算。

【操作步骤】

第一步：计算当期应缴纳的所得税金额。

2022 年度当期应交所得税：

$$应纳税所得额=1\ 200-60+200-(500\times175\%-500)+100+30=1\ 095(万元)$$

$$应交所得税=1\ 095\times25\%=273.75(万元)$$

第二步：确定资产、负债的账面价值和计税基础，并确定暂时性差异。

该公司 2022 年资产负债表相关项目金额及其计税基础如表 5-2 所示。

表 5-2　资产负债表相关项目金额及其计税基础　计量单位：万元

项　目	账面价值	计税基础	差　异	
			应纳税暂时性差异	可抵扣暂时性差异
存货	800	830		30
固定资产				
固定资产原价	600	600		
减：累计折旧	60	120		
减：固定资产减值准备	0	0		
固定资产账面价值	540	480	60	
其他应付款	100	100		
总计			60	30

第三步：计算确定所得税费用。

$$递延所得税费用=60\times25\%=15(万元)$$

$$递延所得税收益=30\times25\%=7.5(万元)$$

$$递延所得税=15-7.5=7.5(万元)$$

$$利润表中应确认的所得税费用=273.75+7.5=281.25(万元)$$

5

第四步：进行账务处理。

借：所得税费用——当期所得税费用 2 737 500
　　所得税费用——递延所得税费用 75 000
　　递延所得税资产 75 000
　贷：应交税费——应交所得税 2 737 500
　　　递延所得税负债 150 000

工作实例 2：

沿用工作实例 1，假定东方股份公司 2023 年当期应交所得税额为 462 万元，所得税税率为 25%，年末资产负债表中有关资产、负债的账面价值与其计税基础相关资料如表 5-3 所示，除所列项目外，其他资产、负债项目不存在会计和税收的差异。

要求：按资产负债表债务法进行会计核算。

表 5-3　资产、负债的账面价值与计税基础　计量单位：万元

项　目	账面价值	计税基础
存货	1 600	1 680
固定资产		
固定资产原价	600	600
减：累计折旧	120	216
减：固定资产减值准备	20	0
固定资产账面价值	460	384
预计负债	100	0
总计		

【操作步骤】

第一步：计算当期应缴纳的所得税金额。

2023 年度应交所得税税额为 462 万元。

第二步：确定资产、负债的账面价值和计税基础，并确定暂时性差异。

暂时性差异的计算如表 5-4 所示。

表 5-4　暂时性差异的计算一览表　计量单位：万元

项　目	账面价值	计税基础	差　异	
			应纳税暂时性差异	可抵扣暂时性差异
存货	1 600	1 680		80
固定资产				
固定资产原价	600	600		
减：累计折旧	120	216		
减：固定资产减值准备	20	0		
固定资产账面价值	460	384	76	
预计负债	100	0		100
总计			76	180

5

第三步：计算确定所得税费用。

（1）当期递延所得税：

❶ 期末递延所得税负债＝76×25%＝19(万元)

期初递延所得税负债＝60×25%＝15(万元)

递延所得税负债增加额＝19－15＝4(万元)

❷ 期末递延所得税资产＝180×25%＝45(万元)

期初递延所得税资产＝30×25%＝7.5(万元)

递延所得税资产增加额＝45－7.5＝37.5(万元)

❸ 递延所得税收益＝37.5(万元)

递延所得税费用＝4(万元)

递延所得税＝4－37.5＝－33.5(万元)

（2）所得税费用：

所得税费用＝462－33.5＝428.5(万元)

第四步：进行账务处理。

自测题：企业所得税会计核算

借：所得税费用——当期所得税费用	4 620 000	
递延所得税资产	375 000	
贷：递延所得税负债		40 000
应交税费——应交所得税		4 620 000
所得税费用——递延所得税费用		335 000

任务四 企业所得税纳税申报

作为报税岗位的会计人员，每月应在规定时间内，根据会计资料计算企业所得税月(季)度预缴金额，准备申报材料，进行企业所得税预缴纳税申报和税款缴纳工作。年度终了后5个月内进行企业所得税的汇算清缴工作，进行企业所得税的年度纳税申报和税款缴纳工作。下面以本项目任务二的工作实例甲公司为例来学习企业所得税的纳税申报过程。

【知识准备与业务操作】

一、企业所得税的征收管理

（一）征收方式的确定

企业在每年第一季度应填列《企业所得税征收方式鉴定表》(表5-5)一式三份，报主管税务机关审核。❶—❺项均合格的，实行纳税人自行申报、税务机关查账方式征收；若❶❹❺项中有一项不合格或❷❸项均不合格，实行定额征收；若❷❸项中有一项合格、一项不合格的，实行核定应税所得率办法征收。征收方式确定后，在一个纳税年度内一般不得变更。

表 5-5　　　　企业所得税征收方式鉴定表

<table>
<tr><td colspan="2">纳税人识别号</td><td colspan="4"></td></tr>
<tr><td colspan="2">纳税人名称</td><td colspan="4"></td></tr>
<tr><td colspan="2">纳税人地址</td><td colspan="4"></td></tr>
<tr><td>经济类型</td><td></td><td>所属行业</td><td></td><td>开业日期</td><td></td></tr>
<tr><td>开户银行</td><td></td><td>账　　号</td><td colspan="3"></td></tr>
<tr><td>邮政编码</td><td></td><td>联系电话</td><td colspan="3"></td></tr>
<tr><td colspan="2">上年收入总额</td><td></td><td>上年成本费用额</td><td colspan="2"></td></tr>
<tr><td colspan="2">上年应纳税所得额</td><td></td><td>上年所得税税额</td><td colspan="2"></td></tr>
<tr><td>行次</td><td>项　　目</td><td colspan="2">纳税人自报情况</td><td colspan="2">主管税务机关审核情况</td></tr>
<tr><td>1</td><td>账簿设置情况</td><td colspan="2"></td><td colspan="2"></td></tr>
<tr><td>2</td><td>收入总额核算情况</td><td colspan="2"></td><td colspan="2"></td></tr>
<tr><td>3</td><td>成本费用核算情况</td><td colspan="2"></td><td colspan="2"></td></tr>
<tr><td>4</td><td>账簿凭证保存情况</td><td colspan="2"></td><td colspan="2"></td></tr>
<tr><td>5</td><td>纳税义务履行情况</td><td colspan="2"></td><td colspan="2"></td></tr>
<tr><td colspan="6">征收方式：</td></tr>
<tr><td colspan="6">纳税人意见：
纳税人签章：（公章）　　　　年　　月　　日</td></tr>
<tr><td colspan="6">税务机关审批意见：</td></tr>
<tr><td colspan="2">经办人签字：
年　　月　　日</td><td colspan="2">科室负责人签字：
（公章）
年　　月　　日</td><td colspan="2">主管局长签字：
（公章）
年　　月　　日</td></tr>
</table>

5

（二）纳税期限

企业所得税实行按年计算，按月或季预缴，年终汇算清缴，多退少补的征收办法。纳税年度一般为公历年度，即公历 1 月 1 日至 12 月 31 日为一个纳税年度；纳税人在一个纳税年度的中间开业，或由于合并、终止经营活动等原因使该纳税年度的实际经营期不足 12 个月的，以其实际经营期为一个纳税年度；纳税人破产清算时，以清算期为一个纳税年度。

纳税人应当在月份或季度终了后 15 日内，向其所在地主管税务机关报送预缴所得税申报表，预缴税款。企业应当自年度终了之日起 5 个月内，无论盈利或亏损，均应向税务机关报送年度企业所得税纳税申报表、财务会计报告和其他有关资料并汇算清缴，结清应缴应退税款。少预缴的所得税税额，应在下一年度内补缴；多预缴的所得税税额，在下一年度内抵缴；抵缴后仍有结余，或下一年度发生亏损的，应及时办理退库。

企业在年度中间终止经营活动的，应当自实际经营终止之日起 60 日内，向税务机关办理当期企业所得税汇算清缴。

扣缴义务人每次代扣的税款，应当自代扣之日起 7 日内缴入国库，并向所在地的税务机关报送扣缴企业所得税报告表。

纳税人预缴所得税时，应按纳税期限的实际数预缴。按实际数预缴有困难的，可按上一年度应纳税所得额的1/12（月度）或1/4（季度）预缴，或经当地税务机关认可的其他方法预缴所得税。预缴方法一经确定，不得随意改变。

企业进行清算时，应当在办理注销工商登记之前，办理所得税申报。企业若在年度中间合并、分立、终止时，应当在停止生产经营之日起60日内，向当地税务机关办理当期所得税汇算清缴。

（三）纳税地点

企业所得税由纳税人向其所在地主管税务机关缴纳。居民企业以企业登记注册地为纳税地点；但登记注册地在境外的，以实际管理机构所在地为纳税地点；居民企业在中国境内设立不具有法人资格的营业机构的，应当汇总计算并缴纳企业所得税。

非居民企业在中国境内设立机构、场所的取得的所得以及发生在中国境外但与其所设机构、场所有实际联系的所得，应当以机构、场所所在地为纳税地点；非居民企业在中国境内未设立机构、场所，或者虽设立机构、场所但取得的所得与其所设机构、场所没有实际联系的，以扣缴义务人所在地为纳税地点；非居民企业在中国境内设立两个或者两个以上机构、场所的，经税务机关审核批准，可以选择由其主要机构、场所汇总缴纳企业所得税。

除国务院另有规定外，企业之间不得合并缴纳企业所得税。

动画视频：企业所得税纳税申报流程

二、企业所得税的申报

（一）企业所得税预缴纳税申报表

查账征收企业所得税的居民纳税人及在中国境内设立机构的非居民纳税人在月（季）度预缴企业所得税时应填制《中华人民共和国企业所得税月（季）度预缴纳税申报表》（A类）（表5-6）；实行核定征收管理办法（包括核定应税所得率和核定税额征收方式）缴纳企业所得税的纳税人，在月（季）度申报缴纳企业所得税时应填制《中华人民共和国企业所得税月（季）度预缴纳税申报表》（B类）（表5-7）。

5

表5-6 中华人民共和国企业所得税月（季）度预缴纳税申报表（A类）

税款所属期间： 年 月 日至 年 月 日

纳税人识别号（统一社会信用代码）：□□□□□□□□□□□□□□□□□□

纳税人名称： 金额单位：人民币元（列至角分）

优惠及附报事项有关信息									
项目	一季度		二季度		三季度		四季度		季度平均值
	季初	季末	季初	季末	季初	季末	季初	季末	
从业人数									
资产总额（万元）									
国家限制或禁止行业	□是 □否				小型微利企业				□是 □否
	附报事项名称								金额或选项
事项1	（填写特定事项名称）								
事项2	（填写特定事项名称）								

续　表

<table>
<tr><th>行次</th><th colspan="2">预　缴　税　款　计　算</th><th>本年累计</th></tr>
<tr><td>1</td><td colspan="2">营业收入</td><td></td></tr>
<tr><td>2</td><td colspan="2">营业成本</td><td></td></tr>
<tr><td>3</td><td colspan="2">利润总额</td><td></td></tr>
<tr><td>4</td><td colspan="2">加:特定业务计算的应纳税所得额</td><td></td></tr>
<tr><td>5</td><td colspan="2">减:不征税收入</td><td></td></tr>
<tr><td>6</td><td colspan="2">减:资产加速折旧、摊销(扣除)调减额(填写 A201020)</td><td></td></tr>
<tr><td>7</td><td colspan="2">减:免税收入、减计收入、加计扣除(7.1+7.2+…)</td><td></td></tr>
<tr><td>7.1</td><td colspan="2">(填写优惠事项名称)</td><td></td></tr>
<tr><td>7.2</td><td colspan="2">(填写优惠事项名称)</td><td></td></tr>
<tr><td>8</td><td colspan="2">减:所得减免(8.1+8.2+…)</td><td></td></tr>
<tr><td>8.1</td><td colspan="2">(填写优惠事项名称)</td><td></td></tr>
<tr><td>8.2</td><td colspan="2">(填写优惠事项名称)</td><td></td></tr>
<tr><td>9</td><td colspan="2">减:弥补以前年度亏损</td><td></td></tr>
<tr><td>10</td><td colspan="2">实际利润额(3+4−5−6−7−8−9)\按照上一纳税年度应纳税所得额平均额确定的应纳税所得额</td><td></td></tr>
<tr><td>11</td><td colspan="2">税率(25%)</td><td></td></tr>
<tr><td>12</td><td colspan="2">应纳所得税额(10×11)</td><td></td></tr>
<tr><td>13</td><td colspan="2">减:减免所得税额(13.1+13.2+…)</td><td></td></tr>
<tr><td>13.1</td><td colspan="2">(填写优惠事项名称)</td><td></td></tr>
<tr><td>13.2</td><td colspan="2">(填写优惠事项名称)</td><td></td></tr>
<tr><td>14</td><td colspan="2">减:本年实际已缴纳所得税额</td><td></td></tr>
<tr><td>15</td><td colspan="2">减:特定业务预缴(征)所得税额</td><td></td></tr>
<tr><td>16</td><td colspan="2">本期应补(退)所得税额(12−13−14−15)\税务机关确定的本期应纳所得税额</td><td></td></tr>
<tr><td colspan="4">汇总纳税企业总分机构税款计算</td></tr>
<tr><td>17</td><td rowspan="4">总机构填报</td><td>总机构本期分摊应补(退)所得税额(18+19+20)</td><td></td></tr>
<tr><td>18</td><td>其中:总机构分摊应补(退)所得税额(16×总机构分摊比例____%)</td><td></td></tr>
<tr><td>19</td><td>财政集中分配应补(退)所得税额(16×财政集中分配比例____%)</td><td></td></tr>
<tr><td>20</td><td>总机构具有主体生产经营职能的部门分摊所得税额(16×全部分支机构分摊比例____%×总机构具有主体生产经营职能部门分摊比例____%)</td><td></td></tr>
<tr><td>21</td><td rowspan="2">分支机构填报</td><td colspan="2">分支机构本期分摊比例</td></tr>
<tr><td>22</td><td colspan="2">分支机构本期分摊应补(退)所得税额</td></tr>
</table>

续 表

实际缴纳企业所得税计算			
23	减:民族自治地区企业所得税地方分享部分:□免征 □减征:减征幅度____%)	本年累计应减免金额[(12－13－15)×40%×减征幅度]	
24	实际应补(退)所得税额		
谨声明:本纳税申报表是根据国家税收法律法规及相关规定填报的,是真实的、可靠的、完整的。 纳税人(签章): 年 月 日			
经办人: 经办人身份证号: 代理机构签章: 代理机构统一社会信用代码:	受理人: 受理税务机关(章): 受理日期: 年 月 日		

国家税务总局监制

表 5-7 中华人民共和国企业所得税月(季)度预缴和年度纳税申报表(B类)

税款所属期间: 年 月 日至 年 月 日

纳税人识别号(统一社会信用代码):□□□□□□□□□□□□□□□□□□

纳税人名称: 金额单位:人民币元(列至角分)

核定征收方式	□核定应税所得率(能核算收入总额的) □核定应税所得率(能核算成本费用总额的) □核定应纳所得税额								
按季度填报信息									
项目	一季度		二季度		三季度		四季度		季度平均值
	季初	季末	季初	季末	季初	季末	季初	季末	
从业人数									
资产总额(万元)									
国家限制或禁止行业	□是 □否				小型微利企业		□是 □否		
按年度填报信息									
从业人数(填写平均值)					资产总额(填写平均值,单位:万元)				
国家限制或禁止行业	□是 □否				小型微利企业		□是 □否		

行次	项目	本年累计金额
1	收入总额	
2	减:不征税收入	
3	减:免税收入(4＋5＋10＋11)	
4	国债利息收入免征企业所得税	
5	符合条件的居民企业之间的股息、红利等权益性投资收益免征企业所得税(6＋7.1＋7.2＋8＋9)	

续　表

行次	项　　目	本年累计金额
6	其中：一般股息红利等权益性投资收益免征企业所得税	
7.1	通过沪港通投资且连续持有H股满12个月取得的股息红利所得免征企业所得税	
7.2	通过深港通投资且连续持有H股满12个月取得的股息红利所得免征企业所得税	
8	居民企业持有创新企业CDR取得的股息红利所得免征企业所得税	
9	符合条件的居民企业之间属于股息、红利性质的永续债利息收入免征企业所得税	
10	投资者从证券投资基金分配中取得的收入免征企业所得税	
11	取得的地方政府债券利息收入免征企业所得税	
12	应税收入额(1－2－3)\成本费用总额	
13	税务机关核定的应税所得率(%)	
14	应纳税所得额(第12×13行)\[第12行÷(1－第13行)×第13行]	
15	税率(25%)	
16	应纳所得税额(14×15)	
17	减：符合条件的小型微利企业减免企业所得税	
18	减：实际已缴纳所得税额	
L19	减：符合条件的小型微利企业延缓缴纳所得税额(是否延缓缴纳所得税　□是　□否)	
19	本期应补(退)所得税额(16－17－18－L19)\税务机关核定本期应纳所得税额	
20	民族自治地方的自治机关对本民族自治地方的企业应缴纳的企业所得税中属于地方分享的部分减征或免征(　□免征　□减征：减征幅度____%　)	
21	本期实际应补(退)所得税额	

谨声明：本纳税申报表是根据国家税收法律法规及相关规定填报的，是真实的、可靠的、完整的。

纳税人(签章)：　　年　　月　　日

经办人： 经办人身份证号： 代理机构签章： 代理机构统一社会信用代码：	受理人： 受理税务机关(章)： 受理日期：　年　　月　　日

国家税务总局监制

(二) 企业所得税年度纳税申报表

查账征收企业所得税的纳税人在年度汇算清缴时，无论盈利或亏损，都必须在规定的期限内进行纳税申报，填写企业基础信息表、企业所得税年度纳税申报表主表及其有关附表。

2017年12月修订后施行的企业所得税年度纳税申报表共有37张，除了1张基础信息表和1张主表外，还有附表35张，即6张收入费用明细表、13张纳税调整表、1张亏损弥补表、9 张税收优惠表、4 张境外所得抵免表、2 张汇总纳税表。其中作为主表的附表 15 张，作为附表的附表 20 张。2021 年底，国家税务总局再次对上述的年度纳税申报表、基础信息表、1 张费用明细表、4 张税收优惠明细表、1 张境外所得抵免表、1 张汇总纳税表的部分内容进行了修订。本项目任务二的工作实例主要涉及以下主表和附表。

（三）开具《税收缴款书》缴纳税款

纳税人在向税务机关报送《企业所得税月（季）度预缴纳税申报表》或年度纳税申报表后，应在规定期限内向税务机关指定为代理金库的银行缴纳税款，缴纳税款时，应开具《税收缴款书》。《税收缴款书》共六联，纳税人缴纳税款后，以经国库经收处收款签章后的“收据联”作为完税凭证，证明纳税义务完成，并据此作为会计核算的依据。

自测题：企业所得税纳税申报

【任务设计——企业所得税年度纳税申报表及附表的填报】

工作实例：

接本项目任务二的工作实例，填报甲公司 2022 年度纳税申报表及其附表，办理 2022 年度甲企业所得税年度汇算清缴工作。

【操作步骤】

第一步：填报附表一、附表二。

根据收入、支出的会计核算资料填写附表一：收入明细表（表 5-8）；附表二：成本支出明细表（表 5-9）；期间费用明细表（表 5-10）。

表 5-8　　　　一般企业收入明细表

A101010

行次	项　　目	金　额
1	一、营业收入（2+9）	**25 000 000**
2	（一）主营业务收入（3+5+6+7+8）	**25 000 000**
3	1. 销售商品收入	**25 000 000**
4	其中：非货币性资产交换收入	
5	2. 提供劳务收入	
6	3. 建造合同收入	
7	4. 让渡资产使用权收入	
8	5. 其他	
9	（二）其他业务收入（10+12+13+14+15）	
10	1. 销售材料收入	
11	其中：非货币性资产交换收入	
12	2. 出租固定资产收入	
13	3. 出租无形资产收入	
14	4. 出租包装物和商品收入	
15	5. 其他	
16	二、营业外收入（17+18+19+20+21+22+23+24+25+26）	**700 000**
17	（一）非流动资产处置利得	**700 000**
18	（二）非货币性资产交换利得	
19	（三）债务重组利得	

续 表

行次	项　　　目	金　额
20	（四）政府补助利得	
21	（五）盘盈利得	
22	（六）捐赠利得	
23	（七）罚没利得	
24	（八）确实无法偿付的应付款项	
25	（九）汇兑收益	
26	（十）其他	

表 5-9　　一般企业成本支出明细表

A102010

行次	项　　　目	金　额
1	一、营业成本(2+9)	**11 000 000**
2	（一）主营业务成本(3+5+6+7+8)	**11 000 000**
3	1. 销售商品成本	**11 000 000**
4	其中：非货币性资产交换成本	
5	2. 提供劳务成本	
6	3. 建造合同成本	
7	4. 让渡资产使用权成本	
8	5. 其他	
9	（二）其他业务成本(10+12+13+14+15)	
10	1. 材料销售成本	
11	其中：非货币性资产交换成本	
12	2. 出租固定资产成本	
13	3. 出租无形资产成本	
14	4. 包装物出租成本	
15	5. 其他	
16	二、营业外支出(17+18+19+20+21+22+23+24+25+26)	**500 000**
17	（一）非流动资产处置损失	**77 600**
18	（二）非货币性资产交换损失	
19	（三）债务重组损失	
20	（四）非常损失	
21	（五）捐赠支出	**362 400**
22	（六）赞助支出	
23	（七）罚没支出	**60 000**
24	（八）坏账损失	
25	（九）无法收回的债券股权投资损失	
26	（十）其他	

5

表 5-10 期间费用明细表

A104000

行次	项　　目	销售费用	其中：境外支付	管理费用	其中：境外支付	财务费用	其中：境外支付
		1	2	3	4	5	6
1	一、职工薪酬		*		*	*	*
2	二、劳务费					*	*
3	三、咨询顾问费					*	*
4	四、业务招待费		*		*	*	*
5	五、广告费和业务宣传费		*		*	*	*
6	六、佣金和手续费						
7	七、资产折旧摊销费		*		*	*	*
8	八、财产损耗、盘亏及毁损损失		*		*	*	*
9	九、办公费		*		*	*	*
10	十、董事会费		*		*	*	*
11	十一、租赁费					*	*
12	十二、诉讼费		*		*	*	*
13	十三、差旅费		*		*	*	*
14	十四、保险费		*		*	*	*
15	十五、运输、仓储费					*	*
16	十六、修理费					*	*
17	十七、包装费		*		*	*	*
18	十八、技术转让费					*	*
19	十九、研究费用					*	*
20	二十、各项税费		*		*	*	*
21	二十一、利息收支	*	*	*	*		
22	二十二、汇兑差额	*	*	*	*		
23	二十三、现金折扣	*	*	*	*		*
24	二十四、党组织工作经费						
25	二十五、其他						
26	合计(1+2+3+…+25)	**6 700 000**		**4 800 000**		**600 000**	

注：表中期间费用明细项目的具体数值略。

第二步：填报纳税调整项目明细表(A105000)及附表。

先根据会计核算资料填写附表，本实例中，纳税调整项目明细表的附表主要有职工薪酬支出及纳税调整明细表(表 5-11)、广告费和业务宣传费跨年度纳税调整明细表(表 5-12)、捐赠支出纳税调整明细表(表 5-13)，再根据这些附表资料及会计核算资料填报纳税调整项目明细表(表 5-14)。

表 5-11　　　　　职工薪酬支出及纳税调整明细表

A105050

行次	项　　目	账载金额	实际发生额	税收规定扣除率	以前年度累计结转扣除额	税收金额	纳税调整金额	累计结转以后年度扣除额
		1	2	3	4	5	6(1－5)	7(1＋4－5)
1	一、工资薪金支出	**1 500 000**	**1 500 000**		*	**1 500 000**	**0**	*
2	其中:股权激励				*			*
3	二、职工福利费支出	**230 000**	**230 000**	14%	*	**210 000**	**20 000**	*
4	三、职工教育经费支出	**60 000**	**60 000**			**60 000**	**0**	**0**
5	其中:按税收规定比例扣除的职工教育经费	**60 000**	**60 000**	8%		**60 000**	**0**	**0**
6	按税收规定全额扣除的职工培训费用				*			*
7	四、工会经费支出	**30 000**	**30 000**	2%	*	**30 000**	**0**	*
8	五、各类基本社会保障性缴款				*			*
9	六、住房公积金			*	*			*
10	七、补充养老保险				*			*
11	八、补充医疗保险				*			*
12	九、其他			*				*
13	合计(1＋3＋4＋7＋8＋9＋10＋11＋12)	**1 820 000**	**1 820 000**	*		**1 800 000**	**20 000**	**0**

表 5-12　　　　　广告费和业务宣传费等跨年度纳税调整明细表

A105060

行次	项　　目	广告费和业务宣传费	保险企业手续费及佣金支出
		1	2
1	一、本年支出	**4 500 000**	
2	减:不允许扣除的支出		
3	二、本年符合条件的支出(1－2)	**4 500 000**	
4	三、本年计算扣除限额的基数	**25 000 000**	
5	乘:税收规定扣除率	15%	
6	四、本企业计算的扣除限额(4×5)	**3 750 000**	
7	五、本年结转以后年度扣除额(3＞6,本行＝3－6;3≤6,本行＝0)	**750 000**	
8	加:以前年度累计结转扣除额		
9	减:本年扣除的以前年度结转额[3＞6,本行＝0;3≤6,本行＝8 或(6－3)孰小值]		
10	六、按照分摊协议归集至其他关联方的金额(10≤3 或 6 孰小值)		
11	按照分摊协议从其他关联方归集至本企业的金额		
12	七、本年支出纳税调整金额(3＞6,本行＝2＋3－6＋10－11;3≤6,本行＝2＋10－11－9)	**750 000**	
13	八、累计结转以后年度扣除额(7＋8－9)	**750 000**	

5

表 5-13 捐赠支出及纳税调整明细表

A105070

行次	项目		账载金额	以前年度结转可扣除的捐赠额	按税收规定计算的扣除限额	税收金额	纳税调增金额	纳税调减金额	可结转以后年度扣除的捐赠额
			1	2	3	4	5	6	7
1	一、非公益性捐赠			*	*	*		*	*
2	二、限额扣除的公益性捐赠(3+4+5+6)		362 400		307 200	307 200	55 200		
3	前三年度(　　年)		*		*	*	*		
4	前二年度(　　年)		*		*	*	*		
5	前一年度(　　年)		*		*	*	*		
6	本年(2022 年)		362 400	*	307 200	307 200	55 200	*	
7	三、全额扣除的公益性捐赠			*	*		*	*	*
8	1.			*	*		*	*	*
9	2.			*	*		*	*	*
10	3.			*	*		*	*	*
11	合计(1+2+7)		362 400		307 200	307 200	55 200		
附列资料		2016 年度至本年发生的公益性扶贫捐赠合计金额		*	*		*	*	*

表 5-14 纳税调整项目明细表

A105000

行次	项目	账载金额	税收金额	调增金额	调减金额
		1	2	3	4
1	一、收入类调整项目(2+3+4+5+6+7+8+10+11)	*	*		
2	(一)视同销售收入(填写 A105010)	*			*
3	(二)未按权责发生制原则确认的收入(填写 A105020)				
4	(三)投资收益(填写 A105030)				
5	(四)按权益法核算长期股权投资对初始投资成本调整确认收益	*	*	*	
6	(五)交易性金融资产初始投资调整	*	*		*
7	(六)公允价值变动净损益		*		
8	(七)不征税收入	*	*		
9	其中:专项用途财政性资金(填写 A105040)	*	*		
10	(八)销售折扣、折让和退回				
11	(九)其他				
12	二、扣除类调整项目(13+14+15+16+17+18+19+20+21+22+23+24+26+27+28+29+30)	*	*	**945 200**	
13	(一)视同销售成本(填写 A105010)	*		*	
14	(二)职工薪酬(填写 A105050)	**1 820 000**	**1 800 000**	**20 000**	
15	(三)业务招待费支出	**150 000**	**90 000**	**60 000**	*
16	(四)广告费和业务宣传费支出(填写 A105060)	*	*	**750 000**	
17	(五)捐赠支出(填写 A105070)	**362 400**	**307 200**	**55 200**	*
18	(六)利息支出				

续 表

行次	项 目	账载金额	税收金额	调增金额	调减金额
		1	2	3	4
19	(七) 罚金、罚款和被没收财物的损失		*		*
20	(八) 税收滞纳金、加收利息	**60 000**	*	**60 000**	*
21	(九) 赞助支出		*		*
22	(十) 与未实现融资收益相关在当期确认的财务费用				
23	(十一) 佣金和手续费支出(保险企业填写A105060)				*
24	(十二) 不征税收入用于支出所形成的费用	*	*		*
25	其中: 专项用途财政性资金用于支出所形成的费用(填写 A105040)	*	*		*
26	(十三) 跨期扣除项目				
27	(十四) 与取得收入无关的支出		*		*
28	(十五) 境外所得分摊的共同支出	*	*		*
29	(十六) 党组织工作经费				
30	(十七) 其他				
31	三、资产类调整项目(32+33+34+35)	*	*		
32	(一) 资产折旧、摊销(填写 A105080)				
33	(二) 资产减值准备金		*		
34	(三) 资产损失(填写 A105090)				
35	(四) 其他				
36	四、特殊事项调整项目(37+38+…+43)	*	*		
37	(一) 企业重组及递延纳税事项(填写 A105100)				
38	(二) 政策性搬迁(填写 A105110)	*	*		
39	(三) 特殊行业准备金(39.1+39.2+39.4+39.5+39.6+39.7)	*	*		
39.1	1. 保险公司保险保障基金				
39.2	2. 保险公司准备金				
39.3	其中:已发生未报案未决赔款准备金				
39.4	3. 证券行业准备金				
39.5	4. 期货行业准备金				
39.6	5. 中小企业融资(信用)担保机构准备金				
39.7	6. 金融企业、小额贷款公司准备金(填写 A105120)	*	*		
40	(四) 房地产开发企业特定业务计算的纳税调整额(填写 A105010)	*			
41	(五) 合伙企业法人合伙方应分得的应纳税所得额				
42	(六) 发行永续债利息支	*	*		
43	(七) 其他	*	*		
44	五、特别纳税调整应税所得	*	*		
45	六、其他	*	*		
46	合计(1+12+31+36+44+45)	*	*	945 200	

第三步:填报免税、减计收入及加计扣除优惠明细表(A107010)及附表。

先根据会计核算资料填写附表,本实例中,免税、减计收入及加计扣除优惠明细表的附表主要有符合条件的居民企业之间的股息、红利等权益性投资收益优惠明细表(表 5-15)、研发费用加计扣除优惠明细表(表 5-16),再根据这些附表资料及会计核算资料填报免税、减计收入及加计扣除优惠明细表(表 5-17)。

5

表 5-15　符合条件的居民企业之间的股息、红利等权益性投资收益优惠明细表

A107011

行次	被投资企业	被投资企业统一社会信用代码（纳税人识别号）	投资性质	投资成本	投资比例	被投资企业利润分配确认金额		被投资企业清算确认金额			撤回或减少投资确认金额						合计
						被投资企业做出利润分配或转股决定时间	依决定归属于本公司的股息、红利等权益性投资收益金额	分得的被投资企业清算剩余资产	被清算企业累计未分配利润和累计盈余公积应享有部分	应确认的股息所得	从被投资企业撤回或减少投资取得的资产	减少投资比例	收回初始投资成本	取得资产中超过收回初始投资成本部分	撤回或减少投资应享有被投资企业累计未分配利润和累计盈余公积	应确认的股息所得	
	1	2	3	4	5	6	7	8	9	10(8与9孰小)	11	12	13（4×12）	14（11−13）	15	16（14与15孰小）	17（7+10+16）
1																	
2																	
3																	
4																	
5	合计																**340 000**
6	其中：直接投资或非H股票投资																
7	股票投资—沪港通H股																
8	股票投资—深港通H股																
9	创新企业CDR																
10	永续债																

注：被投资企业的具体资料略。

表 5-16 研发费用加计扣除优惠明细表

A107012

基本信息			
1	□一般企业 □科技型中小企业	科技型中小企业登记编号	
2	本年可享受研发费用加计扣除项目数量		
研发活动费用明细			
3	一、自主研发、合作研发、集中研发(4+8+17+20+24+35)		400 000
4	(一) 人员人工费用(5+6+7)		
5	1. 直接从事研发活动人员工资薪金		
6	2. 直接从事研发活动人员五险一金		
7	3. 外聘研发人员的劳务费用		
8	(二) 直接投入费用(9+10+…+16)		
9	1. 研发活动直接消耗材料		
10	2. 研发活动直接消耗燃料		
11	3. 研发活动直接消耗动力费用		
12	4. 用于中间试验和产品试制的模具、工艺装备开发及制造费		
13	5. 用于不构成固定资产的样品、样机及一般测试手段购置费		
14	6. 用于试制产品的检验费		
15	7. 用于研发活动的仪器、设备的运行维护、调整、检验、维修等费用		
16	8. 通过经营租赁方式租入的用于研发活动的仪器、设备租赁费		
17	(三) 折旧费用(18+19)		
18	1. 用于研发活动的仪器的折旧费		
19	2. 用于研发活动的设备的折旧费		
20	(四) 无形资产摊销(21+22+23)		
21	1. 用于研发活动的软件的摊销费用		
22	2. 用于研发活动的专利权的摊销费用		
23	3. 用于研发活动的非专利技术(包括许可证、专有技术、设计和计算方法等)的摊销费用		
24	(五) 新产品设计费等(25+26+27+28)		
25	1. 新产品设计费		
26	2. 新工艺规程制定费		
27	3. 新药研制的临床试验费		
28	4. 勘探开发技术的现场试验费		
29	(六) 其他相关费用(30+31+32+33+34)		
30	1. 技术图书资料费、资料翻译费、专家咨询费、高新科技研发保险费		
31	2. 研发成果的检索、分析、评议、论证、鉴定、评审、评估、验收费用		
32	3. 知识产权的申请费、注册费、代理费		
33	4. 职工福利费、补充养老保险费、补充医疗保险费		
34	5. 差旅费、会议费		
35	(七) 经限额调整后的其他相关费用		
36	二、委托研发[(37-38)×80%]		
37	委托外部机构或个人进行研发活动所发生的费用		
38	其中:委托境外进行研发活动所发生的费用		
39	三、年度研发费用小计(3+36)		400 000
40	(一) 本年费用化金额		400 000
41	(二) 本年资本化金额		
42	四、本年形成无形资产摊销额		
43	五、以前年度形成无形资产本年摊销额		
44	六、允许扣除的研发费用合计(40+42+43)		400 000
45	减:特殊收入部分		
46	七、允许扣除的研发费用抵减特殊收入后的金额(44-45)		400 000
47	减:当年销售研发活动直接形成产品(包括组成部分)对应的材料部分		
48	减:以前年度销售研发活动直接形成产品(包括组成部分)对应材料部分结转金额		
49	八、加计扣除比例		75%
50	九、本年研发费用加计扣除总额(46-47-48)×49		300 000
51	十、销售研发活动直接形成产品(包括组成部分)对应材料部分结转以后年度扣减金额(当46-47-48≥0,本行=0;当46-47-48<0,本行=46-47-48的绝对值)		

注:研发项目具体支出明细费用数值略。

表 5-17 免税、减计收入及加计扣除优惠明细表

A107010

行次	项　　目	金　额
1	一、免税收入(2+3+6+7+…+16)	**340 000**
2	(一)国债利息收入免征企业所得税	
3	(二)符合条件的居民企业之间的股息、红利等权益性投资收益免征企业所得税(4+5+6+7+8)	**340 000**
4	1. 一般股息红利等权益性投资收益免征企业所得税(填写 A107011)	
5	2. 内地居民企业通过沪港通投资且连续持有 H 股满 12 个月取得的股息红利所得免征企业所得税(填写 A107011)	
6	3. 内地居民企业通过深港通投资且连续持有 H 股满 12 个月取得的股息红利所得免征企业所得税(填写 A107011)	
7	4. 居民企业持有创新企业 CDR 取得的股息红利所得免征企业所得税(填写 A107011)	
8	5. 符合条件的永续债利息收入免征企业所得税(填写 A107011)	
9	(三)符合条件的非营利组织的收入免征企业所得税	
10	(四)中国清洁发展机制基金取得的收入免征企业所得税	
11	(五)投资者从证券投资基金分配中取得的收入免征企业所得税	
12	(六)取得的地方政府债券利息收入免征企业所得税	
13	(七)中国保险保障基金有限责任公司取得的保险保障基金等收入免征企业所得税	
14	(八)中国奥委会取得北京冬奥组委支付的收入免征企业所得税	
15	(九)中国残奥委会取得北京冬奥组委分期支付的收入免征企业所得税	
16	(十)其他	
17	二、减计收入(18+19+23+24)	
18	(一)综合利用资源生产产品取得的收入在计算应纳税所得额时减计收入	
19	(二)金融、保险等机构取得的涉农利息、保费减计收入(20+21+22)	
20	1. 金融机构取得的涉农贷款利息收入在计算应纳税所得额时减计收入	
21	2. 保险机构取得的涉农保费收入在计算应纳税所得额时减计收入	
22	3. 小额贷款公司取得的农户小额贷款利息收入在计算应纳税所得额时减计收入	
23	(三)取得铁路债券利息收入减半征收企业所得税	
24	(四)其他	
24.1	1. 取得的社区家庭服务收入在计算应纳税所得额时减计收入	
24.2	2. 其他	
25	三、加计扣除(26+27+28+29+30)	**300 000**
26	(一)开发新技术、新产品、新工艺发生的研究开发费用加计扣除(填写 A107012)	**300 000**
27	(二)科技型中小企业开发新技术、新产品、新工艺发生的研究开发费用加计扣除(填写 A107012)	
28	(三)企业为获得创新性、创意性、突破性的产品进行创意设计活动而发生的相关费用加计扣除(加计扣除比例____%)	
29	(四)安置残疾人员所支付的工资加计扣除	
30	(五)其他	
31	合计(1+17+25)	**640 000**

第四步:填报境外所得税收抵免明细表(A108000)及附表。

先根据会计核算资料填写附表,本实例中,境外所得税收抵免明细表的附表主要有境外所得纳税调整后所得明细表(表 5-18),再根据附表资料及会计核算资料填报境外所得税收抵免明细表(表 5-19)。

表 5-18 **境外所得纳税调整后所得明细表**

A108010

行次	国家（地区）	境外税后所得								境外所得可抵免的所得税额				境外税前所得	境外分支机构收入与支出纳税调整额	境外分支机构调整分摊扣除的有关成本费用	境外所得对应调整的相关成本费用支出	境外所得纳税调整后所得	其中：海南自由贸易港企业新增境外直接投资所得							
																			新设境外分支机构所得					新增境外直接投资相对应的股息所得		境外享受免税政策的所得小计
		分支机构机构营业利润所得	股息红利等权益性投资所得	利息所得	租金所得	特许权使用费所得	财产转让所得	其他所得	小计	直接缴纳的所得税额	间接负担的所得税额	享受税收饶让抵免税额	小计						营业利润	调整分摊扣除的有关成本费用	纳税调整额	纳税调整后所得	境外所得税额	对应的股息所得	对应的股息境外所得税额	
	1	2	3	4	5	6	7	8	9(2+3+4+5+6+7+8)	10	11	12	13(10+11+12)	14(9+10+11)	15	16	17	18(14+15−16−17)	19	20	21	22(19−20+21)	23	24	25	26(22+24)
1	A	**280 000**							**280 000**	**120 000**			**120 000**	**400 000**				**400 000**								
2	B	**240 000**							**240 000**	**60 000**			**60 000**	**300 000**				**300 000**								
3																										
4																										
5																										
6																										
7																										
8																										
9																										
10	合计	**520 000**							**520 000**	**180 000**			**180 000**	**700 000**				**700 000**								

5

5

表 5-19 境外所得税收抵免明细表

A108000

行次	国家（地区）	境外税前所得	境外所得纳税调整后所得	弥补境外以前年度亏损	境外应纳税所得额	抵减境内亏损	抵减境内亏损后的境外应纳税所得额	税率	境外所得应纳税额	境外所得可抵免税额	境外所得抵免限额	本年可抵免境外所得税额	未超过境外所得税抵免限额的余额	本年可抵免以前年度未抵免境外所得税额	按简易办法计算				境外所得抵免所得税额合计
															按低于12.5%的实际税率计算的抵免额	按12.5%计算的抵免额	按25%计算的抵免额	小计	
	1	2	3	4	5（3－4）	6	7（5－6）	8	9（7×8）	10	11	12	13（11－12）	14	15	16	17	18（15＋16＋17）	19（12＋14＋18）
1	A	**400 000**	**400 000**		**400 000**		**400 000**	25%	**100 000**	**120 000**	**100 000**	**115 000**							**115 000**
2	B	**300 000**	**300 000**		**300 000**		**300 000**	25%	**75 000**	**60 000**	**75 000**	**60 000**							**60 000**
3																			
4																			
5																			
6																			
7																			
8																			
9																			
10	合计	**700 000**	**700 000**		**700 000**		**700 000**		**175 000**	**180 000**	**175 000**	**175 000**							**175 000**

第五步：填报企业所得税年度纳税申报表(A 类,A100000)。

企业所得税年度纳税申报表(A 类)是纳税申报表的主表(表 5-20),根据相关附表及会计核算资料填写。同时还要完成报表封面、填报表单目录和企业基础信息表等填报内容。

表 5-20　　中华人民共和国企业所得税年度纳税申报表(A 类)

A100000

类别	行次	项　　目	金　额
利润总额计算	1	一、营业收入(填写 A101010\101020\103000)	25 000 000
	2	减：营业成本(填写 A102010\102020\103000)	11 000 000
	3	税金及附加	400 000
	4	销售费用(填写 A104000)	6 700 000
	5	管理费用(填写 A104000)	4 800 000
	6	财务费用(填写 A104000)	600 000
	7	资产减值损失	
	8	加：公允价值变动收益	
	9	投资收益	860 000
	10	二、营业利润(1－2－3－4－5－6－7＋8＋9)	2 360 000
	11	加：营业外收入(填写 A101010\101020\103000)	700 000
	12	减：营业外支出(填写 A102010\102020\103000)	500 000
	13	三、利润总额(10＋11－12)	2 560 000
应纳税所得额计算	14	减：境外所得(填写 A108010)	520 000
	15	加：纳税调整增加额(填写 A105000)	945 200
	16	减：纳税调整减少额(填写 A105000)	
	17	减：免税、减计收入及加计扣除(填写 A107010)	640 000
	18	加：境外应税所得抵减境内亏损(填写 A108000)	
	19	四、纳税调整后所得(13－14＋15－16－17＋18)	2 345 200
	20	减：所得减免(填写 A107020)	
	21	减：抵扣应纳税所得额(填写 A107030)	
	22	减：弥补以前年度亏损(填写 A106000)	
	23	五、应纳税所得额(19－20－21－22)	2 345 200
应纳税额计算	24	税率(25%)	25%
	25	六、应纳所得税额(23×24)	586 300
	26	减：减免所得税额(填写 A107040)	
	27	减：抵免所得税额(填写 A107050)	
	28	七、应纳税额(25－26－27)	586 300
	29	加：境外所得应纳所得税额(填写 A108000)	175 000
	30	减：境外所得抵免所得税额(填写 A108000)	175 000
	31	八、实际应纳所得税额(28＋29－30)	586 300
	32	减：本年累计实际已预缴的所得税额	500 000
	33	九、本年应补(退)所得税额(31－32)	86 300
	34	其中：总机构分摊本年应补(退)所得税额(填写 A109000)	
	35	财政集中分配本年应补(退)所得税额(填写 A109000)	
	36	总机构主体生产经营部门分摊本年应补(退)所得税额(填写 A109000)	
实际应纳税额计算	37	减：民族自治地区企业所得税地方分享部分：(免征减征：减征幅度＿＿＿%)	
	38	十、本年实际应补(退)所得税额(33－37)	86 300

项目小结

企业所得税会计业务操作内容结构如图 5-1 所示。

- 企业所得税会计业务操作
  - 企业所得税纳税人和征税对象的确定
    - 纳税人：居民企业；非居民企业
    - 征税对象：生产经营所得和其他所得
    - 税率：基本税率 25%，优惠税率 20%、15%、10%
    - 优惠政策：基本优惠政策、专项政策、过渡性政策
  - 企业所得税税款计算
    - 利润总额计算：与利润表中计算方法口径一致
    - 应纳税所得额计算：利润总额、纳税调整增加额、纳税调整减少额、境外应税所得弥补境内亏损、弥补以前年度亏损
    - 应纳税额计算：应纳税所得额、税率、减免所得税额、抵免所得税额、境外所得应纳所得税额、境外所得抵免税额
    - 核定征收计算方法
      - 核定征税范围
      - 核定征税办法：定额征收和核定应税所得率征收
  - 企业所得税会计核算
    - 暂时性差异：资产计税基础、负债计税基础、应纳税暂时性差异、可抵扣暂时性差异
    - 设置会计科目："递延所得税负债""递延所得税资产""所得税费用"
    - 资产负债表债务法：确认递延所得税资产、确认递延所得税负债、确认所得税费用
    - 应付税款法的会计处理：不确认暂时性差异对所得税的影响
  - 企业所得税纳税申报
    - 征收方式：自行申报查账征收、定额征收、核定征收
    - 纳税期限：月（季）后 15 日内预缴，年度终后 5 个月内汇算清缴
    - 纳税地点：居民企业和非居民企业的规定各不相同
    - 纳税申报：月（季）度预缴申报、年度纳税申报主表及附表

图 5-1 企业所得税会计业务操作内容结构图

项目六　个人所得税会计业务操作

【职业能力目标】

1. 掌握个人所得税的基本法规知识，能判断纳税义务人中的居民个人和非居民个人，划分应税所得项目，选择适用税率。

2. 掌握个人所得税各应税项目所得额的确定，理解相关税收优惠政策，会根据各项应税所得分别计算应纳个人所得税税额。

3. 熟悉代（预）扣代（预）缴个人所得税涉税业务的会计处理方法，能根据业务资料进行代（预）扣代（预）缴个人所得税的会计处理。

4. 熟悉自行申报和源泉扣缴两种个人所得税的申报方式，能根据个人所得资料填制个人所得税纳税申报表，会办理个人所得税代（预）扣代（预）缴业务和汇算清缴工作。

【典型工作任务】

1. 个人所得税居民个人、非居民个人、扣缴义务人的判定。

2. 征税对象和税目的确定，税率的选择。

3. 个人所得税优惠政策的运用。

4. 个人所得税应税所得应纳税额的计算。

5. 个人所得税应纳税款代（预）扣代（预）缴的会计处理。

6. 代（预）扣代（预）缴个人所得税纳税申报表的填制，代（预）扣代（预）缴税款工作的办理。

7. 居民个人所得税综合所得年度汇算清缴工作，年度纳税申报表的填制和税款的清缴。

【教授寄语】

我们要了解并宣传个人所得税制度，增强个人依法纳税意识。

任务一 个人所得税纳税人和征税对象的确定

任务引例

2023 年 2 月，作家李先生从本单位领取工资收入 8 500 元；到某高校作学术报告取得讲课报酬 5 000 元；在中国作家出版社出版著作一部，取得所得 50 000 元，同时将自己一本未出版的著作手稿拍卖，通过竞价，最终由中国作家出版社买走，竞价为 100 000 元。

李先生 2 月份的四笔所得，是否可以合并计算个人所得税应纳税额？由谁来代扣代缴，还是由李先生自行缴纳？

【知识准备与业务操作】

一、纳税人的确定

个人所得税是指以个人（自然人）取得的各项应税所得为征税对象征收的一种税。个人所得来源渠道多样，性质各异，各国采用不同的征收模式，一般有分类征收制、综合征收制和混合征收制三种，我国现行个人所得税的征收实行综合与分类相结合的征收制。

个人所得税的纳税人是指在中国境内有住所，或者虽无住所但在一个纳税年度内在境内居住累计满 183 天的个人，以及无住所又不居住或在一个纳税年度内在境内居住累计不满 183 天但有从中国境内取得所得的个人，包括中国公民、个体工商户以及在中国境内有所得的外籍人员和我国香港、澳门、台湾同胞。自 2000 年 1 月 1 日起，个人独资企业和合伙企业投资者也为个人所得税的纳税义务人。依据住所和居住时间两个标准，可将纳税人区分为居民个人和非居民个人，分别承担不同的纳税义务。

个人所得税以支付所得的单位或者个人为扣缴义务人，扣缴义务人扣缴税款时，纳税人应当向扣缴义务人提供纳税人识别号。纳税人有中国公民身份证号码的，以中国公民身份证号码为纳税人识别号；纳税人没有中国公民身份证号码的，由税务机关赋予其纳税人识别号。

（一）居民个人及其纳税义务

居民个人，是指在中国境内有住所，或者无住所而一个纳税年度内在中国境内居住累计满 183 天的个人。居民个人负有无限纳税义务，应就其来自中国境内和境外的应纳税所得额缴纳个人所得税。

所谓在中国境内有住所的个人，是指因户籍、家庭、经济利益关系而在中国境内习惯性居住的个人。习惯性居住是指个人消除学习、工作、探亲等原因之后，没有理由在其他地方继续居留时要回原地方居住的情形。如某人因学习等原因而在中国境外居住，在其原因消除之后，必须回到中国境内居住，则中国即为该纳税人的习惯性居住地。

所谓在境内居住累计满 183 天，是指一个纳税年度（即公历 1 月 1 日起至 12 月 31 日止，下同）内，在中国境内居住累计满 183 天。

6

税收与民生：个人所得税增强公民依法纳税意识

（二）非居民个人及其纳税义务

非居民个人，是指在中国境内无住所又不居住，或无住所且居住不满 183 天的个人。非居民个人负有限纳税义务，仅就其来源于中国境内的所得，向中国缴纳个人所得税。在现实生活中，非居民个人，实际上只能是在一个纳税年度中，没有在中国境内居住，或者在中国境内居住累计不满 183 天的外籍人员或我国香港、澳门、台湾同胞。

> **提示：**
>
> 两个时间段计算的区别：❶判断非居民个人在华居住天数时，对个人入境、离境、往返或多次往返境内外的当天，均按一天计算在华逗留天数；❷计算非居民个人在华实际工作时间时，对个人入境、离境、往返或多次往返境内外的当天，均按半天计算在华工作天数。

（三）所得来源的确定

居民个人应就其来源于中国境内外的所得缴纳个人所得税，非居民个人仅就来源于中国境内所得缴纳个人所得税，因此，判断哪些所得为来源于中国境内的所得就显得十分重要，个人所得税法及其实施条例对此作了规定。下列所得，不论其支付地点是否在中国境内，均视为来源于中国境内的所得：

（1）因任职、受雇、履约等而在中国境内提供劳务取得的所得。

（2）将财产出租给承租人在中国境内使用而取得的所得。

（3）许可各种特许权在中国境内使用而取得的所得。

（4）转让中国境内的不动产等财产或者在中国境内转让其他财产取得的所得。

（5）从中国境内的企业、事业单位、其他组织以及居民个人取得的利息、股息、红利所得。

二、征税对象的确定

个人所得税的征税对象是纳税人取得的各项应税所得，税法中列举的应税所得项目共有 9 项，其具体内容如下：

（一）工资、薪金所得

工资、薪金所得是指个人因任职或者受雇而取得的工资、薪金、奖金、年终加薪、劳动分红、津贴、补贴以及与任职或者受雇有关的其他所得。

> **提示：**
>
> 过节加班费也要缴税！例如，2021 年 2 月 11 日至 17 日（春节假期）个人获得的加班费，要并入 2 月份工资薪金收入，进行个人所得税的纳税申报，依法缴纳个人所得税。

对于一些不属于工资、薪金性质的补贴、津贴或者不属于纳税人本人工资、薪金所得项目的收入，不予征税。这些项目包括：①独生子女补贴；②执行公务员工资制度，未纳入基本工资总额的补贴、津贴差额和家属成员的副食品补贴；③托儿补助费；④差旅费津贴、误餐补助（指因工作在同城不能及时赶回原地而在外就餐的补助）。

（二）劳务报酬所得

劳务报酬所得是指个人从事劳务所取得的所得，包括从事设计、装潢、安装、制图、化验、测试、医疗、法律、会计、咨询、讲学、翻译、审稿、书画、雕刻、影视、录音、录像、演出、表演、广告、展览、技术服务、介绍服务、经纪服务、代办服务以及其他劳务取得的所得。

个人不在公司任职、受雇，仅在公司担任董事、监事职务而取得的董事费、监事费按“劳务报酬所得”项目征税；个人在公司任职、受雇同时兼任董事、监事职务的，应将取得的董事费、监事费与个人工资收入合并，按“工资、薪金所得”项目征税。

劳务报酬所得与工资、薪金所得的区别：劳务报酬所得是个人独立从事自由职业或独立提供某种劳务取得的所得，不存在雇佣与被雇佣的关系；工资、薪金所得则是个人从事非独立劳动，从所在单位领取的报酬，存在着雇佣与被雇佣的关系。比如演员从剧团领取工资应属于工资、薪金所得，演员个人“走穴”取得的报酬则属于劳务报酬范围。

提示： 在商品营销活动中，企业和单位对其营销业绩突出的非雇员以培训班、研讨会、工作考察等名义组织旅游活动，通过免收差旅费、旅游费对个人实行的营销业绩奖励（包括实物、有价证券等），应根据所发生费用的全额作为该营销人员当期的劳务收入，按照“劳务报酬所得”项目征收个人所得税。

（三）稿酬所得

稿酬所得是指个人因其作品以图书、报刊形式出版、发行而取得的所得。作者去世后，财产继承人取得的遗作稿酬，亦应征收个人所得税。

（四）特许权使用费所得

特许权使用费所得是指个人提供专利权、商标权、著作权、非专利技术以及其他特许权的使用权取得的所得。

提供著作权的使用权取得的所得，不包括稿酬的所得，对于作者将自己的文字作品手稿原件或复印件公开拍卖（竞价）取得的所得，应按特许权使用费所得征收个人所得税。

提示： 受出版社委托进行审稿的报酬应作为劳务报酬所得征税，不作为稿酬所得。

（五）经营所得

经营所得具体包括以下内容：

（1）个体工商户从事生产、经营活动取得的所得，个人独资企业投资人、合伙企业的个人合伙人来源于境内注册的个人独资企业、合伙企业生产、经营的所得。

（2）个人依法从事办学、医疗、咨询以及其他有偿服务活动取得的所得。

（3）个人对企业、事业单位承包经营、承租经营以及转包、转租取得的所得。

（4）个人从事其他生产、经营活动取得的所得。

（六）利息、股息、红利所得

利息、股息、红利所得是指个人拥有债权、股权而取得的利息、股息、红利所得。

（七）财产租赁所得

财产租赁所得是指个人出租不动产、机器设备、车船以及其他财产取得的所得。个人取得的财产转租收入，属于“财产租赁所得”的征税范围。

（八）财产转让所得

财产转让所得是指个人转让有价证券、股权、合伙企业中的财产份额、不动产、机器设备、车船以及其他财产取得的所得。对股票转让所得征收个人所得税的办法，由国务院另行规定，并报全国人民代表大会常务委员会备案。

提示： 个人因购买和处置债权取得的所得，应按“财产转让所得”项目缴纳个人所得税。

个人发生非货币性资产交换以及将财产用于捐赠、偿债、赞助、投资等用途的，除国务院财政、税务主管部门另有规定外，应当视同转让财产，对转让方按“财产转让所得”征税。

居民个人取得前面第一项至第四项所得（以下称综合所得），按纳税年度合并计算个人所得税；非居民个人取得前面第一项至第四项所得，按月或者按次分项计算个人所得税。纳税人取得前面第五项至第九项所得，分项计算个人所得税。

（九）偶然所得

偶然所得是指个人得奖、中奖、中彩以及其他偶然性质的所得。偶然所得应缴纳的个人所得税税款，一律由发奖单位或机构代扣代缴。

提示：

个人取得单张有奖发票奖金所得不超过800元（含800元）的，暂免征收个人所得税；个人取得单张有奖发票奖金所得超过800元的，应全额按照“偶然所得”项目征收个人所得税。

任务引例

本任务引例中，李先生2023年2月份取得4项收入，均属于综合所得，从本单位领取的8 500元工资收入属于“工资、薪金所得”，由本单位在发放工资时预扣预缴；给某高校作学术报告取得的5 000元讲课费属于“劳务报酬所得”，由某高校在发放时预扣预缴；出版社作取得的50 000元稿酬属于“稿酬所得”，由中国作家出版社在支付稿酬时预扣预缴；拍卖手稿取得的100 000元属于“特许权使用费所得”，由中国作家出版社在支付时预扣预缴。李先生自己需要在2024年3月1日至6月30日内办理全年综合所得的汇算清缴。

三、税率的选择

我国个人所得税采用综合与分类相结合的所得税制，对不同的所得项目确定不同的适用税率和不同的税率形式。采用的税率形式分别为比例税率和超额累进税率，适用的税率具体确定如下：

（1）综合所得，适用七级超额累进税率，税率为3%～45%，如表6-1所示。

表6-1　个人所得税税率表

（综合所得适用）

级数	全年应纳税所得额	税率/%	速算扣除数/元
1	不超过36 000元的部分	3	0
2	超过36 000元至144 000元的部分	10	2 520
3	超过144 000元至300 000元的部分	20	16 920
4	超过300 000元至420 000元的部分	25	31 920
5	超过420 000元至660 000元的部分	30	52 920
6	超过660 000元至960 000元的部分	35	85 920
7	超过960 000元的部分	45	181 920

注：① 本表依照《个人所得税法》第六条的规定，居民个人的综合所得以每一纳税年度收入额减除费用六万元以及专项扣除、专项附加扣除和依法确定的其他扣除后的余额为应纳税所得额。

② 非居民个人取得工资、薪金所得，劳务报酬所得，稿酬所得和特许权使用费所得，依照本表按月换算后计算应纳税额。

(2) 经营所得,适用5%~35%的五级超额累进税率,如表6-2所示。

表6-2 个人所得税税率表

(经营所得适用)

级数	全年应纳税所得额	税率/%	速算扣除数/元
1	不超过30 000元的部分	5	0
2	超过30 000元至90 000元的部分	10	1 500
3	超过90 000元至300 000元的部分	20	10 500
4	超过300 000元至500 000元的部分	30	40 500
5	超过500 000元的部分	35	65 500

注:本表所称全年应纳税所得额是指依照《个人所得税法》第六条规定,为每一纳税年度的收入总额减除成本、费用以及损失后的余额。

(3) 利息、股息、红利所得,财产租赁所得,财产转让所得和偶然所得,适用比例税率,税率为20%(从2007年8月15日开始,储蓄存款利息个人所得税税率调整为5%;从2008年10月9日起,储蓄存款利息所得暂免征个人所得税)。

四、优惠政策的运用

(一) 免税项目

下列各项个人所得,免征个人所得税:

(1) 省级人民政府、国务院部委和中国人民解放军军以上单位,以及外国组织、国际组织颁发的科学、教育、技术、文化、卫生、体育、环境保护等方面的奖金。

(2) 国债和国家发行的金融债券利息。其中,国债利息是指个人持有中华人民共和国财政部发行的债券而取得的利息;国家发行的金融债券利息是指个人持有国务院批准发行的金融债券而取得的利息所得。

(3) 按照国家统一规定发给的补贴、津贴。这是指按照国务院规定发给的政府特殊津贴、院士津贴以及国务院规定免纳个人所得税的补贴、津贴。

(4) 福利费、抚恤金、救济金。其中,福利费是指根据国家有关规定,从企业、事业单位、国家机关、社会团体提留的福利费或者工会经费中支付给个人的生活补助费;救济金是指各级人民政府民政部门支付给个人的生活困难补助费。下列收入不属于免税的福利费范围:❶从超出国家规定的比例或基数计提的福利费、工会经费中支付给个人的各种补贴、补助;❷从福利费和工会经费中支付给单位职工的人人有份的补贴、补助;❸单位为个人购买汽车、住房、电子计算机等不属于临时性生活困难补助性质的支出。

6

(5) 保险赔款。

(6) 军人的转业费、复员费、退役金。

(7) 按照国家统一规定发给干部、职工的安家费、退职费、基本养老金或者退休费、离休费、离休生活补助费。

对离休、退休干部和职工利用一技之长和经验,再就业取得的工资、薪金所得,应区别于免税的退休工资、离休工资和离休生活补助费,依法征收个人所得税。此外离、退休人员取得除免税的离退休工资、离休生活补助费以外的其他各项所得,也应依法缴纳个人所得税。

实行内部退养的个人,在其办理内部退养手续后至法定离退休年龄之间从原任职单位取得的工资、薪金,不属于离退休工资,须按工资、薪金所得项目缴纳个人所得税。

(8) 依照我国有关法律规定应予免税的各国驻华使馆、领事馆的外交代表、领事官员和其他人员的所得。

(9) 中国政府参加的国际公约、签订的协议中规定免税的所得。

(10) 国务院规定的其他免税所得,由国务院报全国人民代表大会常务委员会备案。

(二) 减税项目

有下列情形之一的,可以减征个人所得税,具体幅度和期限,由省、自治区、直辖市人民政府规定,并报同级人民代表大会常务委员会备案:

(1) 残疾、孤老人员和烈属的所得。

(2) 因自然灾害遭受重大损失的。

国务院可以规定其他减税情形,须报全国人民代表大会常务委员会备案。

(三) 暂免征税项目

(1) 外籍个人以非现金形式或实报实销形式取得的住房补贴、伙食补贴、搬迁费、洗衣费。

(2) 外籍个人按合理标准取得的境内、境外出差补贴。

(3) 外籍个人取得的探亲费、语言训练费、子女教育费等,经当地税务机关审核批准为合理的部分。

(4) 外籍个人从外商投资企业取得的股息、红利所得。

(5) 个人举报、协查各种违法、犯罪行为而获得的奖金。

(6) 个人办理代扣代缴税款手续,按规定取得的扣缴手续费。

(7) 个人转让自用达 5 年以上,并且是唯一的家庭生活用房取得的所得。

(8) 对个人购买福利彩票、体育彩票,一次中奖收入在 1 万元以下的(含 1 万元)暂免征收个人所得税,超过 1 万元的全额征收个人所得税。

(9) 达到离、退休年龄,但确因工作需要,适当延长离、退休年龄的高级专家(指享受国家发放的政府特殊津贴的专家、学者),其在延长离、退休期间的工资、薪金所得,视同离、退休工资免征个人所得税。

(10) 对个人转让上市公司股票的所得,暂免征收个人所得税。

(11) 企业和个人按规定比例提取并缴付的住房公积金、医疗保险金、基本养老保险金和失业保险基金(简称"三险一金"),免征个人所得税;个人领取"三险一金"免征个人所得税;按规定比例缴付的"三险一金"存入银行个人账户所取得的利息收入,免征个人所得税。

6

(12) 对乡镇以上政府或县以上政府主管部门批准成立的见义勇为基金会或者类似组织,奖励见义勇为者的奖金或奖品,经主管税务机关批准,免征个人所得税。

(13) 从 2015 年 9 月 8 日起,对个人投资应从上市公司取得的股息红利所得,持股期限在 1 个月以内(含)的,其股息红利所得全额计入应纳税所得额,实际税负为 20%;持股期限在 1 个月以上至 1 年(含)的,暂减按 50%计入应纳税所得额,实际税负为 10%;持股期限超过 1 年的,暂免征收个人所得税。

(14) 凡符合下列条件之一的外籍专家取得的工资、薪金所得可免征个人所得税:❶根据世界银行专项贷款协议由世界银行直接派往我国工作的外国专家；❷联合国组织直接派往我国工作的专家；❸为联合国援助项目来华工作的专家；❹援助国派往我国专为该国无偿援助项目工作的专家；❺根据两国政府签订文化交流项目来华工作两年以内的文教专家，其工资、薪金所得由该国负担的；❻根据我国大专院校国际交流项目来华工作两年以内的文教专家，其工资、薪金所得由该国负担的；❼通过民间科研协定来华工作的专家，其工资、薪金所得由该国政府机构负担的。

自测题：个人所得税纳税人和征税对象的确定

（四）其他减免税优惠

（1）在中国境内无住所的个人，在中国境内居住累计满183天的年度连续不满六年的，经向主管税务机关备案，其来源于中国境外且由境外单位或者个人支付的所得，免予缴纳个人所得税；在中国境内居住累计满183天的任一年度中有一次离境超过30天的，其在中国境内居住累计满183天的年度的连续年限重新起算。

（2）在中国境内无住所的个人，在一个纳税年度内在中国境内居住累计不超过90天的，其来源于中国境内的所得，由境外雇主支付并且不由该雇主在中国境内的机构、场所负担的部分，免予缴纳个人所得税。

任务二 个人所得税税款计算

任务引例

王先生系某高校教师，假定2023年每个月按规定扣除“三险一金”后的基本工资收入为20 000元，此外学校按照每位教师教学工作量发放课时报酬，王先生2—6月份每个月课时报酬收入为2 100元；9—12月份每个月课时报酬为4 400元；2023年12月获得全年一次性奖金收入24 000元；王先生于2023年出版教材一部，获得稿酬收入12 000元；为某大型企业集团讲学一次，获得收入5 000元；担任某集团公司独立董事，一次性取得董事费40 000元。王先生有一个小孩在读大学，同时王先生为独生子女，需要赡养二位60多岁的父母，同时还需每月支付首套住房商业贷款本息6 000元。

根据以上信息，请计算王先生2023年应纳的个人所得税。

【知识准备与业务操作】

一、个人所得税应纳税额的计算

我国的个人所得税自2019年1月1日起，采用综合与分类相结合的所得税制，居民个人取得的工资、薪金所得、劳务报酬所得、稿酬所得和特许权使用费所得等四项所得按纳税年度合并计算个人所得税，有扣缴义务人的，由扣缴义务人按月或者按次预扣预缴税款，需要办理汇算清缴的，在取得所得的次年规定时间内办理汇算清缴；非居民个人取得的工资、薪金所得、劳务报酬所得、稿酬所得和特许权使用费所得等四项所得按月或者按次分项计算个人所得税；对取得的经营所得、利息、股息、红利所得、财产租赁所得、财产转让所得、偶然所得等五项所得分别适用不同的费用扣除标准、不同的税率和不同的计税方法。

(一) 居民个人综合所得应纳税额的计算

1. 居民个人综合所得应纳税所得额的确定

居民个人的综合所得，以每一纳税年度的收入额减除费用 60 000 元以及专项扣除、专项附加扣除和依法确定的其他扣除后的余额，为应纳税所得额。非居民个人的工资、薪金所得，以每月收入额减除费用 5 000 元后的余额为应纳税所得额；劳务报酬所得、稿酬所得、特许权使用费所得，以每次收入额为应纳税所得额。

(1) 收入额的确定。

❶ 工资薪金收入为个人因任职或者受雇而取得的工资、薪金、奖金、年终加薪、劳动分红、津贴、补贴以及与任职或者受雇有关的其他所得。对于一些不属于工资、薪金性质的补贴、津贴不计入收入额。

❷ 劳务报酬所得、稿酬所得、特许权使用费所得以收入减除 20%的费用后的余额为收入额。稿酬所得的收入额再减按 70%计算，即为原收入的 56%。

(2) 专项扣除。专项扣除，包括居民个人按照国家规定的范围和标准缴纳的基本养老保险、基本医疗保险、失业保险等社会保险费和住房公积金等(即“三险一金”)。

(3) 专项附加扣除。专项附加扣除，包括子女教育、继续教育、大病医疗、住房贷款利息或者住房租金、赡养老人、婴幼儿照护等支出，具体如下：

❶ 子女教育专项附加扣除：是指纳税人的子女接受学前教育和学历教育的相关支出，按照每个子女每月 2 000 元的标准定额扣除。其中，学前教育包括年满 3 岁至小学入学前教育，学历教育包括义务教育(小学和初中教育)、高中阶段教育(普通高中、中等职业教育、技工教育)、高等教育(大学专科、大学本科、硕士研究生、博士研究生教育)。受教育子女的父母分别按扣除标准的 50%扣除；经父母约定，也可以选择由其中一方按扣除标准的 100%扣除。具体扣除方式在一个纳税年度内不得变更。境外接受教育，须保留境外学校录取通知书、留学签证等相关教育资料备查。

起止时间为：学前教育，子女年满 3 周岁的当月至小学入学前一月；全日制学历教育，子女接受义务教育、高中教育、高等教育的入学当月至教育结束当月。因病或其他非主观原因休学但学籍继续保留的期间，以及施教机构按规定组织实施的寒暑假等假期，可连续扣除。

❷ 继续教育专项附加扣除：是指纳税人接受学历(学位)继续教育的支出，在学历(学位)教育期间按照每月 400 元定额扣除。纳税人接受技能人员职业资格继续教育、专业技术人员职业资格继续教育支出，在取得相关证书的年度，按照每年 3 600 元定额扣除。职业资格具体范围，以人力资源社会保障部公布的国家职业资格目录为准。如果子女已就业且正在接受本科及以下学历(学位)继续教育，可以由父母选择按照子女教育扣除，也可以由子女选择按照继续教育扣除，但不得同时扣除。

起止时间为：学历(学位)继续教育，入学的当月至教育结束的当月，同一学历(学位)继续教育的扣除期限最长不能超过 48 个月。职业资格继续教育，以取得相关职业资格继续教育证书上载明的发证(批准)日期的所属年度为可以扣除的年度，需要保留技能人员、专业技术人员职业资格证书等备查。

❸ 大病医疗专项附加扣除：是指一个纳税年度内，纳税人发生的与基本医保相关的医药费用支出，扣除医保报销后个人负担(指医保目录范围内的自付部分)累计超过 15 000 元

的部分，由纳税人在办理年度汇算清缴时，在 80 000 元限额内据实扣除。发生的医药费用支出可以选择由本人或者其配偶扣除，未成年子女发生的医药费用支出可以选择由其父母一方扣除。纳税人应当留存医疗服务收费及医保报销相关票据原件（或者复印件）或者医疗保障部门出具的医药费用清单备查。

❹ 住房贷款利息专项附加扣除：是指纳税人本人或配偶单独或者共同使用商业银行或住房公积金个人住房贷款为本人或其配偶购买中国境内住房，发生的首套住房贷款利息支出，在贷款合同约定开始还款的当月至贷款全部归还或贷款合同终止的当月，可以按照每月 1 000 元标准定额扣除，扣除期限最长不超过 240 个月。纳税人只能享受一次首套住房贷款利息扣除，首套住房贷款是指购买住房享受首套住房贷款利率的住房贷款。经夫妻双方约定，可以选择由其中一方扣除，具体扣除方式在一个纳税年度内不得变更，同时应当留存住房贷款合同、贷款还款支出凭证备查。

夫妻双方婚前分别购买住房发生的首套住房贷款，其贷款利息支出，婚后可以选择其中一套购买的住房，由购买方按扣除标准的 100%扣除，也可以由夫妻双方对各自购买的住房分别按扣除标准的 50%扣除，具体扣除方式在一个纳税年度内不得变更。

❺ 住房租金专项附加扣除：是指纳税人本人及配偶在纳税人的主要工作城市没有住房，而在主要工作城市租赁住房发生的租金支出，可以按照以下标准定额扣除：承租的住房位于直辖市、省会（首府）城市、计划单列市以及国务院确定的其他城市，扣除标准为每月 1 500 元；承租的住房位于其他城市的，市辖区户籍人口超过 100 万的，扣除标准为每月 1 100 元；承租的住房位于其他城市的，市辖区户籍人口不超过 100 万（含）的，扣除标准为每月 800 元。

主要工作城市是指纳税人任职受雇的直辖市、计划单列市、副省级城市、地级市（地区、州、盟）全部行政区域范围；无任职受雇单位的，为受理其综合所得汇算清缴的税务机关所在城市。夫妻双方主要工作城市相同的，只能由一方扣除，且为签订租赁住房合同的承租人来扣除住房租金支出。夫妻双方主要工作城市不相同的，且各自在其主要工作城市都没有住房的，可以按规定标准分别进行扣除。纳税人及其配偶不得同时分别享受住房贷款利息和住房租金专项附加扣除。

起止时间为：租赁合同（协议）约定的房屋租赁开始的当月至租赁期结束的当月，提前终止合同（协议）的，以实际租赁行为终止的月份为准。纳税人应当留存住房租赁合同、协议等有关资料备查。

❻ 赡养老人专项附加扣除：是指纳税人赡养一位及以上被赡养人的赡养支出。可以按照以下标准定额扣除：纳税人为独生子女的，按照每月 3 000 元的标准定额扣除；纳税人为非独生子女的，应当与其兄弟姐妹分摊每月 3 000 元的扣除额度，每人分摊的额度不能超过每月 1 500 元，可以由赡养人均摊或者约定分摊，也可由被赡养人指定分摊。约定或者指定分摊的须签订书面分摊协议，指定分摊优先于约定分摊，具体分摊方式和额度在一个纳税年度内不能变更。

被赡养人是指年满 60 周岁的父母（生父母、继父母、养父母）以及子女均已去世年满 60 周岁的祖父母、外祖父母。

起止时间为：被赡养人年满 60 周岁的当月至赡养义务终止的年末。采取约定或指定分摊的，须留存分摊协议备查。

❼ 婴幼儿照护专项附加扣除：是指纳税人照护 3 岁以下婴幼儿子女的相关支出，自 2023 年 1 月 1 日起，纳税人按照每名婴幼儿每月 2 000 元的标准定额扣除。父母可以选择

由其中一方按扣除标准的100%扣除，也可以选择由双方分别按扣除标准的50%扣除，具体扣除方式在一个纳税年度内不得变更。纳税人需要将子女的出生医学证明等资料留存备查。监护人不是父母的，监护人也可按上述规定扣除。

起止时间为：婴幼儿出生当月至3周岁享受学前教育专项扣除的前一月。

（4）依法确定的其他扣除。依法确定的其他扣除包括个人缴付符合国家规定的企业年金、职业年金，个人购买符合国家规定的商业健康保险、税收递延型商业养老保险的支出，以及国务院规定可以扣除的其他项目。

个人自行购买符合规定的商业健康保险产品的，在不超过200元/月的标准内按月扣除。一年内保费金额超过2 400元的部分，不得税前扣除；单位统一组织为员工购买或者单位和个人共同负担购买符合规定的健康保险产品，单位负担部分应当实名计入个人工资薪金明细清单，视同个人购买，并自购买产品次月起，在不超过200元/月的标准内按月扣除。一年内保费金额超过2 400元的部分，不得税前扣除。

专项扣除、专项附加扣除和依法确定的其他扣除，以居民个人一个纳税年度的应纳税所得额为限额。一个纳税年度扣除不完的，不结转以后年度扣除。

2. 居民个人综合所得平时预扣预缴税额的计算

居民个人平时取得综合所得，有扣缴义务人的，由扣缴义务人按月或者按次预扣预缴税款。

（1）工资薪金所得的预扣预缴。扣缴义务人向居民个人支付工资、薪金所得时，按照累计预扣法计算预扣税款，并按月办理全员全额扣缴申报。具体计算公式如下：

$$\begin{matrix}\text{本期应预}\\\text{扣预缴税额}\end{matrix}=\left(\begin{matrix}\text{累计预扣预缴}\\\text{应纳税所得额}\end{matrix}\times\text{预扣率}-\begin{matrix}\text{速算}\\\text{扣除数}\end{matrix}\right)-\begin{matrix}\text{累计减}\\\text{免税额}\end{matrix}-\begin{matrix}\text{累计已预扣}\\\text{预缴税额}\end{matrix}$$

$$\begin{matrix}\text{累计预扣预缴}\\\text{应纳税所得额}\end{matrix}=\begin{matrix}\text{累计}\\\text{收入}\end{matrix}-\begin{matrix}\text{累计免}\\\text{税收入}\end{matrix}-\begin{matrix}\text{累计减}\\\text{除费用}\end{matrix}-\begin{matrix}\text{累计专}\\\text{项扣除}\end{matrix}-\begin{matrix}\text{累计专项}\\\text{附加扣除}\end{matrix}-\begin{matrix}\text{累计依法确定}\\\text{的其他扣除}\end{matrix}$$

其中：累计减除费用，按照5 000元/月乘以纳税人当年截至本月在本单位的任职受雇月份数计算。

计算居民个人工资、薪金所得预扣预缴税额的预扣率如表6-3所示。

表6-3　个人所得税预扣率表

（居民个人工资、薪金所得预扣预缴适用）

级数	累计预扣预缴应纳税所得额	预扣率/%	速算扣除数/元
1	不超过36 000元的部分	3	0
2	超过36 000元至144 000元的部分	10	2 520
3	超过144 000元至300 000元的部分	20	16 920
4	超过300 000元至420 000元的部分	25	31 920
5	超过420 000元至660 000元的部分	30	52 920
6	超过660 000元至960 000元的部分	35	85 920
7	超过960 000元的部分	45	181 920

【做中学 6-1】 某职员 2015 年入职，2023 年每月应发工资均为 10 000 元，每月减除费用 5 000 元，"三险一金"等专项扣除为 1 500 元，从 1 月起享受子女教育专项附加扣除 2 000 元，没有减免收入及减免税额等情况，以前三个月为例，各月应预扣预缴税额计算如下：

1 月份预扣预缴税额＝(10 000－5 000－1 500－2 000)×3%＝45(元)

2 月份预扣预缴税额＝(10 000×2－5 000×2－1 500×2－2 000×2)×3%－45＝45(元)

3 月份预扣预缴税额＝(10 000×3－5 000×3－1 500×3－2 000×3)×3%－45－45＝45(元)

进一步计算可知，该纳税人全年累计预扣预缴应纳税所得额为 18 000 元，一直适用 3%的税率，因此各月应预扣预缴的税款相同。

【做中学 6-2】 某职员 2015 年入职，2023 年每月应发工资均为 33 000 元，每月减除费用 5 000 元，"三险一金"等专项扣除为 4 500 元，享受子女教育、赡养老人两项专项附加扣除共计 5 000 元，没有减免收入及减免税额等情况，以前三个月为例，各月应预扣预缴税额计算如下：

1 月份预扣预缴税额＝(33 000－5 000－4 500－5 000)×3%＝555(元)

2 月份预扣预缴税额＝(33 000×2－5 000×2－4 500×2－5 000×2)×10%－2 520－555＝625(元)

3 月份预扣预缴税额＝(33 000×3－5 000×3－4 500×3－5 000×3)×10%－2 520－555－625＝1 850(元)

上述计算结果表明，由于 2 月份累计预扣预缴应纳税所得额为 37 000 元，已适用 10%的税率，因此 2 月份和 3 月份应预扣预缴税额有所增高。

(2) 劳务报酬所得、稿酬所得、特许权使用费所得的预扣预缴。扣缴义务人向居民个人支付劳务报酬所得、稿酬所得、特许权使用费所得，按次或者按月预扣预缴个人所得税。属于一次性收入的，以取得该项收入为一次；属于同一项目连续性收入的，以一个月内取得的收入为一次。具体预扣预缴方法如下：

劳务报酬所得、稿酬所得、特许权使用费所得以收入减除费用后的余额为收入额。其中，稿酬所得的收入额减按 70%计算。

减除费用：劳务报酬所得、稿酬所得、特许权使用费所得每次收入不超过 4 000 元的，减除费用按 800 元计算；每次收入 4 000 元以上的，减除费用按 20%计算。

应纳税所得额：劳务报酬所得、稿酬所得、特许权使用费所得，以每次收入额为预扣预缴应纳税所得额。劳务报酬所得适用 20%～40%的超额累进预扣率，如表 6-4 所示。稿酬所得、特许权使用费所得适用 20%的比例预扣率。

劳务报酬所得应预扣预缴税额＝预扣预缴应纳税所得额×预扣率－速算扣除数

稿酬所得、特许权使用费所得应预扣预缴税额＝预扣预缴应纳税所得额×20%

6

表 6-4　　　　**个人所得税预扣率表**

（居民个人劳务报酬所得预扣预缴适用）

级数	预扣预缴应纳税所得额	预扣率/%	速算扣除数/元
1	不超过 20 000 元的部分	20	0
2	超过 20 000 元至 50 000 元的部分	30	2 000
3	超过 50 000 元的部分	40	7 000

【做中学 6-3】 假如某居民个人取得劳务报酬所得 2 000 元，则这笔所得应预扣预缴税额计算如下：

收入额 = 2 000 − 800 = 1 200（元）

应预扣预缴税额 = 1 200 × 20% = 240（元）

【做中学 6-4】 假如某居民个人取得稿酬所得 40 000 元，则这笔所得应预扣预缴税额计算如下：

收入额 = (40 000 − 40 000 × 20%) × 70% = 22 400（元）

应预扣预缴税额 = 22 400 × 20% = 4 480（元）

3. 居民个人综合所得应纳税额的汇算清缴

居民个人取得综合所得，有下列情形之一的，需要在取得所得的次年 3 月 1 日至 6 月 30 日内办理汇算清缴，对于只取得一处工资薪金所得的纳税人，可在日常预缴环节缴纳全部税款的，不需办理汇算清缴。

(1) 在两处或者两处以上取得综合所得，且综合所得年收入额减去专项扣除的余额超过 60 000 元。

(2) 取得劳务报酬所得、稿酬所得、特许权使用费所得中一项或者多项所得，且综合所得年收入额减去专项扣除的余额超过 60 000 元。

(3) 纳税年度内预缴税额低于应纳税额的。纳税人需要退税的，应当办理汇算清缴，申报退税。申报退税应当提供本人在中国境内开设的银行账户。

计算公式如下：

全年应纳税所得额 = 全年收入额 − 费用扣除标准（60 000 元） − 专项扣除 − 专项附加扣除 − 依法确定的其他扣除

全年应纳税额 = $\sum$（各级距应纳税所得额 × 该级距的适用税率）

或　　全年应纳税额 = 应纳税所得额 × 适用税率 − 速算扣除数

汇算清缴补缴（应退）税额 = 全年应纳税额 − 累计已纳税额

4. 全年一次性奖金所得应纳税额的计算

居民个人取得全年一次性奖金，在 2027 年 12 月 31 日前，可不并入当年综合所得，以全年一次性奖金收入除以 12（个月）得到的数额，以综合所得按月换算后的税率表（表 6-5），确定适用税率和速算扣除数，单独计算纳税。计算公式为：

6

应纳税额＝全年一次性奖金收入×适用税率－速算扣除数

在一个纳税年度内，对每一个纳税人，该计税办法只允许采用一次。雇员取得除全年一次性奖金以外的其他各种名目奖金，如半年奖、季度奖、加班奖、先进奖、考勤奖等，一律与当月工资、薪金收入合并，按综合所得缴纳个人所得税。

居民个人取得全年一次性奖金，也可以选择并入当年综合所得计算纳税。自 2028 年 1 月 1 日起，居民个人取得全年一次性奖金，须并入当年综合所得计算缴纳个人所得税。

任务引例解析

任务引例中，王先生 2023 年各项收入应纳个人所得税税额计算如下：

(1) 平时预扣预缴的计算。

❶ 平时工资薪金所得预扣预缴税额的计算。

1 月份预缴个人所得税税额＝(20 000－5 000－2 000－3 000－1 000)×3%＝270(元)

2 月份预缴个人所得税税额＝(20 000×2＋2 100－5 000×2－2 000×2－3 000×2－1 000×2)×3%－270＝333(元)

同理可计算出 3 月份预缴个人所得税为 333 元。

4 月份预缴个人所得税税额＝(20 000×4＋2 100×3－5 000×4－2 000×4－3 000×4－1 000×4)×10%－2 520－270－333×2＝774(元)

5 月份预缴个人所得税税额＝(20 000×5＋2 100×4－5 000×5－2 000×5－3 000×5－1 000×5)×10%－2 520－270－333×2－774＝1 110(元)

同理可计算出 6 月份预缴个人所得税为 1 110 元。

7 月份预缴个人所得税税额＝(20 000×7＋2 100×5－5 000×7－2 000×7－3 000×7－1 000×7)×10%－2 520－270－333×2－774－1 110×2＝900(元)

同理可计算出 8 月份预缴个人所得税为 900 元。

9 月份预缴个人所得税税额＝(20 000×9＋2 100×5＋4 400－5 000×9－2 000×9－3 000×9－1 000×9)×10%－2 520－270－333×2－774－1 110×2－900×2＝1 340(元)

同理可计算出 10、11、12 月份预缴个人所得税税额为 1 340 元。

全年工资薪金所得预缴个人所得税税额合计＝270＋333×2＋774＋1 110×2＋900×2＋1 340×4＝11 090(元)

年终一次性奖金应纳税额＝24 000×3%＝720(元)

❷ 平时稿酬所得预扣预缴税额的计算

出版教材应纳税所得额＝12 000×(1－20%)×70%＝6 720(元)

出版教材应预缴个人所得税税额＝6 720×20%＝1 344(元)

❸ 平时劳务报酬所得预扣预缴税额的计算。

讲学所得预扣预缴税额＝5 000×(1－20%)×20%＝800(元)

担任独立董事收入预扣预缴税额＝ 40 000×(1－20%)×30%－2 000＝ 7 600(元)

平时预扣预缴税额合计＝11 090＋1 344＋800＋7 600＋720＝21 554(元)

(2) 年度汇算清缴的计算。

6

全年综合所得应纳税所得额＝20 000×12＋2 100×5＋4 400×4＋6 720＋5 000×(1－20%)＋40 000×(1－20%)－5 000×12－2 000×12－3 000×12－1 000×12＝178 820(元)

全年应纳税额＝178 820×20%－16 920＋720＝19 564(元)

汇算清缴应退税款＝21 554－19 564＝1 990(元)

汇算清缴后税务机关应退给王先生税款1 990元。

(二) 非居民个人综合所得应纳税额的计算

非居民个人取得工资、薪金所得，劳务报酬所得，稿酬所得和特许权使用费所得，有扣缴义务人的，由扣缴义务人按月或者按次代扣代缴税款，不办理汇算清缴。

1. 非居民个人综合所得应纳税所得额的确定

非居民个人的工资、薪金所得，以每月收入额减除费用5 000元后的余额为应纳税所得额；劳务报酬所得、稿酬所得、特许权使用费所得，以每次收入额为应纳税所得额。其中，劳务报酬所得、稿酬所得、特许权使用费所得以收入减除20%的费用后的余额为收入额。稿酬所得的收入额减按70%计算。

2. 非居民个人综合所得税率的确定

非居民个人的工资、薪金所得，劳务报酬所得，稿酬所得和特许权使用费所得，适用按月换算后的非居民个人月度税率表，如表6-5所示。

表6-5　个人所得税税率表

（非居民个人工资、薪金所得，劳务报酬所得，稿酬所得，特许权使用费所得适用）

级数	应纳税所得额	税率/%	速算扣除数/元
1	不超过3 000元的部分	3	0
2	超过3 000元至12 000元的部分	10	210
3	超过12 000元至25 000元的部分	20	1 410
4	超过25 000元至35 000元的部分	25	2 660
5	超过35 000元至55 000元的部分	30	4 410
6	超过55 000元至80 000元的部分	35	7 160
7	超过80 000元的部分	45	15 160

3. 非居民个人综合所得应纳税额的计算

非居民个人工资、薪金所得，劳务报酬所得，稿酬所得，特许权使用费所得应纳税额＝应纳税所得额×税率－速算扣除数

6

【做中学6-5】假如某非居民个人取得劳务报酬所得20 000元，则这笔所得代扣代缴个人所得税税额计算如下：

代扣代缴个人所得税税额＝(20 000－20 000×20%)×20%－1 410＝1 790(元)

【做中学6-6】假如某非居民个人取得稿酬所得10 000元，则这笔所得代扣代缴个人所得税税额计算如下：

代扣代缴个人所得税税额＝(10 000－10 000×20%)×70%×10%－210＝350(元)

提示1：

适用税率有两档：基本税率为20%；对于个人按市场价格出租的居民住房取得的所得减按10%的税率征收个人所得税。

提示2：

“营改增”试点后，个人出租房屋的个人所得税应税收入不含增值税，计算房屋出租所得可扣除的税费不包括本次出租缴纳的增值税；个人转租房屋的，其向房屋出租方支付的租金及增值税税额，在计算转租所得时予以扣除。免征增值税的，确定计税依据时，租金收入不扣减增值税税额。

（三）财产租赁所得应纳税额的计算

1. 应纳税所得额的计算

财产租赁所得按次计税，以一个月取得的收入为一次。按税法规定，财产租赁所得以每次取得的收入减除规定费用后的余额为应纳税所得额。此处所指的规定费用特指以下三项内容：

（1）财产租赁过程中缴纳的税费。该项税费必须提供完税凭证，才能从其财产租赁收入中扣除。

（2）由纳税人负担的出租财产实际开支的修缮费用。该费用必须提供有效、准确凭证，并且其扣除额以每次800元为限，一次扣除不完的，准予在下一次继续扣除，直到扣完为止。

（3）税法规定的费用扣除标准：每次收入不超过4 000元的，减除费用为800元；4 000元以上的，减除费用为收入额的20%。

同时应注意上述费用应按上述顺序依次扣除。

2. 应纳所得税税额的计算

计算公式如下：

（1）每次（月）收入不超过4 000元的：

$$\text{应纳税额}=\left[\text{每次（月）收入额}-\text{准予扣除项目}-\text{修缮费用（800元为限）}-800\text{元}\right]\times\text{适用税率}$$

（2）每次（月）收入超过4 000元的：

$$\text{应纳税额}=\left[\text{每次（月）收入额}-\text{准予扣除项目}-\text{修缮费用（800元为限）}\right]\times(1-20\%)\times\text{适用税率}$$

【做中学6-7】中国公民李某2022年6月1日起将其位于市区的一套公寓住房按市场价格出租，每月收取租金3 800元。6月因卫生间漏水发生修缮费用1 200元，已取得合法有效的支出凭证。李某6—7月出租房屋应缴纳的个人所得税税额计算如下（不考虑其他税费）：

个人出租住房的月租金收入不超过15万元，可享受小微企业免征增值税优惠政策，因而租金收入也不扣减增值税。

$$\begin{aligned}\text{应纳个人所得税额}&=(3\ 800-800-800)\times10\%\\&\quad+(3\ 800-400-800)\times10\%\\&=480(\text{元})\end{aligned}$$

假设上例中，李某就取得的租金收入按税法规定缴纳了房产税、城市维护建设税和教育费附加，在计算应纳税额时，也可一并扣除。

6

(四) 财产转让所得应纳税额的计算

财产转让所得以转让财产的收入减除财产原值和合理费用后的余额为应纳税所得额。其计算公式如下:

应纳税所得额 = 每次收入额 − 财产原值 − 合理费用

上式所指的财产原值,对有价证券为买入价以及买入时按照规定缴纳的有关费用;对建筑物为建造费用或者购进价格以及其他有关费用;对土地使用权为取得土地使用权所支付的金额、开发土地的费用以及其他有关费用;对机器设备、车船为购进价格、运输费、安装费以及其他有关费用;其他财产参照上述方法确定。纳税人未提供完整、准确的财产原值凭证,不能正确计算财产原值的,由主管税务机关核定其财产原值。

上式所指的合理费用是指卖出财产过程中按规定支付的有关税费。

个人住房转让时,纳税人不能提供完整、准确的房屋原值凭证和合理费用的凭证时,税务机关可对其实行核定征税,即按纳税人住房转让收入的一定比例核定应纳个人所得税税额,具体比例由省级地方税务局或省级地方税务局授权的地市级地方税务局根据纳税人出售住房的所处区域、地理位置、建造时间、房屋类型、住房平均价格水平等因素,在住房转让收入1%~3%的幅度内确定。

个人受赠的住房转让时,应按财产转让收入减除受赠、转让住房过程中缴纳的税金及有关合理费用后的余额为应纳税所得额,按20%的适用税率计算缴纳个人所得税,不得采用核定征收方式。

提示:

"营改增"试点后,个人转让房屋的个人所得税应税收入不含增值税,其取得房屋时所支付价款中包含的增值税计入财产原值,计算转让所得时可扣除的税费不包括本次转让缴纳的增值税。免征增值税的,确定计税依据时,转让房地产取得的收入不扣减增值税税额。

【做中学6-8】居住在市区的中国居民李某,2022年11月份,以每份218元的价格转让2020年的企业债券500份,发生相关税费870元,债券申购价为每份200元,申购时共支付相关税费350元;转让A股股票取得所得24 000元。李某转让有价证券所得应缴纳的个人所得税计算如下:

转让股票取得所得免征个人所得税。

转让有价证券所得应缴纳的个人所得税 = [(218 − 200) × 500 − 870 − 350] × 20%

= 1 556(元)

(五) 利息、股息、红利所得和偶然所得应纳税额的计算

利息、股息、红利所得和偶然所得按次纳税。利息、股息、红利所得以支付利息、股息、红利时取得的收入为一次;偶然所得以每次收入为一次。

上述所得均应以每次收入额为应纳税所得额,不作任何费用扣除。其应缴纳个人所得税计算公式如下:

应纳税额 = 每次收入额 × 20%

【做中学 6-9】2022 年刘先生购买福利彩票中奖 5 000 元；参加某商场举办的有奖销售活动中奖 20 000 元现金。刘先生应纳的个人所得税税额计算如下：

刘先生购买福利彩票中奖所得不超过 1 万元。暂免征收个人所得税；参加商场有奖销售活动所得应按“偶然所得”项目计征个人所得税。

应纳税额 ＝20 000×20％＝4 000(元)

(六) 经营所得应纳税额的计算

1. 经营所得应税所得额的计算

经营所得应以其每一纳税年度的收入总额减除成本、费用以及损失后的余额为应纳税所得额。其中：

(1) 经营所得收入总额是指个体工商户、个人独资企业、合伙企业以及个人从事其他生产、经营活动所取得的各项收入。

(2) 成本、费用是指生产、经营活动发生的各项直接支出和分配计入成本的间接费用以及销售费用、管理费用、财务费用；所称损失是指生产经营活动发生的固定资产和存货的盘亏、毁损、报废损失，转让财产损失、坏账损失，自然灾害等不可抗力因素造成的损失以及其他损失。

从事其他生产、经营活动，未提供完整、准确的纳税资料，不能正确计算应纳税所得额的，由主管税务机关核定应纳税所得额或者应纳税额。

2. 经营所得应纳税额的计算

经营所得应纳个人所得税额实行按年计算，分月或分季预缴，年终汇算清缴，多退少补的方法，以每一纳税年度的收入总额，减除成本、费用以及损失后的余额作为应纳税所得额，按适用税率计算应纳税额。其应纳税额可按下列公式计算：

应纳税额 ＝ 应纳税所得额 × 适用税率 － 速算扣除数

实际使用上述公式时应注意以下规定：

(1) 取得经营所得的个人，没有综合所得的，计算其每一纳税年度的应纳税所得额时，应当减除费用 60 000 元、专项扣除、专项附加扣除以及依法确定的其他扣除。专项附加扣除在办理汇算清缴时减除；个体工商户、个人独资企业和合伙企业向其从业人员实际支付的合理的工资、薪金支出，允许在税前据实扣除。

(2) 个体工商户、个人独资企业、合伙企业以及从事其他生产、经营活动的个人，拨缴的工会经费、发生的职工福利费、职工教育经费支出分别在工资薪金总额 2％、14％、8％的标准内据实扣除。

(3) 个体工商户、个人独资企业、合伙企业以及从事其他生产、经营活动的个人，每一纳税年度发生的广告费和业务宣传费用不超过当年销售(营业)收入 15％的部分，可据实扣除；超过部分，准予在以后纳税年度结转扣除。

(4) 个体工商户、个人独资企业、合伙企业以及从事其他生产、经营活动的个人，每一纳税年度发生的与其生产经营业务直接相关的业务招待费支出，按照发生额的 60％扣除，但最高不得超过当年销售(营业)收入的 5‰。

(5) 个体工商户、个人独资企业、合伙企业以及从事其他生产、经营活动的个人，在生产、经营期间借款的利息支出，凡有合法的证明，不高于按金融机构同类、同期贷款利率计算的部分，准予扣除。

(6) 个体工商户、个人独资企业、合伙企业以及从事其他生产、经营活动的个人，取得与生产经营活动无关的各项所得，应分别适用各应税项目的规定计算征收个人所得税。

(7) 个体工商户业主、个人独资企业投资者、合伙企业个人合伙人以及从事其他生产、经营活动的个人及其家庭发生的生活费用不允许在税前扣除；企业在生产经营投资者及其家庭生活共用的固定资产，难以划分的，由主管税务机关根据企业的生产经营类型、规模等具体情况，核定准予在税前扣除的折旧费用的数额或比例。

(8) 个体工商户业主、个人独资企业投资者、合伙企业个人合伙人以及从事其他生产、经营活动的个人，自行购买符合条件的商业健康保险产品的，在不超过 2 400 元/年的标准内据实扣除。一年内保费金额超过 2 400 元的部分，不得税前扣除。

【任务设计——个人所得税应纳税额的计算】

工作实例：

赵小兵是北京市朝阳区 A 公司的技术骨干。假设 2023 年赵小兵的全部收入和税款缴纳情况如下：

(1) 赵小兵 2023 年工资收入汇总如表 6-6 所示。

(2) 2023 年 5 月 10 日，完成某单位委托的某工程项目可行性方案，取得设计费 8 000 元，委托单位预扣预缴了个人所得税 1 280 元。

(3) 在国内专业杂志上发表文章两篇，分别取得稿酬 1 300 元和 900 元，杂志社已代扣个人所得税 84 元。

(4) 2023 年 3 月 1 日，将其拥有的一项发明专利让渡给甲公司，双方约定的转让款为 40 000 元，甲公司扣缴其个人所得税 6 400 元。

表 6-6　赵小兵 2023 年工资收入汇总表　　单位：元

月份	基本及岗位工资	伙食补助	月奖	住房补贴	过节费	应发工资	住房公积金	基本养老保险费	基本医疗保险费	失业保险费	三费一金合计	个人所得税	实发工资
	①	②	③	④	⑤	⑥	⑦	⑧	⑨	⑩	⑪	⑫	⑬
1月	8 000	1 000	1 200	3 000	1 000	14 200	1 200	960	240	120	2 520	140.4	11 539.6
2月	8 000	1 000	1 200	3 000	2 000	15 200	1 200	960	240	120	2 520	170.4	12 509.6
3月	8 000	1 000	1 200	3 000	0	13 200	1 200	960	240	120	2 520	110.4	10 569.6
4月	8 000	1 000	1 200	3 000	0	13 200	1 200	960	240	120	2 520	110.4	10 569.6
5月	8 000	1 000	1 200	3 000	1 000	14 200	1 200	960	240	120	2 520	140.4	11 539.6
6月	8 000	1 000	1 200	3 000	0	13 200	1 200	960	240	120	2 520	110.4	10 569.6
7月	8 000	1 000	1 200	3 000	0	13 200	1 200	960	240	120	2 520	110.4	10 569.6
8月	8 000	1 000	1 200	3 000	0	13 200	1 200	960	240	120	2 520	110.4	10 569.6
9月	8 000	1 000	1 200	3 000	1 000	14 200	1 200	960	240	120	2 520	288.8	11 391.2

6

续 表

月份	基本及岗位工资	伙食补助	月奖	住房补贴	过节费	应发工资	住房公积金	基本养老保险费	基本医疗保险费	失业保险费	三费一金合计	个人所得税	实发工资
	①	②	③	④	⑤	⑥	⑦	⑧	⑨	⑩	⑪	⑫	⑬
10月	8 000	1 000	1 200	3 000	1 000	14 200	1 200	960	240	120	2 520	468	11 212
11月	8 000	1 000	1 200	3 000	0	13 200	1 200	960	240	120	2 520	368	10 312
12月	8 000	1 000	1 200	3 000	0	13 200	1 200	960	240	120	2 520	368	10 312
12月底发放年终奖金						36 000	—	—	—	—		1 080	34 920
合计						200 400					30 240	3 576	166 584

注：赵小兵有1个小孩正在读大学，由赵小兵1人承担扣除。

(5) 2023年1月1日，出租自有商铺给乙公司，合同约定租期一年，月租金3 500元，按国家规定缴纳除个人所得税外的其他税费200元，缴纳个人所得税500元。

(6) 2023年6月，转让设备一台，取得转让收入6 000元。该设备原价5 000元，转让时支付的有关费用200元，扣缴的个人所得税为160元。

(7) 取得本公司股权分红20 000元，扣缴个人所得税4 000元。

(8) 购买国债，取得利息收入2 000元。

(9) 购买企业债券，取得利息收入1 500元，没有扣缴个人所得税。

(10) 2023年6月3日，一次购买体育彩票，中奖90 000元，扣缴个人所得税18 000元。

现在赵小兵向你咨询他的各项收入个人所得税税款是如何计算出来的，年末是否还需要补税？

【操作步骤】

第一步：判断个人所得项目类别。

属于综合所得的有：工资、薪金所得的(1)、劳务报酬所得的(2)、稿酬所得的(3)、特许权使用费所得的(4)。

属于财产租赁所得的有：(5)。

属于财产转让所得的有：(6)。

属于利息、股息、红利所得的有：(7)、(8)、(9)。

属于偶然所得的有：(10)。

第二步：分别确定计税依据并逐项计算应纳个人所得税税额。

(1) 综合所得平时预扣预缴税额的计算。

❶ 工资、薪金所得：

平时每月工资、薪金所得预扣预缴个人所得税计算，分别以1月份、2月份、9月份、12月份为例。

1月份：

$$\text{应纳税所得额} = \text{应发工资} - \text{个人缴付的“三险一金”} - \text{费用扣除标准(5 000元)} - \text{专项附加扣除}$$

$$= 14\ 200 - 2\ 520 - 5\ 000 - 2\ 000 = 4\ 680(\text{元})$$

$$\text{预扣预缴个人所得税税额} = 4\ 680 \times 3\% = 140.40(\text{元})$$

6

2 月份：

$$\text{累计应纳税所得额}=14\ 200+15\ 200-2\ 520\times2-5\ 000\times2-2\ 000\times2=10\ 360(\text{元})$$

$$\text{预扣预缴个人所得税税额}=10\ 360\times3\%-140.4=170.40(\text{元})$$

9 月份：

$$\text{累计应纳税所得额}=14\ 200\times3+15\ 200+13\ 200\times5-2\ 520\times9-5\ 000\times9-2\ 000\times9=38\ 120(\text{元})$$

$$\text{预扣预缴个人所得税税额}=38\ 120\times10\%-2\ 520-140.4\times2-170.4-110.4\times5=288.80(\text{元})$$

12 月份：

$$\text{累计应纳税所得额}=164\ 400-30\ 240-60\ 000-24\ 000=50\ 160(\text{元})$$

$$\text{预扣预缴个人所得税税额}=50\ 160\times10\%-2\ 520-140.4\times2-170.4-110.4\times5-288.8-468-368=368(\text{元})$$

$$\text{工资、薪金所得预扣预缴税额合计}=140.4\times2+170.4+110.4\times5+288.8+468+368+368=2\ 496(\text{元})$$

年终一次性奖金所得不并入综合所得，单独计算应纳税额：

年终一次性奖金所得 36 000 元，除以 12 等于 3 000 元，选择第 1 档税率 3%计算。

$$\text{年终一次性奖金所得应纳税额}=36\ 000\times3\%=1\ 080(\text{元})$$

赵小兵各月工资、薪金个人所得税的扣缴义务人为 A 公司，应由发放工资的 A 公司预扣预缴。

❷ 劳务报酬所得：

$$\text{赵小兵为外单位设计项目可行性方案所得预扣预缴税税额}=8\ 000\times(1-20\%)\times20\%=1\ 280(\text{元})$$

赵小兵取得的设计费应纳的个人所得税税额应由委托公司预扣预缴。

❸ 稿酬所得：

$$\text{稿酬所得预扣预缴应纳税款}=(1\ 300-800)\times70\%\times20\%+(900-800)\times70\%\times20\%=84(\text{元})$$

稿酬所得应纳税款应由杂志社预扣预缴。

❹ 特许权使用费所得：

$$\text{应纳税额}=40\ 000\times(1-20\%)\times20\%=6\ 400(\text{元})$$

赵小兵让渡发明专利所得应预缴个人所得税，应由甲公司在支付收入时预扣预缴。

(2) 财产租赁所得。

$$\text{应纳税额}=\text{每月应纳税所得额}\times20\%\times12=(3\ 500-200-800)\times20\%\times12=6\ 000(\text{元})$$

6

赵小兵出租房屋所得应纳个人所得税应由承租的公司代扣代缴。

(3) 财产转让所得。

$$应纳税额=(6\ 000-5\ 000-200)\times 20\%=160(元)$$

(4) 利息、股息、红利所得。

在(7)—(9)项收入中，第(8)项国债利息收入属于免税所得，不计入年应纳税所得额。则：

$$\begin{array}{c}年利息、股息、红利\\应纳税所得额\end{array}=\begin{array}{c}公司\\分红\end{array}+\begin{array}{c}企业债\\券利息\end{array}=20\ 000+1\ 500=21\ 500(元)$$

$$应纳税额=21\ 500\times 20\%=4\ 300(元)$$

上述所得应纳的个人所得税均由支付单位代扣代缴。

(5) 偶然所得。

$$应纳税额=90\ 000\times 20\%=18\ 000(元)$$

第三步：汇总本年度赵小兵已缴纳个人所得税税额，进行汇算清缴。

(1) 综合所得年度汇算清缴。

$$\begin{aligned}\begin{array}{c}综合所得应\\纳税所得额\end{array}&=164\ 400-30\ 240-60\ 000-24\ 000+8\ 000\times(1-20\%)\\&\quad+(1\ 300+900)\times(1-20\%)\times 70\%+40\ 000\times(1-20\%)\\&=89\ 792(元)\end{aligned}$$

$$综合所得应纳个人所得税税额=89\ 792\times 10\%-2\ 520=6\ 459.20(元)$$

$$平时已预缴个人所得税税额=2\ 496+1\ 280+84+6\ 400=10\ 260(元)$$

$$综合所得汇算清缴后，应退税额=10\ 260-6\ 459.20=3\ 800.8(元)$$

(2) 本年度其他所得和年终一次性奖金所得应纳个人所得税总额。

$$\begin{aligned}\begin{array}{c}本年度其他所得和年终一次性\\奖金所得应纳个人所得税总额\end{array}&=6\ 000+160+4\ 300+18\ 000+1\ 080\\&=29\ 540(元)\end{aligned}$$

(3) 本年度其他所得和年终一次性奖金所得已缴纳个人所得税总额。

$$\begin{aligned}\begin{array}{c}本年度其他所得和年终一次性奖\\金所得已经缴纳的个人所得税总额\end{array}&=6\ 000+160+4\ 000+18\ 000+1\ 080\\&=29\ 240(元)\end{aligned}$$

6

赵小兵其他所得需要补税 300 元，而综合所得汇算清缴后可退税 3 800.8 元，因此实际退税 3 500.8 元。

二、个人所得税几种特殊情况应纳税额的计算

(一) 个人发生公益、救济性捐赠个人所得税的计算

个人将其所得通过中国境内的社会团体、国家机关向教育和其他社会公益事业以及遭受严重自然灾害地区、贫困地区捐赠，捐赠额未超过纳税人申报的应纳税所得额 30%的部

分，可以从其应纳税所得额中扣除。

个人通过非营利性的社会团体和国家机关给红十字事业、农村义务教育以及公益性青少年活动场所的公益性捐赠，在计算缴纳个人所得税时，准予在税前的所得额中全额扣除。

【做中学 6-10】 王某 5 月 1 日购买福利彩票，中奖获得价值为 200 000 元的小轿车一辆及人民币 50 000 元。王某领奖时拿出 20 000 元通过民政部门捐赠给灾区。王某应纳的个人所得税税额计算如下：

$$捐赠支出扣除限额=(200\ 000+50\ 000)\times 30\%=75\ 000(元)$$

纳税人实际捐赠支出 20 000 元低于捐赠支出扣除限额 75 000 元，可全部在税前扣除。

$$应纳税所得额=200\ 000+50\ 000-20\ 000=230\ 000(元)$$
$$应纳税额=230\ 000\times 20\%=46\ 000(元)$$

（二）境外所得已纳税额扣除的计算

根据《个人所得税法》的规定，对缴纳个人所得税的居民纳税人，应就其来源于中国境内、境外的所得计算个人所得税。同时规定❶居民个人来源于中国境外的综合所得，应当与境内综合所得合并计算应纳税额。❷居民个人来源于中国境外的经营所得，应当与境内经营所得合并计算应纳税额。居民个人来源于境外的经营所得，按照个人所得税法及其实施条例的有关规定计算的亏损，不得抵减其境内或他国（地区）的应纳税所得额，但可以用来源于同一国家（地区）以后年度的经营所得按中国税法规定弥补。❸居民个人来源于中国境外的利息、股息、红利所得，财产租赁所得，财产转让所得和偶然所得（以下称其他分类所得），不与境内所得合并，应当分别单独计算应纳税额。

居民个人在一个纳税年度内来源于中国境外的所得，依照所得来源国家（地区）税收法律规定在中国境外已缴纳的所得税税额允许在抵免限额内从其该纳税年度应纳税额中抵免。

居民个人来源于一国（地区）的所得的抵免限额，计算公式如下：

（1）来源于一国（地区）综合所得的抵免限额＝中国境内和境外综合所得依照我国税法规定计算的综合所得应纳税额×来源于该国（地区）的综合所得收入额÷中国境内和境外综合所得收入额合计。

（2）来源于一国（地区）经营所得的抵免限额＝中国境内和境外经营所得依照我国税法规定计算的经营所得应纳税额×来源于该国（地区）的经营所得应纳税所得额÷中国境内和境外经营所得应纳税所得额合计。

（3）来源于一国（地区）其他分类所得的抵免限额＝该国（地区）的其他分类所得依照我国税法规定计算的应纳税额。

（4）来源于一国（地区）所得的抵免限额＝来源于该国（地区）综合所得抵免限额＋来源于该国（地区）经营所得抵免限额＋来源于该国（地区）其他分类所得抵免限额。

居民个人一个纳税年度内来源于一国（地区）的所得实际已经缴纳的所得税税额，低于来源于该国（地区）该纳税年度所得的抵免限额的，应以实际缴纳税额作为抵免额进行抵免；

超过来源于该国(地区)该纳税年度所得的抵免限额的,应在限额内进行抵免,超过部分可以在以后五个纳税年度内结转抵免。

居民个人申报境外所得税收抵免时,除另有规定外,应当提供境外征税主体出具的税款所属年度的完税证明、税收缴款书或者纳税记录等纳税凭证,未提供符合要求的纳税凭证,不予抵免。

(三) 两个以上的纳税人共同取得同一项所得应纳税额的计算

两个或两个以上的纳税人共同取得同一项所得的,可以对每一个人分得的收入分别减除费用,并计算各自的应纳税额。

【做中学 6-11】 甲、乙两人合著一本书,共取得稿费收入 9 800 元,其中:甲分得 7 000 元,乙分得 2 800 元。出版社应预扣预缴个人所得税税额计算如下:

$$\text{应预扣甲个人所得税税额}=7\,000\times(1-20\%)\times70\%\times20\%=784(\text{元})$$

$$\text{应预扣乙个人所得税税额}=(2\,800-800)\times70\%\times20\%=280(\text{元})$$

(四) 不满一个月的工资、薪金所得应纳税额的计算

在中国境内无住所的个人,凡在中国境内居住不满一个月并仅就不满一个月期间的工资、薪金所得申报纳税的,均应按全月工资、薪金所得为依据计算实际应纳税额。其计算公式为:

$$\text{应纳税额}=\left(\text{当月工资薪金应纳税所得额}\times\text{适用税率}-\text{速算扣除数}\right)\times\text{当月实际在中国境内的天数}\div\text{当月天数}$$

如果属于上述情况的个人取得的是日工资、薪金,应以日工资、薪金乘以当月天数换算成月工资、薪金后,再按上述公式计算应纳税额。

【做中学 6-12】 某美国公民 9 月 1 日受美国某公司委派到中国境内某企业安装一设备,9 月 20 日回国,期间从中国境内企业取得工资 5 800 元,则其工资、薪金所得应纳个人所得税税额为:

$$\text{应纳税额}=[(5\,800\times30\div20-5\,000)\times10\%-210]\times20\div30=106.67(\text{元})$$

(五) 税务机关有权进行纳税调整的情形

有下列情形之一的,税务机关有权按照合理方法进行纳税调整:

(1) 个人与其关联方之间的业务往来不符合独立交易原则而减少本人或者其关联方应纳税额,且无正当理由。

关联方,是指与个人有下列关联关系之一的个人、企业或者其他经济组织:❶夫妻、直系血亲、兄弟姐妹,以及其他抚养、赡养、扶养关系;❷资金、经营、购销等方面的直接或者间接控制关系;❸其他经济利益关系。

(2) 居民个人控制的,或者居民个人和居民企业共同控制的设立在实际税负明显偏低的国家(地区)的企业,无合理经营需要,对应当归属于居民个人的利润不作分配或者减少分配。

（3）个人实施其他不具有合理商业目的的安排而获取不当税收利益。税务机关依照前款规定作出纳税调整，需要补征税款的，应当补征税款，并依法加收利息。

自测题：个人所得税税款计算

任务三　个人所得税会计核算

任务引例

某企业按月发放职工工资时，预扣预缴职工李某个人所得税230元。如何进行会计核算？

【知识准备与业务操作】

一、会计科目的设置

对采用自行申报缴纳个人所得税的纳税人，除实行查账征收的个体工商户外（个人独资企业、合伙企业参照个体工商户执行，下同），一般不需要进行会计核算。实行查账征收的个体工商户，应设置“应交税费——应交个人所得税”科目，核算其应缴纳的个人所得税；一般企业涉及的代扣代缴个人所得税业务，应设置“应交税费——代扣个人所得税”科目，核算其代扣代缴情况。

二、会计核算实务

（一）个体工商户生产、经营所得个人所得税的会计核算

实行查账征收的个体工商户，其应缴纳的个人所得税会计核算应通过“所得税费用”和“应交税费——应交个人所得税”等科目进行。在计算应纳个人所得税时，借记“所得税费用”科目，贷记“应交税费——应交个人所得税”科目；实际上缴税款时，借记“应交税费——应交个人所得税”科目，贷记“银行存款”科目。

【做中学6-13】某个体工商户当年全年经营收入500 000元，其中生产经营成本、费用总额为400 000元，计算其全年应纳的个人所得税。

$$应纳税所得额=500\ 000-400\ 000=100\ 000(元)$$

$$应纳税额=100\ 000\times 20\%-10\ 500=9\ 500(元)$$

会计分录如下：

计算应缴个人所得税时：

借：所得税费用　　9 500

　　贷：应交税费——应交个人所得税　　9 500

实际缴纳税款时：

借：应交税费——应交个人所得税　　9 500

　　贷：银行存款　　9 500

6

（二）代扣代缴个人所得税的会计核算

现行会计准则并未对代扣税款核算作出规定，但实际工作中，一般可在“应交税费”总账下设置“代扣个人所得税”明细账进行核算。同时，根据所代扣税款的具体项目不同，将代扣的税额冲减“应付职工薪酬”“应付账款”和“其他应付款”等科目。

1. 支付工资、薪金所得的单位代扣代缴个人所得税核算

企业对支付给职工的工资、薪金代扣个人所得税时，借记“应付职工薪酬”和“应付账款”等科目，贷记“应交税费——代扣个人所得税”科目；实际缴纳个人所得税税款时，借记“应交税费——代扣个人所得税”科目，贷记“银行存款”科目。

任务引例解析

根据本任务引例，企业在发放李某工资时，预扣预缴其个人所得税的会计分录如下：

借：应付职工薪酬	230	
贷：应交税费——预扣个人所得税		230

按规定期限上缴税款时：

借：应交税费——预扣个人所得税	230	
贷：银行存款		230

2. 支付其他所得的单位代扣代缴个人所得税的核算

企业代扣除工资薪金所得以外的个人所得税时，根据个人所得项目不同，代扣个人所得税时，应分别借记“应付债券”“应付股利”“应付账款”“其他应付款”等科目，贷记“应交税费——代扣个人所得税”科目；实际缴纳个人所得税税款时，借记“应交税费——代扣个人所得税”科目，贷记“银行存款”科目。

自测题：个人所得税会计核算

【做中学 6-14】 某企业 3 月份与王某签约购入其一项发明专利，支付专利转让费 80 000 元。根据个人所得税法规定，该企业应预扣预缴王某专利转让应交的个人所得税。

应预扣预缴的个人所得税税额 = 80 000 ×（1 − 20%）× 20% = 12 800（元）

会计分录如下：

购入专利时：

借：无形资产	80 000	
贷：其他应付款		80 000

支付转让款，并预扣个人所得税时：

借：其他应付款	80 000	
贷：应交税费——预扣个人所得税		12 800
银行存款		67 200

任务四 个人所得税纳税申报

个人所得税的纳税申报包括个人自行申报纳税和代扣代缴两种，以本项目任务二的工作实例赵小兵年度自行申报为例来学习个人所得税的纳税申报过程。

【知识准备与业务操作】

一、个人所得税的扣缴申报

扣缴申报是指按照税法规定负有扣缴税款义务的单位或者个人，在向个人支付应税款项时税法规定预扣或代扣税款，按时向税务机关报送扣缴个人所得税报告表，并专项记载备查。这种做法的目的是控制税源，防止偷漏税和逃税。

动画视频：个人所得税网上申报现场操作

纳税人有中国公民身份证号码的，以中国公民身份证号码为纳税人识别号；纳税人没有中国公民身份证号码的，由税务机关赋予其纳税人识别号。扣缴义务人扣缴税款时，纳税人应当向扣缴义务人提供纳税人识别号。

（一）扣缴义务人

税法规定，凡是支付个人应纳税所得的企业（公司）、事业单位、机关单位、社团组织、军队、驻华机构、个体户等单位或者个人，都是个人所得税的扣缴义务人。扣缴义务人必须依法履行个人所得税全员全额扣缴申报义务，即扣缴义务人向个人支付应税所得时，不论其是否属于本单位人员、支付的应税所得是否达到纳税标准，扣缴义务人应当在预扣或代扣税款的次月内，向主管税务机关报送其支付应税所得个人的基本信息、支付所得项目和数额、扣缴税款数额以及其他相关涉税信息。同时向纳税人提供其个人所得和已扣缴税款等信息。

（二）代（预）扣代（预）缴的范围

扣缴义务人向居民个人支付工资、薪金所得，劳务报酬所得，稿酬所得和特许权使用费所得时实行预扣个人所得税。扣缴义务人向个人支付经营所得，利息、股息、红利所得，财产租赁所得，财产转让所得，偶然所得和向非居民个人支付工资、薪金所得，劳务报酬所得，稿酬所得和特许权使用费所得时实行代扣个人所得税。

除大病医疗以外，子女教育、赡养老人、住房贷款利息、住房租金、继续教育、婴幼儿照护，纳税人可以选择在单位发放工资薪金时，按月享受专项附加扣除政策。首次享受时，纳税人填报个人所得税专项附加扣除信息表（表6-7）给任职受雇单位，单位在每个月发放工资时，像“三险一金”一样，为大家办理专项附加扣除，不得拒绝。

一个纳税年度内，如果没有及时将扣除信息报送任职受雇单位，以致在单位预扣预缴工资、薪金所得税的未享受扣除或未足额享受扣除的，纳税人可以在当年剩余月份内向单位申请补充扣除，也可以在次年3月1日至6月30日内，向汇缴地主管税务机关进行汇算清缴申报时办理扣除。

税务机关应根据扣缴义务人所扣（预）缴的税款，付给2%的手续费，由扣缴义务人用于代（预）扣代（预）缴费用开支和奖励代（预）扣代（预）缴工作做得较好的办税人员。

表 6-7 **个人所得税专项附加扣除信息表**

填报日期：　年　月　日　　　　扣除年度：

纳税人姓名：　　　　纳税人识别号：□□□□□□□□□□□□□□□□□□□□

纳税人信息	手机号码				电子邮箱	
	联系地址				配偶情况	□有配偶　□无配偶
纳税人配偶信息	姓名		身份证件类型		身份证件号码	□□□□□□□□□□□□□□□□□□

有符合子女教育扣除条件的，填写本栏。

一、子女教育						
较上次报送信息是否发生变化：□首次报送（请填写全部信息）　□无变化（不需重新填写）　□有变化（请填写发生变化项目的信息）						
子女一	姓名		身份证件类型		身份证件号码	□□□□□□□□□□□□□□□□□□
	出生日期		当前受教育阶段	□学前教育阶段　□义务教育		□高中阶段教育　□高等教育
	当前受教育阶段起始时间	年　月	当前受教育阶段结束时间	年　月	子女教育终止时间 * 不再受教育时填写	年　月
	就读国家（或地区）		就读学校		本人扣除比例	□100%（全额扣除）　□50%（平均扣除）
子女二	姓名		身份证件类型		身份证件号码	□□□□□□□□□□□□□□□□□□
	出生日期		当前受教育阶段	□学前教育阶段　□义务教育		□高中阶段教育　□高等教育
	当前受教育阶段起始时间	年　月	当前受教育阶段结束时间	年　月	子女教育终止时间 * 不再受教育时填写	年　月
	就读国家（或地区）		就读学校		本人扣除比例	□100%（全额扣除）　□50%（平均扣除）
子女三	姓名		身份证件类型		身份证件号码	□□□□□□□□□□□□□□□□□□
	出生日期		当前受教育阶段	□学前教育阶段　□义务教育		□高中阶段教育　□高等教育
	当前受教育阶段起始时间	年　月	当前受教育阶段结束时间	年　月	子女教育终止时间 * 不再受教育时填写	年　月
	就读国家（或地区）		就读学校		本人扣除比例	□100%（全额扣除）　□50%（平均扣除）

有符合继续教育扣除条件的，填写本栏。

二、继续教育						
较上次报送信息是否发生变化：□首次报送（请填写全部信息）　□无变化（不需重新填写）　□有变化（请填写发生变化项目的信息）						
学历（学位）继续教育	当前继续教育起始时间	年　月	当前继续教育结束时间	年　月	学历（学位）继续教育阶段	□专科　□本科　□硕士研究生　□博士研究生　□其他
职业资格继续教育	职业资格继续教育类型	□技能人员　□专业技术人员			证书名称	
	证书编号		发证机关		发证（批准）日期	

有符合住房贷款利息扣除条件的，填写本栏。

三、住房贷款利息						
较上次报送信息是否发生变化：□首次报送（请填写全部信息）　□无变化（不需重新填写）　□有变化（请填写发生变化项目的信息）						
房屋信息	住房坐落地址	______省（区、市）______市______县（区）______街道（乡、镇）______				
	产权证号/不动产登记号/商品房买卖合同号/预售合同号					
房贷信息	本人是否借款人		□是　□否		是否婚前各自首套贷款，且婚后分别扣除50%	□是　□否
	公积金贷款｜贷款合同编号					
	贷款期限（月）				首次还款日期	
	商业贷款｜贷款合同编号				贷款银行	
	贷款期限（月）				首次还款日期	

有符合住房租金扣除条件的，填写本栏。

四、住房租金						
较上次报送信息是否发生变化：□首次报送（请填写全部信息）　□无变化（不需重新填写）　□有变化（请填写发生变化项目的信息）						
房屋信息	住房坐落地址	______省（区、市）______市______县（区）______街道（乡、镇）______				
租赁情况	出租方（个人）姓名		身份证件类型		身份证件号码	□□□□□□□□□□□□□□□□□□
	出租方（单位）名称				纳税人识别号（统一社会信用代码）	
	主要工作城市（* 填写市一级）				住房租赁合同编号（非必填）	
	租赁期起				租赁期止	

有符合赡养老人扣除条件的，填写本栏。

五、赡养老人						
较上次报送信息是否发生变化：□首次报送（请填写全部信息）　□无变化（不需重新填写）　□有变化（请填写发生变化项目的信息）						
纳税人身份		□独生子女　□非独生子女				
被赡养人一	姓名		身份证件类型		身份证件号码	□□□□□□□□□□□□□□□□□□
	出生日期		与纳税人关系	□父亲　□母亲　□其他		
被赡养人二	姓名		身份证件类型		身份证件号码	□□□□□□□□□□□□□□□□□□
	出生日期		与纳税人关系	□父亲　□母亲　□其他		
共同赡养人信息	姓名		身份证件类型		身份证件号码	□□□□□□□□□□□□□□□□□□
	姓名		身份证件类型		身份证件号码	□□□□□□□□□□□□□□□□□□
	姓名		身份证件类型		身份证件号码	□□□□□□□□□□□□□□□□□□
	姓名		身份证件类型		身份证件号码	□□□□□□□□□□□□□□□□□□
分摊方式* 独生子女不需填写		□平均分摊　□赡养人约定分摊　□被赡养人指定分摊			本年度月扣除金额	

有符合大病医疗扣除条件的，预扣预缴时暂不填写本栏，次年汇算清缴时填写。

六、大病医疗（仅限综合所得年度汇算清缴申报时填写）						
较上次报送信息是否发生变化：□首次报送（请填写全部信息）　□无变化（不需重新填写）　□有变化（请填写发生变化项目的信息）						
患者一	姓名		身份证件类型		身份证件号码	□□□□□□□□□□□□□□□□□□
	医药费用总金额		个人负担金额		与纳税人关系	□本人　□配偶　□未成年子女
患者二	姓名		身份证件类型		身份证件号码	□□□□□□□□□□□□□□□□□□
	医药费用总金额		个人负担金额		与纳税人关系	□本人　□配偶　□未成年子女
患者三	姓名		身份证件类型		身份证件号码	□□□□□□□□□□□□□□□□□□
	医药费用总金额		个人负担金额		与纳税人关系	□本人　□配偶　□未成年子女

有符合3岁以下婴幼儿照护扣除条件的，填写本栏。

七、3岁以下婴幼儿照护						
较上次报送信息是否发生变化：□首次报送（请填写全部信息）　□无变化（不需重新填写）　□有变化（请填写发生变化项目的信息）						
子女一	姓名		身份证件类型		身份证件号码	□□□□□□□□□□□□□□□□□□
	出生日期				本人扣除比例	□100%（全额扣除）　□50%（平均扣除）
子女二	姓名		身份证件类型		身份证件号码	□□□□□□□□□□□□□□□□□□
	出生日期				本人扣除比例	□100%（全额扣除）　□50%（平均扣除）
子女三	姓名		身份证件类型		身份证件号码	□□□□□□□□□□□□□□□□□□
	出生日期				本人扣除比例	□100%（全额扣除）　□50%（平均扣除）

需要在任职受雇单位预扣预缴工资、薪金所得个人所得税时享受专项附加扣除的，填写本栏			
重要提示：当您填写本栏，表示您已同意该任职受雇单位使用本表信息为您办理专项附加扣除。			
扣缴义务人名称		扣缴义务人纳税人识别号（统一社会信用代码）	□□□□□□□□□□□□□□□□□□□□

本人承诺：我已仔细阅读填表说明，并根据《中华人民共和国个人所得税法》及其实施条例、《个人所得税专项附加扣除暂行办法》《个人所得税专项附加扣除操作办法（试行）》等相关法律法规规定填写本表。本人已就所填扣除信息进行了核对，并对所填内容的真实性、准确性、完整性负责。

纳税人签字：　　年　月　日

扣缴义务人签章： 经办人签字 受理日期：　年　月　日	代理机构签章： 代理机构统一社会信用代码： 经办人签字： 经办人身份证件号码：	受理人： 受理税务机关（章）： 受理日期：　年　月　日

国家税务总局监制

（三）扣缴个人所得税报告表的编制

扣缴义务人向居民个人支付工资、薪金所得，劳务报酬所得，稿酬所得和特许权使用费所得的，个人所得税实行全员全额预扣预缴申报；向非居民个人支付工资、薪金所得，劳务报酬所得，稿酬所得和特许权使用费所得的，个人所得税实行全员全额扣缴申报；向纳税人（居民个人和非居民个人）支付利息、股息、红利所得，财产租赁所得，财产转让所得和偶然所得的，个人所得税实行全员全额扣缴申报。

全员全额扣缴申报，是指扣缴义务人应当在代扣税款的次月 15 日内，向主管税务机关报送其支付所得的所有个人的有关信息、支付所得数额、扣除事项和数额、扣缴税款的具体数额和总额以及其他相关涉税信息资料。

扣缴义务人应当在每月或者每次预扣、代扣税款的次月 15 日内，将已扣税款缴入国库，并向税务机关报送《个人所得税扣缴申报表》。

二、个人所得税的自行申报

自行申报纳税是指由纳税人自行在税法规定的纳税期限内，向税务机关申报取得的应税所得项目和数额，如实填写个人所得税纳税申报表，并按照税法规定计算应纳税额，据此缴纳个人所得税的一种方法。

（一）自行申报的范围

1. 自行办理纳税申报的范围

凡依据个人所得税法负有纳税义务的纳税人，有下列情形之一的，应当按规定办理自行纳税申报：

（1）取得综合所得需要办理汇算清缴。

（2）取得应税所得且没有扣缴义务人。

（3）取得应税所得，扣缴义务人未扣缴税款。

（4）取得境外所得。

（5）因移居境外注销中国户籍。

（6）非居民个人在中国境内从两处以上取得工资、薪金所得。

（7）国务院规定的其他情形。

2. 需要办理汇算清缴的范围

个人所得税居民纳税人取得下列情形的综合所得时需要办理汇算清缴：

（1）在两处或者两处以上取得综合所得，且综合所得年收入额减去专项扣除的余额超过 60 000 元。

（2）取得劳务报酬所得、稿酬所得、特许权使用费所得中一项或者多项所得，且综合所得年收入额减去专项扣除的余额超过 60 000 元。

（3）纳税年度内预缴税额低于应纳税额的。

（4）纳税人申请退税。纳税人申请退税，应当提供其在中国境内开设的银行账户，并在汇算清缴地就地办理税款退库。

纳税人可以委托扣缴义务人或者其他单位和个人办理汇算清缴。

非居民个人取得工资、薪金所得，劳务报酬所得，稿酬所得和特许权使用费所得，有扣缴义务人的，由扣缴义务人按月或者按次代扣代缴税款，不办理汇算清缴。

（二）自行申报地点

(1) 取得综合所得需要办理汇算清缴的纳税人，纳税申报地点分别为：

❶ 在中国境内有任职、受雇单位的，向任职、受雇单位所在地主管税务机关申报。

❷ 在中国境内有两处或者两处以上任职、受雇单位的，选择并向其中一处任职、受雇单位所在地主管税务机关申报。

❸ 在中国境内无任职、受雇单位的，向户籍所在地或经常居住地主管税务机关申报。

(2) 取得经营所得的纳税人，按月向经营管理所在地主管税务机关办理预缴纳税申报，次年办理汇算清缴；从两处以上取得经营所得的，选择向其中一处经营管理地主管税务机关办理年度汇总申报。

(3) 非居民个人取得工资薪金所得，劳务报酬所得，稿酬所得，特许权使用费所得，扣缴义务人未扣缴税款的，向扣缴义务人所在地主管税务机关申报；有两个以上扣缴义务人均未扣缴税款的，选择向其中一处扣缴义务人所在地主管税务机关办理纳税申报。

(4) 居民个人从中国境外取得所得的，向中国境内任职、受雇单位所在地主管税务机关办理纳税申报；没有任职、受雇单位的，向户籍所在地或中国境内经常居住地主管税务机关申报；户籍所在地与中国境内经常居住地不一致的，选择其中一地主管税务机关申报；在中国境内没有户籍的，向中国境内经常居住地主管税务机关申报。

(5) 纳税人因移居境外注销中国户籍的，应当在申请注销户籍前，向户籍所在地主管税务机关办理纳税申报，进行税款清算。

(6) 非居民个人在中国境内从两处以上取得工资、薪金所得的，向其中一处任职、受雇单位所在地主管税务机关办理纳税申报。

(7) 纳税人取得利息、股息、红利所得，财产租赁所得，财产转让所得和偶然所得，扣缴义务人未扣缴税款的，按相关规定向主管税务机关办理纳税申报。

纳税人不得随意变更纳税申报地点，因特殊情况需变更纳税申报地点的，须报原主管税务机关备案。

（三）自行申报期限

(1) 居民个人取得综合所得，按年计算个人所得税；有扣缴义务人的，由扣缴义务人按月或者按次预扣预缴税款；需要办理汇算清缴的，应当在取得所得的次年 3 月 1 日至 6 月 30 日内办理汇算清缴。

(2) 纳税人取得经营所得，按年计算个人所得税，由纳税人在月度或者季度终了后 15 日内向税务机关报送纳税申报表，并预缴税款；在取得所得的次年 3 月 31 日前办理汇算清缴。

(3) 纳税人取得应税所得没有扣缴义务人的，应当在取得所得的次月 15 日内向税务机关报送纳税申报表，并缴纳税款。

6

(4) 纳税人取得应税所得，扣缴义务人未扣缴税款的，纳税人应当在取得所得的次年 6 月 30 日前，缴纳税款；税务机关通知限期缴纳的，纳税人应当按照期限缴纳税款。非居民个人在次年 6 月 30 日前离境（临时离境除外）的，应当在离境前办理纳税申报。

(5) 居民个人从中国境外取得所得的，应当在取得所得的次年 3 月 1 日至 6 月 30 日内申报纳税。

(6) 非居民个人在中国境内从两处以上取得工资、薪金所得的，应当在取得所得的次月 15 日内，向其中一处任职、受雇单位所在地主管税务机关办理纳税申报，并报送《个人所得税自行纳税申报表(A 表)》。

(7) 纳税人因移居境外注销中国户籍的,应当在注销中国户籍前办理税款清算。

(8) 纳税人取得利息、股息、红利所得,财产租赁所得,财产转让所得和偶然所得,按月或者按次计算个人所得税,有扣缴义务人的,由扣缴义务人按月或者按次代扣代缴税款。扣缴义务人每月或者每次预扣、代扣的税款,应当在次月 15 日内缴入国库,并向税务机关报送扣缴个人所得税申报表。

纳税人办理汇算清缴退税或者扣缴义务人为纳税人办理汇算清缴退税的,税务机关审核后,按照国库管理的有关规定办理退税。

(四) 自行申报方式

纳税人可以采用远程办税端、邮寄等方式申报,也可以直接到主管税务机关申报。纳税人办理自行纳税申报时,应当一并报送税务机关要求报送的其他有关资料。首次申报或者个人基础信息发生变化的,还应报送《个人所得税基础信息表(B 表)》。纳税人采取远程办税端方式申报的,应当按照税务机关规定的期限和要求保存有关纸质资料;采取邮寄方式申报的,以邮政部门挂号信函收据作为申报凭据,以寄出的邮戳日期为实际申报日期。纳税人也可以委托有税务代理资质的中介机构或者他人代为办理纳税申报。

需要办理汇算清缴的纳税人,应当在取得所得的次年 3 月 1 日至 6 月 30 日内,向任职、受雇单位所在地主管税务机关办理纳税申报,居民个人纳税年度内仅从中国境内取得工资薪金所得、劳务报酬所得、稿酬所得、特许权使用费所得者,填报《个人所得税年度自行纳税申报表(A 表)》(表 6-8)。居民个人纳税年度内取得境外所得的,按照税法规定办理取得境外所得个人所得税自行申报。填报《个人所得税年度自行纳税申报表(B 表)》,同时一并附报《境外所得个人所得税抵免明细表》。纳税人有两处以上任职、受雇单位的,选择向其中一处任职、受雇单位所在地主管税务机关办理纳税申报;纳税人没有任职、受雇单位的,向户籍所在地或经常居住地主管税务机关办理纳税申报。纳税人办理综合所得汇算清缴,应当准备与收入、专项扣除、专项附加扣除、依法确定的其他扣除、捐赠、享受税收优惠等相关的资料,并按规定留存备查或报送。

纳税人取得经营所得,按年计算个人所得税,由纳税人在月度或季度终了后 15 日内,向经营管理所在地主管税务机关办理预缴纳税申报,并报送《个人所得税经营所得纳税申报表(A 表)》。

自测题:个人所得税纳税申报

6

表 6-8　个人所得税年度自行纳税申报表(A 表)

(仅取得境内综合所得年度汇算适用)

税款所属期:　　年　　月　　日至　　年　　月　　日

纳税人姓名:

纳税人识别号:□□□□□□□□□□□□□□□□□□□□　　金额单位:人民币元(列至角分)

基本情况					
手机号码		电子邮箱		邮政编码	□□□□□□
联系地址	______省(区、市)______市______区(县)______街道(乡、镇)______				
纳税地点(单选)					
1. 有任职受雇单位的,需选本项并填写“任职受雇单位信息”:				□任职受雇单位所在地	

续 表

<table>
<tr><td rowspan="2">任职受雇单位信息</td><td>名称</td><td colspan="3"></td></tr>
<tr><td>纳税人识别号</td><td colspan="3">□□□□□□□□□□□□□□□□□□</td></tr>
<tr><td colspan="2">2. 没有任职受雇单位的，可以从本栏次选择一地：</td><td colspan="3">□ 户籍所在地　　□经常居住地</td></tr>
<tr><td colspan="2">户籍所在地/经常居住地</td><td colspan="3">______省(区、市)______市______区(县______街道(乡、镇)______</td></tr>
<tr><td colspan="5">申报类型(单选)</td></tr>
<tr><td colspan="3">□ 首次申报</td><td colspan="2">□更正申报</td></tr>
<tr><td colspan="5">综合所得个人所得税计算</td></tr>
<tr><td colspan="3">项　　目</td><td>行次</td><td>金额</td></tr>
<tr><td colspan="3">一、收入合计(第 1 行＝第 2 行＋第 3 行＋第 4 行＋第 5 行)</td><td>1</td><td></td></tr>
<tr><td colspan="3">(一) 工资、薪金</td><td>2</td><td></td></tr>
<tr><td colspan="3">(二) 劳务报酬</td><td>3</td><td></td></tr>
<tr><td colspan="3">(三) 稿酬</td><td>4</td><td></td></tr>
<tr><td colspan="3">(四) 特许权使用费</td><td>5</td><td></td></tr>
<tr><td colspan="3">二、费用合计[第 6 行＝(第 3 行＋第 4 行＋第 5 行)×20％]</td><td>6</td><td></td></tr>
<tr><td colspan="3">三、免税收入合计(第 7 行＝第 8 行＋第 9 行)</td><td>7</td><td></td></tr>
<tr><td colspan="3">(一) 稿酬所得免税部分[第 8 行＝第 4 行×(1－20％)×30％]</td><td>8</td><td></td></tr>
<tr><td colspan="3">(二) 其他免税收入(附报《个人所得税减免税事项报告表》)</td><td>9</td><td></td></tr>
<tr><td colspan="3">四、减除费用</td><td>10</td><td></td></tr>
<tr><td colspan="3">五、专项扣除合计(第 11 行＝第 12 行＋第 13 行＋第 14 行＋第 15 行)</td><td>11</td><td></td></tr>
<tr><td colspan="3">(一) 基本养老保险费</td><td>12</td><td></td></tr>
<tr><td colspan="3">(二) 基本医疗保险费</td><td>13</td><td></td></tr>
<tr><td colspan="3">(三) 失业保险费</td><td>14</td><td></td></tr>
<tr><td colspan="3">(四) 住房公积金</td><td>15</td><td></td></tr>
<tr><td colspan="3">六、专项附加扣除合计(附报《个人所得税专项附加扣除信息表》)
(第 16 行＝第 17 行＋第 18 行＋第 19 行＋第 20 行＋第 21 行＋第 22 行＋第 23 行)</td><td>16</td><td></td></tr>
<tr><td colspan="3">(一) 子女教育</td><td>17</td><td></td></tr>
<tr><td colspan="3">(二) 继续教育</td><td>18</td><td></td></tr>
<tr><td colspan="3">(三) 大病医疗</td><td>19</td><td></td></tr>
<tr><td colspan="3">(四) 住房贷款利息</td><td>20</td><td></td></tr>
<tr><td colspan="3">(五) 住房租金</td><td>21</td><td></td></tr>
<tr><td colspan="3">(六) 赡养老人</td><td>22</td><td></td></tr>
<tr><td colspan="3">(七) 3 岁以下婴幼儿照护</td><td>23</td><td></td></tr>
<tr><td colspan="3">七、其他扣除合计(第 24 行＝第 25 行＋第 26 行＋第 27 行＋第 28 行＋第 29 行)</td><td>24</td><td></td></tr>
<tr><td colspan="3">(一) 年金</td><td>25</td><td></td></tr>
<tr><td colspan="3">(二) 商业健康保险(附报《商业健康保险税前扣除情况明细表》)</td><td>26</td><td></td></tr>
<tr><td colspan="3">(三) 税延养老保险(附报《个人税收递延型商业养老保险税前扣除情况明细表》)</td><td>27</td><td></td></tr>
<tr><td colspan="3">(四) 允许扣除的税费</td><td>28</td><td></td></tr>
<tr><td colspan="3">(五) 其他</td><td>29</td><td></td></tr>
<tr><td colspan="3">八、准予扣除的捐赠额(附报《个人所得税公益慈善事业捐赠扣除明细表》)</td><td>30</td><td></td></tr>
<tr><td colspan="3">九、应纳税所得额
(第 31 行＝第 1 行－第 6 行－第 7 行－第 10 行－第 11 行－第 16 行－第 24 行－第 30 行)</td><td>31</td><td></td></tr>
</table>

6

续　表

<table>
<tr><th colspan="4">项　　目</th><th>行次</th><th>金额</th></tr>
<tr><td colspan="4">十、税率(%)</td><td>32</td><td></td></tr>
<tr><td colspan="4">十一、速算扣除数</td><td>33</td><td></td></tr>
<tr><td colspan="4">十二、应纳税额(第 34 行＝第 31 行×第 32 行－第 33 行)</td><td>34</td><td></td></tr>
<tr><td colspan="6">全年一次性奖金个人所得税计算
(无住所居民个人预判为非居民个人取得的数月奖金，选择按全年一次性奖金计税的填写本部分)</td></tr>
<tr><td colspan="4">一、全年一次性奖金收入</td><td>35</td><td></td></tr>
<tr><td colspan="4">二、准予扣除的捐赠额（附报《个人所得税公益慈善事业捐赠扣除明细表》)</td><td>36</td><td></td></tr>
<tr><td colspan="4">三、税率(%)</td><td>37</td><td></td></tr>
<tr><td colspan="4">四、速算扣除数</td><td>38</td><td></td></tr>
<tr><td colspan="4">五、应纳税额[第 39 行＝(第 35 行－第 36 行)×第 37 行－第 38 行]</td><td>39</td><td></td></tr>
<tr><td colspan="6">税额调整</td></tr>
<tr><td colspan="4">一、综合所得收入调整额(需在“备注”栏说明调整具体原因、计算方式等)</td><td>40</td><td></td></tr>
<tr><td colspan="4">二、应纳税额调整额</td><td>41</td><td></td></tr>
<tr><td colspan="6">应补/退个人所得税计算</td></tr>
<tr><td colspan="4">一、应纳税额合计(第 42 行＝第 34 行＋第 39 行＋第 41 行)</td><td>42</td><td></td></tr>
<tr><td colspan="4">二、减免税额(附报《个人所得税减免税事项报告表》)</td><td>43</td><td></td></tr>
<tr><td colspan="4">三、已缴税额</td><td>44</td><td></td></tr>
<tr><td colspan="4">四、应补/退税额(第 45 行＝第 42 行－第 43 行－第 44 行)</td><td>45</td><td></td></tr>
<tr><td colspan="6">无住所个人附报信息</td></tr>
<tr><td>纳税年度内在中国境内居住天数</td><td></td><td colspan="2">已在中国境内居住年数</td><td colspan="2"></td></tr>
<tr><td colspan="6">退税申请
(应补/退税额小于 0 的填写本部分)</td></tr>
<tr><td colspan="6">□ 申请退税(需填写“开户银行名称”“开户银行省份”“银行账号”)　□ 放弃退税</td></tr>
<tr><td>开户银行名称</td><td></td><td>开户银行省份</td><td colspan="3"></td></tr>
<tr><td>银行账号</td><td colspan="5"></td></tr>
<tr><td colspan="6">备注</td></tr>
<tr><td colspan="6"></td></tr>
<tr><td colspan="6">谨声明：本表是根据国家税收法律法规及相关规定填报的，本人对填报内容(附带资料)的真实性、可靠性、完整性负责。
纳税人签字：　　年　　月　　日</td></tr>
<tr><td colspan="2">经办人签字：
经办人身份证件类型：
经办人身份证件号码：
代理机构签章：
代理机构统一社会信用代码：</td><td colspan="4">受理人：

受理税务机关(章)：

受理日期：　　年　　月　　日</td></tr>
</table>

国家税务总局监制

项目小结

个人所得税会计业务操作内容结构如图 6-1 所示。

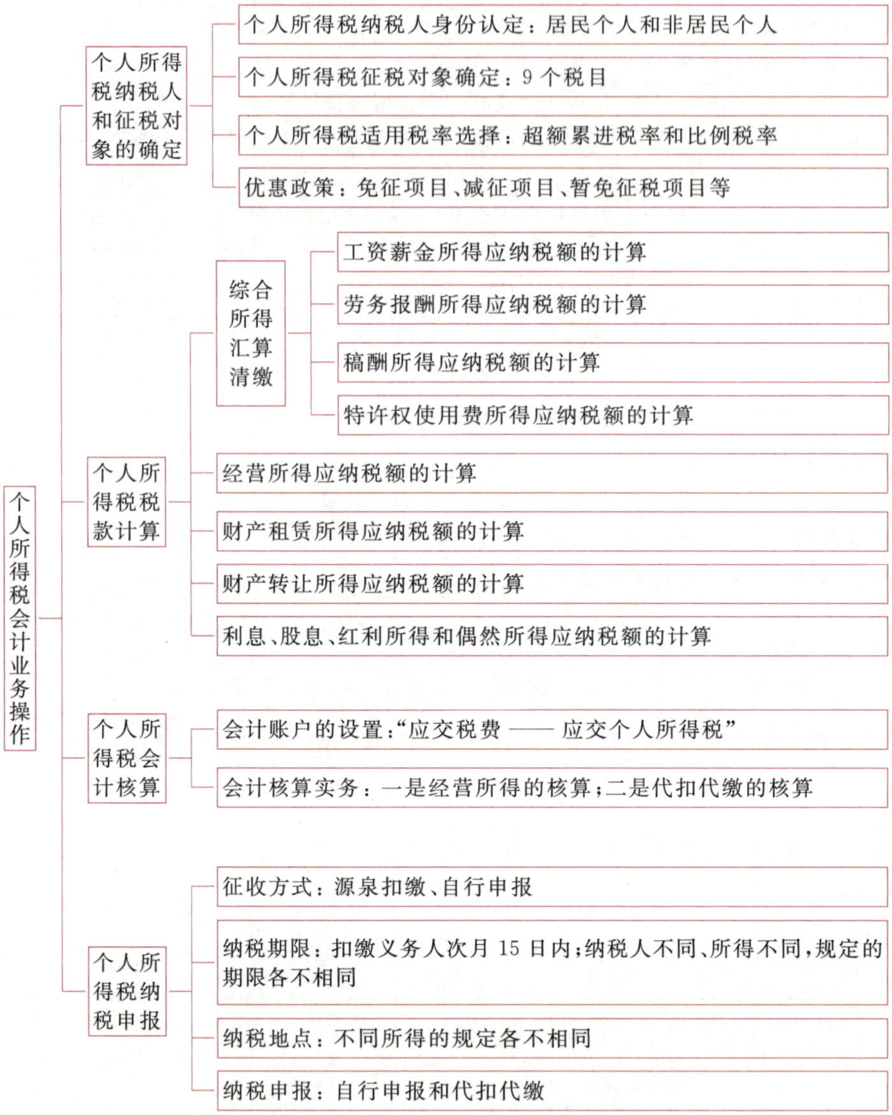

图 6-1 个人所得税会计业务操作内容结构图

项目七　其他税种会计业务操作

【职业能力目标】

1. 能根据相关规定计算城市维护建设税、印花税、城镇土地使用税、房产税、车船税、契税、土地增值税和资源税应纳税额。

2. 能根据相关业务进行城市维护建设税、印花税、城镇土地使用税、房产税、车船税、契税、土地增值税和资源税税款的会计处理。

3. 能熟练填制增值税(消费税)及附加税费申报表、财产和行为税纳税申报表,正确进行纳税申报。

【典型工作任务】

1. 城市维护建设税纳税人、征税对象的确定,优惠政策的运用,具体应纳税额的计算和会计处理,纳税申报及税款缴纳。

2. 印花税纳税人、征税对象的确定,优惠政策的运用,具体应纳税额的计算和会计处理,纳税申报及税款缴纳。

3. 城镇土地使用税纳税人、征税对象的确定,优惠政策的运用,具体应纳税额的计算和会计处理,纳税申报及税款缴纳。

4. 房产税纳税人、征税对象的确定,优惠政策的运用,具体应纳税额的计算和会计处理,纳税申报及税款缴纳。

5. 车船税纳税人、征税对象的确定,优惠政策的运用,具体应纳税额的计算和会计处理,纳税申报及税款缴纳。

6. 契税纳税人、征税对象的确定,优惠政策的运用,具体应纳税额的计算和会计处理,纳税申报及税款缴纳。

7. 土地增值税纳税人、征税范围的确定,优惠政策的运用,具体应纳税额的计算和会计处理,纳税申报及税款缴纳。

8. 资源税纳税人、征税范围的确定,优惠政策的运用,具体应纳税额的计算和会计处理,纳税申报及税款缴纳。

【教授寄语】

社会主义税收"取之于民,用之于民",党的二十大报告进一步强调了优化税制结构,加大税收调节力度,中国的税制改革仍在继续。

任务一 城市维护建设税会计业务操作

任务引例

宁波北仑区东海酿酒厂2022年6月30日计算出当月应交增值税70 000元,应交的消费税60 000元,营业地点在城乡结合部,根据当地行政区划,被确定为市区。

该酿酒厂究竟按5%还是按7%的税率计算城市维护建设税?具体应纳多少税款?如何进行会计处理?

【知识准备与业务操作】

一、纳税人和征税对象的确定

城市维护建设税是以纳税人实际缴纳的“二税”(增值税、消费税、营改增以前还包括营业税,下同)税额为计税依据而征收的一种税。城市维护建设税是一种具有附加税性质的税种,按“二税”税额附加征收,其本身没有特定的、独立的课税对象。开征城市维护建设税的目的主要是为了筹集城市公用事业和公共设施的维护、建设资金,加快城市开发建设步伐。

城市维护建设税的纳税人,是指负有缴纳“二税”义务的单位与个人,包括国有企业、集体企业、私营企业、股份制企业、行政事业单位、军事单位、社会团体、个体工商户及其他个人。自2010年12月1日起,外商投资企业、外国企业和外籍人员也开始征收城市维护建设税。

二、城市维护建设税的计算

(一)计税依据的确定

提示:

对实行“免、抵、退”的企业,国家税务总局正式审核批准的当期免抵的增值税税额应作为城市维护建设税和教育费附加的计税依据。

城市维护建设税的计税依据是指纳税人实际缴纳的“二税”税额,但不包括纳税人违反“二税”有关税法而加收的滞纳金和罚款,但纳税人在被查补“二税”和被处以罚款时,应同时对其偷漏的城市维护建设税进行补税、征收滞纳金和罚款。城市维护建设税以“二税”税额为计税依据并同时征收,如果免征或减征“二税”,也就同时免征或减征城市维护建设税。但对进口货物或者境外单位和个人向境内销售劳务、服务、无形资产缴纳的增值税、消费税税额,不征收城市维护建设税;对出口商品退还增值税、消费税时,不退还已缴纳的城市维护建设税。

(二)税率的选择

城市维护建设税采用比例税率。按纳税人所在地的不同,设置三档差别比例税率,如表7-1所示。

表 7-1　　城市维护建设税税率表

纳税人所在地区	税率
市　　区	7%
县城和镇	5%
市区、县城和镇以外的其他地区	1%

城市维护建设税的适用税率，应当按照纳税人所在地的规定税率执行。但是，对下列两种情况，可按缴纳“二税”所在地的规定税率就地缴纳城市维护建设税：

（1）由受托方代扣代缴、代收代缴“二税”的单位和个人，其代扣代缴、代收代缴的城市维护建设税按受托方所在地适用税率执行。

（2）流动经营等无固定纳税地点的单位和个人，在经营地缴纳“二税”的，其城市维护建设税的缴纳按经营地适用税率执行。

提示：

进口产品需征收增值税、消费税的，不征收城市维护建设税；出口产品退还增值税、消费税的，不退还已缴纳的城市维护建设税，即“进口不征、出口不退”。

（三）优惠政策的运用

城市维护建设税原则上不单独减免，但因其具有附加税性质，当主税发生减免时，城市维护建设税也相应发生减免。具体有以下四种情况：

（1）随“二税”的减免而减免。

（2）随“二税”的退库而退库。

（3）对海关代征的进口货物增值税、消费税，不征收城市维护建设税。

（4）根据国民经济和社会发展的需要，国务院对重大公共基础设施建设、特殊产业和群体以及重大突发事件应对等情形可以规定减征或者免征城市维护建设税，报全国人民代表大会常务委员会备案。

（5）自 2022 年 1 月 1 日至 2024 年 12 月 31 日，由省、自治区、直辖市人民政府根据本地区实际情况，以及宏观调控的需要确定，对小型微利企业可以在 50% 的税额幅度内减征城市维护建设税、资源税、房产税、城镇土地使用税、印花税（不含证券交易印花税）、耕地占用税和教育费附加、地方教育附加。小型微利企业已依法享受其他优惠政策的，可叠加享受此项优惠政策。

（四）应纳税额的计算

城市维护建设税的应纳税额是按纳税人实际缴纳的“二税”税额计算的，其计算公式为：

$$应纳税额 = 纳税人实际缴纳的增值税、消费税税额 \times 适用税率$$

【做中学 7-1】 某一市区企业 2022 年 6 月实际缴纳增值税 80 000 元，缴纳消费税 10 000 元。计算该企业应纳城市维护建设税。

$$应纳税额 = (80\,000 + 10\,000) \times 7\% = 6\,300（元）$$

三、城市维护建设税的核算

城市维护建设税的会计核算应设置“应交税费——应交城市维护建设税”科目。计提城市维护建设税时，应借记“税金及附加”科目，贷记本科目；实际缴纳城市维护建设税时，应借记本科目，贷记“银行存款”科目。本科目对应账户期末贷方余额反映企业应交而未交的城市维护建设税。

【做中学 7-2】根据【做中学 7-1】资料，进行会计处理。

(1) 计提城市维护建设税时：

借：税金及附加——城市维护建设税 6 300

贷：应交税费——应交城市维护建设税 6 300

(2) 实际缴纳城市维护建设税时：

借：应交税费——应交城市维护建设税 6 300

贷：银行存款 6 300

任务引例解析

任务引例中，该酿酒厂虽然地处城乡结合部，但按照行政区划，该企业被确定为城市，应按 7%的税率缴纳城市维护建设税：

$$当月应纳税额=(70\ 000+60\ 000)\times 7\%=9\ 100(元)$$

会计核算如下：

借：税金及附加——城市维护建设税 9 100

贷：应交税费——应交城市维护建设税 9 100

四、城市维护建设税的申报

(一) 纳税地点

城市维护建设税以纳税人实际缴纳的增值税、消费税税额之和为计税依据，分别与“二税”同时缴纳。所以，纳税人缴纳“二税”的地点，就是该纳税人缴纳城市维护建设税的地点。但是属于下列情况的，纳税地点有所不同。

(1) 代扣代缴、代收代缴“二税”的单位和个人，同时也是城市维护建设税的代扣代缴、代收代缴义务人，其城市维护建设税的纳税地点在代扣代收地。

(2) 跨省开采的油田，下属生产单位与核算单位不在一个省内的，其生产的原油，在油井所在地缴纳增值税，其应纳税款由核算单位按照各油井的产量和规定税率汇拨各油井所在地缴纳。所以各油井应纳的城市维护建设税，应由核算单位计算，随同增值税一并汇拨油井所在地，向油井所在地缴纳增值税的同时，一并缴纳城市维护建设税。

(3) 对流动经营等无固定纳税地点的单位和个人，应随同“二税”在经营地按适用税率缴纳。

(4) 中国铁路总公司等实行汇总缴纳“二税”的纳税人，城市维护建设税在汇总地与“二税”同时缴纳。

(二) 纳税期限

由于城市维护建设税是由纳税人在缴纳“二税”时同时缴纳的，因此其纳税期限分别与

“二税”的纳税期限一致。

（三）纳税申报

自 2021 年 8 月 1 日起，城市维护建设税和教育费附加与增值税、消费税申报表整合，不再单独填写《城市维护建设税纳税申报表》。

附：教育费附加。

教育费附加是对缴纳增值税、消费税的单位和个人征收的一种专项附加费，是正税以外的政府行政收费。国务院于 1986 年 4 月 28 日发布了《征收教育费附加的暂行规定》，并于同年 7 月 1 日起实施。开征教育费附加的目的是为了多渠道筹集教育经费，改善中小学办学条件，促进地方教育事业的发展。

教育费附加对缴纳“二税”的单位和个人征收，以其实际缴纳的“二税”税额为计费依据，分别与“二税”同时缴纳。现行教育费附加的征收率为“二税”税额的 3%。从 2005 年 10 月 1 日起，对生产卷烟和烟叶的单位也按 3%征收。自 2010 年 12 月 1 日起，外商投资企业、外国企业和外籍人员也统一按增值税、消费税实际缴纳税额的 3%征收教育费附加。同时，为规范和拓宽财政性教育经费筹资渠道，支持地方教育事业发展，全面开征地方教育附加，地方教育附加统一按增值税、消费税实际缴纳税额的 2%征收。

教育费附加的减免规定：海关进口商品征收的增值税、消费税，不征收教育费附加；对由于减免“二税”而发生退税的，可同时退还已征收的教育费附加，但对于出口产品退还增值税、消费税的，不退还已征收的教育费附加。

教育费附加通过“应交税费”科目核算。计提教育费附加时，应借记“税金及附加”科目，贷记本科目；缴纳教育费附加时，应借记本科目，贷记“银行存款”科目。本科目对应的明细账户期末贷方余额反映应交而未交的教育费附加。

自测题：城市维护建设税会计业务操作

任务二 房产税会计业务操作

任务引例

东海电子公司 2022 年 6 月 30 日“固定资产——房产”账面原值为 2 000 000 元，2022 年 8 月 1 日，企业将房产原值为 1 000 000 元的房屋租给其他单位使用，每年收取租金收入 126 000 元（含增值税），当地政府规定，按房产原值扣除 30%后作为房产余值，该地区规定房产税按年计算，分月缴纳。

出租房产应如何缴纳房产税？房屋出租收入是否要征房产税？如果需要，2022 年 7 月、8 月应怎样计税？

【知识准备与业务操作】

一、纳税人和征税对象的确定

房产税是依据房产价值或房产租金收入向房产所有人或经营人征收的一种税。该税是一种财产性质的税种，其开征目的是运用税收杠杆加强对房产的管理，提高房产使用效率，控制固定资产投资规模和配合国家房产政策的调整，合理调节房产所有人和经营人的收入。

提示：

外商投资企业、外国企业、华侨和我国香港、澳门、台湾同胞投资兴办的企业以及外籍人员和港澳台同胞等在内地拥有的房产，自2009年1月1日起征收房产税，在此以前不征房产税，而征收城市房地产税。

房产税的纳税义务人是房产的产权所有人。产权属于国家的，由经营管理单位缴纳；产权属于集体和个人所有的，由集体和个人缴纳；产权出典的，由承典人缴纳；产权所有人、承典人不在房产所在地的，或者产权未确定及租典纠纷未解决的，由房产代管人或使用人缴纳。

房产税的课税对象是房产。房产税的征税范围为城市、县城、建制镇和工矿区范围内的房产。房产税的征税范围不包括农村，这主要是为了减轻农民的负担。

从2006年1月1日起，具备房屋功能的地下建筑，包括与地上房屋相连的地下建筑（如房屋的地下室、地下停车场、商场的地下部分）以及完全建在地面以下的建筑、地下人防设施等，均应当依照有关规定征收房产税。

二、房产税的计算

（一）计税依据的确定

房产税的计税依据为房产的计税价值或房产的租金收入。按房产的计税价值征税的，称为从价计征；按房产的租金收入计征的，称为从租计征。

1. 从价计征

从价计征的，计税依据是房产原值减除一定比例后的余值。房产原值是指“固定资产”账户中记载的房屋原价；减除一定比例是指省、自治区、直辖市人民政府确定的10%～30%的扣除比例。

2. 从租计征

提示：

房地产开发企业建造的商品房，在出售前，不征收房产税；但对出售前房地产开发企业已使用或出租、出借的商品房应按规定征收房产税。

从租计征的，计税依据为房产不含增值税的租金收入，即房屋产权所有人出租房产使用权所得的报酬，包括货币收入和实物收入。

（二）税率的选择

我国房产税采用的是比例税率，由于房产税的计税依据分为从价计征和从租计征两种形式，所以房产税的税率也有两种：采用从价计征的，税率为1.2%；采用从租计征的，税率为12%。从2001年1月1日起，对个人按市场价格出租的居民住房，用于居住的，可暂减按4%的税率征收房产税。

（三）优惠政策的运用

（1）国家机关、人民团体、军队自用的房产免税。但上述免税单位的出租房屋以及非自身业务使用的生产、经营用房，不属于免税范围。

（2）由国家财政部门拨付经费的单位，其自身业务范围内使用的房产免税。

提示：

自2011年1月28日起，在上海、重庆等省市开始对某些个人住房试征房产税。

（3）宗教寺庙、公园、名胜古迹自用的房产免税。

（4）个人所有非营业用的房产免税。

（5）经财政部批准免税的其他房产。例如，因大修理停用半年以上的房产，损坏不堪使用和危房停用后的房产，地下人防设施，老人服务机构自用房产，非营利性医疗机构、疾病控制机构和妇幼保健机构等卫生机构自用房产，高校后勤实体等免征房产税。

(6) 自2023年1月1日至2027年12月31日，对高校学生公寓，对农产品批发市场、农贸市场专门用于经营农产品的房产免征房产税。

(四) 应纳税额的计算

1. 从价计征应纳税额的计算

从价计征是按房产原值减除一定比例后的余值计征，其计算公式为：

应纳税额＝应税房产原值×(1－扣除比例)×1.2%

2. 从租计征应纳税额的计算

从租计征是按房产的租金收入计征，其计算公式为：

应纳税额＝租金收入×12%

【做中学7-3】 某公司2021年12月31日房屋原始价值为900万元。2022年6月底公司将其中的100万元房产出租给外单位使用，租期2年，每年收取租金10.5万元(含增值税，按简易计税办法征税)。当地政府规定，从价计征房产税的，扣除比例为20%。房产税按年计算，分半年缴纳。计算该公司2022年上半年、下半年应纳房产税税额。

(1) 上半年房产应缴纳的税额：

应纳房产税税额＝900×(1－20%)×1.2%÷2＝4.32(万元)

(2) 下半年房产应缴纳的税额：

从价计征部分应纳房产税税额＝800×(1－20%)×1.2%÷2＝3.84(万元)

从租计征部分应纳房产税税额＝10.5÷(1＋5%)÷2×12%＝0.6(万元)

下半年应纳房产税税额＝3.84＋0.6＝4.44(万元)

三、房产税的核算

房产税的会计核算应设置“应交税费——应交房产税”科目。该科目贷方登记本期应缴纳的房产税税额；借方登记企业实际缴纳的房产税税额；期末贷方余额表示企业应交而未交的房产税税额。

核算时，企业按规定计算应交的房产税，借记“税金及附加”科目，贷记“应交税费——应交房产税”科目；缴纳房产税时，借记“应交税费——应交房产税”科目，贷记“银行存款”科目。

提示：

自2013年1月1日起执行的《小企业会计准则》规定：会计核算时，房产税不记入“管理费用”科目，而记入“税金及附加”科目。

【做中学7-4】 接【做中学7-3】资料，进行上半年房产税的会计处理。

(1) 上半年计提房产税时：

借：税金及附加——房产税	43 200	
贷：应交税费——应交房产税		43 200

(2) 实际缴纳上半年房产税时：

借：应交税费——应交房产税	43 200	
贷：银行存款		43 200

任务引例解析

据任务引例，计算如下：

(1) 东海电子公司7月份应按房产余值计算应纳税额：

年应纳税额＝2 000 000×(1－30%)×1.2%＝16 800(元)

月应纳税额＝年应纳税额÷12＝16 800÷12＝1 400(元)

则7月份应纳税额1 400元。

(2) 8月份应按房产余值和租金收入分别计算应纳税额：

❶ 按房产余值计算的应纳税额：

年应纳税额＝(2 000 000－1 000 000)×(1－30%)×1.2%
＝8 400(元)

月应纳税额＝8 400÷12＝700(元)

❷ 按租金收入计算的应纳税额：

年应纳税额＝126 000÷(1＋5%)×12%＝14 400(元)

月应纳税额＝14 400÷12＝1 200(元)

❸ 8月份应纳房产税税额＝700＋1 200＝1 900(元)

四、房产税的缴纳

(一) 纳税期限

房产税实行按年计算，分期缴纳的征税方法，具体纳税期限由各省、自治区、直辖市人民政府确定。各地一般按季度或半年征收一次，在季度或半年内规定某一月份征收。

(二) 纳税义务发生时间

提示：

只有第一种情况从“之月”起缴纳房产税，其余都是从“之次月”起缴纳房产税。

(1) 纳税人将原有房产用于生产经营的，从生产经营之月起计征房产税。

(2) 纳税人自行新建房屋用于生产经营的，自建成之次月起计征房产税。

(3) 纳税人委托施工企业建造的房屋，从办理竣工验收手续之次月起计征房产税。对于在办理竣工验收手续前已使用或出租、出借的新建房屋，应从使用或出租、出借的当月起按规定计征房产税。

(4) 纳税人购置新建商品房，自房屋权属交付使用之次月起计征房产税。

(5) 纳税人购置存量房，自办理房屋权属转移、变更登记手续，房地产权属登记机关签发房屋权属证书之次月起计征房产税。

(6) 纳税人出租、出借房产，自交付出租、出借房产之次月起计征房产税。

(7) 纳税人是房地产开发企业的，其自用、出租、出借本企业建造的商品房，自房屋使用或者交付之次月起计征房产税。

(三) 纳税地点

房产税的纳税地点为房产所在地。房产不在同一地方的纳税人，应按房产的坐落地点分别向房产所在地的税务机关纳税。

自测题：房产税会计业务操作

(四) 纳税申报

纳税人应当在规定的期限内，统一使用并填制《财产和行为税纳税申报表》，向房产税的征收机关办理纳税申报，缴纳税款。

任务三　印花税会计业务操作

任务引例

某生物制药厂假定2022年10月份开业，领受房产证、工商营业执照、土地使用证各一件，与其他企业订立转移专有技术使用权一件，所载金额为40万元；订立产品购销合同两件，所载金额为100万元；订立借款合同一份，所载金额为60万元。此外，企业的营业账簿中“实收资本”科目载有资金800万元，其他营业账簿10本。

企业开业时所办的一些证照、合同文书、营业账簿要缴纳印花税吗？他们各以什么作为计税依据？如何计算？又如何进行会计核算？

【知识准备与业务操作】

一、纳税人和征税范围的确定

印花税是对经济活动和经济交往中书立、使用应税凭证、进行证券交易的单位和个人征收的一种行为税。印花税具有覆盖面广、税率低、税负轻等特点。

印花税的纳税义务人，是指在我国境内书立应税凭证、进行证券交易的单位和个人；在境外书立在境内使用应税凭证的单位和个人，也应缴纳印花税。按照书立、使用应税凭证的不同，上述单位和个人分别确定为立合同人、立据人、立账簿人、使用人和证券交易出让方以及各类电子应税凭证的签订人六种。

(1) 立合同人。这是指合同的当事人，是对应税凭证有直接权利义务关系的单位和个人，但不包括合同的担保人、证人和鉴定人。各类合同的纳税人是立合同人。

(2) 立据人。产权转移书据的纳税人是立据人。

(3) 立账簿人。这是指设立并使用营业账簿的单位和个人。

(4) 使用人。在境外书立但在境内使用应税凭证的人。

(5) 证券交易出让方。交易印花税对证券交易的出让方征收，不对受让方征收。

(6) 各类电子应税凭证的签订人。即以电子形式签订的各类应税凭证的当事人。

纳税人为境外单位或者个人，在境内有代理人的，以其境内代理人为扣缴义务人；在境内没有代理人的，由纳税人自行申报缴纳印花税。证券登记结算机构为证券交易印花税的扣缴义务人。

印花税的征税范围是税法列举的各种应税凭证，即合同或具有合同性质的凭证；产权转移书据；营业账簿；财政部确定的其他应税凭证。列入税目的就要征税，未列入税目的就不需要征税。

在中华人民共和国境外书立，在境内使用的应税凭证，应当按规定缴纳印花税，主要包括以下几种情形：❶应税凭证的标的为不动产的，该不动产在境内；❷应税凭证的标的为股权的，该股权为中国居民企业的股权；❸应税凭证的标的为动产或者商标专用权、著作权、专利权、专有技术使用权的，其销售方或者购买方在境内，但不包括境外单位或者个人向境内单位或者个人销售完全在境外使用的动产或者商标专用权、著作权、专利权、专有技术使用权；❹应税凭证的标的为服务的，其提供方或者接受方在境内，但不包括境外单位或者个人向境内单位或者个人提供完全在境外发生的服务。

下列情形的凭证，不属于印花税征收范围：❶人民法院的生效法律文书，仲裁机构的仲裁文书，监察机关的监察文书；❷县级以上人民政府及其所属部门按照行政管理权限征收、收回或者补偿安置房地产书立的合同、协议或者行政类文书；❸总公司与分公司、分公司与分公司之间书立的作为执行计划使用的凭证。

二、印花税的计算

（一）计税依据的确定

印花税的计税依据是应税凭证的计税金额，具体为：

（1）应税合同的计税依据，为合同所列的金额，不包括列明的增值税税款。

（2）应税产权转移书据的计税依据，为产权转移书据所列的金额，不包括列明的增值税税款。

（3）应税营业账簿的计税依据，为账簿记载的实收资本（股本）、资本公积合计金额。

（4）证券交易的计税依据，为成交金额。

应税合同、应税产权转移书据所列的金额与实际结算金额不一致，不变更应税凭证所列金额的，以所列金额为计税依据；变更应税凭证所列金额的，以变更后的所列金额为计税依据。已缴纳印花税的应税凭证，变更后所列金额增加的，纳税人应当就增加部分的金额补缴印花税；变更后所列金额减少的，纳税人可以就减少部分的金额向税务机关申请退还或者抵缴印花税。

证券交易无转让价格的，按照办理过户登记手续时该证券前一个交易日收盘价计算确定计税依据；无收盘价的，按照证券面值计算确定计税依据。

同一应税合同、应税产权转移书据中涉及两方以上纳税人，且未列明纳税人各自涉及金额的，以纳税人平均分摊的应税凭证所列金额（不包括列明的增值税税款）确定计税依据。

境内的货物多式联运，采用在起运地统一结算全程运费的，以全程运费作为运输合同的计税依据，由起运地运费结算双方缴纳印花税；采用分程结算运费的，以分程的运费作为计税依据，分别由办理运费结算的各方缴纳印花税。

同一凭证，载有两个或以上经济事项而适用不同税目税率，如分别记载金额的，应分别计算应纳税额；如未分别记载金额的，从高适用税率。

已缴纳印花税的营业账簿，以后年度记载的实收资本（股本）、资本公积合计金额相较已缴纳印花税的实收资本（股本）、资本公积合计金额增加的，按照增加部分计算应纳税额。

应税凭证金额为人民币以外的货币的，应当按照凭证书立当日的人民币汇率中间价折合人民币确定计税依据。

（二）税率的选择

印花税的税率设计，遵循税负从轻、共同负担的原则。所以，税率比较低，凭证的当事人均应就其所持凭证依法纳税。

印花税采用比例税率形式，自 2022 年 7 月 1 日施行的印花税税目税率如表 7-2 所示。

表 7-2　　印花税税目税率表

税目		税率	备注
合同（指书面合同）	借款合同	按借款金额的万分之零点五贴花	指银行业金融机构、经国务院银行业监督管理机构批准设立的其他金融机构与借款人（不包括同业拆借）的借款合同
	融资租赁合同	租金的万分之零点五	
	买卖合同	价款的万分之三	指动产买卖合同（不包括个人书立的动产买卖合同）
	承揽合同	报酬的万分之三	
	建设工程合同	价款的万分之三	
	运输合同	运输费用的万分之三	指货运合同和多式联运合同（不包括管道运输合同）
	技术合同	价款、报酬或者使用费的万分之三	不包括专利权、专有技术使用权转让书据
	租赁合同	租金的千分之一	
	保管合同	保管费的千分之一	
	仓储合同	仓储费的千分之一	
	财产保险合同	保险费的千分之一	不包括再保险合同
产权转移书据	土地使用权出让书据	价款的万分之五	
	土地使用权、房屋等建筑物和构筑物所有权转让书据（不包括土地承包经营权和土地经营权转移）	价款的万分之五	转让包括买卖（出售）、继承、赠与、互换、分割
	股权转让书据（不包括应缴纳证券交易印花税的）	价款的万分之五	
	商标专用权、著作权、专利权、专有技术使用权转让书据	价款的万分之三	

续 表

税　目	税　率	备　注
营业账簿	实收资本（股本）、资本公积合计金额的万分之二点五	
证券交易	成交金额的千分之一	

注：① 证券交易是指转让在依法设立的证券交易所、国务院批准的其他全国性证券交易场所交易的股票和以股票为基础的存托凭证；交易印花税对证券交易的出让方征收，不对受让方征收。

② 除记载资金账簿外，其他营业账簿不征收印花税。

③ 以下四类合同和书据不征收印花税：个人书立的动产买卖合同；管道运输合同；再保险合同；同业拆借合同；土地承包经营权和土地经营权转移书据。

（三）优惠政策的运用

下列凭证免征印花税：

（1）应税凭证的副本或者抄本。

（2）依照法律规定应当予以免税的外国驻华使馆、领事馆和国际组织驻华代表机构为获得馆舍书立的应税凭证。

（3）中国人民解放军、中国人民武装警察部队书立的应税凭证。

（4）农民、家庭农场、农民专业合作社、农村集体经济组织、村民委员会购买农业生产资料或者销售农产品书立的买卖合同和农业保险合同。

（5）无息或者贴息借款合同、国际金融组织向中国提供优惠贷款书立的借款合同。

（6）财产所有权人将财产赠与政府、学校、社会福利机构、慈善组织书立的产权转移书据。

（7）非营利性医疗卫生机构采购药品或者卫生材料书立的买卖合同。

（8）个人与电子商务经营者订立的电子订单。

（9）自 2023 年 1 月 1 日至 2027 年 12 月 31 日，对与高校学生签订的高校学生公寓租赁合同，免征印花税。

（10）自 2023 年 8 月 28 日起，证券交易印花税实施减半征收。

根据国民经济和社会发展的需要，国务院对居民住房需求保障、企业改制重组、破产、支持小型微型企业发展等情形可以规定减征或者免征印花税，报全国人民代表大会常务委员会备案。

（四）应纳税额的计算

根据应税凭证的性质，印花税的计算采用从价定率计算方法，其计算公式为：

$$应纳税额＝应税凭证计税金额\times适用税率$$

未履行的应税合同、产权转移书据，已缴纳的印花税不予退还及抵缴税款。纳税人多贴的印花税票，不予退税及抵缴税款。

【做中学 7-5】某企业 2022 年 7 月开业，当年发生以下有关业务事项：领受房屋产权证、工商营业执照、土地使用证各 1 件；订立一份商品购销合同，合同金额为 100 万元；订立借款合同一份，所载金额为 100 万元；企业记载资金的账簿，“实收资本”为 500 万元，“资本公积”为 100 万元；其他账簿 20 本。计算该企业当年应缴纳的印花税税额。

(1) 企业领受权利许可证照从 2022 年 7 月 1 日起不征印花税。

(2) 企业订立购销合同应纳印花税税额：

应纳印花税税额＝1 000 000×0.3‰＝300(元)

(3) 企业订立借款合同应纳印花税税额：

应纳印花税税额＝1 000 000×0.05‰＝50(元)

(4) 企业记载资金的账簿应纳印花税税额：

应纳印花税税额＝(5 000 000＋1 000 000)×0.25‰＝1 500(元)

(5) 企业其他营业账簿不征印花税。

(6) 企业当年应纳印花税税额：

应纳印花税税额＝300＋50＋1 500＝1 850(元)

三、印花税的核算

印花税核算应设置“应交税费——应交印花税”科目，计提印花税时，应借记“税金及附加”科目；实际缴纳印花税时，应借记“应交税费——应交印花税”科目，贷记“银行存款”科目。若企业在缴纳印花税时，不发生应付未付税款的情况，可以不通过“应交税费”科目核算，缴纳的印花税直接在“税金及附加”科目中反映。按实际支付的款项借记“税金及附加”科目，贷记“银行存款“科目。

【做中学 7-6】接【做中学 7-5】资料，进行会计处理。

借：税金及附加　　1 850

　贷：银行存款　　1 850

任务引例解析

企业开业时所办的一些证照从 2022 年 7 月 1 日起不征印花税，合同文书、营业账簿都要按规定缴纳印花税，他们的计税依据各不相同，具体计算如下：

产权转移书据应纳税额＝400 000×0.3‰＝120(元)

销售合同应纳税额＝1 000 000×0.3‰＝300(元)

借款合同应纳税额＝600 000×0.05‰＝30(元)

营业账簿中“实收资本”应纳税额＝8 000 000×0.25‰＝2 000(元)

其他营业账簿不征印花税。

该制药厂 10 月份应纳的印花税额＝120＋300＋30＋2 000＝2 450(元)

会计核算如下：

借：税金及附加　　2 450

　贷：银行存款　　2 450

四、印花税的缴纳

（一）纳税期限

印花税按季、按年或者按次计征。实行按季、按年计征的，纳税人应当自季度、年度终了之日起 15 日内申报缴纳税款；实行按次计征的，纳税人应当自纳税义务发生之日起 15 日内申报缴纳税款。

证券交易印花税按周解缴。证券交易印花税扣缴义务人应当自每周终了之日起 5 日内申报解缴税款以及银行结算的利息。

（二）纳税义务发生时间

印花税的纳税义务发生时间为纳税人书立应税凭证或者完成证券交易的当日。证券交易印花税扣缴义务发生时间为证券交易完成的当日。

（三）纳税地点

印花税一般实行就地纳税。纳税人为单位的，应当向其机构所在地的主管税务机关申报缴纳印花税；纳税人为个人的，应当向应税凭证书立地或者纳税人居住地的主管税务机关申报缴纳印花税。

不动产产权发生转移的，纳税人应当向不动产所在地的主管税务机关申报缴纳印花税。证券交易印花税由扣缴义务人向其机构所在地的主管税务机关申报解缴税款以及银行结算的利息。

（四）纳税申报

纳税人应当根据书立印花税应税合同、产权转移书据和营业账簿情况，填写《印花税税源明细表》，统一使用并如实填写《财产和行为税纳税申报表》进行财产行为税综合申报，并在规定的期限内缴纳税款。

自测题：印花税会计业务操作

任务四 车船税会计业务操作

任务引例

某地税局执法人员在对各保险机构代收代缴车船税进行突击检查时，发现位于该市的某保险机构在为 7 辆汽车办理“交强险”时，纳税人拒缴车船税，该公司为保证保险业绩，并未按照规定及时向税务机关上报，而是擅自为其办理了“交强险”。执法人员还发现，该公司为逃脱责任，还涉嫌为其中的 3 辆汽车伪造《车船税拒缴声明》。该地税局对该保险公司进行了处罚。

保险公司在纳税人和税务机关之间处于什么角色？保险公司受到税务机关处罚的原因是什么？

【知识准备与业务操作】

一、纳税人和征税对象的确定

7

车船税是指对在中华人民共和国境内的车辆（包括乘用车、商用车、挂车、摩托车和其他车辆）、船舶（包括机动船舶和游艇）依法征收的一种税。征收车船税，有利于运用税收经济杠杆，加强对车船的管理和使用，同时通过税收手段集中财力，缓解发展交通运输事业资金短缺的矛盾。

车船税的纳税人是指在我国境内车辆、船舶（以下简称车船）的所有人或管理人。其中，所有人是指在我国境内拥有车船的单位和个人；管理人是指对车船具有管理权或使用权，但不具有所有权的单位。车辆的所有人或者管理人未缴纳车船税的，使用人应当代为缴纳车船税。

一般情况下，拥有与使用车船的单位和个人是相同的，纳税人既是车船使用人，又是车船拥有人。但如存在租赁关系，车船拥有人与使用人不一致时，则应由租赁双方协商确定纳税人，租赁双方未商定的，由车船的使用人纳税。

从事机动车第三者责任强制保险业务的保险机构为机动车车船税的扣缴义务人，在销售机动车交通事故责任强制保险时代收车船税，并出具代收税款凭证。

车船税的征税对象为在我国境内使用的车船（除规定减免的车辆外），分为车辆和船舶两大类，具体包括：

（1）车辆为机动车，即依靠燃油、电力等能源作为动力运行的车辆，包括乘用车、商用客车、商用货车、挂车、摩托车、专项作业车和轮式专用机械车。

（2）船舶为机动船、非机动驳船和游艇。机动船指依靠燃料等能源作为动力运行的船舶，包括客船、货船、气垫船、拖船等；非机动驳船是指依靠其他力量运行的驳船。

游艇是指具备内置机械推进动力装置，长度在 90 米以下，主要用于游览观光、休闲娱乐、水上体育运动等活动，并应当具有船舶检验证书和适航证书的船舶。

任务引例解析

任务引例中，保险公司是车船税的扣缴义务人，在给纳税人提供保险服务时需要履行扣缴义务，代税务机关向纳税人收取车船税，如果纳税人拒绝不交，那么保险公司应向税务机关通报。本任务引例中的保险公司在纳税人拒绝缴纳车船税时，没有向税务机关通报，擅自办理交强险，伪造虚假材料，因此，应受到税务机关的处罚。

二、车船税的计算

（一）计税依据的确定

车船税的计税依据按车船种类和性能，分别确定辆、整备质量吨位、净吨位和艇身长度四种，具体规定如下：

（1）乘用车、商用客车、摩托车按“辆”计税。

（2）商用货车、挂车、专业作业车、轮式专用机械车按“整备质量吨位”计税。

（3）机动船舶按“净吨位”计税，拖船按照“发动机功率每 1 千瓦折合净吨位 0.67 吨”计税。

（4）游艇按“艇身长度”计税。

需要说明的是：

（1）这里所涉及的整备质量吨位、净吨位、艇身长度等计税标准，以车船管理部门核发的车船登记证书或者行驶证书相应项目所载数额为准。依法不需要办理登记的车船和依法应当登记而未办理登记或者不能提供车船登记证书、行驶证的车船，以车船出厂合格证明或者进口凭证标注的技术参数、数据为准；不能提供车船出厂合格证明或者进口凭证的，由主管税务机关参照国家相关标准核定，没有国家相关标准的参照同类车船核定。整备质量是指一辆汽车的自重，即汽车在正常条件下准备行驶时，尚未载人（包括驾驶员）、载物时的空车重量。

（2）车辆整备质量尾数在 0.5 吨以下（含 0.5 吨）的，按照 0.5 吨计算；超过 0.5 吨的，按照 1 吨计算，整备质量不超过 1 吨的车辆，按照 1 吨计算。船舶净吨位尾数在 0.5 吨以下（含 0.5 吨）的不予计算，超过 0.5 吨的按照 1 吨计算。净吨位不超过 1 吨的船舶，按照 1 吨计算。

（二）税目与税率的选择

车船税对应税车船采用幅度定额税率，即对各类车辆船舶分别规定了税目和税额幅度，如表 7-3 所示。

表 7-3　　车船税税目税额表

税目		计税单位	每年税额	备注
一、乘用车	1.0 升（含，发动机汽缸排气量，下同）以下	每辆	60 元至 360 元	核定载客人数 9 人（含）以下
	1.0 升以上至 1.6 升（含）的	每辆	300 元至 540 元	
	1.6 升以上至 2.0 升（含）的	每辆	360 元至 660 元	
	2.0 升以上至 2.5 升（含）的	每辆	660 元至 1 200 元	
	2.5 升以上至 3.0 升（含）的	每辆	1 200 元至 2 400 元	
	3.0 升以上至 4.0 升（含）的	每辆	2 400 元至 3 600 元	
	4.0 升以上的	每辆	3 600 元至 5 400 元	
二、商用车	客车	每辆	480 元至 1 440 元	核定载客人数 9 人以上，包括电车
	货车	整备质量每吨	16 元至 120 元	包括半挂牵引车、三轮汽车和低速载货汽车等
三、挂车		整备质量每吨	按照货车税额的 50%计算	
四、其他车辆	专用作业车	整备质量每吨	16 元至 120 元	不包括拖拉机
	轮式专用机械车	整备质量每吨	16 元至 120 元	不包括拖拉机
五、摩托车		每辆	36 元至 180 元	

续 表

税目		计税单位	每年税额	备注
六、船舶	机动船舶	净吨位每吨	3 元至 6 元	拖船和非机动驳船分别按机动船舶税额的 50%计算
	游艇	艇身长度每米	600 元至 2 000 元	

注：① 车辆具体适用税额。由省、自治区、直辖市人民政府在规定的税额幅度内，按照以下原则，确定具体的适用税额，并报国务院备案：a. 乘用车依排气量从小到大递增税额；b. 客车按照核定载客人数 20 人以下和 20 人(含)以上两档划分，递增税额。

② 机动船舶具体适用税额。a. 净吨位不超过 200 吨的，每吨 3 元；b. 净吨位超过 200 吨但不超过 2 000 吨的，每吨 4 元；c. 净吨位超过 2 000 吨但不超过 10 000 吨的，每吨 5 元；d. 净吨位超过 10 000 吨的，每吨 6 元。

③ 游艇具体适用税额。a. 艇身长度不超过 10 米的，每米 600 元；b. 艇身长度超过 10 米但不超过 18 米的，每米 900 元；c. 艇身长度超过 18 米但不超过 30 米的，每米 1 300 元；d. 艇身长度超过 30 米的，每米 2 000 元；辅助动力帆艇，每米 600 元。

(三) 优惠政策的运用

1. 法定减免

(1) 捕捞、养殖渔船。捕捞、养殖渔船是指在渔业船舶管理部门登记为捕捞船或者养殖船的船舶。它不包括在渔业船舶管理部门登记为捕捞船或者养殖船以外类型的船舶。

(2) 军队、武警部队专用的车船。军队、武警部队专用的车船是指按照规定在军队、武警车船管理部门登记，并领取军用牌照、武警牌照的车船。

(3) 警用车船。警用车船是指公安机关、国家安全机关、监狱、劳动教养管理机关和人民法院、人民检察院领取警用牌照的车辆和执行警务的专用船舶。

(4) 悬挂应急救援专用号牌的国家综合性消防救援车辆和国家综合性消防救援专用船舶。

(5) 依照我国有关法律规定应当予以免税的外国驻华使馆、领事馆和国际组织驻华机构及其有关人员的车船。

2. 特定减免

省、自治区、直辖市人民政府根据当地实际情况，可以对公共交通车船，农村居民拥有并主要在农村地区使用的摩托车、三轮汽车和低速载货汽车定期减征或免征车船税。

自 2018 年 7 月 10 日起，对符合标准的节能乘用车、商用车，减半征收车船税；对使用符合标准的新能源的车辆(是指纯电动商用车、插电式混合动力汽车、燃料电池商用车)，免征车船税；纯电动乘用车和燃料电池乘用车不属于车船税征税范围，对其不征车船税。

对受严重自然灾害影响，纳税困难以及有其他特殊原因确需减、免税的，可以减征或免征车船税。

(四) 应纳税额的计算

车船税的计算按照计税依据不同，其计算方法有以下几种：

(1) 乘用车、商用客车、摩托车应纳税额 = 车辆数 × 适用单位税额。

(2) 商用货车、专业作业车、轮式专用机械车应纳税额 = 整备质量吨位 × 适用单位税额。

（3）挂车应纳税额＝整备质量吨位×适用单位税额×50%。

（4）机动船舶应纳税额＝净吨位×适用单位税额。

（5）拖船、非机动驳船应纳税额＝净吨位×适用单位税额×50%。

（6）游艇应纳税额＝艇身长度×适用单位税额。

购置的新车船，购置当年的应纳税额自纳税义务发生的当月起按月计算。其计算公式为：应纳税额＝（年应纳税额÷12）×应纳税月份数。

客货两用车按载货汽车的计税单位和税额标准计征车船税。

【做中学 7-7】汇丰公司拥有客车 5 辆，其中商用客车 1 辆，2.4 升乘用车 2 辆，1.6 升小型客车 2 辆，单位税额分别为 900 元、700 元、500 元；拥有商用货车 6 辆，其中 3 辆每辆整备质量吨位为 9.4 吨，另 3 辆每辆整备质量吨位为 19.7 吨，单位税额分别为 40 元、80 元。计算该公司 2022 年应纳车船税税额。

（1）载客汽车应纳税额＝1×900＋2×700＋2×500
＝3 300（元）

（2）载货汽车应纳税额＝3×9.5×40＋3×20×80
＝5 940（元）

（3）合计应纳车船税税额＝3 300＋5 940＝9 240（元）

三、车船税的核算

车船税的会计核算应设置“应交税费——应交车船税”科目。该科目贷方登记本期应缴纳的车船税税额；借方登记企业实际缴纳的车船税税额。企业分期计提车船税时，应借记“税金及附加”科目，贷记本科目；缴纳车船使用税时应借记本科目，贷记“银行存款”科目。本科目期末贷方余额反映应交而未交的车船税。

【做中学 7-8】接【做中学 7-7】汇丰公司资料，车船税按年计算，分季缴纳，企业按月计提，进行会计处理。

企业按月计提应纳税额＝9 240÷12＝770（元）

（1）按月计提车船税时，作如下会计分录：

借：税金及附加——车船税	770	
贷：应交税费——应交车船税		770

（2）按季度缴纳车船税时，作如下会计分录：

借：应交税费——应交车船税	2 310	
贷：银行存款		2 310

7

四、车船税的缴纳

（一）纳税期限

车船税按年申报，分月计算，一次性缴纳。纳税年度为公历 1 月 1 日至 12 月 31 日止。具体纳税期限由省、自治区、直辖市人民政府确定。

（二）纳税义务发生时间

车船的纳税义务发生时间，为车船管理部门核发的车船登记证书或者行驶证书所载日期的当月。纳税人未按照规定到车船管理部门办理车船登记手续的，以车船购置发票所载开具时间的当月作为车船税的纳税义务发生时间。对未办理车船登记手续且无法提供车船购置发票的，由主管税务机关核定纳税义务发生时间。

（三）纳税地点

由扣缴义务人代收代缴车船税的，纳税地点为扣缴义务人所在地；纳税人自行申报缴纳车船税的，纳税地点为车船登记地的主管税务机关所在地；依法不需要办理登记的车船，纳税地点为车船所有人或者管理人主管税务机关所在地。

（四）纳税申报

（1）车船的所有人或管理人未缴纳车船税的，使用人应当代为缴纳车船税。

（2）从事机动车交通事故责任强制保险业务的保险机构为机动车车船税的扣缴义务人，应当依法代收代缴车船税。对于依法不需要购买机动车交通事故责任强制保险的车辆，纳税人应当自行向主管税务机关申报缴纳车船税。

（3）机动车车船税的扣缴义务人代收代缴车船税时，纳税人不得拒绝。由扣缴义务人代收代缴机动车车船税的，纳税人应当在购买机动车交通事故责任强制保险的同时缴纳车船税。

自测题：车船税会计业务操作

（4）扣缴义务人在代收车船税时，应当在机动车交通事故责任强制保险的保险单上注明已收税款的信息，作为纳税人完税的证明。

（5）在一个纳税年度内，已完税的车船被盗抢、报废、灭失的，纳税人可以凭有关管理机关出具的证明和完税证明，向纳税所在地的主管税务机关申请退还自被盗抢、报废、灭失月份起至该纳税年度终了期间的税款。

已办理退税的被盗抢车船，失而复得的，纳税人应当从公安机关出具相关证明的当月起计算缴纳车船税。

（6）纳税人需要按期办理纳税的，统一使用并如实填写《财产和行为税纳税申报表》进行纳税申报，向车船税的征收机关办理纳税申报，并在规定的期限内缴纳税款。

任务五 契税会计业务操作

任务引例

张某欠李某 150 万元债务，无力偿还，只好用价值 160 万元房屋抵债给李某。

请问：张某用房屋抵债的行为是否要缴纳契税？是张某缴还是李某缴？怎样确定计税依据？

【知识准备与业务操作】

一、纳税人和征税对象的确定

契税是指国家在土地、房屋权属转移时，按照当事人双方签订的合同（契约）以及所确定价格的一定比例，向权属承受人征收的一种税。我国目前房地产类税收主要有耕地占用税、契税、房产税、城镇土地使用税、土地增值税等，契税是对土地、房屋权属转移行为征收的一种税，是唯一从需求方进行调节的税种。契税具有课税范围广泛性，取得收入及时性和税基相对稳定性等特点，筹集财政收入的功能特别强，同时具有调控房地产市场，促进社会经济健康发展的作用。

契税的纳税人是指在我国境内承受土地、房屋权属转移的单位和个人。契税由权属的承受方缴纳，所说的“承受”是指以受让、购买、受赠、交换等方式取得土地、房屋权属的行为；“土地、房屋权属”是指土地使用权和房屋所有权；“单位”是指企业单位、事业单位、国家机关、军事机关和社会团体以及其他组织；“个人”是指个体经营者和其他个人。

契税以在我国境内转移土地、房屋权属的行为作为征税对象，土地、房屋权属未发生转移的，不征收契税，具体包括国有土地使用权出让、土地使用权转让、房屋买卖、房屋赠与和房屋交换等行为要征契税；土地、房屋的典当、继承、分拆、出租或抵押等行为不征契税。

下列方式实现土地、房屋权属转移的，视同土地使用权转让、房屋买卖或赠与征收契税：❶以土地、房屋权属作价投资入股；❷以土地、房屋权属抵债；❸以获奖方式承受土地、房屋权属；❹以预购方式或者预付集资建房款方式承受土地、房屋权属等。

二、契税的计算

（一）计税依据的确定

契税的计税依据是在土地、房屋权属转移时双方当事人签订的签约价格，按照土地、房屋权属转移的形式、定价不同，具体规定如下：

（1）土地使用权出让、出售，房屋买卖的，以土地、房屋权属转移合同确定的成交价格为计税依据，包括应交付的货币以及实物、其他经济利益对应的价款。

（2）土地使用权赠与、房屋赠与以及其他没有价格的转移土地、房屋权属行为的，由税务机关参照土地使用权出售、房屋买卖的市场价格依法核定的价格为计税依据。

（3）土地使用权互换、房屋互换的，以所互换的土地使用权、房屋价格的差额为计税依据。交换价格相等的，免征契税；交换价格不相等的，由支付差价款的一方缴纳契税。

（4）房屋附属设施计税依据按下列规定确定：采取分期付款方式购买房屋、附属设施土地使用权、房屋所有权的，按合同规定的总价款

提示：

“营改增”后，契税的计税依据为不含增值税的成交价格，免征增值税的，计税依据不扣减增值税。

计征契税；承受的房屋附属设施权属如为单独计价的，按当地确定的适用税率征收契税，如与房屋统一计价的，适用与房屋相同的税率征税。

纳税人申报的成交价格、互换价格差额明显偏低且无正当理由的，由税务机关依照《中华人民共和国税收征收管理法》的规定核定。

任务引例解析

任务引例中，张某用房屋抵债给李某的行为需要缴纳契税，由李某缴纳契税，张某不需要缴纳，在办理产权过户手续时以房屋现值160万元作为计算契税的依据。

（二）税率的选择

契税采用比例税率，并实行3%～5%的幅度税率。契税的具体适用税率，由省、自治区、直辖市人民政府在规定的税率幅度内提出，报同级人民代表大会常务委员会决定，并报全国人民代表大会常务委员会和国务院备案。省、自治区、直辖市可以依照规定的程序对不同主体、不同地区、不同类型的住房的权属转移确定差别税率，以适应不同地区纳税人的负担水平和调控房地产交易市场价格。

自2016年2月22日起对个人购买家庭唯一住房，面积为90平方米及以下的，减按1%的税率征收契税，面积为90平方米以上的，减按1.5%的税率征收契税。对个人购买家庭第二套改善性住房，面积为90平方米及以下的，减按1%的税率征收契税；面积为90平方米以上的，减按2%的税率征收契税。

（三）优惠政策的运用

（1）国家机关、事业单位、社会团体、军事单位承受土地、房屋用于办公、教学、医疗、科研和军事设施的，免征契税。

（2）非营利性的学校、医疗机构、社会福利机构承受土地、房屋权属用于办公、教学、医疗、科研、养老、救助的，免征契税。

（3）承受荒山、荒地、荒滩土地使用权用于农、林、牧、渔业生产的，免征契税。

（4）婚姻关系存续期间夫妻之间变更土地、房屋权属的，免征契税。

（5）法定继承人通过继承承受土地、房屋权属的，免征契税。

（6）依照法律规定应当予以免税的外国驻华使馆、领事馆和国际组织驻华代表机构承受土地、房屋权属的，免征契税。

（7）根据国民经济和社会发展的需要，国务院对居民住房需求保障、企业改制重组、灾后重建等情形可以规定免征或者减征契税，报全国人民代表大会常务委员会备案。

（8）下列情形免征或者减征契税，由省、自治区、直辖市人民政府提出，报同级人民代表大会常务委员会决定，并报全国人民代表大会常务委员会和国务院备案：❶因土地、房屋被县级以上人民政府征收、征用，重新承受土地、房屋权属；❷因不可抗力灭失住房，重新承受住房权属。

经批准减征、免征契税的纳税人，改变有关土地、房屋的用途的，就不再属于减征、免征契税范围，应当缴纳已经减征、免征的税款。

（四）应纳税额的计算

契税应纳税额依照省、自治区、直辖市人民政府确定的适用税率和税法规定的计税依据计算征收，其计算公式为：

应纳税额＝计税依据×税率

【做中学 7-9】某房地产开发公司，2022 年 5 月通过拍卖方式取得国有土地一块，准备开发商品住宅，支付地价款 12 000 000 元，当地政府规定契税税率为 5%，房地产开发公司应缴纳的契税计算如下：

该房地产开发公司作为土地的承受者需要就土地的价值缴纳契税：

应纳税额＝12 000 000×5%＝600 000(元)

三、契税的核算

契税核算应设置"应交税费——应交契税"科目。计提契税时，应借记"固定资产""开发成本""无形资产"等科目，贷记"应交税费——应交契税"科目；实际缴纳契税款时，应借记"应交税费——应交契税"科目，贷记"银行存款"科目。

企业也可以不设置"应交税费——应交契税"科目。在缴纳契税时，直接借记"固定资产"等科目，贷记"银行存款"科目。

【做中学 7-10】接【做中学 7-9】房地产开发公司资料，对契税的计提与缴纳，进行会计处理。

计提契税时，编制会计分录：

借：开发成本	600 000	
贷：应交税费——应交契税		600 000

缴纳税款时，编制会计分录：

借：应交税费——应交契税	600 000	
贷：银行存款		600 000

四、契税的缴纳

(一) 纳税期限

纳税人应当在依法办理土地、房屋权属登记手续前，向土地、房屋所在地的税收征收机关办理纳税申报，并缴纳税款。

(二) 纳税义务发生时间

契税的纳税义务发生时间是纳税人签订土地、房屋权属转移合同的当天，或者纳税人取得其他具有土地、房屋权属转移合同性质凭证的当天。

(三) 纳税地点

契税实行属地征收管理，纳税人发生契税纳税义务时，应向土地、房屋所在地的税务征收机关申报纳税。

（四）纳税申报

纳税人应当在规定的期限内，统一使用并填制《财产和行为税纳税申报表》，向契税的征收机关办理纳税申报，缴纳税款。契税征收机关一般为土地、房屋所在地的税务机关，具体由省、自治区、直辖市人民政府确定。

在依法办理土地、房屋权属登记前，权属转移合同、权属转移合同性质凭证不生效、无效、被撤销或者被解除的，纳税人可以向税务机关申请退还已缴纳的税款，税务机关应当依法办理。

自测题：
契税会计
业务操作

任务六　土地增值税会计业务操作

任务引例

2022年6月，某市房地产开发公司转让写字楼一幢，取得转让收入5 250万元(含增值税)，公司采用简易计税办法缴纳了增值税250万元，缴纳了城市维护建设税、教育费附加等25万元。该公司为取得土地使用权而支付的金额为500万元；投入房地产开发成本1 500万元；开发费用400万元，其中计算分摊给这幢写字楼的利息支出120万元(有金融机构证明)，比按商业银行同类同期贷款利率计算的利息多10万元。公司所在地政府规定的其他开发费用的计算扣除比例为5%。

该房地产公司在开发并转让此写字楼时应缴纳多少土地增值税？

【知识准备与业务操作】

一、纳税人和征税范围的确定

（一）土地增值税纳税人的认定

土地增值税是对有偿转让国有土地使用权、地上建筑物及其他附着物(以下简称房地产)并取得收入的单位和个人，就其转让房地产所取得的增值额征收的一种税。征收土地增值税有助于抑制土地炒买炒卖的行为，减少对土地及房地产的投机行为，提高土地的利用效率，规范不动产市场交易行为。

转让国有土地使用权、其地上建筑物和附着物并取得收入的单位和个人为土地增值税的纳税人。所称的单位包括各类企业单位、事业单位、国家机关、社会团体及其他组织；所称的个人包括个体经营者，此外，还包括外商投资企业、外国企业、外国驻华机构及海外华侨、港澳台同胞和外国公民。

提示：

土地使用权转让行为不同于土地使用权出让行为。转让是指土地使用者将土地使用权再转移的行为，包括出售、交换和赠与行为。出让是国家以土地所有者的身份将国有土地使用权在一定年限内出让给土地使用者，由土地使用者向国家支付土地使用权出让金的行为；国有土地使用权转让行为应征土地增值税；而国有土地使用权出让行为不征土地增值税。

（二）土地增值税征税范围的确定

1. 土地增值税征税范围的一般规定

土地增值税征税范围具有以下三个标准：

(1)“国有”标准。这是指转让的土地使用权必须是国家所有，即转让的土地使用权只能是国有土地使用权，不包括集体土地及耕地。

（2）“产权转让”标准。这是指土地使用权、地上建筑物及其附着物必须发生产权转让。地上建筑物是指建于土地上的一切建筑物，包括地上地下的各种附属设施。附着物是指附着于土地上的不能移动或一经移动即遭损坏的物品。

（3）“取得收入”标准。这是指征收土地增值税的行为必须取得转让收入。房地产的权属虽转让但未取得收入的行为，如以继承、赠与方式无偿转让房地产的行为不征税。

2. 土地增值税征税范围的特殊规定

（1）以房地产进行投资、联营的，投资、联营的一方以房地产作价入股进行投资或作为联营条件，将房地产转让到所投资、联营的企业时，暂免征收土地增值税；投资、联营企业将上述房地产再转让时，应征收土地增值税。

（2）对于一方出地，一方出资金，双方合作建房，建成后按比例分房自用的，暂免征收土地增值税；建成后转让的，应征收土地增值税。

（3）在企业兼并中，对被兼并企业将房地产转让到兼并企业中的，暂免征收土地增值税。

（4）房地产交换，应征土地增值税，但个人之间互换自有居住用房的，经当地税务机关核实，可以免征土地增值税。

（5）房地产抵押的，抵押期间不征土地增值税；抵押期满以房产抵债而发生房地产权属转让的，应征土地增值税。

（6）代建行为，房地产开发公司代客户进行房地产的开发，开发完成后向客户收取代建收入，由于没有发生房地产权属的转移，其收入属于劳务收入性质，不属于土地增值税的征税范围。

（7）房地产的重新评估。国有企业在清产核资时对房地产进行重新评估而产生的评估增值，既没有发生房地产权属的转移，也未取得收入，不属于土地增值税的征税范围。

二、土地增值税的计算

（一）计税依据的确定

土地增值税的计税依据是纳税人转让房地产所取得的增值额，即纳税人转让房地产所取得的收入额减除规定的扣除项目金额后的余额，因此，要准确地界定增值额必须先准确确定应税的收入额和扣除项目金额。

1. 应税收入的确定

应税收入主要包括转让房地产的全部价款及有关的经济收益，体现为货币收入、实物收入和其他收入。“营改增”后，转让房地产取得的应税收入为不含增值税收入。免征增值税的，转让房地产取得的收入不扣减增值税税额。

（1）货币收入。这是指纳税人转让房地产而取得的现金、银行存款和国库券、金融债券、企业债券、股票等有价证券。

（2）实物收入。这是指纳税人转让房地产而取得的各种实物形态的收入，如钢材、水泥等建材，房屋、土地等不动产。对于这些实物收入一般要按公允价值确认应税收入。

（3）其他收入。这是指纳税人转让房地产而取得的无形资产收入或具有财产价值的权利，如专利权、商标权、著作权、专有技术使用权、土地使用权、商誉权等。

2. 扣除项目及其金额的确定

根据税法规定，准予从转让收入中扣除的项目包括以下六个方面：

(1) 取得土地使用权所支付的金额。它包括纳税人为取得土地使用权所支付的地价款和在取得土地使用权时按国家统一规定缴纳的有关费用。其中：以出让方式取得的，以支付的土地出让金为地价款；以行政划拨方式取得的，以补交的土地出让金为地价款；以转让方式取得的，以向原土地使用人实际支付金额为地价款。

(2) 房地产开发成本。这是指房地产开发项目实际发生的成本，包括土地征用及拆迁补偿费、前期工程费、建筑安装工程费、基础设施费、公共配套设施费、开发间接费用等。

(3) 房地产开发费用。这是指与房地产开发项目有关的销售费用、管理费用和财务费用。从转让收入中扣除的房地产开发费用，不按实际发生额扣除，而是按税法规定标准计算扣除。具体计算方法视财务费用中的利息支出的不同分别处理。

财务费用中的利息支出，凡能够按转让房地产项目计算分摊并提供金融机构证明的，允许据实扣除，但最高不能超过按商业银行同类、同期贷款利率计算的金额；其他房地产开发费用，按取得土地使用权所支付的金额和房地产开发成本金额之和的5%以内计算扣除。其计算公式为：

房地产开发费用＝利息＋(取得土地使用权所支付的金额＋
房地产开发成本)×5%

财务费用中的利息支出，凡不能按转让房地产项目计算分摊利息或不能提供金融机构证明的，房地产开发费用按取得土地使用权支付金额和房地产开发成本之和的10%以内计算扣除。其计算公式为：

房地产开发费用＝(取得土地使用权所支付的金额＋
房地产开发成本)×10%

(4) 与转让房地产有关的税金。其包括在转让房地产时缴纳的城建税、印花税、教育费附加。扣除项目涉及的增值税进项税额，允许在销项税额中计算抵扣的，不计入扣除项目，不允许在销项税额中计算抵扣的，可以计入扣除项目。

(5) 其他扣除项目。特指从事房地产开发的纳税人，可按取得土地使用权所支付的金额和房地产开发成本金额之和的20%加计扣除，除此之外的其他纳税人不适用。其计算公式为：

加计扣除费用＝(取得土地使用权所支付的金额＋
房地产开发成本金额)×20%

(6) 旧房及建筑物的评估价格。这是指在转让已使用房屋及建筑物时，由政府批准设立的房地产评估机构评定的重置成本乘以成新度折扣率后的价格。

营改增后，纳税人转让旧房及建筑物，凡不能取得评估价格，但能提供购房发票的，扣除项目的金额按照下列方法计算：❶ 提供的购房凭据为营改增前取得的营业税发票的，按照发票所载金额(不扣减营业税)并从购买年度起至转让年度止每年加计5%计算。❷ 提供的购房凭据为营改增后取得的增值税普通发票的，按照发票所载价税合计金额从购买年度起至转让年度止每年加计5%计算。❸ 提供的购房发票为营改增后取得的增值税专用发票的，按照发票所载不含增值税金额加上不允许抵扣的增值税进项税额之和，并从购买年度起至转让年度止每年加计5%计算。

(二) 税率的选择

土地增值税实行四级超率累进税率，是我国唯一采用超率累进税率的税种，如表7-4所示。

7

表 7-4　　　　土地增值税税率表

级次	增值额占扣除项目金额的比例	税率/%	速算扣除系数/%
1	50%(含)以下	30	0
2	50%～100%(含)	40	5
3	100%～200%(含)	50	15
4	200%以上	60	35

(三) 优惠政策的运用

(1) 纳税人建造普通标准住宅出售，增值额未超过扣除项目金额20%的，免征土地增值税；增值额超过扣除项目金额20%的，应就其全部增值额按规定计税。

(2) 因国家建设需要依法征用、收回的房地产，免征土地增值税。

(3) 个人拥有的普通住宅，在其转让时暂免征收土地增值税；个人因工作调动或改善居住条件而转让非普通住宅，经向税务机关申报核准，凡居住满5年或5年以上的，免征土地增值税；居住满3年未满5年的，减半征收土地增值税；居住未满3年的，按规定征收土地增值税。

提示：

新建房地产和存量房地产，在计算土地增值税时，两者的扣除项目内容不同，具体如表7-5所示。

(四) 应纳税额的计算

土地增值税应纳税额计算步骤如下：

第一步，计算增值额。

$$增值额 = 转让收入 - 扣除项目金额$$

第二步，计算增值率。

$$增值率 = 增值额 \div 扣除项目金额 \times 100\%$$

第三步，确定适用税率和速算扣除系数。

第四步，计算应纳税额。

$$应纳税额 = \sum(每级距增值额 \times 适用税率)$$

$$或 = 增值额 \times 适用税率 - 扣除项目金额 \times 速算扣除系数$$

表 7-5　新建房地产与存量房地产扣除项目的比较

扣除项目	新建房地产		存量房地产	
	非房地产企业	房地产企业	旧房及建筑物	土地使用权
取得土地使用权所支付的金额	√	√	√	√
房地产开发成本	√	√	—	—
房地产开发费用	√	√	—	—
与转让房地产有关的税金	√	√	√	—
其他扣除项目(即加计扣除)	—	√	—	√
旧房及建筑物的评估价格	—	—	√	—

任务引例

任务引例中，某房地产开发公司在开发并转让此写字楼时，应缴纳的土地增值税计算如下：

(1) 取得土地使用权所支付的金额＝500(万元)

(2) 房地产开发成本＝1 500(万元)

(3) 房地产开发费用＝(120－10)＋(500＋1 500)×5%＝210(万元)

(4) 与转让房地产可扣除的有关税费＝25(万元)

(5) 20%加计扣除＝(500＋1 500)×20%＝400(万元)

扣除项目＝500＋1 500＋210＋25＋400＝2 635(万元)

增值额＝5 250÷(1＋5%)－2 635＝2 365(万元)

增值率＝2 365÷2 635×100%＝89.75%

应纳土地增值税税额＝2 365×40%－2 635×5%＝814.25(万元)

【做中学 7-11】 2022 年 6 月，某单位转让一幢旧房，取得收入 945 万元(含增值税)，采用简易计税办法缴纳了增值税 45 万元，缴纳了城市维护建设税、教育费附加等 4.5 万元。该房建于 20 世纪 70 年代，当时造价为 70 万元，现经房地产评估机构评定的重置成本价为 380 万元，有六成新。旧房占地原来是行政划拨的，转让时，补交了土地出让金 80 万元。

该单位转让旧房应纳的土地增值税税额计算如下：

(1) 取得土地使用权所支付的金额＝80(万元)

(2) 与转让房地产有关的税费＝4.5(万元)

(3) 旧房及建筑物的评估价格＝380×60%＝228(万元)

扣除项目＝80＋4.5＋228＝312.5(万元)

增值额＝945÷(1＋5%)－312.5＝587.5(万元)

增值率＝587.5÷312.5×100%＝188%

应纳土地增值税税额＝587.5×50%－312.5×15%＝246.875(万元)

三、土地增值税的核算

企业核算土地增值税应设置“应交税费——应交土地增值税”科目。土地增值税的具体会计核算，根据企业从事业务性质不同而有所区别。

(一) 房地产企业土地增值税的核算

房地产企业销售商品房属于企业的商品经营业务。因此，转让房地产过程中应缴纳的土地增值税，应借记“税金及附加”科目，贷记“应交税费——应交土地增值税”科目。

【做中学 7-12】2022 年 6 月，某房地产开发公司销售居民住宅，取得转让收入 1 090 万元（含增值税）；按规定缴纳了 90 万元增值税、6.3 万元城市维护建设税和 2.7 万元教育费附加；为取得该住宅用地的土地使用权支付地价款和有关费用 100 万元；投入开发成本为 375 万元；支付银行贷款利息费用为 10.6 万元（不能按转让房地产项目计算分摊），实际发生的其他房地产开发费用为 50 万元。该公司所在地人民政府规定房地产开发费用的计算扣除比例为 10%。应纳土地增值税税额计算如下，并作账务处理。

转让收入 ＝1 000（万元）

扣除项目金额＝100＋375＋(100＋375)×10%＋6.3＋2.7＋(100＋375)×20%＝626.5（万元）

增值额＝1 090÷(1＋9%)－626.5＝373.5（万元）

增值率＝373.5÷626.5×100%＝59.62%

适用税率为 40%、速算扣除系数为 5%。

应交土地增值税税额＝373.5×40%－626.5×5%＝118.075（万元）

按规定计算应缴纳的各项税金及附加时，编制会计分录：

借：税金及附加	1 270 750	
贷：应交税费——应交城市维护建设税		63 000
——应交教育费附加		27 000
——应交土地增值税		1 180 750

（二）其他企业销售旧房及建筑物土地增值税的核算

其他企业转让房地产应缴纳的土地增值税，应借记“固定资产清理”科目，贷记“应交税费——应交土地增值税”科目。

【做中学 7-13】2022 年 6 月，某企业转让 5 年前以 1 000 万元购进的一项房产，取得转让收入 1 575 万元（含增值税），按规定支付增值税 75 万元，城市维护建设税及教育费附加 7.5 万元，转让时此项建筑物已提折旧 140 万元。应纳土地增值税税额计算如下，并作账务处理。

转让应税收入＝1 575÷(1＋5%)＝1 500（万元）

扣除项目金额＝1 000＋1 000×5%×5＋7.5＝1 257.5（万元）

增值额＝1 500－1 257.5＝242.5（万元）

增值率＝242.5÷1 257.5＝19.28%

适用税率为 30%，速算扣除系数为 0。

应纳税额＝242.5×30%＝72.75（万元）

注销固定资产时，编制会计分录：

借：固定资产清理	8 600 000	
累计折旧	1 400 000	
贷：固定资产		10 000 000

收到转让收入时，编制会计分录：

借：银行存款	15 750 000	
贷：固定资产清理		15 000 000
应交税费——应交增值税		750 000

计提应交有关税金时，编制会计分录：

借：固定资产清理	802 500	
贷：应交税费——应交城市维护建设税等		75 000
——应交土地增值税		727 500

四、土地增值税的缴纳

（一）纳税期限

土地增值税的纳税人应在转让房地产合同签订后的 7 日内，到房地产所在地主管税务机关办理纳税申报，并向税务机关提交房屋及建筑物产权证、土地使用权证书、土地转让与房产买卖合同、房地产评估报告及其他与转让房地产有关的资料。纳税人因经常发生房地产转让而难以在每次转让后申报的，经税务机关审核同意，可以定期进行纳税申报，具体期限由税务机关确定。纳税人预售房地产取得的收入，凡当地税务机关规定预征土地增值税的，纳税人应当到主管税务机关办理纳税申报，并按规定比例预缴，待办理决算后，多退少补；凡当地税务机关规定不预征土地增值税的，也应在取得收入时先到税务机关登记或备案。

（二）纳税地点

土地增值税纳税地点的确定，根据纳税人性质不同有两种情况：

（1）法人纳税人。转让的房地产坐落地与其机构所在地一致的，以办理税务登记的原管辖税务机关为纳税地点；转让的房地产坐落地与其机构所在地或经营所在地不一致的，以房地产坐落地所管辖的税务机关为纳税地点。

（2）自然人纳税人。转让的房地产坐落地与其居住所在地一致的，以住所所在地税务机关为纳税地点；转让的房地产坐落地与其居住所在地或经营所在地不一致的，以办理过户手续所在地税务机关为纳税地点。

自测题：
土地增值税
会计业务操作

（三）纳税申报

纳税人应当在规定的期限内，统一使用并填制《财产和行为税纳税申报表》，向土地增值税的征收机关办理纳税申报，缴纳税款。

任务七 城镇土地使用税会计业务操作

任务引例

某县税务局稽查局于2022年8月对位于城郊的国有企业名帆远洋公司2022年1—6月的纳税情况进行了检查，在检查城镇土地使用税纳税情况时，检查人员发现名帆远洋公司提供的政府部门核发的土地使用证书显示该公司实际占用土地面积为80 000平方米。其中：

(1) 公司内学校和医院共占地2 000平方米。

(2) 公司区域外公共绿化用地5 000平方米，公园区域内生活小区的绿化用地1 000平方米。

(3) 2022年1月1日，公司将一块1 000平方米的土地对外出租给另一公司，用以生产经营。

(4) 2022年3月1日，将一块1 500平方米的土地无偿借给某国家机关作公务使用。

(5) 除上述土地外，其余土地均为公司生产经营用地（该公司所在地适用城镇土地使用税税额为5元/平方米）。

该公司不同用途的土地都需要缴纳城镇土地使用税吗？该企业2022年上半年实际需要缴纳多少城镇土地使用税？

【知识准备与业务操作】

一、纳税人和征税对象的确定

城镇土地使用税是对城市、县城、建制镇和工矿区范围内使用土地的单位和个人，按实际占用土地面积所征收的一种税。城镇土地使用税是一种资源税性质的税种。城镇土地使用税的征收有利于合理使用城镇土地，用经济手段加强对土地的控制和管理，变土地的无偿使用为有偿使用；调节不同地区、不同地段之间的土地级差收入，使纳税人的收入水平大体均衡；促进全社会节约使用土地，提高土地使用效益。

城镇土地使用税的纳税人是我国境内城市、县城、建制镇范围内使用土地的单位和个人。拥有土地使用权的纳税人不在土地所在地的，由该土地的代管人或实际使用人缴纳；土地使用权未确定或权属纠纷未解决的，由实际使用人纳税；土地使用权为多方共有的，由共有各方分别纳税。

城镇土地使用税的课税对象是土地。城镇土地使用税的征税范围为城市、县城、建制镇范围内的国家所有和集体所有的土地，不包括农村集体所有的土地。

自2009年1月1日起，公园、名胜古迹内的索道公司经营用地，应按规定缴纳城镇土地使用税。自2009年12月1日起，单独建造的地下建筑用地，按规定征收城镇土地使用税。

二、城镇土地使用税的计算

（一）计税依据的确定

城镇土地使用税以纳税人实际占用的土地面积为计税依据。土地面积计量标准为每平方米，按下列办法确定：

(1) 由省、自治区、直辖市人民政府确定的单位组织测定土地面积的，以测定的面积为准。

(2) 尚未组织测量，但纳税人持有政府部门核发的土地使用证书的，以证书确认的土地面积为准。

(3) 尚未核发土地使用证书的，应由纳税人据实申报土地面积，据以纳税，待核发土地使用证以后再作调整。

(二) 税率的选择

城镇土地使用税采用定额税率，即采用有幅度的差别税额，按大、中、小城市和县城、建制镇、工矿区分别规定每平方米土地使用税年应纳税额。城镇土地使用税税率如表 7-6 所示。

表 7-6　　城镇土地使用税税率表

级　别	人口/人	每平方米税额/元
大城市	50 万以上	1.5～30
中等城市	20 万～50 万	1.2～24
小城市	20 万以下	0.9～18
县城、建制镇、工矿区	—	0.6～12

各省、自治区、直辖市人民政府可根据市政建设情况和经济繁荣程度在规定幅度内，确定所辖地区的适用税额幅度。经济落后地区，城镇土地使用税的适用税额标准可适当降低，但降低额不得超过上述规定最低税额的 30%，经济发达地区的适用税额标准可以适当提高，但须报财政部批准。

(三) 优惠政策的运用

1. 法定免征城镇土地使用税的优惠

(1) 国家机关、人民团体、军队自用的土地。

(2) 由国家财政部门拨付事业经费的单位自用土地。

(3) 宗教寺庙、公园、名胜古迹自用的土地。

(4) 市政街道、广场、绿化地带等公共用地。

(5) 直接用于农、林、牧、渔业的生产用地。

(6) 经批准开山填海整治的土地和改造的废弃土地，从使用之月起免交城镇土地使用税 5 年至 10 年。

(7) 非营利性医疗机构、疾病控制机构和妇幼保健机构自用的土地，自 2000 年 7 月起免征城镇土地使用税。对营利性医疗机构自用的土地自取得执照之日起免征城镇土地使用税 3 年。

(8) 企业办学校、医院、托儿所、幼儿园，其用地能与企业其他用地明确区分的，免征城镇土地使用税。

(9) 免税单位无偿使用纳税单位的土地，如公安、海关等单位使用铁路、民航等单位的土地免税；但纳税单位无偿使用免税单位的土地，纳税单位应依法缴纳城镇土地使用税。

(10) 部分特殊行业用地暂免征收城镇土地使用税的规定：❶高校后勤实体用地；❷企业厂区以外与社会公用地段未加隔离的铁路专用线及公路等用地；❸企业厂区以外的公共绿化用地和向社会开放的公园用地；❹港口的码头用地；❺盐场的盐滩和盐矿的矿井用地；❻水利设施管护用地；❼机场飞行区。

(11) 从 2015 年 7 月 1 日起，下列用地暂免征城镇土地使用税：❶石油天然气(含页岩气、煤层气)生产建设用地(包括地质勘探、钻井、井下作业、油气田地面工程等施工临时用地；企业厂区以外的铁路专用线、公路及输油、输气、输水管道用地；油气长输管线用地）。❷在城市、县城、建制镇以外工矿区内的消防、防洪排涝、防风、防沙设施用地。

（12）自2023年1月1日至2027年12月31日，对城市公交站场、道路客运站场、城市轨道交通系统运营用地，对农产品批发市场、农贸市场专门用于经营农产品的土地，免征城镇土地使用税。

2. 省、自治区、直辖市税务局确定减免土地使用税的优惠

（1）下列土地由省级税务局确定减免土地使用税：个人所有的居住房屋及院落用地；免税单位职工家属的宿舍用地；集体和个人办的各类学校、医院、托儿所及幼儿园用地；民政部门举办的安置残疾人占一定比例的福利工厂用地；基建项目在建期间使用的土地以及城镇集贸市场用地；各类危险品仓库、厂房所需的防火、防爆、防毒等安全防范用地等。

（2）纳税人缴纳土地使用税确有困难需要定期减免的，由省、自治区、直辖市税务机关审核后，报国家税务局批准。

（四）应纳税额的计算

城镇土地使用税的应纳税额可以通过纳税人实际占用的土地面积乘以该土地所在地段适用税额求得。其计算公式为：

全年应纳税额＝实际占用应税土地面积（平方米）×适用税额

【做中学7-14】 物美企业坐落于某中等城市，占用土地20 000平方米，其中企业自办的托幼机构占用土地1 000平方米，当地政府核定的城镇土地使用税税额为每平方米4元，计算该企业当年应纳的土地使用税税额。

全年应纳土地使用税税额＝（20 000－1 000）×4＝76 000（元）

提示： 自2013年1月1日起执行的《小企业会计准则》规定：会计核算时，城镇土地使用税不记入“管理费用”科目，而记入“税金及附加”科目。

三、城镇土地使用税的核算

城镇土地使用税的会计核算应设置“应交税费——应交城镇土地使用税”科目。该科目贷方登记本期应缴纳的城镇土地使用税税额；借方登记企业实际缴纳的城镇土地使用税；期末贷方余额表示企业应交而未交的城镇土地使用税税额。

核算时，企业按规定计算应交城镇土地使用税，借记“税金及附加”科目，贷记“应交税费——应交城镇土地使用税”科目；上交土地使用税时，借记“应交税费——应交城镇土地使用税”科目，贷记“银行存款”科目。

【做中学7-15】 接【做中学7-14】资料，进行会计处理。

（1）计提城镇土地使用税时：

借：税金及附加　　76 000

　　贷：应交税费——应交城镇土地使用税　　76 000

（2）缴纳城镇土地使用税时：

借：应交税费——应交城镇土地使用税　　76 000
　贷：银行存款　　76 000

任务引例解析

任务引例中，相关计算如下：

(1) 名帆远洋公司办的学校、医院自用的2 000平方米土地，免征城镇土地使用税。

(2) 公司区域以外的5 000平方米公共绿化用地，免征城镇土地使用税；公园区域以内的1 000平方米生活小区绿化用地，应按规定征收城镇土地使用税。

(3) 公司用于土地使用权出租的1 000平方米土地，由承租方缴纳城镇土地使用税，名帆远洋公司不缴税。

(4) 公司在3月1日，将一块1 500平方米的土地无偿借给某国家机关作公务使用，在这种情况下，该公司只需缴纳1—2月份自己使用这段时间的城镇土地使用税，3月份以后就不需要缴税。同时，国家机关使用土地时也不需要缴纳城镇土地使用税。

(5) 名帆远洋公司自己使用的用于生产经营的土地需要缴纳城镇土地使用税，具体计算如下：

名帆远洋公司上半年应缴纳的城镇土地使用税税额 $=(80\,000-2\,000-5\,000-1\,000-1\,500)\times 5\div 2+1\,500\times 5\div 6=177\,500$(元)

计提时会计处理如下：

借：税金及附加　　177 500
　贷：应交税费——应交城镇土地使用税　　177 500

四、城镇土地使用税的缴纳

(一) 纳税期限

城镇土地使用税实行按年计算、分期缴纳的征收方法，具体纳税期限由省、自治区、直辖市人民政府确定。

(二) 纳税义务发生时间

城镇土地使用税纳税义务发生时间的规定：

(1) 纳税人购置新建商品房，自房屋交付使用之次月起缴纳城镇土地使用税。

(2) 纳税人购置存量房，自办理房屋权属转移、变更登记手续，房地产权属登记机关签发房屋权属证书之次月起缴纳城镇土地使用税。

(3) 纳税人出租出借房产，自交付出租、出借房产之次月起缴纳城镇土地使用税。

提示：

只有第四种情况从“征用之日起满一年”时缴纳城镇土地使用税，其余都是从“次月”起缴纳城镇土地使用税。

（4）纳税人新征用的耕地，自批准征用之日起满 1 年时开始缴纳城镇土地使用税。

（5）纳税人新征用的非耕地，自批准征用次月起缴纳城镇土地使用税。

（6）纳税人以出让或转让方式有偿取得城镇土地使用权的，应由受让方从合同约定交付土地时间的次月起缴纳城镇土地使用税；合同未约定交付时间的，由受让方从合同签订的次月起缴纳城镇土地使用税。

（三）纳税地点

城镇土地使用税的纳税地点为土地所在地，由土地所在地主管税务机关征收。

纳税人使用的土地不属于同一省、自治区、直辖市管辖的，由纳税人分别向土地所在地的税务机关申报缴纳；在同一省、自治区、直辖市管辖范围内，纳税人跨地区使用土地，其纳税地点由各省、自治区、直辖市税务机关确定。

（四）纳税申报

自测题：城镇土地使用税会计业务操作

纳税人应当在规定的期限内，统一使用并填制《财产和行为税纳税申报表》，向城镇土地使用税的征收机关办理纳税申报，缴纳税款。

任务八 资源税会计业务操作

任务引例

税务人员审查某煤矿第一季度资源税缴纳情况时，根据“库存商品”科目记载，计算产品出库量，并将此数字与该煤矿的“主营业务收入”科目所记的销售数量相核对，发现销售收入数量比产品出库量少 1 000 吨。审查“应交税费——应交资源税”科目贷方发生额时，发现企业全部按“主营业务收入”科目记载的销售金额申报纳税，对减少的原因，税务人员进一步审查“库存商品”记账凭证，从中发现有一笔分录如下：

借：固定资产 250 000

　　贷：库存商品 250 000

经查证核实，该煤矿用 1 000 吨原煤换取了固定资产，未计算缴纳资源税。

请问：该煤矿用原煤换取固定资产的行为是否需要缴纳资源税？

【知识准备与业务操作】

一、纳税人和征税范围的确定

（一）纳税人和扣缴义务人的确定

税收与民生：资源税与科学发展观

资源税是对在我国领域及我国管辖的其他海域从事应税资源开采的单位和个人征收的一种税。2011 年 9 月 30 日国务院对资源税法进行了修订，2011 年 11 月 1 日起实施。从 2016 年 7 月 1 日起，国家按照“清费立税、合理负担、适度分权、循序渐进”的原则，全面推进资源税的改革。2019 年 8 月 26 日第十三届全国人大常委会第十三次会议通过了《中华人民共和国资源税法》，自 2020 年 9 月 1 日起施行。

在我国领域及我国管辖的其他海域开采应税资源的单位和个人为资源税的纳税人，包括各类企业、行政单位、事业单位、军事单位、社会团体及个人。收购未税矿产品的单位为资源税的扣缴义务人，包括独立矿山、联合企业和其他收购未税矿产品的单位。

（二）征税范围的确定

资源税的课税对象是各种自然资源。我国目前只选择对矿产品和盐两类资源征收资源税，具体征税范围如下：

（1）能源矿产。其包括原油，天然气、页岩气、天然气水合物，煤，煤成（层）气，铀、钍，油页岩、油砂、天然沥青、石煤，地热；不包括人造石油。

（2）金属矿产。其包括黑色金属：铁、锰、铬、钒、钛；有色金属：铜、铅、锌、锡、锑、镁、钴、铋、汞、铝土矿，钨，钼，金、银，铂、钯、钌、铱、铑，轻稀土，中重稀土等。

（3）非金属矿产。其包括矿物类，如高岭土，石灰岩，磷，石墨，萤石、硫铁矿、自然硫，天然石英砂，叶蜡石和其他粘土等；岩石类，如大理岩、花岗岩、砂石等；宝玉石类，如宝石、玉石、宝石级金刚石等。

（4）水气矿产。其包括二氧化碳气、硫化氢气、氦气、氡气和矿泉水。

（5）盐。其包括钠盐、钾盐、镁盐、锂盐；天然卤水；海盐。

开展水资源税改革试点工作，自 2016 年 7 月 1 日起先在河北省试点；逐步将森林、草场、滩涂等其他自然资源纳入征收范围。

任务引例解析

任务引例中，该煤矿用自产产品换取固定资产，虽然没有直接销售，但在税法上属于视同销售，要征收增值税和资源税，同时也不能按售价结转成本，应确认为“主营业务收入”。要补缴资源税、增值税，并接受相应处罚。

二、资源税的计算

（一）计税依据的确定

自 2020 年 9 月 1 日起，资源税按照《税目税率表》（表 7-7）实行从价计征或者从量计征。《税目税率表》中规定可以选择实行从价计征或者从量计征的，具体计征方式由省、自治区、直辖市人民政府提出，报同级人民代表大会常务委员会决定，并报全国人民代表大会常务委员会和国务院备案。

实行从价计征的，应纳税额按照应税资源产品的销售额乘以具体适用税率计算。实行从量计征的，应纳税额按照应税产品的销售数量乘以具体适用税率计算。其计税依据规定如下：

1. 计税销售额的确定

销售额按照纳税人销售应税产品向购买方收取的全部价款确定，但不包括增值税税款。计入销售额中的相关运杂费用，凡取得增值税发票或者其他合法有效凭据的，准予从销售额中扣除。相关运杂费用是指应税产品从坑口或者洗选（加工）地到车站、码头或者购买方指定地点的运输费用、建设基金以及随运销产生的装卸、仓储、港杂费用。

纳税人以人民币以外的货币结算销售额的，应当折合成人民币计算。其销售额的人民币折合率可以选择销售额发生的当天或者当月 1 日的人民币汇率中间价。纳税人应事先确定采用何种折合率计算方法，确定后 1 年内不得变更。

纳税人自用应税产品应当缴纳资源税的情形包括纳税人以应税产品用于非货币性资产交

换、捐赠、偿债、赞助、集资、投资、广告、样品、职工福利、利润分配或者连续生产非应税产品等。

纳税人申报的应税产品销售额明显偏低且无正当理由的，或者有自用应税产品行为而无销售额的，主管税务机关可以按下列方法和顺序确定其应税产品销售额：

❶ 按纳税人最近时期同类产品的平均销售价格确定。

❷ 按其他纳税人最近时期同类产品的平均销售价格确定。

❸ 按后续加工非应税产品销售价格，减去后续加工环节的成本利润后确定。

❹ 按应税产品组成计税价格确定。

$$组成计税价格 = 成本 \times (1 + 成本利润率) \div (1 - 资源税税率)$$

上述公式中的成本利润率由省、自治区、直辖市税务机关确定。

2. 课税数量的确定

应税产品的销售数量，包括纳税人开采或者生产应税产品的实际销售数量和自用于应当缴纳资源税情况的应税产品数量。

（1）各种应税产品，凡直接对外销售的，以实际销售数量为课税数量。

（2）各种应税产品，凡产品自用的，以移送自用数量为课税数量。

（3）纳税人不能准确提供应税产品销售数量的，以应税产品的产量或者主管税务机关确定的折算比换算成的数量为计征资源税的销售数量。

（二）税目与税率的选择

从 2020 年 9 月 1 日起，资源税实行新的税率。规定实行幅度税率的，其具体适用税率由省、自治区、直辖市人民政府统筹考虑应税资源的品位、开采条件以及对生态环境的影响等情况，在规定的税率幅度内提出，报同级人民代表大会常务委员会决定，并报全国人民代表大会常务委员会和国务院备案。规定征税对象为原矿或者选矿的，应当分别确定具体适用税率。具体见表 7-7 所示。

表 7-7　　资源税税目税率表

税目			征税对象	税率
能源矿产	原油		原矿	6%
	天然气、页岩气、天然气水合物		原矿	6%
	煤		原矿或选矿	2%～10%
	煤成（层）气		原矿	1%～2%
	铀、钍		原矿	4%
	油页岩、油砂、天然沥青、石煤		原矿或选矿	1%～4%
	地热		原矿	1%～20%或每立方米1～30元
金属矿产	黑色金属	铁、锰、铬、钒、钛	原矿或选矿	1%～9%
	有色金属	铜、铅、锌、锡、镍、锑、镁、钴、铋、汞	原矿或选矿	2%～10%
		铝土矿	原矿或选矿	2%～9%
		钨	选矿	6.5%

续　表

税　　目			征税对象	税　　率
金属矿产	有色金属	钼	选矿	8%
		金、银	原矿或选矿	2%～6%
		铂、钯、钌、锇、铱、铑	原矿或选矿	5%～10%
		轻稀土	选矿	7%～12%
		中重稀土	选矿	20%
		铍、锂、锆、锶、铷、铯、铌、钽、锗、镓、铟、铊、铪、铼、镉、硒、碲	原矿或选矿	2%～10%
非金属矿产	矿物类	高岭土	原矿或选矿	1%～6%
		石灰岩	原矿或选矿	1%～6%或每吨(或每立方米)1～10元
		磷	原矿或选矿	3%～8%
		石墨	原矿或选矿	3%～12%
		萤石、硫铁矿、自然硫	原矿或选矿	1%～8%
		天然石英砂、脉石英、粉石英、水晶、工业用金刚石、冰洲石、蓝晶石、硅线石(矽线石)、长石、滑石、刚玉、菱镁矿、颜料矿物、天然碱、芒硝、钠硝石、明矾石、砷、硼、碘、溴、膨润土、硅藻土、陶瓷土、耐火粘土、铁钒土、凹凸棒石粘土、海泡石粘土、伊利石粘土、累托石粘土	原矿或选矿	1%～12%
		叶蜡石、硅灰石、透辉石、珍珠岩、云母、沸石、重晶石、毒重石、方解石、蛭石、透闪石、工业用电气石、白垩、石棉、蓝石棉、红柱石、石榴子石、石膏	原矿或选矿	2%～12%
		其他粘土(铸型用粘土、砖瓦用粘土、陶粒用粘土、水泥配料用粘土、水泥配料用红土、水泥配料用黄土、水泥配料用泥岩、保温材料用粘土)	原矿或选矿	1%～5%或每吨(或每立方米)0.1～5元
	岩石类	大理岩、花岗岩、白云岩、石英岩、砂岩、辉绿岩、安山岩、闪长岩、板岩、玄武岩、片麻岩、角闪岩、页岩、浮石、凝灰岩、黑曜岩、霞石正长岩、蛇纹岩、麦饭石、泥灰岩、含钾岩石、含钾砂页岩、天然油石、橄榄岩、松脂岩、粗面岩、辉长岩、辉石岩、正长岩、火山灰、火山渣、泥炭	原矿或选矿	1%～10%
		砂石	原矿或选矿	1%～5%或每吨(或每立方米)0.1～5元
	宝玉石类	宝石、玉石、宝石级金刚石、玛瑙、黄玉、碧玺	原矿或选矿	4%～20%

续 表

税目		征税对象	税率
水气矿产	二氧化碳气、硫化氢气、氦气、氡气	原矿	2%～5%
	矿泉水	原矿	1%～20%或每立方米1～30元
盐	钠盐、钾盐、镁盐、锂盐	选矿	3%～15%
	天然卤水	原矿	3%～15%或每吨(或每立方米)1～10元
	海盐		2%～5%

注:①对青藏铁路公司及其所属单位运营期间自采自用的砂、石等材料免征资源税。②自2018年4月1日至2021年3月31日,对页岩气资源税减征30%。③自2019年1月1日至2021年12月31日,对增值税小规模纳税人可以在50%的税额幅度内减征资源税。④自2014年12月1日至2023年8月31日,对充填开采置换出来的煤炭,资源税减征50%。

纳税人开采或者生产不同税目应税产品的,应当分别核算不同税目应税产品的销售额或者销售数量;未分别核算或者不能准确提供不同税目应税产品的销售额或者销售数量的,从高适用税率。

纳税人以自采原矿(经过采矿过程采出后未进行选矿或者加工的矿石)直接销售,或者自用于应当缴纳资源税情形的,按照原矿计征资源税。

纳税人以自采原矿洗选加工为选矿产品(通过破碎、切割、洗选、筛分、磨矿、分级、提纯、脱水、干燥等过程形成的产品,包括富集的精矿和研磨成粉、粒级成型、切割成型的原矿加工品)销售,或者将选矿产品自用于应当缴纳资源税情形的,按照选矿产品计征资源税,在原矿移送环节不缴纳资源税。对于无法区分原生岩石矿种的粒级成型砂石颗粒,按照砂石税目征收资源税。

(三) 优惠政策的运用

(1) 有下列情形之一的,免征资源税:

① 开采原油以及在油田范围内运输原油过程中用于加热的原油、天然气。

② 煤炭开采企业因安全生产需要抽采的煤成(层)气。

(2) 有下列情形之一的,减征资源税:

① 从低丰度油气田开采的原油、天然气,减征百分之20%资源税。

② 高含硫天然气、三次采油和从深水油气田开采的原油、天然气,减征30%资源税。

③ 稠油、高凝油减征40%资源税。

④ 从衰竭期矿山开采的矿产品,减征30%资源税。

根据国民经济和社会发展需要,国务院对有利于促进资源节约集约利用、保护环境等情形可以规定免征或者减征资源税,报全国人民代表大会常务委员会备案。

(3) 有下列情形之一的,省、自治区、直辖市可以决定免征或者减征资源税:

① 纳税人开采或生产应税产品过程中,因意外事故或自然灾害等原因遭受重大损失。

② 纳税人开采共伴生矿、低品位矿、尾矿。

上述规定的免征或者减征资源税的具体办法,由省、自治区、直辖市人民政府提出,报同级人民代表大会常务委员会决定,并报全国人民代表大会常务委员会和国务院备案。

纳税人的免税、减税项目，应当单独核算销售额或者销售数量；未单独核算或者不能准确提供销售额或者销售数量的，不予免税或者减税。

纳税人开采或者生产同一应税产品，其中既有享受减免税政策的，又有不享受减免税政策的，按照免税、减税项目的产量占比等方法分别核算确定免税、减税项目的销售额或者销售数量。纳税人开采或者生产同一应税产品同时符合两项或者两项以上减征资源税优惠政策的，除另有规定外，只能选择其中一项执行。

(四) 应纳税额的计算

资源税按照从价计征或者从量计征的办法征收，分别以应税产品的销售额乘以纳税人具体适用的比例税率或者以应税产品的销售数量乘以纳税人具体适用的定额税率计算。纳税人开采或者生产应税产品自用的，应当依照规定缴纳资源税，但是，自用于连续生产应税产品的，不缴纳资源税。

实行从价计征的，其应纳税额计算公式为：

$$应纳税额=计税销售额\times适用税率$$

实行从量计征的，其应纳税额计算公式为：

$$应纳税额=课税数量\times定额税率$$

【做中学 7-16】 某冶金联合企业附属的矿山，2022 年 10 月开采铅锌矿 6 000 吨，销售 5 000 吨，每吨销售价格 8 000 元，铅锌矿适用资源税税率为 5%。该矿山 10 月份应纳资源税税额计算如下：

$$应纳税额=5\ 000\times8\ 000\times5\%=2\ 000\ 000(元)$$

纳税人外购应税产品与自采应税产品混合销售或者混合加工为应税产品销售的，在计算应税产品销售额或者销售数量时，准予扣减外购应税产品的购进金额或者购进数量；当期不足扣减的，可结转下期扣减。纳税人应当准确核算外购应税产品的购进金额或者购进数量，未准确核算的，一并计算缴纳资源税。

纳税人核算并扣减当期外购应税产品购进金额、购进数量，应当依据外购应税产品的增值税发票、海关进口增值税专用缴款书或者其他合法有效凭据。

纳税人以外购原矿与自采原矿混合洗选加工为选矿产品销售的，在计算应税产品销售额或者销售数量时，按照下列方法进行扣减：

$$准予扣减的外购应税产品购进金额(数量)=外购原矿购进金额(数量)\times(本地区原矿适用税率\div本地区选矿产品适用税率)$$

不能按照上述方法计算扣减的，按照主管税务机关确定的其他合理方法进行扣减。

三、资源税的核算

企业核算资源税应设置“应交税费——应交资源税”科目。根据资源矿产品用途不同其会计核算存在差异，具体内容如下：

对外销售应税产品应交资源税，应借记“税金及附加”科目，贷记“应交税费——应交资源税”科目；对自产自用应税产品应交资源税，应借记“生产成本”“制造费用”等科目，贷记“应交税费——应交资源税”科目；企业外购液体盐加工成固体盐，在购入液体盐时，按允许抵扣的资源税，借记“应交税费——应交资源税”科目，按外购价款扣除允许抵扣资源税后的数额，借记“在途物资”等科目，按应支付的全部价款，贷记“银行存款”等科目；企业加工成固体盐销售时，按销售固体盐应交资源税，借记“税金及附加”科目，贷记“应交税费——应交资源税”科目，将销售固体盐应纳资源税扣抵液体盐已纳资源税后的差额上交时，借记“应交税费——应交资源税”科目，贷记“银行存款”科目；纳税人按规定缴纳资源税时，借记“应交税费——应交资源税”科目，贷记“银行存款”科目。

【做中学 7-17】某煤矿为增值税一般纳税人，2022 年 10 月生产原煤 12 万吨，全部对外销售，不含税价款为 6 000 万元；已知该煤矿原煤适用的税率为 5%，该矿山应纳资源税税额计算如下，并作会计处理。

$$应纳税额 = 6\ 000 \times 5\% = 300(万元)$$

计提资源税时，编制会计分录：

借：税金及附加	3 000 000	
贷：应交税费——应交资源税		3 000 000

四、资源税的缴纳

（一）纳税期限

资源税按月或者按季申报缴纳；不能按固定期限计算缴纳的，可以按次申报缴纳。

纳税人以按月或者按季缴纳的，应当自月度或者季度终了之日起 15 日内，向税务机关办理纳税申报并缴纳税款；按次申报缴纳的，应当自纳税义务发生之日起 15 日内，向税务机关办理纳税申报并缴纳税款。

扣缴义务人解缴税款期限，比照上述规定执行。

（二）纳税义务发生时间

（1）纳税人销售应税产品，其纳税义务发生时间是：❶纳税人采取分期收款结算方式的，其纳税义务发生时间，为销售合同规定的收款日期的当天；❷纳税人采取预收货款结算方式的，其纳税义务发生时间，为发出应税产品的当天；❸纳税人采取其他结算方式的，其纳税义务发生时间，为收讫销售款或者取得索取销售款凭据的当天。

（2）纳税人自产自用应税产品的纳税义务发生时间，为移送使用应税产品的当天。

（3）扣缴义务人代扣代缴税款的纳税义务发生时间，为支付货款的当天。

（三）纳税地点

（1）纳税人应纳的资源税，应当向应税产品的开采或者生产所在地主管税务机关缴纳。

（2）纳税人在本省、自治区、直辖市范围内开采或者生产应税产品，其纳税地点需要调整的，由省、自治区、直辖市税务机关决定。

（3）纳税人跨省、自治区、直辖市开采或者生产应税产品，其下属生产单位与核算单位不在同一省、自治区、直辖市的，对其开采或者生产的应税产品，一律在开采地或者生产地纳税。实行从价计征的应税产品，其应纳税款一律由独立核算的单位按照每个开采地或者生产地的销售量、单位销售价格及适用税率计算划拨；实行从量计征的应税产品，其应纳税款一律由独立核算的单位按照每个开采地或者生产地的销售量及适用税率计算划拨。

扣缴义务人代扣代缴的资源税，应当向收购地主管税务机关缴纳。

（四）纳税申报

纳税人应当在规定的期限内，统一使用并填制《财产和行为税纳税申报表》，向资源税的征收机关办理纳税申报，缴纳税款。

自测题：
资源税会计
业务操作

项目小结

其他税种会计业务操作内容结构如图 7-1 所示。

- 其他税会计业务操作
  - 城市维护建设税会计业务操作
    - 纳税人和征税对象的确定；
    - 应纳税额计算（附加税）：计税依据的确定、税率（比例税率）的选择、优惠政策的运用、应纳税额的计算；
    - 城建税的核算；
    - 城建税的缴纳：纳税地点、纳税期限、纳税申报；
    - 附：教育费附加基础知识
  - 房产税会计业务操作
    - 纳税人和征税对象的确定；
    - 应纳税额计算：计税依据的确定、税率的选择（比例税率）、优惠政策的运用、应纳税额的计算（从价计征和从租计征）；
    - 房产税的核算；
    - 房产税的缴纳：纳税地点、纳税期限、纳税申报
  - 印花税会计业务操作
    - 纳税人（5 种）和征税对象（4 大类 17 个税目）的确定；
    - 应纳税额计算：计税依据的确定、税率的选择（比例税率）、优惠政策的运用、应纳税额的计算；
    - 印花税的核算；
    - 印花税的缴纳：纳税地点、纳税期限、纳税申报
  - 车船税会计业务操作
    - 纳税人和征税对象的确定；
    - 应纳税额计算：计税依据的确定、税率的选择（定额税率）、优惠政策的运用、应纳税额的计算（从量计征）；
    - 车船税的核算；
    - 车船税的缴纳：纳税地点、纳税期限、纳税申报
  - 契税会计业务操作
    - 纳税人和征税对象的确定；
    - 应纳税额计算：计税依据的确定、税率的选择（比例税率）、优惠政策的运用、应纳税额的计算；
    - 契税的核算；
    - 契税的缴纳：纳税地点、纳税期限、纳税申报
  - 土地增值税会计业务操作
    - 纳税人和征税对象的确定；
    - 应纳税额计算：计税依据的确定、税率的选择（超率累进税率）、优惠政策的运用、应纳税额的计算（应税收入、扣除项目、增值率）；
    - 土地增值税的核算；
    - 土地增值税的缴纳：纳税地点、纳税期限、纳税申报
  - 城镇土地使用税会计业务操作
    - 纳税人和征税对象的确定；
    - 应纳税额计算：计税依据的确定、税率的选择（定额税率）、优惠政策的运用、应纳税额的计算（从量计征）；
    - 城镇土地使用税的核算；
    - 城镇土地使用税的缴纳：纳税地点、纳税期限、纳税申报
  - 资源税会计业务操作
    - 纳税人和征税对象的确定；
    - 应纳税额计算：计税依据的确定、税率的选择（比例税率、定额税率）、优惠政策的运用、应纳税额的计算（从价计征、从量计征）；
    - 资源税的核算；
    - 资源税的缴纳：纳税地点、纳税期限、纳税申报

图 7-1 其他税种会计业务操作内容结构图

主要参考文献

［1］ 梁伟祥.税费计算与申报[M]. 5 版. 北京：高等教育出版社，2022.

［2］ 梁伟祥.税法[M]. 7 版. 北京：高等教育出版社，2022.

［3］ 梁伟祥.纳税实务[M].3 版.大连：东北财经大学出版社，2022.

［4］ 中国注册会计师协会.税法[M].北京：中国财政经济出版社，2021.

［5］ 财政部会计资格评价中心.经济法基础[M].北京：经济科学出版社，2021.

［6］ 财政部会计资格评价中心.经济法[M].北京：经济科学出版社，2021.

［7］ 财政部会计资格评价中心.初级会计实务[M].北京：经济科学出版社，2021.

［8］ 财政部会计资格评价中心.中级会计实务[M].北京：经济科学出版社，2021.

高等教育出版社

教学资源服务指南

仅限教师索取

感谢您使用本书。为方便教学，我社为教师提供资源下载、样书申请等服务，如贵校已选用本书，您只要关注微信公众号“高职财经教学研究”，或加入下列教师交流QQ群即可免费获得相关服务。

“高职财经教学研究”公众号

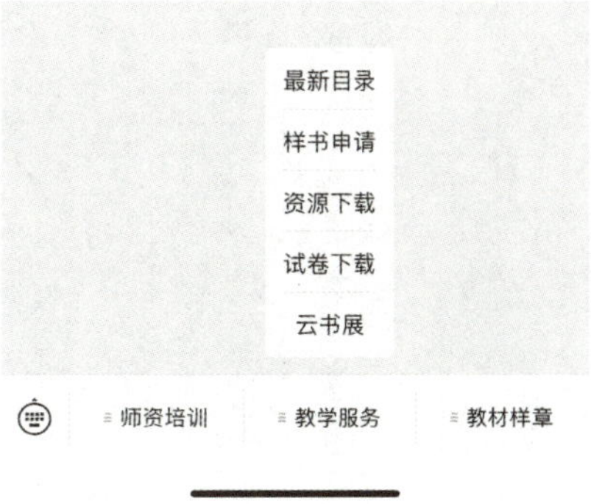

资源下载：点击“**教学服务**”—“**资源下载**”，或直接在浏览器中输入网址（http://101.35.126.6/），注册登录后可搜索相应的资源并下载。（建议用电脑浏览器操作）

样书申请：点击“**教学服务**”—“**样书申请**”，填写相关信息即可申请样书。

试卷下载：点击“**教学服务**”—“**试卷下载**”，填写相关信息即可下载试卷。

样章下载：点击“**教材样章**”，即可下载在供教材的前言、目录和样章。

师资培训：点击“**师资培训**”，获取最新会议信息、直播回放和往期师资培训视频。

联系方式

会计QQ3群：473802328　　会计QQ2群：370279388　　会计QQ1群：554729666

（以上3个会计QQ群，加入任何一个即可获取教学服务，请勿重复加入）

联系电话：（021）56961310　　电子邮箱：3076198581@qq.com

在线试题库及组卷系统

我们研发有10余门课程试题库：“基础会计”“财务会计”“成本计算与管理”“财务管理”“管理会计”“税务会计”“税法”“审计基础与实务”等，平均每个题库近3000题，知识点全覆盖，题型丰富，可自动组卷与批改。如贵校选用了高教社沪版相关课程教材，我们可免费提供给教师每个题库生成的各6套试卷及答案（Word格式难中易三档，索取方式见上述“试卷下载”），教师也可与我们联系咨询更多试题库详情。